생태
전환을
꿈꾸는
사람들

구도완
이철재
김민재

한살림

생태전환을 꿈꾸는 사람들

초판 1쇄 펴낸 날 2023년 1월 5일
　　2쇄 펴낸 날 2023년 3월 2일
지은이 구도완, 이철재, 김민재
펴낸곳 도서출판 한살림
펴낸이 윤형근
편집 장순철
디자인 더디앤씨
출판신고 2008년 5월 2일 제2015-000090호
주소 (우 06086) 서울특별시 강남구 봉은사로81길 15 4층
전화 02-6931-3612
팩스 02-6715-0819
누리집 blog.naver.com/hansalim
이메일 story@hansalim.or.kr

ⓒ 도서출판한살림 2023
ISBN 979-11-90405-42-3   03300

* 이 책의 저작권은 저자에게 있으며, 저작권법에 의해 보호를 받는 저작물이므로 무단 전재와 복제를 금합니다.
* 이 책 내용의 일부 또는 전부를 재사용하려면 반드시 저작권자와 도서출판한살림의 동의를 받아야 합니다.
* 잘못된 책은 구입하신 곳에서 바꾸어 드립니다.

생태 전환을 꿈꾸는 사람들

일러두기

- " " 속 문장은 연구참여자(구술자)의 말을 그대로 옮긴 것이다. 읽거나 이해하기 힘든 말은 저자들이 삭제하거나 수정하였다.
- ' ' 속 문장은 연구참여자의 말을 바탕으로 저자가 수정, 보완한 말이다.
- 인용문 가운데 괄호 안의 글은 저자가 독자의 이해를 돕기 위해 삽입한 것이다.

우리가 만난 사람들은
생명을 살리려고 애쓰는 사람들이다.
이들은 같은 뜻을 가진 사람들과 힘을 합쳐
세상을 바꾸는 일에 뛰어들었다.
환경운동, 생명운동, 마을운동,
동물운동, 녹색정치운동 등
목표와 방법은 조금씩 다르지만,
이들은 사람들 사이의
평등과 평화를 넘어서서
자연, 동물, 미래 세대와 함께
모두 잘 사는 세상을 꿈꾼다.

| 차례 |

머리말 - 사람이 문제다   010
들어가며 - 삶의 이야기로 그려보는 생태전환   014

생태전환을 이끄는 사람들

1장 전환을 꿈꾸는 청년들   026
 ・기후위기 해결을 위해 선을 넘는 세계 시민 - 강은빈
 ・두려움을 넘어 작은 길을 만드는 운동가 - 곽빛나
 ・환경운동 현장의 고통과 보람 - 배보람
 ・젊은 환경운동가로 살아가기의 어려움 - 손민우

2장 공해를 추방하고 환경을 살리는 사람들   053
 ・공해추방운동, 환경운동, 그리고 환경재단 - 최열
 ・환경운동가를 돌보는 환경운동가 - 윤준하
 ・급진적 공해이론가에서 균형 잡힌 환경전문기자로 - 조홍섭
 ・환경운동에서 환경행정까지 - 안병옥

- 성찰하는 부산의 시민환경운동가 - 구자상
- 시민과 함께 환경문제를 해결하는 과학자 - 장재연
- 아이들 생명을 살리려 공해반대운동에 뛰어든 기독교인 - 서진옥
- 시민이 참여하는 생활 속 환경운동 - 구희숙

3장 생명을 살리는 문명과 협동운동   106
- 민주화운동에서 생명평화운동으로 - 정성헌
- 모두를 살리는 협동운동 - 김기섭
- 입이 없는 것들이 말할 수 있게 하는 민주주의 - 윤형근

4장 시민들과 함께하는 환경운동   123
- 오지 지역활동가에서 시민환경운동의 리더로 - 김혜정
- 시민환경운동가와 진보정당 국회의원 사이 - 김제남
- 지방자치단체에 들어가 생태전환 하기 - 서왕진
- 급진적 변혁운동가, 에너지 전환의 관리자가 되다 - 박진섭
- 저항하고 협력하며 민주주의 확장하기 - 염형철
- 세계 시민과 함께하는 환경운동 - 김춘이
- 아시아 시민들과 함께하는 생태발전 - 이태일
- 사람과 생명을 돌보는 에코페미니스트 - 강희영

5장 지역의 눈으로, 주민의 힘으로   180
- 광주에서 만들어 가는 생태전환 - 박미경
- 주민과 함께 현장을 지키는 환경운동가 - 임희자
- 급진적 학생운동가에서 마을사업가로 - 유영업

6장 녹색정치로 생태전환하기   201
- 과학기술운동에서 기후정의운동까지 - 한재각
- 탈핵 에너지 전환의 생태전환정치 - 이헌석
- 녹색당으로 열어가는 새로운 녹색정치 - 하승수
- 내가 처한 장소에 개입하는 운동가 - 이태영
- 탈성장과 녹색을 기치로 안동에 뿌리내리려는 정치인 - 허승규

7장 마을에서 새로운 세상 만들기   235
- 유기농업에서 찾는 희망 - 주형로
- 농사를 지으며 지배구조를 해체하고 새로 만들기 - 장길섭
- 농촌 마을에서 만들어 가는 협동의 공동체 - 이재혁
- 성미산마을에서 이루어가는 일상의 혁명 - 유창복
- 가르치며 배우는 생태전환운동가 - 조미성
- 모두의 바다를 지키기 위해 저항한 어민 지도자 - 박정섭
- 4대강사업에 맞서 저항한 농민 - 최요왕

8장 미디어로 바꾸어가는 세상   279
- 환경이라는 약자를 살리기 위해 현장을 뛰어다니다 - 박수택
- 카메라를 든 1인 미디어 환경운동가 - 최병성

9장 비인간 동물들과 함께 살아가기   292
- 절박한 동물을 위해 쉴 새 없이 달려온 동물운동가 - 조희경
- 고래 곁을 지키며 경계에 머무르려는 운동가 - 황현진
- 동물을 둘러싼 모순적 욕망을 분석하고 기록하다 - 남종영

새로운 세상 만들기

10장 다른 세대, 다른 인간	314
11장 환경과 생명을 살리는 여성들	333
12장 비인간, 자연, 그리고 동물	346
13장 생명의 문명, 협동의 공동체 만들기	367
14장 환경문제 해결하기와 그 너머	375
15장 녹색정치의 새판 짜기	395
16장 생태전환의 새집 짓기	404
환경 사건 및 운동 연표	428
참고문헌	449
연표 참고자료	452
연구참여자	455

| 머리말 |

사람이 문제다

 사람이 문제라는 이야기를 하는 사람들이 있다. 기후위기를 일으키고 수많은 사람들을 죽이고 생명을 멸종시킨 것은 인간의 탐욕이라고 말하는 이들도 있다. 인간이 지구의 지질시대를 바꿀 만큼 지구에 거대한 족적을 남겼다는 인류세 담론에 많은 사람들이 공감하고 있다.
 그렇다면 사람이 지구상에서 사라지면 지구의 생명은 평화롭게 번성할 수 있을까? 만약 그렇다면 그것은 어떤 의미가 있을까? 끝도 없이 이어지는 이런 질문들에 답하기는 쉽지 않다. 그런데 우리는 이런 질문을 던지기 전에 인류세 시대 생태위기가 사람들과 생명들을 고통에 빠트리고 있는 현실을 바라보는 것이 중요하다고 본다. 이런 현실을 똑바로 바라보고 이 세상을 좀 더 자유롭고 평화로운 세상으로 만들기 위해 노력하는 사람들이 우리 주변에는 많이 있다. 인간 아닌 동물, 모든 생명, 약한 이들을 살리고 돌보기 위해 자신의 삶을 던지는 이들이 있다. 잘 살기 위해, 행복하게 살기 위해 마음 맞는 이들과 공동체를 만들며 다른 삶을 살아가고 있는 이들도 있다. 자신의 삶의 기반을 흔드는 사람들에 맞서 싸우면서 변화된 자신과 이웃을 발견한 이들도 있다.

사람이 문제라지만 문제를 인식하고 그것을 해결하기 위해 나서는 이들도 사람이다. 어찌 보면 특별해 보이는 사람들, 환경과 생명을 살리기 위해 애쓰는 사람들의 삶 속에서 희망을 찾을 수 있을지도 모른다.

환경사회연구소의 구도완, 이철재, 김민재 우리 세 사람은 이런 생각을 갖고 2016년부터 2022년까지 생명을 살리기 위해 애쓰는 43명의 사람들을 만나 그들의 삶의 이야기를 듣고, 기록하고, 읽었다.[1]

처음에는 2년 정도면 이 일을 마무리할 수 있으리라 생각했다. 그런데 사람들의 이야기를 듣다 보니 더 많은 사람들의 이야기를 듣고 싶어졌다. 또 그 이야기를 책으로 엮어내려고 하니 43개의 우주를 담을 그릇이 너무 작고 보잘것없어 보이기도 했다. 우리는 이 중요한 일을 마무리하지 못하고 헤매다가 이제야 이 책을 세상에 내놓게 되었다.

우리가 만난 사람들은 생명을 살리려고 애쓰는 사람들이다. 이들은 약한 사람들과 모든 생명들을 살리려고 그들과 같은 뜻을 가진 사람들과 힘을 합쳐 세상을 바꾸는 일에 뛰어든 사회운동가들이다. 환경운동, 생명운동, 마을운동, 동물운동, 녹색정치운동 등 목표와 방법은 조금씩 다르지만, 이들은 사람들 사이의 평등과 평화를 넘어서서 자연, 동물, 미래 세대와 함께 잘 사는 세상을 꿈꾼다. 이러한 운동들을 우리는 생태전환운동 Ecological Transformation Movement이라고 부를 수 있다. 여기서 생태

---

[1] 연구참여자^{구술자} 43명의 인적 사항은 부록에 표로 정리했다. 최열과 서진옥의 구술 자료는 2014년에 별도로 인터뷰한 것이다.

Ecological 또는 Ecology는 좁은 의미의 환경을 넘어서서 인간과 비인간자연이 맺는 복합적인 관계를 의미한다. 생태전환운동가들은 현재의 지배구조나 체제가 모든 생명과 사람들이 자신의 잠재력을 발휘하면서 살아가기 어렵게 만들고 있다고 보고 이를 전환하기 위해 조직을 만들고 미디어를 동원해서 변화를 만들어 왔다.

우리나라에는 생명을 살리기 위해 묵묵히 일하는 많은 사람들이 있다. 우리가 만난 사람들이 이들을 대표하는 것은 아니지만, 우리는 이들이 환경과 생명의 관점에서 우리 시대의 삶을 바라볼 창문을 열어주는 사람들이라고 보았다.

우리가 만난 사람들의 이야기는 구술 당시의 기억과 생각, 감정을 찍은 사진과 같다. 모든 것이 변하는 세상에서 이들의 생각과 감정은 계속 변할 것이다. 이들의 이야기는 스스로가 관찰한 자신과 세상에 관한 이야기이다. 이 이야기 안에는 오류와 과장도 있고 미화된 것도 있을지 모른다. 그렇지만 그들의 이야기에는 그들 삶의 기쁨과 슬픔, 재미와 의미, 자부심과 한탄이 녹아있으며, 이는 이 시대 생태전환운동가들이 그려내는 사회적 사실이다. 독자들은 이 한 그루 한 그루의 나무들이 숲을 이루고 있는 모습을 보며 20세기 후반에서 21세기 초에 이르는 시기 생태전환운동의 흐름을 조망할 수 있을 것이다.

이 책이 세상에 나오기까지 참으로 많은 사람들이 도움을 주었다. 무엇보다 자신의 삶의 이야기를 진솔하게 우리와 독자들에게 들려준 운동가들에게 깊이 감사한다. 사실 우리 저자들은 녹음기가 되어 이들의 이야기를 독자에게 전달하는 전달자에 가깝다. 우리가 이들의 뜻을 잘못 이해하거나 전달했다면 이는 전적으로 우리들의 책임이다. 박순열, 홍덕화, 장우주, 최명애,

안새롬, 김지혜 박사님은 긴 초고를 꼼꼼히 읽고 세세한 부분까지 논평을 해 주었을 뿐만 아니라 저자들이 놓친 부분을 보완해주기도 했다. 이분들께 깊이 감사드린다. 연구참여자 녹취록 작업에 참여한 자원활동가들에게도 고마운 마음을 전한다. 또한 어려운 출판 환경에서도 기꺼이 이 책의 출간을 위해 애써주신 도서출판한살림에 감사드린다. 이런 많은 분들의 도움으로 만들어진 이 책이 이 암울한 시대에 푸른 풀씨를 살리는 퇴비가 되었으면 좋겠다.

2023년 1월

구도완, 이철재, 김민재

| 들어가며 |

삶의 이야기로 그려보는 생태전환

2019년 9월 21일, 서울 대학로에 약 5,000명의 시민이 모였다. 이들은 '우리 공동의 집이 불타고 있다. 지금은 비상상황'이라고 선언했다.

"현재의 정치와 경제시스템은 기후위기 앞에 참으로 무기력합니다. 지금이야말로 바로 비상상황임을 선언합니다. 우리는 선언합니다. 성장이 아니라 정의, 이윤이 아니라 생존이 우선입니다. 기후위기는 우리에게 묻습니다. 과연 어떤 삶이 올바른 삶인지, 과연 어떤 선택이 생명을 살리는 길인지를 묻습니다. 손 놓고 재앙을 재촉할지, 아니면 잘못된 시스템에 맞서 싸울지, 지금 선택해야 합니다. 끊임없는 경제성장, 욕망의 무한 충족은 불가능합니다. 인류의 생존과 지구의 안전 따위는 아랑곳없이, 화석연료를 펑펑 써대는 잘못된 시스템을 바꿔야 합니다."[2]

---

2 기후위기비상행동 누리집 http://climate-strike.kr/2193

시민사회단체, 종교계, 정당 등 330여 단체들이 연대하여 만든 기후위기비상행동이 주최한 이 행사에 참여한 사람들은 기후정의를 위해 시민들이 뭔가를 할 수 있다는 희망을 갖고 행동에 나섰다.[심동준, 2019] 우리가 만난 사람들 가운데 강은빈은 여기서 만난 청년들과 함께 청년기후긴급행동이라는 단체를 만들었다.

2021년 9월 21일 서울 대학로에서 열린 기후정의비상행동 집회에 참여한 5천여 명(주최 측 추산)의 시민들이 대학로에서 보신각까지 거리행진을 하며 기후위기 대응을 촉구했다.
ⓒ『함께 사는 길』 이성수

이러한 시민들의 행동은 새로우면서도 오래된 역사 속에 분출된 것이다. 1960년대 이후 전 세계적으로 환경문제가 심각하다는 인식이 퍼지며 현대 환경운동이 일어나기 시작했고, 우리나라에서도 급속한 공업화로 인한 환경문제로 1980년대 이후 다양한 환경운동이 발전하기 시작했다. 1980년대에는 반공해운동이 발전하기 시작했고, 1980년대 후반 이후에는 새로운 시민환경운동이 등장했다.3 환경운동가들은 환경 오염 피해, 생태계 훼손, 기후변화 등 여러 가지 문제를 사회문제로 부각시켰고 정책 변화에도 적지 않은 영향을 미쳤다. 이와 함께 환경과 생명을 파괴하는 현대 산업문명을 새로운 문명으로 바꾸려는 생명운동도 발전하기 시작했다. 이런 흐름 속에서 운동가들은 유기농산물 직거래운동, 협동조합운동, 마을만들기운동 등 다양한 활동을 벌여 왔다. 이러한 운동들은 자연의 한계를 고려하면서 대안을 찾는다는 특성을 갖기에 생태적 대안운동이라고 부를 수 있다구도완, 2009.

생태전환운동

우리나라 환경운동과 생태적 대안운동은 누가, 왜, 어떻게 해 왔을까? 이 책은 이런 의문을 생태전환을 꿈꾸는 사회운동가들의 삶의 이야기를 분석함으로써 풀어보려고 한다. 다시 말하면 우리나라 환경운동과 생태적 대안운동에 중요한 영향을 미쳤거나 미치고 있는 사람들이 자신의 생애를 어떻게 기억하고, 평가하는지를 살펴봄으로써 한국 생태전환운동의 특성과 그 의미를 독자들과 함께 생각해 보고자 한다.

  이 책에서 우리의 관심은 생태전환운동이다. 지금까지 환경운동과 생명운동, 또는 생태적 대안운동은 지향이나 가치는 비슷하지만, 운동의 목표, 방법 등이 다른 운동으로 여겨졌다. 이러한 차이는 여전하지만 높은 곳에 올라가서 조망해 보면 이 운

---

3 시민환경운동이란 1980년대 말 이후 발전한 시민운동으로서의 환경운동을 일컫는 말이다. 환경운동단체들이 주도하는 환경운동이 대표적인 예이다.

동들은 지구의 생태적 한계를 인식하고 인간과 비인간 존재가 함께 어울려서 차별과 불평등 없이 살아가는 새로운 문명과 사회를 만들기 위한 운동이라는 점에서 하나의 운동이라고 볼 수 있다. 우리는 이런 운동들을 생태전환운동이라고 부른다. 생태전환운동은 현재의 지배구조가 생태적으로 지탱 불가능하다고 보고, 지구를 생명이 함께 살아갈 수 있는 행성으로 바꾸는 장기적인 전환^{Transformation} 과정을 촉발하고 관리하는 사회운동이라고 할 수 있다.4

내가 말하는 나의 역사 : 구술생애사

생태전환운동을 어떻게 분석할 것인가? 그동안 환경운동, 생명운동, 생태적 대안운동의 역사, 담론, 사례 등 다양한 주제에 대한 연구가 축적되었다. 기존의 많은 연구들은 환경운동의 역사나 사례를 거시구조적인 관점 또는 운동조직의 관점에서 분석해서 환경운동의 구조적인 원인, 과정, 결과 등을 이해하거나 설명하는 데 유용했다. 이런 연구들은 문헌자료 분석, 심층 면접, 통계 분석 등의 방법을 사용했다. 그런데 이러한 방법은 '객관적인' 사실을 분석하는 데 유용하지만 사람들의 개인적 혹은 집합적 행위의 의미를 이해하는 데에는 한계가 많다.5

---

4 생태전환운동에는 지배구조를 변형 또는 변혁하는 운동뿐만 아니라 이를 개선하여 폐해를 중화하고 대안을 만드는 운동도 모두 포함된다.
5 구도완[1996]은 문헌연구, 심층 면접 등의 방법을 사용하여 1980년대부터 1990년대 초까지의 환경운동을 분석했다. 신동호[2007a, 2007b]는 환경운동가들의 활동에 초점을 맞추어 두 권의 책을 출간했는데, 이 책들은 초기 환경운동가들의 활동을 이해하는 데 큰 도움이 된다.

이 책은 이러한 방법의 한계를 극복하기 위해, 구술생애사 방법을 사용한다. 이 방법은 연구참여자가 자신의 삶의 역사를 스스로 말하도록 하고 그가 기억하는 사실, 경험, 판단, 느낌 등을 연구자가 분석하여 개인의 행위와 사고의 사회적 의미를 해석하는 방법을 말한다. 구술생애사 방법은 '객관적' 사실 그 자체보다는 기억되어진 사실과 그에 대한 주관적 생각과 느낌을 분석하는 데 유용한 방법이다. 만약 동시대인들 혹은 동일한 역사적 경험을 한 세대가 비슷하게 혹은 서로 다르게 사회적 사실을 기억하고 평가한다면 그 기억이 갖는 의미는 무엇일까? 구술생애사 방법을 통해 우리는 사회 구성원의 체험, 의식의 변화, 새로운 가치의 형성 과정 등을 재구성해볼 수 있다. 즉 한 사람이나 한 집단의 행동의 동기나 이유를 발견하고, 개인이 어떻게 자발적으로 의미를 형성하고, 정체성을 변화시키는 지 본다. 이를 통해 사회운동이 변화하게 되는 과정을 미시적으로 분석할 수 있다. 우리는 미시적인 개인사의 분석을 통해 우리나라 생태전환운동이 왜, 어떻게 발생하고 변화해 왔는지 윤곽을 그릴 수 있을 것이다.

구술생애사 방법을 이용한 생태전환운동에 관한 책으로는 구도완의 『마을에서 세상을 바꾸는 사람들: 생태적 대안운동을 찾아서』[2009]가 있다. 이 책은 공동체, 협동조합, 대안교육 등 다양한 분야 운동가들의 삶을 해석하고 이들의 성찰 또는 권리 담론을 분석했지만, 주류 환경운동가들이 분석 대상에서 빠져 있고 연구참여자들이 주로 40대와 50대에 집중되어 있다는 한계가 있다.

장미정의 『환경교육운동가를 만나다』[2012]는 환경교육에 참여한 환경운동가들의 생애를 구술생애사 방법으로 연구한 저술이다. 이 저술은 개인의 경험과 사회적 상황의 상호작용을 기본적인 분석틀로 하여 환경운동가들이 왜, 어떻게 환경교육에 참여하게 되었고, 어떤 변화가 일어났는지를 미시적으로 분석하고 있다. 이 책은 소수의 환경교육운동가들에 초점을 맞춤으로써 '환경교육운동'이라는 개념을 발전시켰고, 환경교육운동가로서의 정체성을 갖는 과정을 잘 분석했다. 그러나 환경교육운동에만 초점을 맞추었고 분석대상자 수가 적어 한국 환경운동의 전체적인 지형을 분석하고 이해하는 데에는 한계가 있다.

이런 한계를 넘어서서 우리는 환경운동, 생명운동, 마을운동, 동물운동, 녹색정치운동 등 다양한 분야의 운동가들의 삶을 분석하여 좀 더 포괄적이고 다양한 운동의 지형을 살펴보고자 한다.

43명의 생태전환운동가

이 책은 43명의 운동가의 삶을 살펴본다.[6] 구술생애사 연구는 대체로 소수의 연구참여자들의 삶을 자세히 살펴봄으로써 사회구조가 개인에게 미치는 영향과 개인의 행위가 구조에 미치는 영향을 깊이 있게 분석하는 데 유리하다. 그러나 이렇게 연구참여자의 수가 적을 경우 개인의 삶을 통해 사회구조의 특성을 발견하거나 해석하는 데 어려움이 있다. 그래서 우리는 생태전환운동의 여러 흐름들을 보기 위해 가능한 한, 다양하고 많은 운동가들을 만나서 이들의 이야기를 듣기로 했다. 이렇게 할

---

[6] 구도완[2018, 2021]은 43명의 연구참여자들 가운데 일부의 이야기를 바탕으로 두 개의 글을 발표했다.

때, 미시적인 개인사를 보면서 동시에 이를 통해 사회구조 변화를 개관하기가 좀 더 유리하다고 보았기 때문이다.

물론 구술생애사 연구는 개인의 미시적 경험과 해석을 바탕으로 구조를 이해하는 방법이기 때문에 이 방법으로 사회구조를 분석하는 데에는 한계가 분명하다. 그렇지만 생태전환에 적지 않은 영향을 미친 사람들의 삶의 공통점과 차이를 분석함으로써 복합적이고 다양한 현대 사회의 한 모습을 그려볼 수 있을 것이다.

우리는 환경, 생명, 마을, 공동체, 동물, 녹색정치 등의 분야를 중심으로 사회운동을 하는 운동가들을 연구참여자로 선정했다. 이 분야의 운동들이 우리나라 생태전환운동의 최전선에서 변화를 주도해 왔다고 보기 때문이다. 우리 사회에는 매우 많은 운동가, 연구자, 전문가 등이 생태전환을 위한 운동에 참여해 왔고 지금도 그러하다. 이들 가운데 누가 한국의 생태전환운동의 특성을 잘 보여주는 사람들일까? 이 어려운 문제를 풀기 위해 우리는 다음과 같은 기준을 마련했다.

- 생태전환운동의 중요한 리더Leader로서 운동에 영향을 미쳤거나 미치고 있는 사람
- 생태전환운동가들 가운데 특정 세대, 특정 운동의 특징을 보여줄 수 있는 사람
- 독특한 개성이 있어서 한국 생태전환운동의 특이성을 보여주는 사람
- 생태전환의 미래 비전을 갖고 운동하는 사람

우리는 이런 선정 기준을 갖고 연령, 젠더, 주요 활동 지역$^{중앙·지}$^{역} 등을 고려하여 가능한 한, 다양한 운동가들을 연구참여자로 선정하기 위해 노력했다. 이렇게 해서 우리는 1997년생에서부터 1945년생까지 50년이 넘는 세대에 걸쳐, 중앙과 지역에서 활동하는 다양한 사회운동가들을 만났다.[7] 한국 생태전환운동의 다양하고 특징적인 모습을 잘 보여주는 연구참여자들을 선정하려고 노력했지만, 한쪽으로 쏠리거나, 꼭 만나야 할 운동가를 선정하지 못한 경우도 있었다. 미래에 우리와 비슷한 연구를 누군가 한다면 좀 더 체계적이고 포괄적으로 연구할 수 있기를 바란다.

책의 구성

우리는 43명의 삶의 이야기에서 운동가 개인이 운동을 시작한 동기, 문제인식, 전환의 목표, 방향, 방법, 자신과 운동에 대한 평가, 미래 계획 등을 보고자 한다. 운동가들은 왜 환경운동을 시작했고, 그 일을 어떻게 해왔을까? 무엇이 이들을 운동가로 만들었고 무엇이 이들을 힘들게 했을까? 그들은 스스로의 삶을 어떻게 평가하는가? 이들이 이룬 것과 이루지 못한 것은 무엇일까? 이들은 어떤 미래를 꿈꾸고 그 꿈을 이루기 위해 어떤 일을 하는가?

---

[7] 여기서 우리가 운동가라는 말을 주로 쓰는 이유는 사회문제를 해결하거나 사회 제도를 근본적으로 바꾸기 위해 사람들을 조직하고 변화를 이끄는 사람들을 사회운동가라고 부르는 것이 적절하다고 보기 때문이다. 활동가^{Activist}라는 말도 함께 쓰는데 이는 비정부조직, 또는 사회운동 조직에서 전문적으로 자원을 동원하는 전업운동가를 지칭한다.

이런 질문들을 갖고 1부에서는 운동가들이 바라보는 자신의 역사를 살펴본다. 독자들은 43명의 우주가 자신의 우주 이야기를 하는 것을 저자들의 눈을 통해 보게 될 것이다. 자신이 관찰한 자신의 이야기를 저자들이 다시 관찰하여 하나의 이야기로 만들다 보니 길고 복잡한 삶의 이야기가 한 장의 사진처럼 보일 수도 있을 것이다.

1장에서는 전환을 꿈꾸는 청년들의 이야기를 들어본다. 이어서 2장에서는 이 청년들의 한참 선배인, 공해추방운동을 시작하고 기초를 만든 사람들의 이야기를 들어보겠다. 3장에서는 민주화운동과 공해추방운동이 한창일 때 생명의 문명, 협동의 운동을 고민하고 실천한 생명운동가들을 만나본다. 4장에서는 1980년대 말에서 1990년대에 이르는 시기에 시민환경운동을 시작한 운동 리더들의 이야기를 들어본다. 5장에서는 지역의 눈으로 주민, 시민과 함께 환경을 살리는 일을 해온 사람들을 만나본다.

6장에서는 사회운동을 넘어서서 정치를 녹색으로 전환하기 위해 애써 온 사람들의 이야기를 들어본다. 7장에서는 마을공동체를 만들고 지키기 위해 힘써 온 운동가들을 만난다. 8장에서는 미디어의 중요성을 알고 미디어를 이용해 환경을 살리는 일에 힘을 기울인 기자와 환경운동가의 이야기를 들어본다. 1부의 마지막 9장에서는 비인간 동물들을 위해 자신의 삶을 던진 동물운동가와 이들을 지원하는 동물 전문기자의 이야기를 들어본다.

2부에서는 세대, 젠더, 비인간, 생명과 마을, 환경, 녹색정치 등을 주제로 생태전환운동가들의 이야기를 분석한다. 10장에서는 동시대를 살았던 사람들이 공유하는 역사적 경험에 따라 이들이 어떤 생각을 갖고 왜 운동에 참여하게 되었는지 살펴본다.

그리고 개인의 정체성에 따라 어떻게 세상을 다르게 보고 어떤 계기로 운동하는 삶을 살게 되었는지 이야기해 본다. 11장에서는 여성들이 환경과 생명을 어떻게 바라보고 이들이 왜, 어떻게 생명을 살리는 운동에 참여했는지 살펴본다. 12장에서는 인간이 아닌 사물, 사건, 동물, 담론 등이 어떤 변화를 일으키는지, 전환의 전문성은 무엇인지 살펴본다.

13장에서 15장까지는 생명과 공동체, 환경, 녹색정치를 주제로 운동의 목표, 방법, 성과 등을 이야기한다. 13장에서는 생명운동, 마을운동 등 생태적 대안운동에 참여한 사람들의 이야기를 통해 살림의 문명, 생태문명을 꿈꾸면서 공동체를 만드는 실험을 하는 일이 어떻게 진행되었고 그 의미는 무엇인지 생각해 본다. 14장에서는 이 책에서 가장 많은 부분을 차지하는 시민환경운동가들의 이야기를 통해 시민환경운동가들이 무슨 생각을 갖고 어떤 일을 해왔으며 이를 어떻게 평가할지 논의해본다.

15장에서는 사회운동을 넘어서 정당정치로 세상을 바꾸는 꿈을 꾸는 사람들의 이야기를 통해 지배구조를 해체하고 재구성하는 비전에 대해 이야기해 보겠다. 16장에서는 생태전환운동의 세 기둥을 살펴보고, 생태전환운동의 전략과 주체에 대해 논의한다. 마지막으로 독자들이 현대 한국의 환경, 정치, 경제 사건과 주요 환경운동 사건을 이해하는 데 도움이 되도록 1950년대에서 2021년에 이르는 연표를 부록으로 실었다.

이 책은 앞에서부터 순서대로 읽어도 좋지만 2부의 10장에서 전환운동가들이 어떤 시대에 어떤 동기로 운동을 하게 되었는지 먼저 읽고 전체의 그림을 그려보는 것도 좋을 것이다. 2부 전체를 먼저 읽고 나서 관심 있는 운동가의 삶을 1부에서 찾아 그의 삶의 이야기를 들어볼 수도 있겠다.

이 책은 세 사람이 토론하고 협동해서 만든 공동의 작품이다. 구도완은 머리말, 들어가며, 3, 7, 10, 11, 13, 14, 15, 16장을, 이철재는 1, 2, 4, 5, 6, 8장과 연표를, 김민재는 6, 9, 12장을 주로 썼다. 우리는 서로의 글을 읽고 여러 번 논의해서 공동으로 책을 마무리했다. 세 사람의 차이와 다양성이 조화를 이루어 독자들이 마흔세 그루 나무가 이룬 숲을 잘 관찰할 수 있으면 좋겠다. 자, 이제 43명의 생태전환운동가와 함께 생태전환의 현대사 여행을 떠나 보자.

1부

생태전환을 이끄는 사람들

1장

전환을 꿈꾸는 청년들

여기저기서 청년이라는 말이 들린다. 그런데 청년이라는 말로 묶기에는 매우 다양한 사람들이 오늘 이 시대를 살아가고 있다. 이 시대 청년들 가운데에는 기후 우울증에 빠지지 않고 거리로 뛰어나와 직접 행동에 나서는 이들도 있고, 송전탑이나 골프장 건설을 막기 위해 주민들과 함께 일어선 이들도 있다. 생태전환을 꿈꾸었던 이들은 오래전부터 있었지만 우리가 만난 청년들은 지금 여기에서 새롭게 생태전환을 위해 행동하고 있다. 청년 환경운동가 강은빈, 곽빛나, 배보람, 손민우를 만나 우리의 여정을 시작해 보자.[8]

---

[8] 청년 전환운동가 가운데 이태영과 허승규는 6장, 황현진은 9장에서 소개하겠다.

기후위기 해결을 위해 선을 넘는 세계 시민

강은빈

"우리는 국가·지역·계급·세대·성별·생물 종 간 기후정의를 실현하기 위해 정부와 기업에 과감한 온실가스 감축을 요구하고 있습니다. 수십 년 뒤 다음 세대를 넘어서, 지금 이 위기를 직면한 이들의 권리를 보장하는 것이 목적입니다. 우리는 지구상 모든 생명체를 위협하는 기후위기 대응을 시대의 최우선 의제로 만들고, 다양한 주체들과 연대합니다. 이제는 기존 화석연료 산업과 정치제도의 전환만이 기후위기에 맞설 수 있습니다. 청년 세대가 기득권에 맞서 전환의 핵심 주체로 활약할 때가 되었습니다. 우리에겐 남은 시간이 얼마 없습니다."[9]

---

[9] 청년기후긴급행동 https://ycea.kr/about

기후는 이제 모든 이들의 걱정거리가 되었다. 특히 청년들은 기성 세대들이 흥청망청 써버린 화석연료의 부담을 고스란히 떠안게 되었다. 이런 문제를 인식한 청년들은 청소년기후행동, 청년기후긴급행동 등과 같은 새로운 조직을 만들어서 기후위기를 해결하기 위한 운동에 뛰어들었다. 우리가 만난 강은빈은 2019년 9월 21일에 서울 대학로에서 열린 '기후위기비상행동' 행진에 참여했고, 이를 계기로 인류문명과 직결된 기후위기의 심각성을 깨닫기 시작했다. 거기서 만난 청년들과 기후위기에 대해 이야기하면서 그해 가을에는 청년기후긴급행동이라는 단체도 이들과 함께 만들게 되었다.

강은빈은 "성격이 모나진 않지만, 약간 타인의 아픔이나 상처를 잘 모르고 자랐다."라며 어린 시절을 떠올렸다. 그는 초등학교 4, 5학년 때 새로 전학한 친구들을 따돌렸다. 그것도 또래문화를 주도하면서. 그러다 그는 6학년 때 전학 온 친구와 친해지면서 자신이 이전에 한 행동이 따돌림을 당했던 친구들과 그의 가족에게 얼마나 큰 고통이었을지 생각하게 됐다. 강은빈은 "어떤 여자친구는 너무 힘들어서 학교를 그만뒀다. 진짜 못 할 짓을 한 거였다. '차라리 죽는 게 낫겠다.'라는 생각이 들 정도였다."라고 회고했다. 그는 자기혐오가 심해져 친구들과의 모든 관계를 단절했다. 그는 습관처럼 다니기만 했던 교회를 찾아가 이렇게 생각했다.

"'나를 위해서 살 수 없다. 나는 나의 어떤 인기와 나의 인정과 내가 좋은 거, 내가 칭찬받는 거를 위해서 살면 안 되겠다'라는 생각을 했어요. 왜냐하면 제 그 못된 모습을 제가 알잖아요."

초등학교 때 이런 일을 겪은 후 그는 "하나님의 뜻을 따라서 살겠다."고 생각하게 되었다. 그 일이 자신을 채찍질하는 "삶의 원동력이 되었다."고 그는 말한다. 학교에서 왕따 문화를 주도했던 자기 행동을 통해 역설적으로 한 사람이 집단 내에서 얼마나 큰 영향력을 미칠 수 있는지 그는 깨달았다. 그는 청소년기 교회 인문학 독서학교를 통해 '폭력적인 것들'에 관한 문제의식을 갖게 되었고, 사회구조에 대한 고민을 키웠다.

"'내가 착한 거랑 내가 사는 구조나 문화가 폭력적인 거랑은 완전 다른 문제구나.'라는 생각을 했어요. 내가 무해하려면 내가 착한 사람이 되려고 노력할 게 아니라 내가 몸 담은 이 문화, 이 사회 이곳이 어떤 곳인지를 알아야 하고, 그 구조적인 폭력에 가담하지 않기 위한 노력도 되게 중요하다고 생각했어요."

이런 생각을 하며 청소년기를 보내던 그는 한때 천문학을 동경해 대학도 그쪽으로 진학할 생각이었다. 그러나 천문학과 커리큘럼을 보게 되면서 자신이 꿈꾸던 분야가 아니라고 느꼈다. 그의 표현을 빌리자면 "정말 노잼"이었다. 그는 대학에 갈 동기가 사라진 상태에서 수험생 모드로 일관하는 고교 생활에 흥미가 없었고, 곧이어 학교를 중단했다. 그런 그에게 매일 배달받는 〈한겨레〉 신문은 세상을 보여주는 중요한 창문이었다. 강은빈은 신문을 통해 소개된 대중 강연을 찾아다니면서, 정치학이 자신과 맞을 수 있다는 확신이 들었다. 이후 대학에 진학한 그는 친구들과 세미나를 하면서 정치학 공부에 전념했고, 3, 4학년에 올라가서는 자기가 속한 공동체에 대한 책임감과 문제의식을 가지고 총학생회 정책국장, 과 학생회장 등 학생 자치활동에 참여했다.

그는 정치학 수업 시간에 쓰레기문제 토론에 참여하면서 환경문제를 인식하기 시작했다. 그런 흐름 속에서 대학로 기후비상행동 행진에 참여하게 되었던 것이다. 이 행진에서 만난 젊은 이들과 이야기를 나누다가 강은빈과 청년들은 뭔가 새로운 단체를 만들어서 본격적으로 운동을 하는 것이 필요하다고 생각하게 되었다. 기후위기에 대응하기 위한 청년운동단체들이 여럿 생겨났지만, 해당 이슈에 대한 상시적인 입장 표명과 직접 행동에 나서는 단체는 많지 않았다. 강은빈은 청년기후긴급행동이 "기후위기 관련 스터디만으로 끝나지 않고 직접 행동과 정치·사회적인 목소리를 내려는 모임"이라고 말한다.

그는 민주화운동을 한 사람들이 존경의 대상이지만 기후위기 앞에서는 그들이 할 말이 없다고 말한다. 민주화운동 세대는 기후위기를 막지 못한 책임이 있다는 것이다. '성장의 한계'가 논의되고 환경운동이 오래전에 시작되었지만, 이들은 기업을 통제하지 못했고 온실가스를 규제할 수 있는 법과 제도를 마련하지도 못했다고 그는 평가한다. '그분들의 한계와 실패를 솔직하게 얘기를 하고, 이제 우리가 그 운동을 만들어 가야 한다.'고 그는 말한다.

강은빈은 "청년기후긴급행동이 기후로 모였지만 환경운동을 한다는 정체성을 가져본 적이 없는 것 같다. 우리가 하는 운동은 기후운동 또는 정치운동"이라며 기존 환경운동과 청년 기후운동의 성격을 구분했다. 그는 기후위기 앞에서는 탈정치화된 환경운동이 아니라 법과 제도, 체제를 전환하는 정치적인 운동이 필요하다고 본다. 그는 '기후위기는 표가 안 된다.'고 보는 기존 정당 역시 한계가 분명하다고 말한다.

청년기후긴급행동의 생태전환정치는 베트남에 석탄화력발전소를 수출하려고 한 두산중공업에 대한 항의 퍼포먼스에서 잘 드러난다.10 2020년 문재인 정부는 '그린뉴딜'과 '2050 탄소중립'을 선언했다. 국회는 '기후위기 비상대응 촉구결의안'을 97%의 압도적 찬성으로 채택했다. 그러나 비슷한 시기 언론을 통해 우리 정부가 석탄발전소 수출을 검토한다는 소식이 전해졌다. 강은빈은 "석탄발전 산업은 세계적으로 사양 사업으로 유럽 등 선진국은 물론 중국마저 탈탄소 정책으로 빠지고 있는 상황에서 한국 정부가 팀 코리아를 꾸려 한전의 석탄발전소 해외 진출을 검토한다는 것은 이해할 수 없었다." 그는 기후위기 시대 석탄화력발전 수출은 또 다른 의미의 생태학살이 될 수 있을 뿐만 아니라 한국의 경제성장을 위해 다른 나라에 피해를 전가하는 행위라고 비판했다.

청년기후긴급행동을 비롯해 환경단체들은 석탄발전 수출을 반대했지만, 정부와 여당^{더불어민주당}은 베트남과 인도네시아 수출까지만 하고 더이상 하지 않기로 결정했다. 다른 운동단체들은 이 이슈에 대해 적극적으로 나서지 않았다. 강은빈과 그의 동료들은 "떠나고 싶지가 않았다. 이 문제가 상징하는 바, 함의하는 바가 너무 크다."고 생각했다. 청년기후긴급행동은 기후위기 의제가 정부와 여당 내에서 소수화되고 힘에 밀리는 상황에서 상징적인 직접 행동이 필요하다고 생각했다.

드디어 청년기후긴급행동 활동가 강은빈과 이은호는 2021년 2월 18일 오전에 경기도 성남시 분당 두산중공업 본사 건물

---

10 생태전환정치는 생태전환 과정에서 일어나는 권력을 둘러싼 협력과 갈등의 동학을 말한다. 한국의 생태전환정치에 관해서는 구도완[2022]을 참조할 수 있다.

'두산타워' 앞에서 두산 로고 조형물에 녹색 스프레이 페인트를 칠하는 기습 시위를 벌였다. 이들은 두산중공업이 베트남 하띤성 석탄화력발전소 붕앙2 건설 설계시공 파트에 참여하는 것을 비판하면서 "탈석탄을 실현하고 석탄발전사업을 철회하는 데 두산이 앞장서라."라고 촉구했다^{김봉규, 2021}.[11] 이 시위에 대응하여, 두산중공업은 시위에 참여한 활동가들을 형사 고소하고 민사소송도 제기했다^{이상현, 2022}.

강은빈은 '자신들은 가진 것이 없어서 선을 넘는 것에 두려움이 없다'고 말한다. 두산중공업이 자신들을 재물 손괴 혐의로 민·형사소송을 제기한 것에 대해 그는 '기업이 사유재산을 이야기하지만, 그러면 석탄발전 문제로 생기는 피해는 어떻게 할 것인가?' 하는 문제의식을 던지고 싶었다고 말한다. '우리나라 기업들이 외국에 석탄화력발전소를 짓는 것은 지구를 하나로 보면 우리 지구에 짓는 것'이기 때문에 기후운동의 메시지를 재구성하는 데 이 시위는 매우 중요한 의미를 갖는다고 그는 말한다. 강은빈은 붕앙2호기 수출 반대운동이 하나뿐인 지구 관점에서 기후위기를 대하는 국가의 무책임함에 대한 문제 제기이고, "경제성장이랑 싸울 수 있는 개념이며 한국 기업의 수출 자부심에 도전할 수 있는 담론"이라고 보았다. 여기에서 우리는 새로운 생태전환정치를 주창하는 세계 시민의 자세를 엿볼 수 있다.

---

[11] 청년기후긴급행동은 대기업 항의 퍼포먼스 기획과 준비 과정에서 크고 작은 갈등이 많았다. "기후위기 상황에서 진심으로 뭔가 해보려는, 어느 정도 동질성이 있는 집단이라고 해도 정말 서로 달랐다."라는 게 강은빈의 말이다. D-day를 며칠 앞두고 밤 9시부터 새벽 4시까지 원점에서 재검토하는 마라톤 회의가 진행됐다. 시위 이후에 있을지도 모를 기업의 민사소송도 기후운동의 하나의 과정이라는 점에 합의하고 원래 계획대로 추진하기로 했다. 이 과정에서 강은빈은 "그냥 액션 하나를 하는 게 아니라 서로의 삶을 책임지게 되는 거"라면서 "갈등이 오히려 결집의 계기가 됐다."라고 말했다.

청년기후긴급행동은 2021년 2월 18일 두산중공업 본사 건물 앞에서 베트남 하띤성 석탄화력발전소[붕앙2] 건설 참여를 비판하며 두산 로고 조형물에 녹색 스프레이를 칠하는 기습시위를 벌였다. ⓒ 청년기후긴급행동

강은빈은 2021년 7월 청년기후긴급행동 공동대표로 선출됐다. 그는 '솔직하게 말하면 기성 운동에서 우리가 따라갈 수 있는 그룹이 없다. 어떻게 보면 지금 우리가 가는 길과 도전이 말 그대로 한국 사회에서 기후운동이 부딪히는 지점들인데, 그런 걸 잘 해나가는 게 저의 관심사다.'라고 말한다. 그의 말은 청년운동의 미래를 강조하는 것이자 기존 운동단체에 대한 비판이 담겨 있는 것으로 보인다. 그는 "지금 청년 세대들은 많은 영역에서 주도권이 없다."면서 "청년운동이 구색 맞추기를 넘어서야 한다."고 말한다.

기후위기는 강은빈과 같이 선을 넘어 체제를 전환하려는 기후운동가, 정치운동가를 낳았다. 대학로 집회에서 우연히 만난 젊은이들이 이대로는 안 되겠다고, 우리가 나서야 되겠다고 생각하고 선을 넘는 것을 두려워하지 않는 단체를 결성했다. 지금은 전문가, 정치인이 되었지만, 과거에는 급진적인 공해추방운동의 투사였던 환경운동가들과 이들은 비슷하면서도 달라 보인다.

두려움을 넘어 작은 길을 만드는 운동가

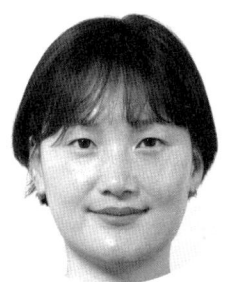

곽빛나

곽빛나는 지역에서 일하는 그리 많지 않은 젊은 환경운동가 가운데에서도 밀양 송전탑 반대운동, 녹색당 총선 후보 사무장 등 특별한 경험을 한 청년이다. 그는 경남 밀양의 백동골이라는 마을에서 엄마랑 마을 빨래터에서 목욕하고 밤에는 개천에 가서 고동을 잡으며 어린 시절을 보냈다. 고등학교에서는 전교조 교사이자 나중에 밀양 송전탑 건설 반대 대책위원회에서 주도적인 역할을 한 이계삼 선생에게서 책 읽기, 논술 수업을 배우기도 했다. 사실 그는 고등학교 3학년 때부터 공정무역 같은 이야기를 들은 것을 계기로 혼자서 소문내지 않고 커피와 초콜릿을 먹지 않을 정도로 생활 속에서 대안을 실천하는 청년이었다.

그는 창원대 회계학과에 입학했는데, '돈 많은 사람들과 기업이 세금을 적게 내게 해주는 것이 우리 목적'이라는 말을 강의 시간에 들었다. 이런 말을 들으며 그는 '이래서 세상이 망하는 구나.' 하는 생각이 들었고 전공에 흥미를 잃게 되었다. 그러나 그는 장학금을 받아야 할 형편이라서 학점을 유지하기 위해 애쓰고, 아르바이트도 하면서 힘들게 대학을 다니고 있었다.

그렇게 대학 4학년을 보내고 있던 2011년 3월 11일, 후쿠시마 원전 사고가 터졌다. 사고 자체도 그에게 너무나 큰 충격이었지만, 그렇게 위험한 핵발전소가 한국에도 21개나[12] 있다는 이야기에 놀란 그는 세상을 공부하기 위해 기숙사에 틀어박혀 『침묵의 봄』, 『간디의 물레』 같은 책을 읽으며 '어떻게 살아야 하지' 하는 고민을 많이 했다. 그러다가 문득 '우리 지역에 환경단체가 몇 개나 있을까?' 하고 인터넷을 검색해보니 경남에는 환경단체가 환경운동연합 하나밖에 없었다. 그는 아무한테도 얘기하지 않고 지원서를 썼다. 면접을 보는 전날 밤 그는 굉장히 많이 울었다.

"무서워서, 아니 그렇다기보다는 무서웠다라기보다는, 그러니까 아무한테도 얘기하지 않고 제 전공과 상관없이 첫 직장을 해도 되나? 이렇게 살고 싶나 내가? 그러면서 출발하기 전까지도 갈까 말까 갈까 말까 되게 고민을 많이 했었어요."

2011년 12월, 면접을 보러 간 그에게 면접관들은 이런저런 질문을 한 후 생계비를[13] 많이 줄 수 없는 형편을 이야기했다. 곽

---

[12] 우리나라에는 2022년 3월 기준으로 24기의 핵발전소가 가동 중이며, 4기가 건설 중이다.
[13] 시민사회단체 활동가들은 '월급' 또는 '급여'보다 '생계비'라는 표현을 쓴다.

빛나는 '돈 때문에 다니는 것은 아니니까 괜찮다'고 대답했다. 이렇게 해서 그날로 그는 활동가로 뽑혀 임희자 당시 마산·창원·진해환경운동연합^{이하} $^{마·창·진환경운동연합}$ 정책실장과 함께 시민사회 행사에 참여했고 현장을 많이 돌아다녔다.14 낙동강, 마산만, 밀양 케이블카 문제 등 환경문제가 있는 현장에 이들은 언제나 달려갔다. 초등학교 때부터 공부한 것을 통틀어 이때 제일 알차고 재미있게 배울 수 있었다는 것이 곽빛나의 말이다. 20년 정도 일한 임희자 선배로부터 이런저런 이야기를 듣는 것도 너무 좋았다. '임실장님이 차에 타!' 하면 밀양이든, 함안이든, 강원도든 현장으로 달려갔다.

그러던 중 송전탑 반대운동이 밀양에서 점차 크게 확대되기 시작했다. 곽빛나는 2012년 8월 1일, 밀양 765kV 송전탑 반대대책위원회에 간사로 파견되었다. 처음에는 무슨 일을 할지 몰라 어색해했지만 보이는 일을 찾아 눈치껏 열심히 일하다 보니 점차 사람들의 신뢰를 얻게 되었다. 2013년 5월과 10월에 싸움이 있었는데 때로는 혼자 상황실을 지켜야 했다. 그는 문구점에 가서 전지$_{全紙}$를 사와서 밀양 지도를 그리고, 그 위에 철탑 위치, 가는 길, 번호, 상황실 등을 그려 넣었다. 이렇게 그는 밀양에 오는 운동가들이나 시민들에게 상황을 설명하고 안내하는 역할을 했다. 대책위원회의 공식적인 페이스북 계정이 없어서 곽빛나가 그의 계정으로 급박한 소식을 알려 파워 페이스북 유저가 되기도 했다.

'생계에 필요한 최소한의 비용'이라는 의미를 담고 있는데, 시민사회 활동가의 적은 급여를 나타낸다.
14 이 책의 5장에서 임희자의 이야기를 볼 수 있다.

"생각이란 걸 할 시간이 별로 없었는데, 진짜 생각할 시간이 없었는데, 그냥 내일, 내일은 어떡하지. 지금 농성막이 여덟 개, 많게는 열네다섯 개까지 있었는데, 아침밥 어떻게 갖다 드리시. 점심은 뭐 드리지. 김밥 싫어하시는데, 이런 순간들이었죠."

그는 이렇게 열중하던 대책위 활동을 2014년 6월 11일로 그만두고 12일부터는 마·창·진환경운동연합으로 복귀했다.[15] 그가 대책위 활동을 그만두게 된 것은 대책위 안에서 갈등이 있었기 때문이었다. '내가 탈락되어서 나왔다'는 느낌은 추스러지지 않았고 그는 결국 2015년 3월에 배낭 하나 메고 유럽으로 날아갔다. 9개월 동안 유럽 이곳저곳을 다니면서 그는 외로움을 즐겼고 인생의 모토도 정했다.

"절대로 즐겁지 않으면 하지 말자. 아무리 좋은 일이라도 나를 혹사시키지는 말자. 못하는 거는 '못해요'라고 얘기하자. 그리고 거창하게 살려고 하지 말고. 그냥 내 스스로 혼자 지킬 수 있는 것, 과도하게 뭔가 하지 말고, 나부터 변하는 것을 시작하자. 그래서 유럽에 가자마자 채식을 시작했어요."

그는 유럽 여행을 하면서 자신을 많이 돌아보았다. '나는 운동가로서 열심히 하고 있으니 작은 것은 좀 어기더라도 괜찮다.'

---

[15] 2016년 12월 5일 우리가 곽빛나를 만났을 때 그는 이 싸움을 돌아보며 '한 번도 졌다는 생각을 해 본 적이 없다'고 말했다. 많은 사람들이 잘 싸웠다고 평가할 뿐만 아니라 그 운동의 흐름이 박근혜 탄핵을 위한 촛불집회로 이어지고 있다고 그는 평가했다.

는 마음이 자신에게 있었다고 반성하기도 했다. 스페인 순례길을 걸으면서 '어떤 단체에서 활동하는 것이 운동가가 아니라, 내가 운동가로 살겠다고 하고 실천하면 운동가'라는 생각도 정리했다.

> "'운동하지 말아야지.' 했던 제 자신한테 채찍질하면서, 운동하면서 살아야지 끝까지. 남들이 나한테 운동가가 아니라고 얘기해도, 운동가지 뭐 나는. 그러면서 제 마지막 여행을 정리하고, 한국으로 돌아왔죠."

그는 '내가 하는 행위로 다른 사람들이 변화하고, 변화시킬 수 있는 사람이라면 운동가다.'라고 생각하게 되었다. 귀국 후 곽빛나는 임희자 실장을 만났다. 임희자 실장은 '누구 때문에 환경운동연합에 돌아오는 것은 하지 마라.'고 말했다. 이 말을 듣고 곽빛나는 좀 자유롭게 활동가로 살아가는 삶을 구체적으로 생각하게 되었다.

이때 녹색당의 이유진이 2016년 총선에서 서울 동작갑에 출마하면서 곽빛나에게 사무장을 맡아달라고 부탁했다. 그는 정치에 대한 목마름이 있었기에 바로 짐을 싸서 서울로 올라갔다. 이유진 후보의 집에 살면서 엄청나게 많은 일을 하다 보니 '선거 한 번 더 하면 죽겠다.'는 생각이 들 정도였다. 선거 결과는 예상대로 낙선이었지만, 그래도 그는 녹색당의 젊은 청년들과 함께 녹색정치의 현장을 경험할 수 있어서 매우 좋았다. 그러나 선거를 끝내고 나서 밀양으로 돌아갈 생각을 하니 미래가 너무 아무것도 없어서 불안했다.

"그래서 되게 많이 울었는데, 그런데 울면 뭐 하겠어. 아무도 안 만들어 주면 내가 만들어야지. 그래서 그렇게 뭐 좀 울다가 '만들자. 만들면 되지 뭐. 해보고 안 되면 뭐 어쩔 수 있나.' 이런 생각으로 선거를 끝내고 돌아오자마자 한 일이 청년모임을 만드는 거였어요."

그는 밀양에 내려가 너나들이라는 청년모임을 만들어서 목공모임도 하고 '돗자리 프로젝트'라는 쉬며 충전하는 프로그램 등을 하며 청년들과 함께 할 수 있는 일들을 해나갔다. 그는 경남 밀양시 단장면에 있는 유기농 하우스 한 동을 빌려서 초보 농사꾼이 될 계획이 있다고 자랑했고 지금 그 꿈을 실현하고 있다.

2011년에 곽빛나에게 던져진 키워드가 '환경'이었다면 2016년에는 '여성'이었다. 가부장적인 지역에서 여성주의를 말하는 것은 불편하지만, 그것을 말함으로써 변화를 만들어 가는 일을 그는 하고 있다.

"저는 이 크게 난 고속도로를 조금 축소시키고, 작은 길들이 많이 났으면 좋겠어요. 그런데 저는 그 길을 걸어가는 사람 중의 하나예요. 그 타이틀 안에 저는 여성과 환경과 나이주의에[16] 관심이 있는 사람일 뿐이에요. 그 길을 그냥 저는 그냥 가는 거고요. 환경운동에도 큰길이 있어요. 그래서 그 큰길 안에는 환경운동연합이나 녹색연합이나 이런 것들이 있다고 생각하고요. 그런데 그 큰길이 확대되는 것도 좋지만, 그 길에서 벗어나서 다른 길들이 계속 나왔

---

[16] 나이주의는 나이에 따른 차별을 정당화하는 사회현상을 이르는 말이다.

으면 좋겠어요."

환경, 동물, 여성, 나이 차별 등 여러 문제를 함께 해결해서 좀 더 좋은 사회를 만들고 싶은 것이 그의 꿈이다. 운동가들은 연대를 통해 이런 문제를 모두 해결하려고 애쓰지만, 그것이 그리 쉽지는 않다. 지역에서는 더 힘든 일이다. 그래서 그는 '기저'를 바꾸어야 한다고 본다. 기저가 되고 싶어 하는 사람은 적지만 곽빛나는 기저를 만들어 가는 '매개체'로서 자신이 존재해도 좋다고 말한다. 곽빛나의 '두려움'은 남들과는 좀 다르게, 운동가로 살아가려는 모든 사람들이 갖는 두려움일지도 모른다. 그는 그 두려움 속에서도 자신을 끊임없이 돌아보며 일으켜 세워 자신과 세상을 바꾸어나가고 있다.

환경운동 현장의 고통과 보람

배보람

우리나라의 전국 규모 환경운동단체로는 환경운동연합과 녹색연합이 대표적이다. 이 두 단체는 동강댐, 새만금 간척사업, 천성산 터널, 4대강사업 등 국가가 주도하는 대규모 개발사업은 물론 민간 자본의 골프장 건설 등 자연을 파괴하는 사업을 저지하기 위해 국가와 기업에 저항하는 운동을 오랫동안 해왔다.

우리가 만난 배보람은 2009년, 20대 중반의 나이에 녹색연합에서 활동을 시작해 환경운동가의 길을 걷기 시작했다. 그는 환경운동 현장을 뛰는 중간 연차 활동가의 솔직한 고민과 자신의 향후 운동에 관해 이야기했다.

전북 임실에서 태어난 배보람은 책을 좋아하는 부친의 영향으로 중·고교 때 사회과학 책 등을 많이 읽었다. 고교 시절 그는 자퇴를 고민할 정도로 학교 생활에 답답함을 느꼈다. 그래서 학교 공부와는 뭔가 다른 일을 찾기 위해 '참여연대 청소년모임'에 참여했고, 거기서 조희연^{서울시 교육감}, 김동춘^{성공회대 교수} 등을 만났다. 이렇게 청소년기를 보내던 그는 2003년 성공회대 사회학과에 입학했다. 그는 대학 생활이 재밌었다고 말한다.

"저희는 대학 1학년부터 세미나 수업을 했어요. 교수님 한 분하고 학생들 다 하고 매주 한 번씩 텍스트를 정해서. 그러면서 자연스럽게 소위 한국 사회의 여러 가지 쟁점에 관해 이야기하게 됐던 것 같고. 저는 학교 다닐 때는 페미니즘에 관심이 많아서, 페미니즘 세미나를 거의 4년에 8할은 했고, 총여학생회 집행부 활동도 했었고요."

배보람은 대학을 다니며 여러 시민단체에서 자원활동을 했다. 성공회대를 졸업해서 활동가가 되는 선배들이 꽤 많았기에 시민단체는 사회 진출 코스 중 하나였다. 그 역시 2009년 대학 졸업 후 녹색연합에서 활동하기 시작했다. 대학 3, 4학년 때 생태 관련 책들을 읽었는데 그중에 상당히 인상적인 게 있었던 것이 그가 녹색연합에서 일하게 된 계기가 된 것으로 보인다. 그는 대학 때 녹색연합에서 자원활동을 하면서 '환경단체가 다양한 얘기를 많이 할 수 있는 공간'이라고 생각했다. 그런데 실제 활동해 보니 꼭 그런 것 같지는 않더라고 웃으며 말했다.

처음 야생동물 현장 조사부서에 배정받았던 그는 3년 차인 2011년에 강원도 골프장 반대 대책위원회에서 1년 동안 파견 근무를 했다. 그는 당시 네댓 개 골프장을 취소시키는 데 이바지했지만, 그 일은 매우 험난하고 힘들었다. 그는 1년 동안 휴가 한 번 쓰지 못하며 한 달에 한두 번 토요일에 서울 집에 갔다가 일요일에 다시 내려갈 정도로 그 일에 매달렸다. 대책위가 강릉시청 앞에 농성장을 차리자 그는 밤낮 농성장을 지켰다. 아침에 씻지도 못하는 일이 부지기수였다. 배보람은 그때를 '버텨내야' 할 정도로 힘들었던 순간으로 기억했다.

지역 대책위와 주민들은 거칠고 투박했지만, 그는 거기서 매력을 느꼈다. 그 때문에 조직에 복귀하라는 요구에, 그는 현장에 있겠다고 고집을 피우기도 했다. 그는 자신도 지쳤지만, 자신보다 더 지친 주민들을 두고 서울로 올라갈 수밖에 없는 상황에 죄의식 같은 느낌을 받았다.

"운동에도 첫사랑 같은 게 있으면, 저는 골프장 건설 반대 운동이었던 것 같아요. 너무 가슴앓이를 많이 하고 정말 너무너무 거기 있고 싶기도 했고, 그러면서도 상처도 많이 받고. 그러면서 올라오면서 내가 조금만 더 나이가 들었고 연차가 있었으면 이렇게 못하지 않았을 텐데. 이런 자괴감도 되게 많았고. 그랬던 것 같아요."

배보람은 골프장 싸움에 올인하면서 다른 걸 고민할 여유가 없었다. 이 때문에 "저는 좀 어떤 부분에서는 또래 활동가들보다 좋게 말하면 조숙한 거고, 나쁘게 말하면 좀 너무 확 늙어버린 것 같은 느낌이 사실은 있다."라고 말했다.

중앙으로 복귀한 후 배보람은 정책부서에서 법률과 예산 대응활동에 중점을 뒀다. 그는 박근혜 정부 때 논란이 됐던 가리왕산 스키장 등 평창 동계올림픽 문제를 담당했다. 가리왕산은 전국 녹색연합 활동가들이 매년 8박 9일 정도 참여하는 '녹색순례' 프로그램에서 그가 걸으며 순례했던 곳이기도 했다.[17]

그는 순례 후 더 절실하게 이 사안에 매달렸다. 국회를 오가며 민주당 등 당시 야당 국회의원 보좌진들을 만났다. 보좌진들을 만나면 '평창 동계올림픽을 이렇게 하면 강원도가 망할 것이라는 것을 다 알면서도 강원도 최문순 지사가 같은 정당이니까 그런 발언을 안 하고, 못하는 것'을 보고 그는 화가 많이 났다.

그는 사회 의제가 정치 의제로 못 들어가는 현실을 비판하면서도 환경단체 운동의 한계도 지적했다. "동계올림픽에 대한 경제적 환상이 있지 않나. 우리가 '개발하면 좋다.'라는 그 환상을 못 깬 거다. 그러니까 설득을 못 한 거다. 강원도 지역 주민들이나, 지역사회를 설득 못 한 거고. 너무 운동 자체가 중앙 중심으로 갔던 것 같다."라고 그는 평가했다.

배보람은 활동하면서 어려운 점이 '너무 많다'고 말했다. 하나의 예로 그는 단체 내 폭력 사건이 일어났을 때 "이게 왜 폭력인지 설명해야 할 정도"였다고 말했다. '성폭력 사건이 발생했냐 혹은 폭력 사건이 발생했느냐, 안 했느냐보다 중요한 건 그 조직이 그 문제를 어떻게 해결하느냐가 조직의 수준을 보여주는 것'이라는 것이 그의 이야기다.

2016년에 배보람은 안식년을 보냈다. 그는 요가를 배우고 못 봤던 책을 읽으면서 사무실에서 일할 때보다 훨씬 더 성실하게 이 시기를 보냈다고 했다. 그는 안식년 이후 가장 큰 변화는 '업무 중심적 사고에서 벗어나려고 하고 있다'는 것이라고 말했다.

그는 이른바 '워라밸'$^{Work\ and\ Life\ Balance:일과\ 생활의\ 균형}$을 추구했다. 익숙한 단체 내에서 머물면서 고립되지 않고 그는 '저녁이

---

17 '녹색순례'는 녹색연합이 생태적 감수성을 훈련하는 프로그램인데 이 단체는 가리왕산, 설악산 등 박근혜 정부 당시 논란이 됐던 지역을 순례했다. 배보람은 순례 이후에 활동가들의 결의가 더 높아졌다고 말했다.

있는 삶'을 살려면 다른 단체 사람들과 교류하면서 공부하는 외부 자극이 필요하다고 보았다.

이런 과정을 거치면서 그는 처음 근무했을 당시와 비교해서 생각이 많이 바뀌었다고 말했다. 고민이 좀 더 정교해졌다는 것이다. 배보람은 자신과 비슷한 연배의 활동가를 학생운동, 즉 조직운동 경험을 하지 못한 세대라고 평가했다. 그러다 보니 단체 내에서 조직화를 배우고 체계화하는 과정에서 그만두는 이들이 많았다.

그는 자신과 비슷한 중간 연차 활동가를 "이런저런 부침을 겪고 살아남은 사람들"이라고 말했다. 배보람은 조직과 '나'의 균형을 유지하는 게 중요하다고 보면서 쉽지 않지만 어떻게 잘 유지할 것인가를 고민하고 있었다.

그는 최열, 윤준하, 장원, 김제남 등 1세대 환경운동가들이 한국 사회에 많은 영향을 미친 성과도 있지만, 본인들이 했던 운동에 대한 평가나 내용들을 후배들한테 정확하게 정리해 내지 못한 게 한계라고 보고 있었다. 새만금, 4대강사업 등 매우 중요한 싸움에 대해 공식적인 평가 문건이 없다는 게 문제라는 것이다.

환경운동의 향후 방향에 대해 배보람은 로컬화를 고민하고 있었다. 그는 운동을 할수록 풀뿌리조직이 중요하다는 점을 깨달았다. 또한 그는 '정부 감시와 정책활동도 중요하지만, 기업 감시운동이 큰 의제가 돼야 한다'고 말했다.

배보람은 2019년 말 '녹색연합'을 사직하고 2020년부터 서울시립대 도시행정학과 대학원에서 석사 과정을 밟고 있다. 그는 현재 발암물질 없는 사회 만들기 국민행동에서 화학물질 관련해 주 1회 반상근 활동을 벌이고 있다.

젊은 환경운동가로 살아가기의 어려움

손민우

2010년 국내 환경단체에서 근무하다 국제단체인 그린피스^{Green} ^{Peace}로 이직해 활동하고 있는 손민우는 직장과 직업 관점에서 환경운동에 참여하는 젊은 활동가의 모습을 보여주고 있다. 그는 불확실한 미래에 대한 젊은 활동가의 우려를 말하면서 기존 환경단체가 풀어야 할 과제를 제시하고 있다.

대구가 고향인 손민우는 어릴 적 경북 영천 시골 할머니 집에 자주 갔다. 그는 시골 주변 도로가 포장되고 하천에 보가 들어서면서 자신이 좋아하던 동물이 사라지는 걸 안타까워했다. 록 음악을 좋아해 로커가 꿈이었던 그는 공부에 흥미가 없었지만, 대학은 가야 한다는 부모님 성화에 2005년 영남대 영문학과에 입학했다. "그렇게 가니까 재미가 없었다." 중·고교 시절과 달리 부모님 강요와 간섭이 줄어들자 그는 수업 대신 기타를 배우며 친구들과 놀기 바빴다. 어느 날 그의 친구가 '너는 착하고 동정심도 많으니까 UN 같은 구호 쪽 일을 해보는 게 어떠냐?'라고 조언했다. 그는 모두가 즐거우면서 이득이 되는 일을 찾고 있었고, 자신이 추구하는 방향과 시민사회단체 활동이 잘 맞는다고 생각했다.

이후 손민우는 정치학을 복수전공 하면서 〈한겨레〉, 〈경향신문〉 등 진보 언론을 자주 접했다. 기자가 되고 싶어 언론 고시를 생각하던 그는 시민사회단체가 어떤 활동을 하는지 구체적으로 알고 싶었다. 그는 3학년 때인 2009년 경희대 NGO 대학원 인턴십 프로그램을 통해 서울환경운동연합을 배정받았다. 당시 서울환경운동연합은 서울시장 오세훈의 공약인 '한강르네상스' 반대운동을 중심적으로 벌이고 있었다. 이 활동에 참여한 손민우는 어릴 적 하천에 콘크리트 바르고 물을 막고 나서 수질이 나빠지고 생물이 사라졌던 기억을 떠올렸다. 그는 "여기와서 활동해 보니 어릴 적에 겪었던 일의 확장판이었다. 나의 경험이랑 연결되어 재미있다는 생각을 했다."고 말했다.

> "환경운동을 하면 어쨌든 내가 어릴 적 경험하면서 자랐던 그 환경도 지킬 수 있고. (중략) 생활 속에서 내가 실천할 수 있고, 운동하면서 세상을 바꿀 수 있는 좋은 일이구나. 이게 뭔가 나 하나로부터 시작해서 큰 변화를 만들 수 있다는 생각을 해서 이 활동을 본격적으로 해보자 결심을 했어요."

손민우는 2010년 공채를 거쳐 서울환경운동연합에 정식으로 들어갔다. 그는 환경운동이 보다 대중화하기 위해서는 시민들에게 자신들의 활동을 더 많이 알려야 한다고 생각했다. 그에 따라 홍보 파트를 담당한 그는 그린 플러그드$^{Green\ Plugged}$ 페스티벌 등 대중문화와 연계된 홍보활동에 중점을 뒀다.

그러던 그는 2014년 7월 서울환경운동연합에 사직서를 냈다. 그가 그만둔 가장 결정적인 이유는 '돈이 없으니까 미래가 보이지 않았고, 너무 불안'했기 때문이었다. 서울환경운동연합에서 4년 차였던 그의 생계비는 128만 원이었다. 지방에서 올라왔기에 고정으로 지출되는 월세와 생활비를 빼고 나면 저축과 미래 준비 등은 꿈같은 이야기였다. 그는 "한 2년 정도는 괜찮았다. '나는 꿈을 먹고 열심히 환경운동을 할 거야.' 이러면서 했는데, 여자친구가 생기고 결혼을 생각하니까 미래에 대한 걱정이 되고…."라며 말끝을 흐렸다.

손민우가 4년 차에 서울환경운동연합을 그만둔 데에는 다른 이유도 있었다. 그는 선배 환경운동가들이 경제적으로 어렵고 정신적으로 피로도가 높은 조건에서 몇십 년을 이어온 것 자체가 존경스러운 일이라고 말했다. 특히 "선배들이 사람을 조직하고 일을 만들어 내는 능력이 굉장히 탁월하다."라고 그는 평가했다. 선배 운동가의 활동이 우리 사회가 지금까지 올 수 있었던 밑거름이 됐다는 것이다. 그렇지만 그는 선배들에게서 꼰대 같은 느낌을 지울 수 없었다. 자신과 같은 젊은 활동가가 오래 버틸 수 없는 이유는 경제적인 어려움뿐만 아니라 선배들의 영향력이 너무 강하기 때문이라고 봤다. 그것이 환경단체의 큰 한계라는 것이다.

"선배들이 단체를 만들고 이끌어 오셨던 분들이기 때문에 여전히 그 단체의 터줏대감으로 남아 있으면서, 어떻게 보면 그분들의 인생이 곧 단체가 되어버린, 민주적인 의사결정보다 그분들의 의견이 더 중요하게 돼 버린 그런 것도 굉장히 많았고요. (중략) 환경운동을 예전부터 해 오셨던 선배분들이, 그 멤버가 계속 회전문 인사처럼 돌아기니까. 그 방식이 이제 획기적으로 바뀌지 않는 거죠."

손민우는 서울환경운동연합에서 젊은 활동가로서 조직을 변화시키기 위해 여러 시도를 했다. 그러나 젊은 활동가가 내로라하는 선배들에게 반기를 들기는 쉽지 않았다. 2012~13년경 환경운동연합은 창립 20주년을 맞아 새로운 비전을 제시했다. "그런데 결국은 똑같더라. 변하자 해놓고 똑같이 하는 거에 실망을 좀 많이 했다."라는 게 그의 말이다. 그는 '조직을 바꾸려면 선배들을 설득하고 조직을 바꿔야 하는데 그런 에너지를 두 배, 세 배 쏟아가면서 해야 하나?' 라는 생각이 들었다고 말했다.

손민우는 개인주의적 성향, 탈권위 등을 자신과 비슷한 세대 활동가들의 특징으로 꼽았다. 인터넷에 기반한 온라인 활동에 강하고 좀 더 새로운 시각으로 재미있는 접근을 많이 하는 것이 또래의 특징이라고 말했다. 그는 이런 성향 때문에 밀양, 강정, 두물머리 등의 젊은 활동가들은 기존 단체의 운동방식이 싫어서 새로운 운동 기조를 만들었다고 보았다. 그는 젊은 세대가 부족한 환경단체에 다음과 같은 의견을 피력했다.

"젊은 사람들을 운동가로서 일만 하게 할 게 아니라 계속해서 사람들을 교육하고 자기가 가고 있는 길이 맞다는 것을 자각시켜 주고 함께 공감하고 그런 것만 하더라도 굉장히 인생에 큰 자산과 힘이 될 수 있지 않을까 생각이 들어요. 그런 부분들을 강화한다면 좋을 것 같고요. 돈도 많이 주면 청년 운동가들이 안심하고 오래오래 일할 수 있지 않을까 생각합니다."

손민우는 2014년 8월 그린피스 서울사무소에 들어갔다. 경력을 살려서 갈 수 있는 일자리를 찾다 보니 급여를 더 많이 주는 그린피스에 지원하게 됐다고 그는 말했다. 그는 그린피스에서 이전 단체의 두 배 정도 되는 월급을 처음 받았을 때 "이렇게 많은 돈을 받아본 게 인생에서 처음이라 손이 막 떨렸다."라고 회상했다. 그의 부모님도 너무 좋아하셨다. 그는 "이전 단체에서 밥만 먹고 숨만 쉬고 살았다면 지금은 다양한 관심사도 가져보고 뭔가 꼭 필요한 소비 이외에도 한 번쯤은 다른 소비를 해볼 수 있는 단계가 된 것 같아서 좋긴 한데, 또 한편으로는 이게 또 영원한 게 아니니까."라며 불확실한 미래를 걱정했다.

손민우는 그린피스 서울사무소에서 석탄화력발전 관련 에너지 캠페이너로 활동하고 있다. 그린피스는 각자 영역으로 분업화된 체계를 지니고 있다. 우리나라 환경단체는 활동가가 기획, 캠페인, 홍보 등에 두루 관여할 수 있지만, 그린피스는 각 영역이 고유한 전문 분야로 나눠져 있다. 그는 그린피스의 장점은 국제단체로서 체계적인 인프라를 갖고 활동가에 대한 교육과 지원을 잘하고, 그래서 활동가가 전문성을 쌓을 수 있도록 하는 점이라고 말했다. 하지만 한국 환경단체만큼 속도감 있게 이슈에 대응하거나 생활 속 환경문제를 사회 의제로 만드는 데에는 한계가 있다는 것이 그의 말이다. 처음 환경운동을 선택했을 때와 지금 생각이 바뀐 것이 있느냐는 질문에 손민우는 "저는 개인의 행복이 좀 더 중요하다고 생각한다."며 다음의 말을 이어갔다.

"처음에 시작할 때는 꿈과 열정을 가지고 시작했다고 그래야 하나. 내가 이 활동을 하면서 사회를 바꿀 수 있겠다. 그리고 정말 생태사회를 만들어 가겠다는 꿈을 가지고 했었는데, 지금은 사회문제에 대한 피로도 굉장히 많아졌고요. 웬만하면 제가 일하는 거 외에는 깊게는 관심을 안 가지려고 하고. 왜냐면 너무 피곤하더라고요."

손민우는 서울환경운동연합에서 일하면서 사회운동가로서의 보람도 많이 느꼈지만, 경제적 어려움, 낮은 사회적 지위, 미래의 불안, 경직된 조직문화 등 많은 문제 때문에 매우 힘들어했다. 이런 문제는 국제 환경단체로 옮기면서 다소 해결되었지만 그래도 그는 일과 삶의 균형을 이루면서 환경운동가로서 보람 있고 지속가능하게 운동을 계속하기는 쉽지 않을 것으로 보는 것 같다. 손민우의 고민은 이 시대 청년 환경운동가들의 고민과 크게 다르지 않을 것이다.

우리는 이 장에서 고민하고 힘들어하면서도 자신의 삶과 지탱가능한 지구를 지키기 위해 애쓰고 있는 청년들의 목소리를 들어보았다. 이들은 선배 운동가를 한편으로 존경하면서도 한편으로는 '꼰대'처럼 보기도 한다. '선배들'은 목소리는 컸지만 이루어 놓은 것은 적고, 뿔뿔이 흩어져 제도권으로 들어가 버렸다고 비판하는 청년들도 있다. 그렇지만 '선배 운동가'들도 과거에는 청년이었고 그들도 고통과 번민 속에서 자신의 삶을 걸고 사회운동을 했다. 이제 그들의 이야기를 들어보자.

2장

공해를 추방하고 환경을 살리는 사람들

이제 우리가 앞에서 만난 청년들보다 한참 전, 1980년대 초반부터 공해추방운동에 참여한 운동가들을 만나 보겠다. 1982년에 한국공해문제연구소를 만드는 데 참여하며 우리나라 환경운동을 이끌었던 최열, 1960년대부터 민주주의와 민족문제 해결을 위해 운동하다가 최열을 도와 환경운동을 시작한 윤준하, 급진적 반공해운동의 이론적 기초를 세웠던 조홍섭, 청년들의 공해추방운동을 이끈 안병옥, 부산에서 민주화운동가들과 함께 부산공해추방시민운동협의회를 결성했던 구자상, 전문가로서 환경문제를 해결하기 위한 운동을 해야겠다고 결심하고 평생 환경운동을 해온 장재연, 1980년대 초, 아이들의 생명을 살리기 위해 공해반대시민운동에 뛰어든 서진옥과 구희숙, 이들의 이야기를 이 장에서 들어보자. 이들이 청년이던 시절, 1970년대와 1980년대에는 환경문제, 환경 오염이라는 말보다는 공해公害라는 말이 더 많이 쓰였다. 이들은 공해에 반대하고 공해를 추방하는 운동에서 시작해 환경을 지키고 생명을 살리는 운동을 하며 청년기를 보냈고 지금까지 다양한 분야에서 일하고 있다.

공해추방운동, 환경운동, 그리고 환경재단

최열
©『함께 사는 길』이성수

한국 환경운동의 특징 가운데 하나는 전국 규모의 환경운동 조직이 환경문제를 해결하기 위해 시민들의 지지를 얻어 정책이나 법과 제도를 개선해 왔다는 점이다. 일본의 경우, 지역에 바탕을 둔 풀뿌리 환경운동 조직이나 특정 이슈를 해결하기 위한 조직과 운동은 발전했으나 전국적인 환경운동 조직은 거의 없는 형편이다. 또 하나 우리나라 환경운동의 중요한 특징은 환경운동 조직들이 환경문제 해결에만 관심을 집중한 것이 아니라 민주화에 많은 힘을 기울여 왔다는 점이다.[18] 1980년대 이후 한국 환경운동이 이런 특징을 갖게 되는데 중요한 영향을 미친

---

[18] 이런 특징은 한두 사람의 생각이나 행동 때문이 아니라 많은 사람들의 사회적 상호작용을 통해 생긴 것이지만, 중요한 행위자의 실천은 이런 특징이 자리 잡는 데 큰 영향을 미쳤다고 볼 수 있다.

사람이 최열이다.19

최열은 청년기, 일제 잔재를 청산하지 못한 박정희 정권에 저항하며 민주화운동에 뛰어들었다. 춘천고등학교 시절 한일회담 반대운동에 참여할 정도로 청소년기부터 사회의식을 갖고 있던 최열은 1968년 강원대학교 농화학과에 입학해 학생운동에 참여했다. 그는 1969년 3월 박정희 정권의 3선 개헌 통과를 "인생을 바꿔놓은 사건"이라 말한다. 그는 박정희 정권이 학생운동을 탄압하기 위해 발령한 '10.15 위수령 사태[1971년]'로 강제징집 당하기도 했다.

최열은 1975년 대학 졸업 후 그 해 일명 '명동 가톨릭 학생 사건[전국대학생연맹사건]'으로 구속[긴급조치9호 위반]됐다. 안양교도소에 수감된 그는 그곳에서 이부영[전 국회의원], 유인태[전 국회의원] 등 44명의 시국사건 인사들과 국가의 미래를 놓고 밤을 새워가며 토론했다. 이때 많은 사람들은 노동운동에 투신할 생각을 갖고 있었다. 최열은 '화학 전공을 살려 사회에 기여할 수 있는 것이 무얼까?' 고민하던 끝에 공해문제를 해결하는 사회운동을 해야겠다고 생각했다. 1960~1970년대 박정희 정권은 '공장 굴뚝의 검은 연기가 하늘을 가득 메우는 것'을 경제성장으로 여기고 있었다.

최열은 감옥에서 공해문제의 이론과 현실을 공부하기 시작했다. 그런데 그가 구할 수 있는 공해 관련 자료는 일본 자료뿐이었다. 그는 일본어를 독학해가면서 도쿄대학 공학부 조교 우이 준[宇井純]의 『공해원론』, 구마모토대 교수 하라다 마사즈미[原田正純]의

---

19 최열 관련 내용은 2014년 8월 27일 심층 면접 내용과 『환경운동과 더불어 33년』[최열. 서울대학교 기초교육원. 2009]을 참고했다. 최근 활동은 최열 이사장의 동의를 얻어 2019년 언론 인터뷰[강찬수. 2019]를 참고했다.

미나마타병 관련 자료 등을 열독했다. 1977년 3월 대구교도소로 이감돼 독방 생활을 했던 그는 "내 인생에서 이때 2년 3개월이 아마 가장 많은 책을 읽은 때였던 것 같다."라고 회고했다. 그는 경제학자 미야모토 겐이치宮本憲一의 『일본의 환경문제』에서 얻은 깨달음을 이렇게 설명했다.

"보니까 공해라는 게, 내가 생각한 자연과학적인 접근이 아니라 경제, 도시계획, 그다음에 기업의 이윤 추구, 자본주의 이런 거 하고 다 연결돼 있구나. 그래서 이 책을 보면서 굉장히 폭이 넓어진 거예요. 아 이게 공해문제가 그냥 오염의 문제가 아니구나."

최열은 1979년 5월에 형 집행 정지로 감옥에서 나온 직후부터 반공해운동 단체를 만들려 했다. 공해라는 말조차 생소했던 시절, 주위에선 "공해가 있더라도 좀 배불리 먹고 싶다."라는 말이 흔하게 나왔다. 동료들은 '민주화 이후 공해문제를 해결하는 게 순서'라고 그를 만류했다. 최열은 단체를 만드는 일을 뒤로 미루고 민주청년협의회 부회장으로 민주화운동을 이어갔다. 그해 10월 26일, 대통령 박정희가 암살당했다. 비상한 시국에 대응하기 위해 재야 민주 진영은 대통령 직선제 등을 요구하는 집회를 결혼식으로 위장해 추진했는데, 이것이 11월 24일의 'YWCA 위장결혼식 사건'이었다. 이 사건에 참여한 최열은 구속되어 안양교도소 독방에서 1년 4개월을 보냈다.

1981년 출소한 최열은 그해 9월부터 본격적으로 반공해운동 단체 설립에 나섰다. 그는 한국교회사회선교협의회를 찾아가 참여를 요청했고, 다른 한편으로 전문가 섭외를 위해 뛰어다녔다.

당시는 전두환 정권이 1980년 '광주 학살' 이후 강압 통치로 국민의 숨통을 조이던 시기였다. 최열은 "단체 임원 되는 것 자체부터 무진장 부담이 되는 때였다."라고 말했다. "학자들은 겁이 많아서 안 되겠구나. 그래서 결국 운동하려면 운동 쪽 사람하고 할 수밖에 없다."라고 그는 생각했다. 그래서 이사장 함세웅 신부, 이사 조중래전 명지대 교수, 2022년 작고, 한승헌변호사, 연구원 최열 등이 참여하여 1982년 5월 한국공해문제연구소이하 공문연가 설립되었다. 공문연은 우리나라 최초의 전문 환경운동 조직이라는 평가를 받고 있다구도완, 1996:151.

최열은 공문연 첫 활동으로 "공해로부터 제일 고통받는 데부터 가자."라고 생각하고 서울 구로공단, 경남 온산공단 등을 조사했다. 가는 곳마다 현장 상황은 심각했다. 간장색 공장 폐수가 하천으로 유입되어 개구리가 즉사할 정도로 하천 오염은 심각했다. 온산공단 아연공장 부근 초등학교에서는 한 반 어린이의 절반 정도가 피부병과 눈병 등이 있다고 답할 정도였다.

이런 끔찍한 상황을 해결하기 위해 최열은 공해강좌를 시작했다. '국민이 공해 자체를 모르니까 공해란 무엇인지를 교육하는 강좌를 하자'고 생각했다. 군사 정권의 노골적 방해로 공문연은 공해강좌 강사와 장소 섭외부터 어려움을 겪었다. 최열은 명동성당 문화관을 빌려 공해강좌를 이어가면서 피해 주민을 초청해 상황을 알리려 했다. 그는 온산 주민 피해 사례 발표 당시를 또렷이 기억하고 있었다.

"온산 주민의 첫 마디가 '서울에 오니까 공기가 맑아서 생기가 돕니다.' 그러는 거예요. 그 당시가 80년대 중반이에요, 80년대 서울 공기가 무지무지 나빴어요. (중략) 그런

데도 '서울에는 나무도 살아 있네요.' 그래서 그때 참석한 사람들이 충격을 받은 거예요. '아니 서울이 이렇게 공기가 나쁜데, 온산 주민들이 서울에 오니 공기가 맑아서 생기가 돕니다.'라고 그러니까."

1987년 대통령선거에서 공문연을 떠나 백기완 민중 후보 캠프에 합류했던 최열은 1988년 9월 공해추방운동연합[이하 공추련]이 출범할 때 공동의장으로 함께 했다.[20] 그는 공추련 출범 직전인 1988년 8월 일본 히로시마에서 열린 '원수폭세계대회'에 참석했다. 처음으로 국제 대회에 참가했던 그는 일본 서점 한 면 전체에 지구환경 코너가 있는 것을 보고 강한 인상을 받았다. 1990년 최열은 미국 지구의 날 네트워크 데니스 헤이즈[Denis Hayes]의 요청을 받고 지구의 날 1990 한국위원회를 꾸려 행사를 진행했다.

"그때 처음으로 학자들이 '지구온난화'와 '기후변화'를 이야기하긴 했지만, 운동으로서 우리가 '지구온난화' '사막화' '오존층 파괴' 이런 걸 공식적으로 쓰고 산성비 노래도 만든 게 1990년입니다. 그때부터 좀 더 국제적인 연대와 지구적인 차원에서 환경운동을 해야 한다는 생각을 했습니다."

1990년 지구의 날 행사를 통해 최열은 지구적 차원의 환경문

---

[20] 1993년 4월에는 서울의 공추련과 지역에서 공해추방운동을 벌이던 7개 조직이 연합하여 환경운동연합을 새로 창립했고 최열은 사무총장으로 새로운 전국 조직을 이끌었다.

제를 인식하기 시작했다. 이러한 인식은 1992년 6월 브라질 리우 데 자네이루에서 열린 'UN환경개발회의$^{UNCED, 리우 환경회의}$'에 참가하면서 더욱 굳어졌다. 당시 그는 '무조건 많이 가서 보고 오는 게 최고다. 현장을 직접 봐야지 우리에게 변화가 온다.'라는 생각으로 UN환경개발회의 한국위원회를 구성해 기업과 NGO 관계자 등 50여 명과 함께 갔다.[21] 최열은 리우 환경회의에서 지구적 환경운동을 위해 국제환경단체와의 적극적인 연대를 생각했다. 1994년에는 환경운동연합 사무총장으로서 그린피스를 초청해 우리나라 핵발전소 문제를 시민들에게 알리기 위해 전국 반핵 투어에 나섰다. 최열은 1995년 굴업도 핵폐기장 반대운동, 1997년 대만 핵폐기물 북한 수출 저지활동, 1998~2000년 동강댐 백지화운동 등 국내외 파급력이 큰 환경운동을 주도했다.

환경운동연합, 녹색연합 등 환경단체의 운동가들은 환경문제를 해결하기 위해서는 시민들이나 환경 오염의 피해자들이 스스로 자신의 목소리를 낼 수 있는 사회를 만드는 것이 중요하다고 생각했다. 이 때문에 이들은 정치의 민주화를 위해서 시민사회단체들과 연대하여 다양한 운동을 펼쳤다. 대표적인 것이 2000년 총선시민연대 활동이다. 환경운동연합 사무총장 역할을 하던 최열은 녹색연합 사무처장 장원, 참여연대 사무처장 박원순 등과 함께 2000년 총선시민연대를 조직하여 부패한 정치인 등에 대한 낙천·낙선운동을 벌였고 이 운동은 크게 성공했다.

2002년 최열은 만 10년 동안 맡았던 환경운동연합 사무총장을 그만두면서 '시민사회단체 활동가들이 더 공부하고 더 열심

---

[21] 당시 공추련 내에서는 기업 비용으로 국제회의에 참석하는 것에 강한 비판이 제기됐고, 이로 인해 일부 활동가가 집단 퇴직하는 등 내홍도 있었다.

히 일할 수 있는 기구가 필요하다'라는 생각에 환경재단을 설립했다. 환경재단은 국내외 환경단체를 지원하면서 '서울국제환경영화제', '피스&그린보트' 등 문화와 연계된 행사를 진행했다.22 2017년에 환경재단 제2대 이사장으로 선출된 최열은 2018년 환경Environment·사회Social·지배구조Governance를 뜻하는 ESG 경영이 세계적으로 확산하자 기업 CEO 대상 ESG 교육 과정을 개설하기도 했다.

최열은 2009년 이명박 정부에서 또다시 고난을 겪기도 했다. 당시 이명박 정부는 국민 반대 여론이 높은 4대강사업을 국정원 등 국가기관을 동원해 강행하며 이 사업에 반대하는 환경운동연합, 최열 등에 대해 수사를 벌였다. 최열은 2013년 대법원 판결로 징역 1년이 확정돼 옥고를 치렀다. 2014년 출소 후 최열은 환경재단 대표로 복귀했지만, 박근혜 정부 시기에도 어려움이 컸다. 이 때문에 그는 이명박·박근혜 임기 9년 동안을 '환경재단의 빙하기'라고 표현했다.

최열이 생각하는 환경운동의 미래는 어떨까? 그는 "눈에 보이는 오염문제는 줄어들었기 때문에 과거와 같은 운동으로는 국민적 지지를 받기가 힘들다."라면서 "생활하고 직접 관계된 실천운동과 기후변화 대응운동에 집중해야 한다."라고 말했다. 그는 '대중이 참여할 수 있는 운동이어야 한다.'며 "21세기는 결국 순환형 사회가 되어야 한다. 인류가 30년 이내 탄소문명을 순환문명으로 대전환하지 않는다면 파국을 맞게 될 것"이라고 강조했다.

---

22 환경재단을 비판하는 시민사회단체의 목소리도 있었다김정수, 2016. '기업과 기관의 환경 관련 후원금이 환경재단에 집중되어 다른 환경단체는 후원금 모금에 어려움이 있다.' '환경재단이 뒤에서 환경운동을 돕는 역할에 머물기보다 스스로 빛이 나는 자체 사업에 집중했다.'는 평가도 있다.

감옥에서 공해문제를 사회구조의 문제로 인식하게 된 최열은 민주화운동가들의 도움을 받아 공해 피해자들을 지원하고 이들이 스스로 문제를 해결할 수 있도록 사람들을 조직하고 연결하는 일을 시작했다. 그의 관심은 점차 시민들과 함께 자연과 생명을 지키는 일로 확장되었고 지구 환경문제에 대한 관심도 깊어갔다. 2000년대 이후에는 기업의 후원금으로 체제 안에서 환경운동을 지원하는 온건한 활동을 해왔다. 최열의 삶에서 우리는 우리나라 환경운동이 변화해 온 하나의 흐름을 볼 수 있다.

환경운동가를 돌보는 환경운동가

윤준하
ⓒ 『함께 사는 길』 이성수

앞서 최열의 이야기에서 보았듯이 우리나라 환경운동가들 가운데에는 박정희, 전두환 군부 독재에 저항해 민주화운동을 하다가 공해, 환경문제에 관심을 갖고 환경운동을 시작하게 된 이들이 적지 않다. 윤준하는 대학 시절 열렬한 학생운동가로 활동했고 대학 졸업 이후에도 민주화운동을 지원하다가, 환경운동가들을 격려하고 응원하고 도와주는 환경운동가가 되었다.

함경남도 원산이 고향인 윤준하는 서울 용산고 시절 민족문제에 눈 떴다. 그는 초석회^{밑돌회}라는 토론모임을 만들어 친일 반민족 행위 등 우리 민족의 역사문제를 고민했다. 그는 1965년 고3 시절 학내 시위를 주도할 정도로 비판의식이 높았다.

1967년 윤준하가 고려대학교 정외과에 입학하던 해, 박정희 정권은 3선 개헌의 교두보를 확보하기 위해 같은 해 6월 8일 치러진 제7대 국회의원 선거에서 관권·금권을 동원한 부정선거를 저질렀다. 이것이 '6·8 부정선거' 사건이다. 당시 대학 새내기 윤준하는 학내에 마련된 부정선거 규탄 단식 농성장에 동참했다. 여기서 그는 농성을 주도했던 3년 선배 정성헌[전 민주화운동기념사업회 이사장. 이 책 3장 참조]을 만났다.

1967년 7월 박정희 정권은 독일, 프랑스 유학생과 교민을 간첩으로 조작한 이른바 '동백림 사건'으로 6·8 부정선거 규탄 여론을 잠재우면서 곧바로 영구집권을 획책하는 3선 개헌 과정을 밟아나갔다. 이 시기 윤준하는 학내 한국민족사상연구회[이하 한사연]에 가입해 학생운동을 본격화했다. 그는 1969년 6월 범고대 민주수호 투쟁위원장으로서 학내 시계탑에 올라가 시위를 이끄는 등 3선 개헌 반대운동에 앞장섰다. 이 사건으로 무기정학을 받은 윤준하는 경찰의 연행을 피해 도망 다니면서 7월부터 대학 연합기구인 전국반독재학생총의 의장으로 활동을 이어갔다. 당시 상황을 윤준하는 다음과 같이 말했다.

"군사 정권에 반발하면 우리가 희생은 되겠지만, 새로운 나라를 만들어야 한다는, 그런 각오로 했어요. (중략) 고대에서는 나를 보고 학생운동의 뭐라고 얘기하는데, 그 시절 당연한 의무가 아니었나 하고 생각해요."

1971년 졸업 이후 그는 교련 반대운동의 배후로 지목돼 강제징집 당했다. 앞서 1969년 3선개헌 반대운동 시기 윤준하는 정성헌의 고교 후배인 최열을 처음 만났다. 최열도 강원대에서 교련 반대운동을 주도하다가 1971년 강제징집 당했다. 이후 윤준하와 최열은 1971년 강제징집 당한 학생운동권모임인 71동지회에 함께 했다.[신동호, 2007b:119] 이것이 인연이 돼 윤준하는 1990년대 최열을 도와 환경운동에 적극적으로 참여하게 됐다.

다시 윤준하의 생애를 살펴보자. 1974년 군 제대 후 그는 금융노조 전문위원으로 근무했지만, 학생운동 전력이 알려지면서 3개월여 만에 퇴사하게 됐다. 윤준하는 1975년 아시아자동차에 입사해서 일하고 있었는데, 1979년 김재규가 박정희를 암살한 10.26 사태 이후 "이제 내 갈 길 가겠다."라고 마음먹고 회사를 나왔다. 윤준하는 퇴직금으로 '인간사'라는 출판사를 인수해 문화사업, 즉 문화운동을 계획했다. 그는 '정치를 바꾸려면 사회가 변해야 하고, 사회가 변하려면 문화가 달라져야 한다.'고 생각하고 문화운동을 해보기로 했다.

엄혹한 시절 윤준하의 문화사업은 고난의 연속이었다. "살아오면서 제일 어려운 사업이 출판사업"이라고 회고할 정도로 힘들었지만, 그는 해직 언론인 등 운동가들을 지원했고, 그의 사무실은 해직 언론인의 아지트가 됐다. 1990년에 출판사를 다른 사람에게 넘긴 후 그는 부직포 제작 회사를 설립해 현재까지 이어오고 있다.

윤준하는 최열의 권유로 공추련 집행위원을 맡으면서부터 환경운동에 참여하기 시작했다. 그는 1991년 공추련 재정위원장을 맡아 단체 운영 방식을 분석했다. 당시 그가 생각한 방향은 이랬다.

"원 맨 플레이One Man Play해서 되지도 않고 싸움을 크게 하려면 단체가 커져야 한다. 두산 페놀 사태가 터질 때니까.23 정부하고 싸우려면 단체를 키워야 한다. 공추련 가지고 안 된다. 전국을 합치자. 두 번째는 우리가 이론적 기반을 만들어야 한다. 연구소 비슷한 것을 만들어야 한다."

이런 흐름에 따라 공추련 공동의장 최열은 전국 8개 조직 통합 작업을 추진하면서 연구소 창립 작업에 들어갔다. 1993년 2월, 공추련은 시민환경연구소를 설립했고, 4월에는 지역의 공해추방 운동 단체들과 연합하여 환경운동연합으로 재출범했다. 이런 과정에서 최열은 1992년 브라질 리우에서 열리는 UN환경개발회의에 참석하기 위해 UN환경개발회의 한국위원회[이하 한국위원회]를 구성했다. 윤준하는 한국위원회 재정위원장으로서 후방 지원을 전담했다. 당시 한국위원회는 모금행사 등으로 비용을 충당하려 했지만 부족했고, 윤준하는 수천만 원을 책임지기도 했다. 최열이 해외 출장 등 부재중일 때는 윤준하가 대신 단체 실무를 총괄했다. 행사가 겹칠 때는 두 사람이 나눠서 참여했다. 숨 가쁜 최열을 대신해 활동가를 챙기고 다독이는 것도 윤준하의 몫이었다. 이런 역할 분담은 2010년대까지 이어졌다.

"이승만 정권이 들어서면서 사회운동 쪽에 사람을 키우지 않았어요. 모든 것에 정치하는 사람이랑 군인이 우선이고. (중략) 장르별로 모범적인 사람들이 없어요. 안 만들어 놓

---

[23] 1991년 3월 구미 두산전자 공장에서 기준치의 22배가 넘는 페놀이 낙동강으로 유출되면서 수돗물에서 악취가 발생하는 사건이 발생했다. 검찰은 '두산전자가 이 사건 이전에 페놀 폐수를 몰래 배출했다.'고 발표했고, 노태우 대통령은 "용서 못 할 반사회적 범죄"라고 말했다. 이 사건으로 두산그룹에 대한 시민단체의 전국적인 규탄 시위와 불매운동이 일어났다. 이런 상황에서 두산전자 공장에서 2차 페놀유출 사건이 벌어졌고, 그에 따라 환경처 장·차관 경질 등 사회적으로 큰 파문이 일어났다. 낙동강 페놀 유출 사건은 역설적으로 한국 환경운동과 정책 발전의 도화선이 되기도 했다[구도완, 1996:267-301; 이철재, 2021].

는 거예요. (중략) 그래서 환경운동 장르에서는 만들어보
자 생각을 한 거죠. 그래서 최열이 심볼화 된 거죠."

이런 흐름 속에서 환경운동연합은 지역 조직, 활동가, 각종 위원회 등이 늘어나면서 급속히 성장했다. 1993년부터 윤준하는 서울환경운동연합 의장과 환경운동연합 상임집행위원장을 맡아 시화호 방류 저지 사건, 동강댐 백지화운동, 새만금 갯벌 매립 반대운동 등 환경운동의 굵직한 현안을 챙겼다.

윤준하는 1997년 국제통화기금^{IMF} 관리 사태 직후 회사가 부도를 맞고 다시 추스르는 상황에서도 환경운동에 함께했다. 새만금 갯벌 매립 반대운동 때 그는 당시 김대중 정부를 '반생명 정권'으로 규정하는 등 비판의 강도를 높였다.

2005년에 윤준하는 환경운동연합의 공동대표로 선출되었다. 그런데 2008년에 '환경운동연합 회계 부정' 사건이 터졌다.[24] 이 사건에 책임을 지고 당시 사무총장 안병옥과 함께 그는 대표직에서 사퇴했다. 이후 그는 시민환경연구소 이사장, 에코생협 이사장, 환경운동연합 바다위원회 위원장 등으로 활동을 이어 갔다.

윤준하는 그간의 환경운동을 보면서 원칙이 미래라고 강조한다. 그는 이어 "환경운동 하는 사람들이 거짓을 하면 안 된다."

---

[24] 이명박 정부 시절인 2008년 9월 검찰은 환경운동연합 활동가의 정부 공모사업비 횡령 의혹과 관련해 환경운동연합을 압수수색 했다. 검찰 압수수색 직후 환경운동연합은 자체 조사 결과 활동가 한 명의 회계 부정을 확인했고, 이에 대한 책임을 지고 대표와 사무총장이 사퇴하고 거듭나기위원회 등을 꾸려 쇄신에 나섰다. 검찰은 환경운동연합에 이어 최열과 환경재단에 대한 수사로 이어갔다. 이 과정에서 국정원이 최열에게 4대강사업 지지를 요청하기도 했다^{정용}^{인,2017}. 이런 관점에서 윤준하는 환경운동연합과 최열에 대한 검찰 수사는 이명박 정부가 4대강사업 강행을 위해 시민단체를 탄압한 것이었다고 보았다.

라고 말했다.

"환경운동은 원칙의 운동이잖아요. 감동에 자꾸 호소해서는 안 된다고 봐요. 필요는 하지만 환경이 깨지면 인간이 죽는 건데, 사회가 전체 벽이 허물진다고 생각한다면 원칙을 지켜야지. 원칙을 딱 놔두고 딴 걸로 선전을 하는 거야. 그러니까 환경운동 진영이 좀 감성적이구나. 이렇게 취급받는 경우가 많겠죠. 근데 환경운동은 살아 있고 아마 역사가 계속되는, 인간이 계속되는 한, 환경운동은 계속 지속될 것이다."

윤준하는 80세까지 지금의 각오로 활동하겠다는 의지를 보였다. 끝으로 그는 이렇게 말했다.

"좋은 사람을 키운다는 건 건방진 얘기고. 좋은 사람에게 도움을 주는 그런 쪽에 힘을 써야겠다, 노력하겠다. 지금까지 한 거는 술도 먹고 밥도 먹고 했지만 이제 또 나가서 뭔가 또 좋은 일 할 수 있도록 밑거름이 되어야 하지 않겠냐 이거지."

사회운동가들 가운데에는 깃발을 높이 들고 앞장서는 이가 있는가 하면 그 깃발이 넘어지지 않게 사람들을 돕고, 격려하고, 보살피는 이도 있다. 윤준하는 청년기에 독재에 맞서 민주화운동을 한 이후 그 정신을 놓지 않고 환경운동가들을 지원하는 환경운동가로서 살아왔다. 이런 이들이 있기에 환경운동가들이 어려움 속에서도 지치지 않고 버텨왔는지도 모른다.

급진적 공해이론가에서 균형 잡힌 환경전문기자로

조홍섭

1980년 서울의 봄과 광주항쟁 이후 급진적인 청년들은 민주화를 넘어서서 자본주의와 분단국가라는 체제를 근본적으로 변혁해야 한다는 생각을 갖고 전두환 독재 체제에 저항하는 운동을 벌여나갔다. 그런데 이런 흐름 속에서 공해문제를 자본주의 체제가 낳은 문제로 보고 변혁을 통해 이 문제를 해결해야 한다는 담론이 대학생들 사이에서 퍼져나가기 시작했다. 1970년대 후반부터 이런 급진적인 공해추방운동의 이론을 공부하고 선후배 동료들과 운동을 조직했던 사람이 조홍섭이다. 그가 왜 어떻게 공해문제에 관심을 갖게 되었고 그의 생각과 행동은 어떻게 바뀌어 갔을까? 이제 그의 이야기를 들어보자.

조홍섭은 직업 군인이었던 아버지를 따라 어릴 적에 거주지를 자주 옮겨 다녔다. 그는 강원도 인제, 경기도 포천 등 개발

되지 않은 자연 속에서 뛰어놀던 어릴 적 감각이 이후 자연사에 관심을 갖게 된 밑바탕이 됐다고 말했다.

중·고교 시절 조홍섭은 인문학에 재능을 보였지만 '기술을 배워야 한다.'는 부친의 지론에 따라 1975년 서울대 공대에 진학했다. 그는 1학년 말 공대 내 '언더서클$^{Under\ Circle}$'에25 가입해 학습하면서 학생운동에 빠져들었다. 1977년 학교 선배 조중래가 보여준 온산공단 공해 사진은 그의 인생에서 중요한 변곡점이 되었다. 고학년이 되면서 그는 공장 위장 취업 등 노동운동도 생각했지만, 반공해운동이야말로 이공계생들이 사회에 기여하고 정의를 세울 수 있는 운동이라고 생각하게 되었다. 그는 "공해운동 이걸 해 보니까 내가 평생의 길로 한번 해보고 싶다는 생각이 나고, 재미가 있는데, 그걸 하려니까 뭐 어떻게 해야 할지 모르겠더라."라고 당시를 회고했다.

그는 공해문제를 다룬 신문기사부터 모아 학습하기 시작했다. 방학 때에는 온산공단 등 공해 현장 피해 주민들을 만나 그들의 증언을 기록했고, 이를 책자 형태로 엮어냈다. 이런 활동은 그가 이후 구성한 공해연구회 모임의 바탕이 됐다. 조홍섭은 반공해운동과 관련해 조중래와 교류하면서 조중래의 친형인 조영래 변호사의 영향을 받았다. 그는 직접 배운 적은 없어도 자신을 조영래 문하생이라고 말했다. 조홍섭은 1978년 4학년 때 반정부 유인물 사건에 엮여 박정희 정권의 긴급조치 9호 위반으로 구속됐다.

"운동권에서 벗어나려는 출구로 공해운동을 한 것 같지는

---

25 군사 독재 시절의 비합법적인 지하 운동권 조직을 말한다.

않은데, 어쨌든 두 개^{노동운동과 공해운동}가 같이 있다가 오히려 구속되니까 마음이 편하더라고. 아 이제 됐다. 그냥 이쪽으로 가지 뭐. 그래서 구속돼서 감옥에 있을 때 공해 관련 책을 많이 봤어요."

조홍섭은 교도소에서 1년을 보내면서 민주화실천가족운동협의회^{이하 민가협}가 감옥에 넣어 준 일본 반공해운동 관련 서적을 탐독했고, 출소 후 츠루 시게토^{都留重人}의 『공해의 정치경제학』 등 반공해운동 관련 서적을 번역하기도 했다.26 그의 후배 그룹이었던 안병옥^{전 환경운동연합 사무총장}은 조홍섭 등이 번역한 책에서 영향을 많이 받았다고 말했다. 교도소에 있을 때 조홍섭은 우이준의 저작을 통해서 과학기술운동에 관심을 갖게 됐고, 관련 활동을 이어가면서 후배들에게도 많은 영향을 주었다.27 그는 "돌이켜 보면 공해문제에 많이 기여한 거는 없는데, 사실 과학기술에 내가 의외로 기여를 많이 했다."라고 자평했다.

조홍섭은 1980년 대학 졸업 후 환경문제를 공학적으로 다루는 대학원에 진학해 전문가운동을 준비하려고 했다. 그러나 당시 전두환 정권이 학생운동 전력이 있는 이들의 대학원 진학을 막았기 때문에 뜻대로 되지 않았다. 1981년 그는 유네스코 한국위원회에 입사해 인간과 생물권계 프로그램과 과학과 사회

---

26 조홍섭과 이필렬^{한국방송통신대학 교수}이 공동 번역했다.

27 과학기술운동은 1960년대 서구에서 현대 과학기술에 대한 반성으로부터 시작되었다. 이는 1970년대 한국에도 소개되었는데 이 영향을 받아 학생운동을 중심으로 '민중과학론'이 제기되었다. '민중과학론'은 반자본주의적 변혁운동의 일환으로 지배계급에 봉사하는 과학이 아닌 민중을 위한 과학이 필요하다는 주장이었다. 이는 1980년대 중반에는 현장 과학기술자를 조직하려는 '과학기술 노동운동'으로 이어졌고, 1990년대를 거치면서 시민 참여를 통한 과학기술의 민주화운동으로 발전했다^{박진희, 2004; 이영희, 2008}.

프로그램을 담당하면서 설악산 생물권 보전지역 지정 실무를 맡기도 했다.

그런데 그가 유네스코에서 일하면서 해외를 다녀 보니 그가 갖고 있던 생각들이 깨어지는 경험을 하게 되었다. 1984~1985년 미국, 영국 등 해외 선진국에서 연수를 가게 되었는데, 그는 이 기회에 서구 좌파 이론 등 최신 운동 동향을 학습할 수 있을 것이라고 생각했다. 그런데 영국 한 대학에서 '한국의 성공 사례가 종속이론 종말의 증거'라는 내용이 담긴 저널을 보고, 그는 충격을 받았다.28 이때부터 그는 점차 체제 변혁운동으로서의 반공해운동이라는 관점에 회의를 갖고 새로운 관점을 갖기 시작했다.

1985년 조홍섭은 〈과학동아〉 창간에 관여하면서부터 기자 생활을 시작했다. 그는 '공해운동가로서 신문사에 들어간 셈'이라고 말했다. 1988년 창간한 〈한겨레〉로 옮긴 조홍섭은 문화부, 과학부 소속으로 학생운동할 때부터 관심이 있었던 자본주의 체제와 공해문제, 빈곤과 공해문제 등 과학과 사회문제를 기획기사 형태로 보도했다. 1991년 페놀 사건을 계기로 환경문제에 대한 사회적 관심이 커지면서 과학부 소속이었던 환경 담당이 사회부로 바뀌었는데, 이때부터 그는 환경문제를 사회기사로 다루었다. 환경문제에 대한 사회적 관심은 1990년대 중반 최고점을 찍었고, 1997년 IMF 사태 이후에는 불확실한 미래의 보전 이득보다 당장의 개발 이득이 사회적 관심사가 됐다는 것이 조홍섭의 분석이다.

---

28 종속이론은 세계는 중심부와 주변부로 나뉘는데 주변부 국가의 부가 불균등하게 중심부로 이전되고 이런 종속 관계가 유지된다는 이론이다. 그런데 이 종속이론이 맞지 않다는 반증 사례로 한국의 경제발전이 논의되었다.

기자 시절 조홍섭이 느낀 또 다른 충격은 사회주의권의 공해문제였다. 그는 1970년대부터 공해문제는 자본주의 체제의 문제이며 자본주의적인 생산양식을 바꾸지 않는 한 공해문제를 해결할 수 없다고 봤다.

"공해문제를 가해자와 피해자의 관계로 보고, 운동을 공해 피해 지역 주민들과 양심적인 지식인과 과학기술자의 연대로, 이런 식으로 접근을 해서 그걸 갖고 후배들한테도 강의도 하고, 가르치고 같이 실천하자고 하고 그렇게 해왔는데, 이게 나중에 80년대, 87년, 88년 되니까 소련에서 공해문제가 얼마나 심각한가 하는 자료가 슬슬 나오기 시작하는데, 정말 기가 막히더라고."

조홍섭은 공해문제라고 봐야 가해자와 피해자를 뚜렷하게 구별하고 가해자에게 책임을 물을 수 있다고 생각하고, '모두가 가해자이자 피해자'라고 보는 '환경' 관점을 비판했다. 그는 1980년대 말 엘리자베스 슈마허 Elizabeth Schmacher가[29] 방한 강연에서 '환경문제를 해결하려면 개인이 실천할 수밖에 없다'라고 한 말을 듣고 굉장히 분노했다. 그랬던 그는 앞에서 말했듯이 조금씩 생각이 변하게 되었다.

"지금 나보고 환경문제를 풀어나갈 때 어떻게 해야겠냐? 물으면 난 개인이 실천해야 한다고 이야기를 해요. 체제가 문제가 없다는 게 아니라 체제문제를 바꾸기 위해서라도

---

[29] 그는 『작은 것이 아름답다』의 저자 E.F. 슈마허의 딸이다.

개인이 실천을 해야 하고 참여를 해야 한다. 그게 분리된 구조가 아니다. 이렇게 이야기를 하거든요. (중략) 예컨대 쭉 운동을 지켜보거나 할 때도 결국 구조의 문제와 개인적인 실천의 문제가 엮인 거지 따로 가는 문제는 아니더라고요."

'급진적인 개혁을 이룰 수 있는 방법은 소시민적으로 보이지만, 개인적인 실천'이라고 그는 말했다. 새만금과 4대강사업 등 사회적으로 논란이 된 대규모 국책사업 이후 조홍섭은 "90년대 말부터 정말 국민 개개인이 환경문제를 알아야, 또 각성을 해야 그래야 국가적인 나락에 떨어지는 걸 막을 수 있겠다, 그걸 새삼 느꼈다."라고 말했다.

조홍섭은 환경전문 기자로 〈한겨레〉에서 30년을 근무했지만, 1990년대 중반 이후 환경 이슈를 주요 뉴스로 배치하게 하는 건 쉽지 않은 일이었다. 그래서 때로는 대중적 관심을 불러일으킬 수 있는 자극적인 충격 요법을 쓰기도 했다. 조홍섭은 이런 방식에 성찰적 태도를 보였다.

"돌이켜 보면 환경기자들이 환경문제를 잘 받아들여지게 하기 위해서 좀 자극적으로 표현하는 것이, 그 문제를 풀어나가는데 장애가 되기도 해요. (중략) 일종의 환경근본주의를 낳는 게 아닌가, 그런 생각이 들어요. 다른 사회운동도 마찬가진데, 세상에서 그 문제만 없으면 세상이 다 행복해지고 편안해질 것처럼 느끼는 사람들이 진짜 문제라고 봐요."

조홍섭은 세상의 복잡성을 무시해서는 안 된다고 말했다. 그는 자신을 운동가가 아닌 저널리스트로 보고 있다. 저널리스트로 조홍섭은 충분한 정보력과 균형감을 강조하고 있다. 2010년대 들어 그는 자연사를 다루는 기사를 전략적으로 생산했다. 과학 분야 학술 자료를 시민이 알 수 있게 그 내용을 정리해 내는 게 저널리스트의 역할이라는 게 그의 시각이다. 그는 '환경문제는 온통 하지 말라고 하기 때문에 대중은 싫어한다.'고 보았다.

그는 이런 부정적인 접근보다는 '환경이나 자연을 우리가 좀 더 알고, 재미를 느끼고, 거기서 인문학적인 흥미를 느끼면, 자기도 모르게 그걸 보전하게 된다.'고 말하며 그가 자연사에 중점을 둔 이유를 설명했다.

공해문제의 구조적 원인을 자본주의라고 인식했던 조홍섭은 소련의 공해문제, 한국의 경제발전과 같은 새로운 사실들을 보고 그의 생각을 바꾸기 시작했다. 자본주의 체제를 부수는 것이 아니라 개인들이 자연을 알고 사랑하고 생활양식을 바꿀 때 환경문제를 낳는 사회구조가 바뀐다고 말한다. 복잡하고 복합적인 사회에서 '환경근본주의'를 넘어서야 한다고 그는 생각하고 있다.

환경운동에서 환경행정까지

안병옥
ⓒ『함께 사는 길』이성수

조홍섭이 대학과 감옥에서 고민한 급진적 변혁론은 1980년대 대학에서 학생운동을 하던 청년들이 깊이 관심을 가졌던 생각이다. 안병옥은 조홍섭과 교류하면서 이런 생각에 공감했고 공문연의 최열과도 함께 일하면서 공해추방운동에 뛰어들게 되었다. 급진적 공해추방운동가였던 안병옥은 현실적인 환경운동가로 변화했고, 2017년에는 문재인 정부의 초대 환경부 차관이 되어 환경행정을 책임지는 정무직 공무원으로 활동하기도 했다.

청소년기 문학과 미술을 좋아했던 안병옥은 부친의 지론에 따라 고등학교 때 이과를 선택했고, 1980년 서울대 자연과학대학 해양학과에 입학했다. 1980년 광주민주화운동의 영향이 대학에 미치고 있었지만, 안병옥이 속한 자연계열은 학생운동과 무관하다시피 했다. 그렇지만 전남 순천의 고향 친구들과 대학 선배들이 경찰에 잡혀가는 상황에서 안병옥은 "부담스러웠고 괴로웠다."라고 당시를 회고했다.

1984년 같은 학과 대학원으로 진학한 안병옥은 학부 때 '끌려가지 못한 죄책감 비슷한 심정으로, 빚을 갚는다는 심정'으로 대학원에서 과학기술운동 공부모임을 조직했다. 구체적으로 그가 선택한 분야가 반공해운동이었다. 안병옥은 당시 최열이 있는 공문연을 찾아가기도 했고, 앞서 과학기술운동을 벌이던 선배 그룹 조홍섭, 이덕희^{전 영인과학 사장} 등과 교류하기도 했다.

안병옥은 1984년에 환경에 관심이 있는 서울지역 대학원생과 학부생 10여 명과 함께 반공해운동협의회^{이하 반공협}를 만들었다. 그는 반공협에 참여했던 황상규^{전 환경운동연합 정책실장}, 박상철^{회계사} 등과 신림동 주차장에 딸린 조그만 방을 공부방으로 꾸며, 반공협 청년들과 함께 공해 관련 세미나를 하면서 1985년에는 반공해 노래 테이프와 소책자를 제작하기도 했다. 그는 공문연 의뢰를 받아 온산 공단 피해 주민 조직을 위해 두 달여 온산 지역에 머물기도 했다. 당시 안병옥은 운동론 정립에 집중했는데, 그 이유를 그는 이렇게 말했다.

"무슨 서적을 봐도 다 노동문제, 농민문제 중심으로 돼 있고. 우리가 보기에는 환경문제가 더 중요한 문제인 거 같은데, 환경문제 바깥에 있는 분들은 그 중요성을 그렇게 여기지 않으니까. (중략) 공부를 하다 보면 이론적으로 봤을 때 여성문제, 농민문제 이런 것들이 인간 사회 내부 인간들의 관계 문제인데, 환경문제는 그걸 갖고 있으면서도 그보다 더 넓은 자연과의 관계 문제잖아요. 그러니까 이건 훨씬 더 철학적이고 훨씬 더 넓고 깊은 문제라고 생각을 했죠."

안병옥은 1987년에 공문연 연구원으로 들어가 일하며서, 같은 해 10월에 10여 명의 반공협 청년들과 함께, 종로 5가 공문연 옆 건물에 별도 사무실을 얻어 공해추방운동청년협의회[이하 공청협]를 만들었다. 이덕희가 의장, 안병옥이 부의장을 맡았다. 안병옥은 '공해문제는 중산층운동'이라는 당시 민주화운동 진영 내 시각에 대해 '반공해운동은 기층을 중심으로 하는 변혁운동에서 반드시 중요하게 생각해야 하는 운동'이라는 관점을 뚜렷이 갖고 있었다. 그래서 그와 청년들은 1987년 민주화 시위 현장에서 공청협의 존재를 알리기 위해 항상 시위대 선두에서 깃발을 들었다. 1988년 '문송면 수은중독 사망 사건'이[30] 벌어지자 그는 직업병문제와 환경문제가 장소만 다를 뿐 이론적으로 비슷하다고 보고, 공해 슬라이드를 가지고 노동조합을 찾아다니면서 강연을 했다.

    안병옥과 공청협 회원들은 활동하면서 서진옥과 주부들이 1986년에 만든 공해반대시민운동협의회[이하 공민협] 회원들과 자주 만나게 됐다. 1987년 12월 대선 이후 공청협과 공민협은 조직 통합 논의를 시작했고, 1988년 7월 영광지역 반핵 농촌활동을 함께 가기도 했다. 두 조직은 같은 해 9월 최열, 서진옥, 이덕희를 공동의장으로 공해추방운동연합[이하 공추련]을 결성했다. 안병옥은 공추련 교육부장을 맡으면서 '공해추방 반핵 청년마당' 등을 진행했다.

---

30 온도계 제조 공장에서 수은 주입 작업을 했던 15살[실제 나이 17살] 문송면이 수은중독으로 사망한 사건이다.[안치용, 2021]

이렇게 활발하게 활동하던 안병옥은 독일 애큐매니칼^{Ecumenical} 재단 지원을 받아, 1991년 8월 독일 유학길에 올랐다. 그는 독일에서 유학하는 동안 생각이 많이 바뀌었다고 했다. 극단적 입장에서 사회문제를 다뤘던 사람들이 운동을 오래 하지 못하는 것을 보면서 그의 생각은 현실론 쪽으로 바뀌게 되었다. '독일에서 공부하던 10여 년간 운동에서 벗어나 있으면서 감각적인 측면에서 운동과 거리를 뒀던 측면도 영향이 있었을 것 같다.'라는 게 그의 말이다.

안병옥은 독일에서 11년 동안 연구하며 석사, 박사학위를 받은 후 2002년 귀국해 시민환경연구소 부소장으로 활동했다. 2007년에는 회원 직선으로 환경운동연합 사무총장에 선출됐다. 사무총장으로서 안병옥은 "환경운동연합 운동이 살아날 수 있지 않을까 이런 느낌을 가졌던 그때가 굉장히 좋았던 거 같다."라고 말했다. 하지만 이명박 정부에서 한반도 대운하와 4대강사업 반대 단체에 대한 탄압이 시작되는 상황에서, 결정적으로 2008년 '환경운동연합 회계부정 사건'이 일어나자, 그는 도의적 책임을 지고 사무총장직을 사퇴했다. 환경운동연합을 떠난 안병옥은 다음해에 기후변화행동연구소를 창립해서 소장직을 맡게 되었다.

"외국의 환경 쪽 논의 동향을 보니까 기후변화문제가 제가 생각했던 것보다 훨씬 더 큰 문제라는 걸 생각하게 됐어요. 어떻게 보면 외국에서는 환경운동은 거의 기후변화를 중심으로 짜져 있다, 그렇게 보일 정도였거든요. 그래서 기후변화를 해야겠다, 이렇게 생각을 했죠."

안병옥은 이명박 정부가 녹색성장을 내세운 걸 위기로 인식했다. 정부와 기업이 기후변화와 관련해 많은 일을 진행하고 있었지만, 상대적으로 시민사회는 약해 보였다는 것이 그의 판단이었다. 그는 "시민사회도 뭔가 기후변화를 중심으로 하는 싱크탱크 이런 게 필요한 게 아닌가 하는 생각을 하게 됐다."라고 말했다.

그러면 환경운동에 대해 그는 어떻게 평가할까? 그는 환경운동에 새로운 사람들이 참여하지 않으면서 위기에 빠졌다고 진단했다.

> "전문가들이 참여해서 경험과 또 자기 자신의 역량을 키워나가면서 운동가 혹은 연구자로 성장을 해나가야 하는데, 그 고리가 끊겨있는 거 같아요. 전혀 교육이라는 거는 하지도 않으면서, 운이 좋으면 좋은 사람들 들어와서 운동이 조금 나아지다가 운이 안 좋으면 또 운동이 죽고. 이런 게 벌써 굉장히 오래된 거죠."

안병옥은 1980년대 한국크리스찬아카데미현 (재)여해와 함께. 이하 크리스찬아카데미와 같은 양질의 교육 프로그램을 할 수 있는 환경운동의 아카데미를 만들어야 한다고 생각한다.[31] 그러면서 그는 시민들의 목소리를 더 담아내는 환경운동이 되어야 한다는 점을 강조하고 있다. 그렇지 않으면 운동은 열심히 하는데 세상은 별로 바뀌지 않는 현상이 반복된다는 것이다.

---

[31] 크리스찬아카데미는 '재단법인 여해와 함께'로 전환되었는데 이 재단의 '배곳 바람과 물'은 녹색화 프로그램을 지속하면서 청년 교육을 했고, 계간지 『바람과 물』을 발간하고 있다.

또한 그는 환경운동이 의제의 폭을 넓혀야 한다고 보고 있다. 그는 과거와 비교해 노동운동이 약화했지만, 여전히 우리 사회를 변화시킬 수 있는 여러 힘 중에 매우 중요한 부문인데, 환경운동과 너무 유리돼 있다는 느낌을 받았다고 했다. 그런 면에서 그는 환경운동이 노동운동과 어디서 결합할 수 있는지를 중요하게 봐야 한다고 말했다. 그는 "우리가 너무 환경이라는 울타리에만 갇혀 있지 않은가 싶다. 다른 운동에 관한 관심 속에서 서로 연결해 볼 수 있는 그런 훈련이 돼야 하고 거기서 새로운 운동을 또 기획해야 하는 게 아닌가."라고 말했다.

안병옥은 2017년 국민 촛불 저항으로 들어선 문재인 정부에서 환경부 차관으로 발탁돼 제도권에서 환경문제를 풀어나갔다. 이어 그는 2019년부터 '국가기후환경회의 운영위원장'을 맡아 기후위기와 미세먼지 등 환경 현안 개선 방향을 제시했고, 2022년부터는 한국환경공단 이사장으로 활동하고 있다.

안병옥은 독일에서 11년간 생활하면서 근본주의 혹은 급진주의가 아니라 현실주의가 환경문제를 해결할 수 있는 길이라고 생각하게 되었다. 이런 생각을 바탕으로 그는 시민환경운동을 이끌었고 그 흐름 속에서 정부에 들어가 정책과 제도를 바꾸어 환경문제를 해결하는 길을 택했다. 급진적 환경운동가였던 이가 국가 안으로 들어가 국가를 개혁하는 일에 참여할 정도로 한국 사회가 지난 40여 년 동안 크게 변화한 것은 분명하다.

성찰하는 부산의 시민환경운동가

구자상
ⓒ 이장수

1980년대 민주화운동의 흐름 속에서 공해문제를 해결하려는 청년들의 움직임은 전국에서 일어나고 있었다. 구자상은 부산에서 이 운동을 시작해 지금까지 그 길을 걸어가고 있다.

구자상은 1979년 부산수산대^현 국립부경대학교 환경공학과에 입학하면서 환경문제에 관심을 갖게 됐다. 초등학교 때까지 진주 외곽 벽촌에 살았던 구자상은 "어릴 적 체험이 환경운동에 많이 작용했다."라면서 자신을 "전통 농업을 기반으로 하는 공동체를 체험한 마지막 세대"라고 말했다. 그는 실체가 잡히지 않는 서구의 공동체 개념보다 어릴 적 이웃과 함께 자연 속에서 살았던 우리나라 농촌에 공동체의 면모가 담겨 있다고 생각하고 있다.

구자상은 '암울한 시대 배운 사람으로서 사회와 역사에 봉사해야 한다는 책임감이 있었을 뿐만 아니라 환경공학을 전공했기 때문에 환경운동에 참여하게 된 것 같다.'고 말했다. 그는 1980년대 중반 온산공단 현장 조사 때의 충격을 잊지 않고 있었다.

> "700명 이상의 해녀들이나 주변 주민들이 막 뼈마디 쑤시고 애들 피부병 걸리고 이런 거 막 보면 돌아버리지요. 이것은 도저히 있을 수 없다. 그런 게 크죠. 마음의 빚이 됐죠. 온산공단."

'민주화운동도 중요하지만, 반공해운동도 중요하다.'라고 생각했던 구자상은 대학 졸업 이후인 1985년 4월 당시 변호사 노무현[전 대통령, 2009년 서거] 사무실 일부를 사용하고 있던 공해문제연구소 부산지부[이하 공문연 부산지부]를 찾아갔고, 그곳 간사로 활동하기 시작했다. 군사 정권의 탄압으로 공개된 조직 구성이 쉽지 않은 상황이었기 때문에 공문연 부산지부는 합법적 조직으로서 공해문제보다 민주화운동에 중점을 두고 있었다. 구자상은 '부산 운동권 일부가 정치적 민주화운동의 교두보로 공문연 부산지부를 이용한 것'이라고 말했다.

대학 시절 미술부 활동에 몰입했던 구자상은 동아리 선배인 민중미술가 문영태의 소개로 1985년 서울에서 공문연 최열을 만났다. 그는 서울에서 같이 일하자는 제안을 받았지만, 지역부터 바꾸고 싶었다. 이런 생각이 있었기 때문에 그는 자치와 분권을 일관되게 강조해 왔다.

1987년에 공문연 부산지부는 부산민주화시민운동협의회[이하 부민협로 통합됐다. 구자상은 부민협 회원으로서 87년 6월 항쟁에 동참하는 한편 지역 인사들을 설득하여 회원으로 가입시켜 1989년 1월 부산공해추방시민운동협의회[이하 부산공추협]라는 조직을 새롭게 만들었다. 구자상은 부산 공추협 창립 후 생존권을 요구하는 주민운동을 지원하고 공해학교 등 대중 프로그램을 활발하게 진행했다. 공추련 등 전국에서 비슷한 운동을 벌이는 단체들과 네트워크도 형성했다. 이 네트워크에 참여한 단체들이 모여 1993년 4월 환경운동연합이 만들어졌고, 구자상은 부산환경운동연합 초대 사무국장을 맡았다.

20대 중반부터 부산에서 상근 운동가의 길을 걷기 시작한 구자상은 1987년 이후 부산·경남에서 분출되는 환경운동 현장에 빠지지 않았다. 그는 1991년 낙동강에서 페놀이 유출됐다는 작은 신문기사를 발견하고 곧바로 회원을 조직해 부산시청 항의 시위에 들어갔다. 이 시위를 계기로 '낙동강 페놀 오염 사건'이 지역에서 큰 이슈가 됐다.

1996~97년 '위천공단 반대운동'에서[32] 구자상은 보수·진보단체를 가리지 않고 끌어모아서 열흘 동안 부산시장실을 점거하는 등 대규모 시위를 연이어 조직했다. 이 사건을 계기로 4대강 수계별로 '특별법'이 만들어졌다는 것이 구자상의 증언이다.

구자상은 부산·경남의 굵직한 사안마다 앞장서서 싸움을 이끌었고, 그 때문에 '부산의 최열'이라 불리기도 했다[신동호, 2007a:122]. 1997년 IMF 이후 구자상은 부산귀농학교를 만들어 운영했다.

---

[32] 1996년 대구시가 낙동강과 대구 금호강 합류 지점에 위천국가공단 조성 계획을 발표했다. 당시 김영삼 정부는 총선과 1997년 대선을 앞두고 정치적으로 위천국가공단을 추진했는데, 이에 대한 반대가 거세게 일어났다. 낙동강 페놀 유출 사건을 경험한 부산·경남 시민단체는 진보·보수를 가리지 않고 위천공단 반대운동을 전개했다[박현철, 1997].

당시 그는 인간의 경제구조가 망해도 기본적으로 농업적 구조를 갖고 있을 땐 살아남을 수 있다고 생각했다. 그는 환경운동이 농업적 기반을 제대로 지키는 게 국토환경을 지키는 일이라고 보았다.

그런데 환경운동을 하면서 그는 힘든 일도 많이 겪어야 했다. 특히 천성산 터널 반대운동은 환경운동 진영 내부 갈등으로 인해 그에게 큰 상처로 남았다.33 15년 넘게 숨 가쁘게 현장을 누비던 그는 40대 초반이 되었을 때, 계속 반대 시위만 하는 환경운동을 성찰적으로 바라보기 시작했다. 자신이 피폐해져 간다는 느낌이 들었다. 그는 당시 상황을 이렇게 말했다.

> "계속 반대운동만 하는 게 무슨 환경운동이 되겠냐? 그런 반성이 많이 들더라. (중략) '왜 환경운동이 역사 속에 의미 있는 운동이 돼야 하는가?' 하는 거에 대한 근거가 없이는 환경운동 하는 것도 의미가 없고. 진짜 깡패밖에 안 되는 것이다."

구자상은 "좀 더 근본적인 성찰을 통해서 운동의 전형이랄까, 운동의 미래도 깊이 있게 생각해 봐야겠다, 이런 생각도 많이 들었다."라고 당시를 떠올렸다. 그는 생태주의 철학에 관심을 두면서 서구 이론보다 동학 등 동아시아의 생명사상에서 환경운동의 근거를 찾고자 했다. "우리 동학을 연구하지 않고 환경운동 일반을 이야기할 수 없다고 생각한다."고 그는 말한다. '교

---

33 승려 지율, 녹색연합, 도롱뇽의 친구들이 천성산 터널 반대운동의 주된 주체였는데, 지율은 환경운동연합이 정부와 타협했다고 주장하며 격렬하게 비판했다. 천성산 터널 반대운동의 언론 담론 지형에 대한 연구로는 유채원·구도완 2016의 연구가 있다.

착상태에 빠진 한국의 시민운동과 생명, 사회운동, 환경운동에 큰 흐름과 좋은 상상력을 줄 수 있는 게 동아시아의 생명사상'이라는 것이다.

그는 근대적 부의 축적과 불평등구조를 석유문명의 결과물로 보고 이를 태양의 경제로 바꿔야 한다고 강조했다. 2010년 그는 부산 기후변화에너지대안센터를 창립했다. 구자상은 "생태학적으로 볼 때 에너지 전환 없이는 민주주의는 불가능하다. 소위 생태민주주의가 불가능하다."고 말했다. 그가 에너지 대안기업을 창립하고 시민햇빛에너지협동조합을 만들어 운영하는 것도 이런 관점에서 비롯됐다.

구자상은 '기존 정당은 모두 석유 에너지에 기반한 정치세력, CO_2에 기반한 정치행위일 수밖에 없다. 새로운 자연에너지에 기반을 둔 정치운동이 필요하다. 그게 녹색당이다."라고 말했다. 구자상은 2011년 일본 후쿠시마 핵발전소 폭발 사고 이후 일종의 활로로서 녹색당운동에 참여했다. 이런 관점에서 그는 2012년 총선에서 핵발전소가 몰려있는 부산 해운대 기장에서 녹색당 후보로 나서 '고리 1호기 폐쇄'를 주된 이슈로 제기했다. 이어 그는 2016년 총선에서 녹색당 총선 비례대표 후보로 나서기도 했다. 녹색당에 대해서는 "자기 정체성에 대한 넓은 동의, 이런 게 많이 부족한 것 같다."라고 진단했다.

구자상은 젊은 활동가들에게 상상력을 강조한다. 그는 "운동은 결국 상상력으로 하는 거지 돈으로 하는 게 아니다. 돈 없다고 걱정하지 말고 상상력이 없는 것을 걱정하라."라고 말했다. "기득권적 구조 질서에 빠지면 새로운 상상이 생길 리 없다."라며 상상력을 거듭 강조했다.

부산에서 공해추방운동을 이른 시기에 시작한 구자상은 부산

시민환경운동의 리더로서 환경문제의 중요성을 시민들에게 알리고 문제를 해결하는 데 큰 기여를 했다. 그렇지만 문제를 제기하고 저항하기만 하는 운동방식에 회의를 느끼고 좀 더 성찰적이고 생태적인 사상과 운동을 고민하기도 했다. 그가 꿈꾸는 에너지 전환을 위해 녹색당을 통한 정치 전환을 시도했지만, 그리 성공적이지는 못했다. 그러나 그의 말대로 상상력을 키워나간다면 시련을 넘어 새로운 미래가 열릴 수 있을지도 모른다.

시민과 함께 환경문제를 해결하는 과학자

장재연
© 재단법인 숲과 나눔

환경문제를 해결하기 위해서는 과학이 매우 중요하다. 대기, 수질, 폐기물 오염은 물론 자연 생태계 보전, 기후변화와 같은 환경문제의 원인과 해결책을 찾기 위해서는 과학에 많은 것을 의존할 수밖에 없다. 우리나라 환경운동가들 가운데에는 환경문제로 고통받는 사람들과 생명을 위해 환경문제를 분석하고 해결책을 찾아 나가는 과학자들이 있다. 장재연은 그런 사람들 가운데 한 사람이다.

장재연은 1977년 서울대학교 제약학과에 입학하기 전 고교시절부터 『사상계』를 읽으며 사회적 시각을 넓혔다. 그는 대학 3, 4학년 때 서울지역 대학연합 야학에서 활동하면서 학생운동가들과 교류했다. 같은 학교 대학원에 진학한 장재연은 박사 과정 때 연세대 환경공해연구소에서 근무했다. 거기서 그는 "이과 생들이 할 수 있는 사회운동, 업으로 환경운동이 가능하고 의미가 있겠다."라고 생각했다. 장재연은 포항지역 대형 철강회사 환경영향평가, 시내 사진현상소 입지문제 등을 연구하면서 복합적인 환경문제를 해결하기 위해서는 과학적인 분석과 실질적인 정책 방안이 중요하다고 생각하게 되었다.

연세대 환경공해연구소에서 근무하던 1984~85년경 장재연은 온산공단 주변 주민 건강 피해 분석을 통해 '온산병'을 인지하고 이후 조영래^{변호사}, 박석운^{한국진보연대 상임대표} 등이 있는 온산공해대책위원회에 참여했다. 거기서 장재연은 조홍섭, 윤제용^{서울대 교수, 전 한국환경연구원장} 등 전문가운동에 뜻이 있는 이들을 만났다.[34] 1987년 민주화 이후 전국적으로 환경단체들이 형성되던 시기에 그는 젊은 운동가들과 교류하면서 1989년 김정욱^{서울대 환경대학원 명예교수}, 김상종^{전 서울대 교수} 등 소장파 대학교수들과 환경과공해연구회를 창립했다. 장재연은 창립준비위원장을 거쳐 초대 사무국장을 맡았다. 그는 당시 운동단체가 반공해라는 대결적 관점에 매몰되고 기술을 배척하며 근본주의를 따르는 입장을 갖는다고 보고 이에 대해 비판적이었다. 일부 단체가 과학이나 과학자들에게 일종의 적개심을 보이는 모습에서 그는 충격을 받았다. 장재연은 "나는 과학은 그냥 수단인데, 그것을 누가 갖느냐의 문제인 거지, 그걸 적대하는 게 맞지 않다고 생각을 한 거고. 그런 생각을 같이 한 사람들이 환경과공해연구회 사람들"이라고 말했다. 그는 자연경관 빼고 대부분의 환경운동

---

[34] 1984년경, 박석운이 조영래 변호사 사무실에서 일하고 있었는데 그는 장재연 친구의 형이었다. 박석운은 '온산병' 환자의 시료를 분석해 달라고 장재연을 찾아 왔다.

이 과학에 바탕을 두는 상황에서 과학을 남의 손에 넘기는 건 맞지 않다고 봤다. 그는 환경과공해연구회가 초기에 과학적이거나 전문적인 것을 이용한 운동을 여러 개 선보였다고 말했다.

1990년 장재연은 정부 출연 연구소인 직업병연구소에서 근무했고, 1994년부터 2020년까지 아주대 의대에서 교수로 일했다. '환경운동을 하려면 안정된 직장이 있어야겠다.'라는 것이 젊은 시절, 그의 생각이었다. 초창기 그는 대학에서 노동보건 쪽 일을 주로 했고, 매향리 미군 기지 소음문제를 분석하면서 당시 피해 주민을 지원하던 환경운동연합과 활발히 교류하며 환경운동연합 정책위원, 편집위원 등으로도 참여했다. 이후 장재연은 당시 환경운동연합 사무총장이었던 최열의 요청을 받고 2001년부터 환경운동연합 부설 시민환경연구소 소장을 6년간 맡아서 많은 일을 했다. 그는 '인생에서 연세대 환경공해연구소 5년과 시민환경연구소 소장 6년이 제일 일을 많이 했던 시기였던 것 같다.'고 말했다.

장재연은 1991년 환경과공해연구회가 펴낸 『공해문제와 공해대책』 공동 저자로 참여하면서 그린피스, 세계자연기금^{WWF} 등 국제적 환경단체 관련 정보를 취합해 환경운동의 방향성에 관해 기술했다.

"지금처럼 무슨 반정부 단체라든지 소규모 단체로는 안 되는구나. 그 당시 그쪽 단체들은 몇백 만이더라고요. 우리도 인구 비례로 따져봤을 때, 10만 정도의 단체가 만들어져야 되겠구나. 대중적인 운동이 되어야 한다. 그다음에 그린피스 이런 데는 매우 과학적인 운동을 하더라고요. 전문성 그런 전문성이 있어야 하고. 그다음에 우리나라 워낙

운동권이니까, 운동성. 그 세 가지를 겸비하는 단체들이 만들어져야 한다는 얘기를 했어요."

장재연은 대중적 운동, 과학적 운동, 운동성을 환경운동의 방향으로 강조했다. 그는 공추련이 환경운동연합으로 전환했을 때 세 가지 조건이 충족될 수 있을 것이라고 봤다. 시민환경연구소 소장으로 활동하면서 장재연은 과학적 운동을 환경운동연합에 도입하기 위해 많은 시도를 했다. 그는 2000년대 들어 전문가 환경운동의 방안으로 물, 공기 등 부문 운동을 강조했고 환경호르몬연구협의회, 새만금생명평화학회, 수돗물시민회의, 환경보건포럼, 기후변화건강포럼 등을 정부 부처와 학술단체 등이 함께 참여하는 방식으로 추진했다.

장재연은 시민환경연구소장으로서 새만금운동에 참여하면서 기존 환경운동에 대한 강한 문제의식을 느꼈다. 그는 2003년 개발을 갈망하는 전북도민의 의식을 바꾸지 않고는 운동이 성공할 수 없다고 생각하고 "새만금사업만이 전북발전의 근본적 해결 방안은 아니라는 인식 아래 사업의 중단이 아니라 수정·보완·변경을 논의해야 할 때"라고 밝혔다정희정, 2003. 그의 발언은 환경운동 진영 안팎에서 상당한 논란으로 번졌다.35 이에 대해 장재연은 "대안을 얘기하면 마치 이적행위나 아니면 변절 행위 같이 얘기하는, 그게 나는 환경운동이 잘못된 거라는 걸 새만금

---

35 2003년 6월 12일 환경단체들은 새만금 방조제 4공구를 점거해 방조제를 파내며 찬성 주민들과 충돌했다. 시민환경연구소는 새만금생명학회·국회환경경제연구회와 공동으로 다음 날인 13일 '새만금, 대안은 있다'라는 토론회에서 대안을 제기했다. 이에 대해 환경단체들은 사회적으로 파급력이 높을 수밖에 없는 사안인데 사전 협의를 하지 않았다고 비판했다. 또한 대안 논의 자체를 반대한 운동가들도 있었다.

때부터 확실히 안 거지."라고 말했다. 그의 말을 더 들어보자.

"환경운동은 말 못 하는 미래 세대, 말 못 하는 동식물 그 다음에 피해 주민 입장에 서야 한다. 그런데 우리 운동은 운동가나 운동단체가 자기 명성을 알리는 식으로 가는 경우들이 없지 않아 있다. 그리고 나는 그런 운동가와 운동단체는 사이비다. 이런 식으로 나는 내 나름의 기준을 세운 거거든요."

2012년부터 장재연은 환경운동연합 공동대표로서 활동력이 떨어진 단체를 회복하기 위한 활동을 벌였다. 그는 2018년부터는 재단법인 숲과 나눔 이사장으로 활동하고 있다. 숲과 나눔은 SK하이닉스 산업보건검증위원회 활동을 계기로 만들어졌다. 여기서 핵심적 역할을 했던 장재연은 검증위원회 이후 SK하이닉스가 피해자 지원 보상과 함께 작업장 환경 개선을 위한 선진화위원회를 구성하도록 제안했고, 이후 SK하이닉스는 사회공헌 프로그램의 하나로 재단을 설립했다. 장재연은 문제를 풀려면 법을 바꾸고 기업을 바꿔야 하는데, 바꾸려면 대화를 해야 한다고 강조한다. 그는 숲과 나눔 재단을 통해 환경문제를 해결할 수 있는 인재를 양성하고, 사회적 난제를 해결하는 것을 목표로 활동하고 있다.

　박정희, 전두환 독재 체제 아래에서 급진적 민주화운동가와 공해추방운동가뿐만 아니라 대중과 함께 하는 과학자, 전문가들도 자라났다. 그는 환경문제의 원인과 특성을 과학적으로 분석하고 그 문제를 해결하기 위해 실질적인 대안을 만들고 이를 실현하기 위해 사람들과 대화하고 설득하는 일을 해 왔다.

아이들 생명을 살리려 공해반대운동에 뛰어든 기독교인

서진옥
ⓒ『함께 사는 길』이성수

앞에서 본 최열, 윤준하, 조홍섭, 안병옥, 구자상, 장재연은 1960년대에서 1980년대 중반에 이르는 시기에 학생운동에 적극적으로 참여하거나 이를 지지하다가 환경문제에 관심을 갖고 공해추방운동에 뛰어들었다. 그런데 이들과 달리 주부로서 아이를 키우다가 공해문제의 심각성을 깨닫고 공해반대시민운동에 뛰어든 이들도 있다. 우리는 이들 가운데 공민협을 만들고 이끌었던 서진옥을 만났다.

서진옥은 20대까지는 결혼을 하고 두 딸을 기르던 평범한 가정주부였다. 그랬던 서진옥은 1979년 9월 강원용 목사가 주도하는 크리스찬아카데미의 '주부 아카데미 교육'을 받고 나서 완전히 새로운 삶을 살게 되었다.

"나라는 사람은 하나님이 지으신 거고, 또 하나님이 지으신 사람답게 내가 살아가야 하는 거구나. 한 남자의 아내로서 그렇게 사는 것이 아니고. 그런 교육을 그 크리스찬아카데미 교육에서 많이 다뤘어요. (중략) 그러니까 그 교육을 받고 저는 완전히 새로운 세상을 살게 된 거예요."

당시 서진옥은 경기도 여주에서 살고 있었는데, '다른 여성들에게도 똑같은 교육을 해야겠다.'라는 생각으로 크리스찬아카데미 교육방식을 도입해 여주 주부 아카데미를 시작했다. 열정적이고 불의를 못 참는 그의 성격이 이런 일을 가능하게 했던 것 같다. 서진옥이 교육을 받기 전, 1979년 3월 박정희 정권은 크리스찬아카데미 여성사회분과 간사 한명숙전 국무총리을 시작으로 여러 간사들을 '불온사상' 유포 혐의로 구속하고 강원용 목사를 연행하여 조사했다. 이것이 '크리스찬아카데미 사건'이다. 여주경찰서는 크리스찬아카데미 교육을 받은 서진옥이 여주에서 주부 대상 교육을 하자 그를 연행해 조사했다. 서진옥은 하루 만에 무혐의로 풀려났다. 그러나 그의 연행 소문이 퍼지자 70명 수강생이 17명으로 줄어들었다. 그는 '저하고 같이 말하고 차 마시고 밥 먹고 이러면 마치 빨갱이로 찍히는 것처럼 되었다. 단순하게 교육으로 하는 건데, 다 떨어져 나갔다. 그래도 어쨌든 끝까지 했다.'고 당시 상황을 말했다.

1983년에 서진옥은 크리스찬아카데미 여성사회분과 간사로 활동했다. 그는 봄, 가을 매 학기 배출되는 40명 수강생이 수료 후 참여하는 프로그램으로 6개 과제 그룹을 만들었다. 그중 하나가 공해 과제 그룹이었다. 서진옥은 주부들과 공해 관련 언론 스크랩부터 시작했다. 1년 반 동안 서진옥은 주부들과 주 1회

만나 토론하면서 공해문제의 심각성을 인식하기 시작했고, 절박한 심정에 직접적인 활동을 기획했다. 이렇게 해서 서진옥과 주부들은 1986년 9월 공해반대시민운동협의회^{이하} 공민협라는 단체를 창립했다. 서진옥이 회장을 맡은 공민협은 '여성환경운동의 본격적인 시작'으로 평가받고 있다^{신동호, 2007a:135}.

> "생명의 문제는 사람이 사는 데 있어 가장 중요한 물과 공기와 음식, 그런 거잖아요. 그런데 박정희 정권 때 그런 거를 도외시하고 산업성장만 계속하니까, 저희가 그대로 해서는 안 되겠다, 다들 엄마들이 모였으니까. 엄마들 마음으로, 우리가 내 새끼들을 살리기 위해서 우리가 환경문제는 그냥 간과하면 안 되겠다."

서진옥과 주부들은 쌈짓돈을 모아 서대문 구세군회관에 네다섯 평 공간을 사무실로 마련했다. 서진옥은 크리스찬아카데미의 교육방식을 참고로 해서 봄, 가을 '공해추방을 위한 여성교육'에 주력했다. 앞에서 본 공문연의 공해강좌처럼 서진옥도 장소 섭외부터 어려움을 겪었지만, 향린교회 홍근수 목사와 구로성당 구요비 신부가 적극적으로 도와줘서 숨통이 트였다.

서진옥은 어린 두 딸을 친정 엄마에게 부탁하고 남편 봉급의 많은 부분을 활동자금에 쓸 정도로 반공해운동에 헌신했다. 자신의 지인들에게 '좋은 일 해야 하니까 나 살아 있을 때 부의금 미리 내라.'고 말하기도 했다.

'한국 환경운동사의 한 획을 그었다'라고 평가받는 상봉동 진폐증 환자 박길래 씨 사건은36 공민협에 의해 이슈화됐다^{신동호, 2007a:228}. 서진옥은 박길래 씨 공해피해소송을 지원하기 위해 바자회, 일일 찻집 등을 열기도 했다.

1987년 4월 공민협은 '공해 신고 전화'를 개설했다. 서진옥이 "굉장히 잘한 일"이라고 회상할 정도로 당시 생활 공해문제와 공장 폐수 배출 신고 등 관련 상담, 고발 전화가 끊이지 않았다. 박길래 씨 사건과 구로성당 구요비 신부와 함께 했던 '구로지역 반공해투쟁'도 공해 신고 전화에서 시작됐다[신동호, 2007a: 140]. 심각한 사안은 현장 조사로 이어졌다. "주부들은 피해자 이야기를 부드럽게 끌어낼 수 있었다."라는 게 서진옥의 말이다. 공민협 활동가들은 폐수 배출 업체에 '엄마의 심정으로' 더 강하게 항의 할 수 있었다. 한편 공민협 활동이 활발해지면서 어려움도 드러나기 시작했다.

> "처음에는 소박하게 엄마들이 모여서 이 환경문제를 해결해 보자고, 소박하게 시작을 했는데, 전문성이 자꾸 요구되는 거예요. 또 조직성, 기동성, 특히 기동성이 필요한 거예요."

공민협은 주민 보상 방안과 법적 문제 등을 지원해 줄 전문인력이 필요했다. 특히 폐수의 유해성과 위해성을 분석할 전문가가 절실했지만, 전두환 정권의 공안정국에서 선뜻 나서는 전문가를 찾기가 쉽지 않았다. 또 가정에서 가사와 육아를 맡은 엄마들이 현장 조사는 물론 때때로 일어나는 몸싸움까지 하는 것

---

36 1980년대 연탄공장이 밀집한 서울 상봉동에서 살다가 진폐증에 걸린 박길래 씨는 1987년 언론을 통해 알려지기 시작했다. 반공해운동단체들은 박길래 씨 지원에 나섰고, 고 조영래 변호사가 손해배상청구소송을 맡아 진행했다. 박길래 씨는 1989년 대법원 판결을 통해 우리나라 최초로 공해병 환자로 인정받았다. 2000년 사망하기까지 박길래 씨는 반공해운동에 참여했다.

은 매우 어려웠다. 서진옥은 '공민협의 부족한 전문성과 기동성을 보완할 방법으로 공청협 의장 이덕희에게 통합을 제안했다.' "공청협의 기동성과 전문성, 공민협의 모성, 여성성, 헌신성이 같이하면 한국의 환경문제를 해결하는 게 더 빨리 되지 않겠나."라고 그는 생각했다. 1988년 9월 두 단체는 통합해 공추련을 새로 창립했다. 서진옥은 최열, 이덕희와 함께 공동의장으로 선출되었다. 공추련은 조직 내에 여성위원회를 신설해 여성 환경운동의 흐름을 유지하도록 했다.

비슷한 지향과 정서를 가진 단체들을 통합하면 그에 따른 시너지 효과도 있지만, 서로 다른 경험의 궤적에 따른 마찰과 갈등이 발생하기도 한다. 통합으로 규모가 커지면서 활동력과 위상이 높아진 공추련에서도 이전까지 보이지 않았던 갈등이 드러나기 시작했다. 운동 이론으로 무장한 공청협 출신 젊은 활동가들은 환경문제를 정치경제학 관점으로 풀려는 경향이 강했다. 공청협 회원으로서 통합에 참여했던 안병옥은 당시 자신과 같은 젊은 활동가들이 '이념 과잉'이었다고 평가하기도 했다. 공민협 출신 여성위원들은 회의 때 젊은 활동가들이 자주 사용하는 '국가독점자본주의' 등 운동권 용어부터 낯설었다. 이 때문에 여성위원들은 주 1회 별도 공부모임을 하기도 했다. 그러나 여성위원들은 달라진 단체 분위기에 적응하기 쉽지 않았고, 그에 따라 활동을 그만두는 사람들이 늘어났다. 서진옥은 '저는 여성들이 가지고 있는 모성이 환경을 살린다고 생각을 하는데, 그런 것들이 자꾸 사그라지면서 주부들이 깨지게 된 것'이라고 말했다. 당시 국가안전기획부(안기부)가 여성 회원들의 남편들에게 '부인 단속 잘하라!'는 압박 전화를 했는데, 이로 인해 생긴 가정불화도 있었다고 서진옥은 덧붙였다. 그런데 서진옥은 남성

중심의 운동문화도 못마땅했다.

> "남자들이 갖고 있는 그런 메커니즘이 있어요. 뭐라 그럴까요. 우리는 순수하게 환경문제를 해결하기 위해서 그냥 모이는데, 남자들은 벌써 딱 우선순위를 정하고, 가부장제적인 멘탈리티들이 있는 걸 그때는 제가 몰랐죠. (중략) 옳지 않은 데도 선·후배, 직속상관 뭐 이런 개념으로 가서 이렇게 한쪽 편에 다 서는 거예요, 남자들이."

당시 공추련 공동의장 서진옥과 최열은 활동방식과 조직관에 있어서 명확한 차이가 있었다. 서진옥이 볼 때 계획에 따라 조직적으로 활동하는 자신과 달리 최열은 감각에 따라 우선 일을 벌이고 보는 스타일이었다.

서진옥은 1990년 4월 남산에서 열린 '지구의 날 행사' 때 최열을 비롯해 재야 남성 대표들이 불성실하게 약속을 지키지 않는 모습에 큰 실망감이 들었다고 했다. 그는 "배신감에 더이상 같이 할 수 없다는 생각까지 들었다."라고 당시를 회고했다. 서진옥은 여성의 힘을 실어 내기 위해 예전 조직 형태로 돌아가고자 했다. 그는 '공추련 여성위원회' 사람들에게 의사를 물었지만, 일부는 조직적 문제라기보다 두 공동의장 간의 갈등으로 인식하는 경향이 강했다.

> "애초에 환경운동을 시작할 때, 내가 사람의 생명을 위해서 일한다고 하면서 나왔는데, 나와서 일을 하다 보니까 사람들이 미워지기 시작하는 거예요. 그래서 내가 쉴 때가 됐나보다 생각이 들었어요."

이 시기 이상옥, 정화숙 등 일부 여성위원들은 공추련에서 나와 '환경을 살리는 여성들'이라는 단체를 만들었다. 1991년 서진옥은 목사인 남편이 캐나다로 부임하면서 이 단체와 함께하지 못했다. 그는 캐나다 출국 전 자신이 '여성동아 대상'을 수상하며 받은 상금 200만 원을 이 단체에 전액 기부하며 강력한 여성 환경단체가 되어주기를 희망했다. 그러나 서진옥이 떠나고, 핵심 운동가가 교통사고를 당하는 일이 생기면서 '환경을 살리는 여성들'의 활동은 더이상 이어지지 못했다.

캐나다에서 서진옥은 마음 한편에 고국에 있는 동지들에게 항상 죄책감과 미안한 마음을 갖고 있었다고 했다. 그는 한국 환경단체와 국제 환경단체 활동 스타일을 비교하기 위해 캐나다 그린피스 토론토 지부에서 자원활동을 하기도 했다. 한국에 공헌할 수 있는 일을 고민하던 서진옥은 한 전시회에서 정크아트$^{Junk\ Art}$의 일종인 페이버폴 아트$^{Paverpol\ Art}$를37 접했다. 그는 "환경운동가 출신으로서 재활용 아트를 배워 고국에 기여하고 싶다."라는 마음으로 2011년 페이버폴 아트 자격증을 취득했다. 이후 서진옥은 2012년부터 한국과 캐나다를 오가며 재활용 아티스트로 활동을 펼치고 있다$^{이철재,\ 2016:190~191}$. 서진옥은 자신이 펼쳤던 환경운동의 의의에 대해 이렇게 말했다.

> "제가 당연히 해야 할 일이고, 이게 내 생명의 문제고, 내 자식들의 문제고 또 나아가서는 한국 사회를 위한 거지만, 사실은 내 생명을 위해서 일을 한 거예요. 내 생명의 주인

---

37 덴마트 환경예술가로부터 시작된 페이버폴은 폐기물을 활용해 조각 작품을 만드는 환경예술운동이다. 페이버폴 국제기구가 교육을 하고 작가를 등록받는데, 서진옥은 국내 1호 페이버폴 아티스트로 등록됐다$^{함께\ 사는\ 길,\ 2012}$.

은 내가 돼야하고, 하나님이 돼야하고 그런 거지, 잘못된 사회에서 살면서 내 생명을 파는 거에 대해서 묵과할 수가 없었어요."

억압적 국가가 주도한 공업 중심의 개발은 심각한 환경 오염을 불러일으켰고, 그 문제를 인식한 주부들은 자신과 아이들, 그리고 시민들을 지키기 위해 자기 일을 제쳐놓고 운동에 뛰어들었다. 서진옥은 자신의 열정을 모두 이 운동에 쏟아부었지만 그와 남성운동가, 청년 운동가들과는 생각과 운동방식이 달랐고, 결국 그는 이런저런 이유로 한국의 환경운동을 떠나게 되었다. 그렇지만 그의 운동은 다른 사람에 의해 다른 방식으로 변화하여 이어지고 있다.

시민이 참여하는 생활 속 환경운동

구희숙

환경운동가들 가운데에는 운동가들을 도우면서 생활 속에서 환경을 살리는 사람들이 적지 않다. 이들은 남들의 눈에는 잘 띄지 않지만, 이들이 환경문제를 해결하는 데 미치는 영향은 결코 적지 않다. 우리가 만난 구희숙은 공민협 회원과 공추련 여성위원장, 서울환경운동연합 여성위원장과 공동의장 등의 역할을 하면서 여성과 엄마의 관점에서 환경운동을 해왔다.

경남 하동 화개장터 부근 지리산과 섬진강 인근에서 태어나 유년기를 보낸 구희숙은 그 시절 자연환경을 평생 그리워하고 있다. 그가 도시에 살면서도 주로 산과 가까운 곳을 주거지로 택한 것도 어릴 적 기억의 영향이었다.

구희숙은 1973년부터 1978년까지 독일에서 간호사로 근무했다. 그곳에서 그는 몸은 고단해도 경제적 안정을 찾으며 결혼도

하고 기독교도로서 한때 약해졌던 믿음도 회복했다. 1978년 귀국한 구희숙은 사회활동을 하고 싶었지만, 당시는 자녀들이 어려 육아에 전념할 수밖에 없었다. 그런 그에게 1984년 〈동아일보〉에 실린 광고를 보고 찾아간 크리스찬아카데미 주부 교육은 단비 같았다.

> "나한테는 정말 생명수 같았어요. 너무 교육이 좋았고. 모든 게 다 정말 그냥 스펀지에 물 빨아들이듯이, 이제 갈급한 게 있어가지고. 아카데미 교육이 좋아서."

구희숙은 크리스찬아카데미 교육에서 강원용 목사가 강조한 여성의 사회 참여를 기억하고 실천했다. 구희숙은 12주의 교육 후 기수모임에 참여하면서 진보 월간지 〈말〉을 구독하는 등 민주주의에 대한 의식을 높여 갔다. 1986년, 1987년 최루탄이 거리에 쏟아지는 시국에서 그는 주부 아카데미 동료들에게 "엄마들이 앞장서야 한다."라고 말하기도 했다.

> "아이들이 최루탄 맞는 게 마음 아팠어요. 대학교 1학년생들이 제일 앞에 있었잖아요. 그래서 어머니들이 앞에 서야 한다, 그래서 그때 주부 아카데미의 어머니들이 많이 갔어요. 저도 연세대 앞, 명동에서 최루탄 엄청 많이 먹었어요, 그때 제일 일선에 섰는데, 왜냐하면 우리가 일선에 서자, 그래야지 쟤들이 안 다친다."

구희숙은 여성운동과 환경운동에 관심을 두게 됐다. 특히 그는 태어날 때부터 연약했던 자신의 둘째 아이를 생각하면서 "아이들을 위한 환경운동을 하는 것도 의미가 있겠다."라고 생각했다. 구희숙은 당시 공해문제가 사회적으로 부각하면서 서진옥이 만든 공민협에 회원으로 가입해 1987년에 '주부 공해 교육'을 받았다.

그는 1988년에 서진옥 등 공민협 회원들과 오키나와 재활용 비누공장, 미나마타지역 공동체마을 등 일본 운동단체를 보름 동안 방문했다. 구희숙은 "일본 주부들이 다들 자기가 벌어서 운동하는 모습이 인상적이었다."라고 말했다. 그는 주요 사안에 대해 활동가처럼 결합하는 이른바 '회원활동가'의 모습을 일본 주부들에게서 확인했다. 구희숙이 볼 때 그들은 소박하지만 한 가지 주제를 가지고 꾸준하게 활동했다. 그때의 기억에 대해 그는 "내 운동의 밑거름이 된 것 같다."라고 말했다.

1988년 9월 공민협과 공청협이 통합해서 공추련이 창립하자 구희숙은 자연스럽게 공추련 여성위원회에 참여했다. 그는 1990년 지구의 날 이후부터 여성위원회 안에서 벌어진 논쟁을 지켜봤다. 당시 서진옥은 공민협 출신 회원들이 단체를 떠나고 힘들어 하는 상황을 우려했고, 예전 공민협처럼 주부들 위주의 단체로 분리할 것을 강하게 주장했다. 반면 구희숙은 "서두르지 말고 좀 더 노력해보고 가는 것도 늦지 않다."고 생각했다. 수개월 간 내부 갈등은 해소되지 않았고, 결국 여성위원회는 둘로 나뉘게 됐다. 공추련 공동의장 서진옥과 여성위원장 이상옥은 분리 독립을 선택했고, 이후 이상옥은 환경을 살리는 여성들을 창립했다.

공추련에 남은 여성위원회 주요 멤버는 구희숙, 문수정[전 서울환경운동연합 여성위원장] 등이었다. 구희숙은 공동의장과 여성위원장이 동시에 조직을 떠난 상황에서 위기감을 느낄 수밖에 없었다. 결국 구희숙이 1991년부터 공추련 여성위원장을 맡았다. 그는 '남 앞에 나서는 게 싫은 성격이라 웬만하면 맡고 싶지 않았지만' 소명이라고 생각하고 맡게 되었다.

여성위원장으로서 구희숙은 남은 15명의 여성위원과 상하반기 교육을 하면서 참여 회원을 늘리고자 했다. 그러면서 그는 당시 젊은 활동가들에게 평범한 시민과 주부들이 함께 활동할 수 있도록 단체 내 강성문화를 바꾸자고 요구했다. "빨간 띠 하지 말자."라는 게 그의 주장이었다. 구희숙은 활동가들이 흔히 쓰는 운동권 언어가 낯설었다. 그는 기자회견 등에서 강하게 발언하는 것을 어려워했다. 운동권 언어가 주로 쓰이는 여성단체 등 타 단체와의 회의에 참석했을 때 그는 '왠지 주눅이 들고, 주변인' 같은 느낌이 들었다. 이런 분위기는 공추련 내부에서도 크게 다르지 않았다. 결국 구희숙은 1993년 여성위원장을 사퇴했다. 환경운동연합은 여성위원회 복원과 활성화를 위해 외부 명망가를 여성위원장으로 영입했으나 위원회 활동은 지속되지 않았다.

환경운동연합 중앙집행위원회 등에 참여하고 있었던 구희숙은 1998년 말 여성위원회 재건에 나섰다. 결혼 후 육아에 집중하던 예전 활동가 일부도 여성위원회에 참여했다. 여성위원회는 2002년부터 서울환경운동연합 소속으로 재편됐다. 구희숙과 여성위원회는 최소 10년을 지속할 수 있는 구체적 과제를 운동 주제로 선정했다. 그들은 생활 속 환경운동에 중점을 두면서 '장바구니 운동', '화학조미료 안 먹기' 등 여성위원회가 가장 쉽게 할 수 있으면서도 오래 할 수 있는 운동에 집중했다. 후원회 등 매년 수차례 있는 각종 행사 등 보이지 않는 곳에서의 살림과 궂은일은 여성위원회 몫이었다. 드러나지 않는 활동가

지원도 많이 했다.

2010년대 서울환경운동연합 의장을 역임한 구희숙은 현재 직책을 내려놓고 평회원으로서 자신의 지난 삶을 돌아보고 있다. 그는 자신의 활동의 원동력으로 기독교 신앙과 아이를 위한 엄마의 마음 그리고 열정을 꼽았다. 구희숙은 환경운동이 급진적 운동권에서 시민 중심으로 전환되는 과정에서 "여성위원회 역할이 컸다."라고 평가했다.

> "저희는 애들 데리고 많이 왔거든요. 애들 데리고 오면서 무대도 서고. 앞에서 시위할 때도 애들하고 같이 서면서 정말로 아이들을 위해서 환경운동을 해야 하고 후손을 위해서 해야 한다고 생각했어요. (중략) 우리가 역할을 충분히 했다고 봐요."

구희숙과 환경운동연합 여성위원회는 운동권 중심의 환경운동을 시민 중심으로 전환하는 데 밑거름이 됐다. 또 생활 속 환경운동을 전파하는 데도 이바지해왔다. 다만, 구희숙은 자신들 세대 이후 환경운동연합 내 여성위원회가 구성되지 못한 것을 아쉬워하면서 여성위원회 회원들처럼 자발적으로 활동했던 이들이 조용히 잊혀가는 현실을 안타까워하고 있었다.

돌보는 여성, 아이들의 생명을 지키는 엄마와 같은 이미지가 구희숙이 바라보는 여성인 것 같다. 이런 관점은 젊은 여성 환경운동가들의 생각과는 다를 수도 있을 것이다. 그렇지만 여성이든 남성이든 누군가를 돌보는 이가 없다면 어떻게 생명이 유지될 수 있겠는가? 이런 마음이 구희숙이 믿고 있는 하나님일지도 모른다.

지금까지 우리는 공해반대운동을 시작한 운동가들을 만나보았다. 1960년대에서 1980년대 중반에 이르는 시기에 우리나라는 억압적 국가의 강력한 공업화 정책으로 인해 환경문제가 이곳저곳에서 일어나기 시작했다. 높은 공감능력과 정의감을 갖고 그 비극적인 현실을 외면하지 않았던 사람들은 이런저런 계기로 공해추방운동 또는 공해반대운동에 뛰어들게 되었다. 어떤 이들에게는 민주화운동 혹은 체제 변혁이 우선이었지만 어떤 이들에게는 아이들의 생명, 실질적인 문제 해결이 우선이었다. 이들은 비슷해 보이지만 다른 생각을 갖고 환경운동을 실천했고 그 차이가 이후에는 다양한 운동방식으로 변화했다. 다음 장에서는 공해추방운동과 다른 관점에서 환경과 생명의 문제를 본 생명운동가, 협동운동가들의 삶을 살펴보겠다.

3장

생명을 살리는 문명과 협동운동

1960년대와 1970년대 박정희 독재 체제 아래에서 저항하던 민주화운동가들 가운데에는 저항을 넘어서서 생명을 살리는 새로운 문명과 사회를 만들어 가야 한다는 생각을 하는 사람들이 나타나기 시작했다. 장일순, 김지하, 박재일, 최혜성, 김영주 등 원주 사람들은 이런 생각을 실천에 옮겼고, 이런 흐름은 1986년 한살림농산 창립, 1989년 한살림모임 창립과 한살림선언 발표 등으로 이어졌다. 이들과 교류하면서 민주화운동을 하던 정성헌은 1970년대 후반에서 1980년대 초에 이르는 시기에 생명을 살리는 새로운 문명을 만드는 운동을 고민하고 이를 실천에 옮기기 시작했다. 1980년대 청년기를 보낸 윤형근, 김기섭 같은 이들은 원주 생명운동의 영향을 강하게 받으면서 생명을 살리는 문화운동, 새로운 생활양식을 만드는 협동운동에 뛰어들게 되었다. 이 장에서는 이들 생명운동, 협동운동을 해 온 사람들의 이야기를 들어보자.

민주화운동에서 생명평화운동으로

정성헌

정성헌은 1964년에 고려대에 들어가자마자 '한일협정 반대운동' 시위에 참여해서 내란죄 혐의로 구속되었다. 그는 '그냥 한일협정'이 아니고 '굴욕적인 한일협정'이고, 이때는 민주주의 문제는 기본이고 민족문제가 주된 문제였다고 말한다.38 이후 그는 1967년까지 고려대 학생운동을 주도했다. 그가 대학에서 학생운동에 참여하게 된 것은 이미 고등학교 때부터 『사상계』 같은 잡지를 보면서 비판적인 역사의식을 키워왔기 때문이다.

그의 고향은 강원도 춘천 남산면인데 여기가 을미의병 첫 기병지라서 그는 어려서부터 이름 없는 의병장 이야기를 들으면

---

38 그로부터 52년 후 그는 삼척주민들이 자발적으로 조직한 삼척원전유치 찬반 주민투표 관리위원회의 관리위원장으로 주민투표를 관리했다는 이유로 법정에 서게 되었다. 그는 이 재판에서 "52년 전에는 민주주의와 민족문제로 섰고 52년 후에는 민주주의와 생명문제로 섰다."고 이야기했다.

서 자랐다. 이런 흐름 속에서 그는 자연스럽게 학생운동에 참여하게 되었다.

박정희 정권은 1969년 삼선개헌, 1972년 유신헌법 선포로 이어가며 민주화운동을 탄압하고 독재 체제를 굳혀갔다. 이 과정에서 장준하, 백기완, 김지하 등의 선배와 그는 민족학교라는 교육, 강연을 추진했다. 그러나 박정희 정권의 탄압 때문에 얼마 이어가지는 못했다. 유신이 선포된 후 정성헌은 화병으로 쓰러졌다. 그는 1년에 걸쳐서 생명이라는 주제를 생각하며 수양을 했다. 몸을 회복한 그는 1977년에 대전에 가서 가톨릭농민회^{이하 가농} 활동을 시작했다. 이 당시 박정희 정권은 중화학공업과 녹색혁명을 추진했는데, 녹색혁명이란 신품종을 도입하고 화학비료와 농약을 투입하며 농기계를 본격적으로 사용하여 식량 생산을 획기적으로 늘리는 것이다. 농약을 과다하게 살포하다 보니 농민들의 건강피해가 많이 발생했다. 이때 가농은 농약 피해를 줄이기 위해 효소농법을 도입하는 교육활동을 하기도 했다.

이런 흐름 속에서 가농 사람들은 1980년 광주항쟁 이후 사회구조적인 문제뿐만 아니라 문명 전환에 대한 운동에 관심을 기울이게 되었다. 이때 운동가들은 생명운동에 대한 이야기도 많이 나누었다. 그들은 반생명적인 문명이 있는 한 사회문제를 해결하는 데에는 한계가 있다는 인식을 하게 되었다. 그러니까 한편으로 농촌사회 민주화운동을 하면서 다른 한편으로는 '공동체 삶의 실현'이라는 문명 전환운동을 해야 한다고 생각했다. 김지하 시인의 생명운동도 이런 맥락에서 싹트기 시작했다고 정성헌은 말한다. 그는 생명운동을 제일 먼저 시작한 사람은 김지하 시인이고 그의 공이 매우 크다고 강조한다. 김지하 시인은 말년에 판단을 잘못한 잘못은 있지만, 우리나라 민주주의운동과 생명운동에서는 아주 대단한 역할을 한 거라고 인정을 분명히 해야한다고 그는 말한다. 그가 말하는 생명운동은 근본적인 운동인데 그 흐름은 여러 갈래로 나타났다.

> "근본적인 것을 해결하는 게 생명운동이란 말이야. 그냥 단순히 환경운동 이런 게 아니고 근본적인 거. 그러니까 구조악과 문명양식을 같이 해결해야 되는 게 생명운동이고 그걸 열심히 하자는 게 농업 쪽에선 정농회도 있었고. 나중에 한국 유기농 그런 것도 있고. 우리^{가농}도 있고. 또 그거를 이제 소비자생활협동조합을 통해서 하려고 했던 게 한살림이고."

1990년에 전국농민회총연맹이 창립하여 정치경제 투쟁에 집중하게 되면서 가농은 생명공동체운동에 주력하게 되었다고 그는 말한다. 가농은 1991년에 우리밀살리기운동을 시작했는데 당시 가농 부회장이었던 정성헌은 이 일에 적극 참여하게 되었다. 이 운동은 생명운동을 대중적으로 확산시키기 위한 운동으로 시작되었다. 이 사업은 초기에 성공적이었지만 1997년 IMF 위기가 오면서 경제적으로 어려움에 처했고, 정성헌은 책임을 지고 우리밀살리기운동 본부장에서 물러났다.

다른 한편, 정성헌은 1982년 창립한 공해문제연구소의 이사로 참여하기도 했다. 그는 최열의 고등학교 선배로서 반공해운동을 지원하는 역할을 맡았다. 그는 공해문제연구소를 개신교와 천주교 성직자들이 적극적으로 지원해 준 것을 높이 평가했다.

"연구소의 이사장을 천주교 신부가 맡으면 소장은 개신교 목사가 맡고, 목사가 이사장을 맡으면 소장은 천주교가 맡고, 이렇게 이걸 바로바로 해줘야 된다고. 그렇지 않으면 바로 때려잡거든."

그는 종교가 울타리 역할을 해줬기 때문에 사회운동가들이 활동할 수 있었다면서 종교가 올바른 역할을 하면 새 세상을 만들 수 있다고 말한다. 그는 1998년에 인제군에 DMZ평화생명동산이라는 조직을 만들어서 지금까지 평화운동과 생명운동을 벌이고 있다. 그런데 열심히 운동을 하고 있던 중 2003년경에 그는 위암에 걸려 수술을 받게 되었다. 수술 받기 직전에 '생명이 생명을 먹고, 생명을 생명에 맡긴다.'는 화두가 그에게 왔다.

"내가 보기에는 이생은 태어남과 죽음의 과정이 있는데, 생로병사가 있는데, 죽음이라는 건 지금 내 현생 삶이 다른 삶으로, 그러니까 생명의 차원 변경이지. (중략) 차원 변경이라면 그걸 몰라서 두려울 필요도 없는 거고. 모르는 상태에서 이거라고 우길 필요도 없는 거고. 차원 변경이로구나. 그러면 더 좋은 생명으로 가도록 노력하는 게 현생 생명의 (중략) 존재의 의의다."

이런 생각을 갖고 그는 이후 문명 전환을 위한 생명운동을 지속했다. 그는 자본주의냐 아니냐 하는 차원이 아니라 그것을 넘어서서 '공존과 순환의 사회구조'를 지향해야 한다고 말한다. 죽음으로 질주하는 거대 문명을 작은 문명으로 바꾸어야 하는데 이를 위해서는 '적정문명'이 필요하다고 말한다.

"적정문명이란 중간 정류장을 통해서 작은 문명으로 가자는 거야. 지금은 우리가 적정을 따져야 돼. (중략) 규모도 다 적정 규모를 따져야 되고."

그는 '운동은 구상은 크게 하고 실천은 무진장 구체적으로 해야 한다'고 말한다. 또한 그는 정치의 중요성을 강조하면서도 그것이 종교성과 결합해야 한다고 주장한다. "새로운 고등 종교와 새로운 정치운동이 결합된 그런 형태의 운동이 나와야" 한다고 말하면서 이를 '정치혁명'이라고 그는 부른다. 그런 운동의 중심에는 '활동가'가 아니라 '운동가'가 있다. 정성헌은 운동가가 삶을 걸고 세상을 바꾸는 운동을 해야 한다고 본다.

"자기 목숨까지 내바치는 종교도 좋은 세상 못 만들었잖아. 그렇잖아? 그니까 운동으로 좋은 세상이 되는 거는 엄청나게 오래 걸린다고 생각을 해야 돼. (중략) 그래서 올바로 보고 꾸준히 하는데, 혼자 가면 외롭고 일이 안 되잖아. 그러니까 함께 가야 된다. 내가 하는 말은 간단해. 운동가라는 거는 스스로, 함께, 꾸준하게 가는 수밖에 없다."

그는 '문명 전환'과 같은 거대 담론을 이야기하면서도 보통 사람들을 설득하기 위한 구체적이고 실용적인 방법을 중시한다. 그의 말처럼 나를 넘어서서 모두를 향한 심성을 키우는 고도의 종교성과 새로운 정치가 결합한다면 모든 생명이 평화를 누리는 세상을 만들 수 있을지도 모른다.

정성헌은 김지하, 박재일, 윤준하, 최열 등과 동시대를 살면서 민족과 민주문제를 삶의 과제로 안고 청년기를 보냈다. 그런데 윤준하, 최열이 공해추방운동과 시민환경운동의 길을 걸은 것과 비슷하면서도 다르게 그는 생명운동과 생명평화운동의 길을 걷게 되었다. 우리나라의 사회운동가들은 처음에는 독재 체제를 무너뜨린다는 같은 목표를 향해 걸어갔지만, 1980년대 이후 차이와 다양성을 보이면서 분화된 흐름을 만들어갔다.

모두를 살리는 협동운동

김기섭

정성헌이 가톨릭농민회를 중심으로 생명문제를 고민하며 운동을 조직하고 있을 때 원주에서는 장일순, 김지하, 박재일 등이 자본주의와 사회주의를 넘어서서 생명을 살리는 문명 전환이 필요하다는 인식을 심화시키고 있었다. 이런 흐름 속에서 1982년경에 "생명의 세계관 확립과 협동적 생존의 확장"이라는 글이 나왔고 이후 김지하의 『남녘땅 뱃노래』가 1985년에 출간되었다^{류하, 2022}. 1985년에는 원주에서 박재일 등이 주도하여 원주소비자협동조합이 설립되었고, 다음 해에 유기농산물을 직거래하기 위한 한살림농산이라는 쌀가게가 서울에 만들어졌다. 이 쌀가게가 지금 83만^{2022년 10월 기준} 조합원이 참여하는 한살림생협의 시작이다. 1980년대에 생명이라는 화두를 갖고 새로운 운동을 시작한 사람들 가운데에는 20대 청년들도 있었다. 이들 가운데 김기섭과 윤형근의 이야기를 들어보기로 하자.

김기섭은 강원도 원주에서 장일순과 함께 일하던 김영주의 아들로 태어났다. 그는 원주에서 그의 주변 사람들이 이웃과 모두를 섬기는 모습을 보면서 자라난 것으로 보인다. 1982년에 대학에 들어간 그는 많은 학생들이 민주주의, 사회주의에 몰입하고 있을 때에 원주의 생명운동의 흐름을 주의 깊게 보고 공감하고 있었다.

"80년대 초에 우리 김지하 시인이 석방되고 나서 원주에 있을 때 원주에서 운동하시는 동료나 후배 분들하고 공부하는 모임이 있었어요. 그런 모임 때 (중략) 함께 논의해왔던 것을 김지하 시인이 정리 겸 발제를 한 게 있는데 그거를 녹취를 해서 손으로 쓴 글을 가지고 윤형근 상무님이나 김재겸 상무님이나 이런 분들하고 같이 얘기를 나눠보고 그랬습니다."

그는 졸업 후 1986년에 유기농업운동과 협동조합운동을 공부하러 일본 고베대학에 유학을 가게 되었다. 1995년에 귀국한 후에는 생활협동조합중앙회에서 일했고, 1997년부터는 두레생협연합회를 만드는 데 적극적으로 참여하게 되었다. 그는 일본의 사례를 참고해서 친환경 농산물, 유기농산물을 직거래히는 작은 규모의 생협들을 모아서 우리나라 최초의 생협연합조직을 만들어서 그 연합조직으로 사업을 규모화시키는 시스템을 제안했고 그렇게 해서 두레생협연합이 만들어졌다.

그러면 한살림을 그는 어떻게 볼까? 그는 한살림은 피를 나눈 혈연조직 같지만 이제 할아버지, 부모님 돌아가신 지 오래돼서 혈연성이 약화된 상황이라고 본다. 한살림은 이제 약속의 규칙을 명확히 정하고 혈연조직을 넘어서는 방향으로 가야하는데 그것이 쉽지 않을 것이라고 말한다. 반면에 두레생협^{이하 두레}은 조상이 다 다른 속에서 공통의 필요를 모아서 가는 지연조직이라고 말한다. 두레는 초창기에는 각자가 다 주인이라 어려웠지만 그 차이를 잘 모으면 좋은 방향으로 발현될 수 있는데 그렇지 못한 것 같다고 평가한다. 그는 2011년 11월에 두레를 그만두었다.

> "제가 결정적으로 그만둔 거는 내가 지키려고 했던 사람들이게 다 아무것도 아닌 거예요. 뭐 쉽게 얘기하면 조합원의 행복과 삶을 지키려 했는데, 그 조합원이 다 아무것도 아닌 거 같더라고요. 의리도 없고 뭐 상식도 모르고. 아 내가 뭐 굳이 이걸 지켜야 되나. 그래서 그만 뒀어요."

그는 두레를 그만두고 4~5년 동안 생각이 많이 진화했다고 말한다. 두레생협을 할 때 생각의 중심이 사회였다면 지금은 생명이라고 그는 말한다.

> "생명을 추구해야 사회가 건설된다. (중략) 사회를 만들려면 사회 너머에 있는, 혹은 사회 심연에 있는, 생명과의 관계를 통해야만 비로소 사회가 만들어진다. 이게 핵심이에요."

그는 협동조합의 의미가 좁은 '우리끼리'가 아니라 '모두와 함께'로 확장될 때 비로소 생명을 살리는 운동이 될 수 있다고 본다.

"협동조합이라고 하는 것은 우리끼리, 우리가 모여서 만드는 거잖아요. 그런데 우리가 점점 쇠약해져 가고 있어요. 우리가 쇠약해져 가는 속에서 제도로만 남고 기능으로만 남아 있다는 말씀이에요. 그럼 어떻게 해야 되느냐? 우리를 다시 살려야 되느냐? (중략) 아니죠. 가령 '협동조합과 협동조합이 모여서 지역사회를 만든다'라고 하는 것은, '협동조합이라고 하는 우리의 폭을, 외연을 넓힌다.'가 아니에요. 그보다는 오히려 '우리 안에도 못 들어와 있는 모두에게로 향한다.'라는 얘기예요. 우리를 포함해 그 우리 안에도 못 들어와 있는 모두를 가리켜 생명이라 부르는 거지요. 개별 생명이면서 동시에 전체 생명인 거지요."

한살림선언의 '우주적 생명'과 유사하게 그는 '모두로서의 생명'을 말하고 있다. 그는 한살림이 '지역살림'을 선언하고서도 이를 제대로 실천하지 못한 것은 능력이 부족한 것이 아니라 인식 전환이 안 되었기 때문이라고 평가한다. 이러한 인식 전환이 있어야 협동운동이 성공한다고 보는 것 같다. 그는 원주에서 출발한 우리나라 생협운동은 엮음의 운동이지 묶음의 운동이 아니라고 말한다.[39] 그에 의하면 기존의 모든 협동조합은 '동질적인 사람들이 공통의 필요를 충족시켜 나가는 운동'이었다. 가령 같은 유형의 생산자면 생산자끼리, 소비자면 소비자끼리 '우리는 하나다.'라는 생각으로 공통의 필요를 충족하기 위해 '묶는 운동'이었다고 그는 말한다. 반면에 우리나라 생협운동은 '생산자와 소비자라는 전혀 다른 공간에서 전혀 다른 이해관계에 있

---

[39] 여기서 '엮음'은 이질적인 사람들과의 연대를, '묶음'은 같은 요구를 가진 동질적인 사람 간의 협동을 의미하는 것으로 보인다.

는 사람들을 함께 엮어내는 운동으로 출발'했다. 그는 이런 운동이 세계에서 그 유래를 찾기 힘든 운동이라고 평가한다. 그리고 그 방식에 대해서 이렇게 말한다.

"내가 주는 것만큼 그 사람도 줄 수 있는 상대와만이 아니라 줘도 돌려 받을 수 없을 사람과도 엮어져야 한다는 거지요. 그들이 '모두로서의 생명'이고 그게 '모두와 함께'하는 방식이었던 것이지요."

보답을 기대하고 주는 증여가 아니라 대가를 기대하지 않는 순수증여의 행위에서 '모두를 지향하는 엮음'이 시작된다고 그는 말한다. 이러한 일을 하기 위해서는 사람들의 인식과 행위의 전환이 절실할 수밖에 없을 것이다. 그는 이런 전환의 힘이 한살림의 언어로 말하면 '생명에 대한 각성'에서 나오지만 동시에 '조금은 주술적이고 종교적인 듯 보이는 표현을 이제는 사회운동의 언어로 바꿔내는 작업도 필요하다.'고 말한다.

김기섭의 삶을 이끌고 있는 힘은 '원주'에 있는 것 같다. '원주'의 핵심이 되는 분들의 삶에는 '내 편, 네 편이 없었다'고 그는 말한다. "진짜로 중심에 있는 분들은 너와 나를 가르지 않았어요". 김기섭의 삶에서 중요한 것은 너와 나를 가르지 않고, 내 것을 덜어 너에게 줌으로써, 모두가 함께 살아가는 세상을 만드는 것인 듯 보인다.

입이 없는 것들이 말할 수 있게 하는 민주주의

윤형근

윤형근은 최루탄 연기 가득한 대학에서 우울하게 대학을 다니고 있었다. 그런데 같은 대학에 다니던 김기섭이 전해 준 글을 보고 그는 놀라운 경험을 하게 되었다. 그 글들을 보면서 그는 사람과 생명의 무궁함을 깨닫게 되었고, 생명공동체운동, 생명협동운동을 하는 삶을 살게 되었다.

윤형근은 고등학교 국어 선생님이 되겠다는 생각을 갖고 연세대 국문과에 1982년 입학했다. 그런데 대학의 모습은 암울했다. 그냥 잘 놀면서 지내는 애들이 한편에 있고, 운동권에 들어가 깊은 고민에 빠져 어둠의 얼굴을 하고 다니는 친구들이 다른 한편에 있었다. 그는 2학년 때 운동권 선배들의 권유로 공부를 해봤지만 그가 본 글들은 '사회를 도식적으로 보고, 사람을 도구적으로 본다는 느낌'이 들었다.

윤형근이 이쪽도 저쪽도 아닌 '회색분자'처럼 대학 생활을 하고 있을 때 대학 동기였던 김기섭이 원주의 생명운동 그룹에서 논의하던 글을 전해 주었다.40

"그걸 보면서 아, 이건 사람을 이해하는 방식이 다르구나. (중략) 사람이 갖고 있는 영성이나 이런 얘기를 생명이라는 표현으로 많이 담고 있어서. 사람이 갖고 있는 뭐랄까, 무궁함. (중략) 운동권 선배들이 던져주는 글보다 훨씬 저한테는 많이 자극을 주었어요. 그리고 아 이렇게 세상을, 사람들을 바라보는 눈이 맞을 거야. 그러니까 도구적으로 보지 않고 사람이 갖고 있는 뭐랄까, 무궁한 자유성이랄까. (중략) 주체로서의 뭔가를 얘기하고 있는 부분에 대해 사실은 놀랍기도 하고 가슴 콩닥콩닥 뛰기도 하고…."

김지하와 원주의 청년들이 함께 고민하면서 쓴 글들은 그를 매혹시켰다. 그는 졸업 후 군대 가기 전 1987년경에 친구, 후배들과 함께 장일순 선생을 만났는데 '굉장히 인상 깊었던 어른'이라고 느꼈다. 그러면서 한살림과 인연이 시작되어 한살림모임 간사로 일하면서 장일순, 김지하, 최혜성, 김민기[학전 대표] 등을 도우면서 청년기를 보냈다. 이때 한살림모임 회원들이 공부모임을 열한 번, 1박2일 토론회를 세 번 정도 하면서 탄생시킨 것이 1989년에 발표된 한살림선언이다.

한살림선언 발표 후에 한살림운동은 한쪽으로는 생협운동으로 가고 다른 한쪽으로는 문화운동으로 갔는데 그는 문화운동

---

40 '생명의 담지자인 민중'이라는 글로 윤형근은 기억한다. 이 글은 1984년에 『밥: 김지하 이야기 모음』으로 분도출판사에서 출간되었다.

을 지향하는 한살림모임 쪽에서 일했다. 그는 신과학운동, 동학, 독일 녹색당에 대한 책을 보면서 재밌게 공부했다. 그는 이때를 회고하면서, 생협운동이 한편에 있고 다른 한편에 문명 전환에 대한 거대 담론이 있었는데 그 중간의 실천전략은 없었다고 평가한다. 실천전략이 약했기 때문에 김지하나 최혜성 같은 이론, 사상가들에게 많이 의존했다고 그는 본다. 그런데 이때 사무국장이 김민기였는데 재정적으로 어려워서 그를 뒷받침하기도 버거웠다. 그러던 중 윤형근은 김민기 다음으로 사무국장을 맡게 되었다. 그는 100여 명 되는 회원들에게서 회비를 받아 소식지를 내는 일 등을 하다가 1992년경 그 일을 그만두었다.

그는 이후 소비자협동조합중앙회에서 8개월 정도 일을 하면서 홍보, 교육 담당으로 한국을 방문하는 일본 생협 회원들을 지원하고 교류하는 일 등을 했다. 이 일에 별 흥미를 느끼지 못했던 윤형근은 크리스찬아카데미에서 일하자는 제안을 받아 거기서 새로 일을 시작했다. 그는 여기에서 대화를 통해 문제에 접근하는 서구적인 프로그램이나 방식을 보고 문화적인 충격을 받았다. 여기서 그는 8년여 기간 동안 『대화』라는 잡지 편집 등의 일을 했다.

윤형근은 2002년에 다시 한살림으로 돌아와서 한살림모임이 하던 일을 되살리는 조직을 만드는 일에 참여하게 되었다. 그래서 2002년에 만들어진 것이 모심과살림연구소이다. 그는 이 연구소가 할 일이 교육, 연구, 그리고 생명운동 그룹들과의 네트워크라고 생각했다. 여기서 한살림 20년사, 백서 등을 만들었고 종교 간 환경운동을 지원하는 일도 했다. 그는 크리스찬아카데미에서 경험한 사회 교육 프로그램을 한살림에 접목하는 역할도 하면서 '문화운동'으로서의 한살림운동을 되살리는 데 힘을 기울였다.

2008년경에는 사단법인 한살림의 교육홍보 업무를 책임지는 일을 맡게 되었고 이후에는 한살림성남용인에 가서 실무 책임자로 현장을 경험하기도 했다. 그는 여기에서 생산지역이나 생산자들과 협력하는 새로운 모델을 실험해서 성공하기도 했다. 여기에서 6년 정도 일한 후 그는 한살림연합으로 다시 돌아가게 되었고 지금은 전무이사로 실무를 맡고 있다. 그는 한살림운동을 1인 1표의 민주주의를 넘어서는 민주주의를 하는 일이라고 본다.

> "'한살림 왜 하냐? 민주주의하고 싶어서 했던 것 같다'라고 제가 얘기하는데. (중략) 그저 1인 1표의 민주주의가 아니라, (중략) 입이 없는 것들이 말할 수 있게 하는 게 민주주의다."

그는 약자들, 생명이나 자연의 목소리를 듣는 것이 민주주의라고 본다. 그는 그 일을 한살림이 지금까지 해왔고, 특히 뒤치다꺼리하는 사람들처럼 보였던 농부들이나 엄마들의 역할을 사회적으로 부각시키는 데 기여했다고 평가한다. 그런데 문제는 한살림운동 성공의 결과로 그것이 '사회화'되었고 이 때문에 한살림은 새로운 메시지를 던져야 하는 책무를 갖고 있다는 것이다. 그는 협동운동은 협동할 수 있는 조건을 만드는 운동이라고 말한다.

> "요즘 젊은 친구들이 협동하는 존재로서 그런 자기의 모습을 발견할 수 있는 조건을 만드는 거지. '너희들 경건해져

야 된다, 자기 성찰 해야 된다'라는 얘기를 하는 건 아니라고 생각해요. 외려 저희가 해야 될 일은 그 조건을 만드는 일을 해야 되지."

김기섭의 '인식 전환'과 윤형근의 '협동의 조건'은 동전의 양면일 지도 모른다. 어찌 됐든 생명과 협동의 기반이 우리 사회에 만들어진 것은 분명하지만 이를 넘어서서 생명이 자유로운 새로운 문명, 새로운 사회로 가는 길은 멀고도 험하다.

엄혹한 군사 독재는 역설적으로 생명에 대한 갈망을 낳았고, 생명의 문명 만들기라는 거대한 담론을 낳았다. 문명 전환이라는 거대 담론은 유기농 직거래운동과 생협운동이라는 틈새의 실험으로 변형되었고 그 실험은 한국 특유의 생명협동운동으로 발전했다. 문명 전환과 생협운동의 거리는 갈수록 멀어지고 있는 것처럼 보이지만, 이들을 새롭게 연결하거나 바꾸어 나가는 일은 생각해 볼 만하지 않을까? 이제 다음 4장에서는 새롭게 시민들과 함께 환경을 살리는 운동에 뛰어든 사람들을 만나보겠다.

4장

시민들과 함께하는 환경운동

2장에서 우리는 1980년대 공해추방운동을 시작했던 사람들의 이야기를 들어보았다. 이들이 단체를 만들어 반공해운동을 벌이고 새롭게 시민환경운동을 시작할 때 이들보다 좀 더 젊은 청년들이 1980년대 말에서 1990년대 초에 시민환경운동에 뛰어들기 시작했다. 민중, 변혁, 혁명, 사회주의 같은 말들이 점차 힘을 잃어가던 시기에 이들은 시민이라는 새로운 정치주체에 관심을 갖고 환경운동을 새롭게 시작했다.

이 장에서는 울진에서 반핵운동을 시작한 이후 반핵, 탈핵운동을 지속해온 김혜정, 녹색연합을 이끌었고 정의당 국회의원을 역임한 김제남, 시민환경운동을 하다가 박원순 서울시정에 참여한 서왕진, 환경운동연합, 생태지평 등에서 활동하다가 서울시에너지공사 사장 등을 역임한 박진섭, 환경운동연합 사무총장과 시민사회단체 연대회의 운영위원장 등의 일을 한 염형철, 국제협력활동을 오래 한 김춘이, 중국 사막화 방지사업 등을 하고 있는 에코피스아시아의 이태일, 여성환경연대에서 여성환경운동을 이끌었던 강희영 등 여덟 명의 시민환경운동가의 이야기를 들어보겠다.

오지 지역활동가에서 시민환경운동의 리더로

김혜정

1980년대 후반, 민주화운동이 대학을 중심으로 활발해지고 있을 때, 그 힘은 경북 울진에서도 분출하고 있었다. 소외된 지역의 힘없는 약자 편에서 활동하려는 청년들의 지역운동 흐름 속에서 새로운 환경운동가가 탄생했다.

경북 울진군 죽변에서 태어난 김혜정은 어릴 때부터 서울로 올라와 혼자 공부하며 일찍이 직장 생활을 시작했다. 20대 시절 '운명아 길을 비켜라, 내가 간다.'를 인생 좌우명으로 삼았던 그는 직장과 독서실을 오가며 대학 입학을 준비했다. 그는 1986년 남들이 졸업할 나이에 대학에 입학했지만 2년 다니고 그만뒀다. '치열하게 살면서 다닐 만큼 대학의 가치가 별로 없다'고 느꼈기 때문이다.

학교를 휴학한 다음 김혜정은 학자금 대출 상환과 동생들 뒷

바라지를 위해 취직을 준비하다가 1988년 초 부친의 병환 소식에 모든 걸 접고 바로 고향으로 내려갔다. 그는 6개월여 동안 부친 병간호에 몰두했다. 그는 이때를 회고하며 "사람이 자기를 온전히 버리고 누군가를 위해서 삶을 살면 자신의 모습이 제대로 보인다."라고 말했다. 다행히 그의 부친은 차도를 보였다. 울진에 있으면서 김혜정은 지역 도서관을 드나들며 앞으로 살아갈 방향을 고민했다. 거기서 그는 지역 선생님들과 고향 후배들과 함께 울진 지역사회에 도움이 될 수 있는 뭔가를 해 보자고 뜻을 모았다. 1988년 8월은 울진 핵발전소가 첫 운전을 하는 시기였기에 자연스럽게 핵발전소 문제가 관심사로 떠올랐고, 김혜정은 여기서 깨달은 것이 있었다.

> "핵발전소 문제를 접하면서, 대학 때 그렇게 많이 이야기하던 민중이 바로 이 사람들이다는 생각을 했어요. 그 민중이 바로 내 어머니와 아버지 또 바로 내 옆집에 있는 아주머니 아저씨들, 그 사람들이 바로 그 민중이다."

당시만 해도 울진은 행정적·문화적으로 오지에 속했다. 그런 지역에 핵발전소가 들어서게 되어서 피해가 예상되었지만 주민들은 핵발전소 자체를 잘 몰랐다. 김혜정은 '하고 싶은 일보다는 나를 필요로 하는 일, 개척지가 아니라 황무지를 선택'하는 삶을 살아야 한다고 생각했고, 핵발전소를 반대하는 일이 나를 필요로 하는 일이자 황무지의 길이라고 판단했다.

1988년 후반 김혜정, 지역 청년, 학생들, 교사들이 함께 울진반핵운동청년협의회를 구성했고, 핵발전소 관련 유인물을 만들어 홍보하는 활동을 시작했다. 그는 공추련과 핵발전소 인근 지역 단체들과 교류하면서 '전국반핵활동가 연석회의' 등에 참여했고, 울진 읍내를 돌아다니며 핵발전소 위험성을 알리는 활동도 벌였다. 좁은 마을에서 김혜정의 활동은 삽시간에 소문이 났다. 경찰이 그를 찾아오기도 했다. 집에서는 '사내도 아니고 여자가 어딜 나서냐?', '집안 망신이다', '아버지 병 더 도지게 하러 왔냐?'라며 난리가 났다. 동네 사람은 물론 일가친지까지도 한마디씩 했다. 이렇게 되자 그는 부친 건강 악화를 걱정해 고향을 잠시 떠나 있기로 했다.

1989년 서울로 간 김혜정은 공추련에서 자원활동을 했다. 그는 울진에서 구할 수 없었던 무궁무진한 자료와 여러 활동가 동료들의 열정에 감격했다. 같은 해 여름 김혜정은 공추련의 젊은 활동가들과 8박 9일 영광 반핵 농활에 참여했다. 활동가들은 마을을 돌며 주민을 모아 핵의 위험성을 알렸다. 여기서 김혜정의 강점이 드러났다.

> "선배들이 좀 어렵게 이야기하는 것 같더라고요. 그래서 그냥 저는 주민 눈높이에 맞춰서 쉽게 말씀드리려고 노력했어요. 그러니까 뭐 그때 선배들이 그러더라고요. 너 강연 잘하는 것 같더라, 계속 네가 하면 좋겠다."

그런 그를 공추련은 9월부터 반핵평화부 간사로 채용했다. 같은 시기 공추련은 '전국 핵발전소 추방운동본부'를 결성해 핵발전소 11, 12호기(영광3·4호기) 건설 반대 100만인 서명운동을 전개했다. 김혜정은 매일 종로2가 YMCA 앞에서 살다시피 하며 서명을 받았다. 핵발전소의 위험을 알릴 수 있는 것 자체가 행복했다.

김혜정은 자신을 '멀티운동가'라고 말했다. 그는 자신의 전공인 탈원전운동 외에도 다른 영역의 활동을 많이 했다. 1990년대 초·중반 그는 총무부장, 총무국장 역할도 맡았다. 당시 그는 다들 원하지 않는 조직 살림살이 하는 일도 운동이란 마음으로 임했다. 그러면서도 김혜정은 운동에 미친 사람이란 소리를 들을 정도로 탈원전운동을 지속했다. 이 때문에 1990년 11월 3일 정부가 안면도를 핵폐기장 부지로 발표했을 때 즉각 대응할 수 있었다. 1994년 12월 언론을 통해 굴업도가 핵폐기장 유력 후보 지역으로 보도됐을 때에도 그는 현장에 바로 들어가 활동하면서 핵폐기장 계획을 백지화시키는 데 기여했다.

그는 동강댐 백지화운동, 가야산 해인사 골프장 백지화운동을 이끌었다. 동강댐 백지화운동 때에는 환경운동연합 앞마당에서 33일간 숙식하며 밤샘 농성을 하기도 했고, 불교계와 지역 주민들과 함께 해인골프장 백지화 100만인 서명을 받아내기도 했다. 이 운동들은 시민 참여로 꽃피운 환경운동의 승리로 환경운동사에서도 평가를 받고 있다. 언론에서는 그를 "시민운동으로 성장한 '스타 활동가'[김준기, 1999], NGO의 새로운 리더[정병선, 1999]"라고 표현했다.

그 시절 김혜정이 과부하가 걸릴 정도로 활동한 것은 일에 대한 열정뿐만 아니라 여성활동가로서 더 잘해야 한다는 생각도 있었기 때문인 것으로 보인다. 김혜정은 한국 사회가 여성 지도력에 굉장히 엄격하다고 느꼈다. 환경단체라고 예외는 아니었다. 공식 의사결정보다 술자리 결의가 더 중요한, 이른바 '형님 네트워크'가 조직문화에도 많이 남아 있었다. 여성활동가는 기획과 주민 조직, 문건 작성을 잘하지 못한다는 편견이 퍼져 있었다. 김혜정은 '여성활동가가 그런 걸 못 한다는 이야기를 안 들으려고 진짜 몇 배로 일했다. 선배 여성활동가로서 잘해야 한다는 생각을 한 번도 잊어본 적이 없는 것 같다.'고 말했다.

그는 남성 지도력이 압도적인 환경단체에서 여성적 관점의 환경운동과 여성 네트워크를 통한 여성 지도력 양성이 필요하다고 생각했다. 1999년 6월 각 단체에 흩어져 일하는 여성활동가들은 에코페미니즘Ecofeminism을 지향하며 네트워크 단체로 여성환경연대를 결성했다. 당시 김혜정은 여성환경연대 세대별 대표 중 한 명으로 참여했다.

2005년 김혜정은 직선제 선거에서 여성 최초로 환경운동연합 사무총장에 당선됐다. 그의 사무총장 임기 2년 동안 환경운동연합 안팎으로 난제가 많았다. 2000년 총선시민연대 활동과 동강댐 백지화에 위기를 느낀 보수진영과 개발세력은 천성산 관통 터널 반대운동을 계기로 공세를 강화했다. 사무총장 선출 과정에서 발생한 갈등에 따른 내홍도 있었다. 그는 '의견과 갈등 사안이 다양한 전국 조직을 운영했던 경험은 이후 활동에 큰 자산이 되었다.'고 회고했다.

김혜정은 사무총장 임기를 마치고 2008년부터 3년여 미국과 캐나다로 유학을 다녀왔다. 해외에서의 생활은 자기를 비우고 치유하면서 미래를 생각하는 과정이기도 했다. 그 때문에 그는 "새로운 인생의 전환점이 된 것 같다."라고 말했다.

2011년 3월 11일, 일본 후쿠시마 핵발전소 폭발 사건이 발생했다. 당시 김혜정은 뉴스를 보면서 "내가 있어야 될 곳은 운동의 현장이구나."라고 생각했다. 그는 바로 '환경운동연합 후쿠시마 원전사고비상대책위원장'으로 복귀해 현장 운동을 지휘했다. 이후 그는 시민방사능감시센터 운영위원장으로 활동하며 시민 모금과 단체 기금으로 방사능 측정 장비를 구입했다. 이를 통해 그는 일본산 수입 수산물의 방사능 수치를 발표하는 등 활동을 이어갔다. 2013년 박근혜 정부 시절 김혜정은 야당 추천 몫으로 원자력안전위원회^{이하} ^{원안위} 비상임 위원으로 활동했다. 당시 원안위 9명 중에 시민사회에서 활동하다가 참여한 위원은 그와 김익중^전 ^{동국대 의대 교수}뿐이었다. 당시 김혜정은 자신의 역할을 다음과 같이 말했다.

> "풍선은 주먹의 힘이 아니라 송곳의 날카로움으로 터뜨린다고 해요. 폐쇄적인 원자력계에 들어가서 바늘구멍을 내겠다. 이런 구멍이 많아지면 그게 큰 구멍이 돼서 뚫린다고 생각했고 그 역할을 하겠다는 생각이었어요."

김혜정은 후쿠시마 사고 이후 전국으로 탈핵 강연을 다녔다. 방사능에 대한 엄마들의 관심이 높아진 만큼 주로 그들을 대상으로 강연을 벌였다. 공감 능력과 생명의 가치를 중요하게 생각하는 것이 여성의 장점이라고 그는 말했다. '여성이 가지고 있는 장점을 끌어내서 사회적인 역할로 발현될 수 있도록 만들어 주는 게' 자신의 일이라고 그는 생각했다. 그는 '여성이 나서면 그 운동은 이긴다.'라고 덧붙였다.

김혜정은 문재인 정부 시기인 2018년 12월부터 2022년 2월까지 원자력안전재단^{이하} ^{안전재단} 이사장으로 일했다. 안전재단은 원자력 안전기반 조성을 지원하기 위해 설립된 원안위 산하 공공기관이다. 그는 이사장으로서 안전재단 경영에 책임을 지는 한편 원자력 안전을 위해 안전재단에 부여된 역할을 강화하는 데 집중했다.

1980년대 민주화운동의 영향을 받으며 울진에서 지역, 젠더 등 여러 측면에서 사회적 약자들의 아픔을 절감한 김혜정은 탈원전운동에서 환경운동, 그리고 공공기관 근무에 이르기까지 다양한 역할을 해오는 동안 맡은 직책에 최선을 다하며 변화에 대한 갈구를 멈추지 않았다. 시민사회에서 일할 때나 공공기관 일을 할 때도 '국민의 안전과 생명'을 위해 일하는 그의 가치는 다르지 않았다. 어떻게 그 일을 해내는 지가 중요하지, 주장과 선명성이 중요한 것이 아니라고 그는 생각했다.

김혜정은 울진에서 처음 운동을 시작할 때 가졌던 사회적 약자에 대한 마음, 환경운동을 하며 다져진 미래 세대에 대한 책임감, 시민사회 발전에 대한 역할을 놓치지 않으려고 노력하고 있다. 그는 운동도 그렇지만 사람도 고정되어 있으면 썩는다고 생각하며 변화와 발전을 위해 노력하고 있다. 그는 우리 시대 팽배한 기술에 대한 과신, 경제성과 편리함을 최우선하는 사회를 변화시키기 위해 할 일을 고민하며 살고 있다.

시민환경운동가와 진보정당 국회의원 사이

김제남

민주화운동의 10년이라 불러도 좋을 만큼 1980년대에는 대학, 노동 현장, 지역사회에서 다양한 사회운동이 일어났다. 학생운동에 뛰어들었던 김제남, 서왕진, 박진섭, 염형철, 김춘이 같은 이들은 졸업 후에도 운동가의 삶을 이어가며 청년기를 보내고 있었다. 그런데 이들에게 1990년대 들어 '시민'과 '환경'이라는 두 담론이 다가왔다. 이들이 이 담론을 만나면서 어떤 전환을 겪게 되었는지, 전환의 삶을 어떻게 이어갔는지 그들의 이야기를 들어보자.

1980년대 치열하게 학생운동과 청년운동을 하다가 1980년대 말 발생한 수돗물 사태를 계기로 환경운동에 뛰어든 김제남은 공추련과 다른 '새로운 환경운동'을 지향하며 환경단체를 만들었다. 그가 만든 단체가 환경운동연합과 함께 한국의 환경운동을 대표하는 녹색연합이다. 30년 넘게 환경운동에 전념한 그는 상근 환경운동가로는 처음으로 진보정당 소속의 국회의원으로 활동하기도 했다.

경기도 가평 외가에서 태어난 김제남은 직업 군인인 부친을 따라 이사를 자주 다녔다. 그는 유년기에 살던 가평 깊은 산속 마을의 기억을 지금까지 간직하고 있다. 그는 "자연을 좋아하게 된 원천이 그곳"이라고 말한다. 청소년 시절 김제남은 친척들에게 1980년 광주 민주항쟁에 관한 이야기를 자주 들었다. 당시 신문방송 쪽으로 진로를 생각하던 김제남은 '사회에 나가서 이 불의한 문제를 제대로 알려야겠다.'고 마음먹었다.

김제남은 1983년 덕성여대 사학과에 장학금을 받는 조건으로 입학했고, 대학원 진학까지 생각했다. 그랬던 그는 1학년 말 선배가 권한 독서모임에 참여하면서 학생운동에 빠져들었다. "학비는 물론 생활비와 용돈까지 주는 장학금을 받을 수 없게 돼 힘들었지만, 그래도 학생운동 하는 게 너무 재미있었다."는 그는 학생운동을 주도하게 되었고 1년 동안 수배 생활을 하기도 했다.

김제남은 1987년 6월 항쟁 이후 운동권 출신 청년모임에 가입해서 서울 도봉구, 노원구 빈민가에서 청년운동, 지역운동을 도모했다. 김제남이 본격적으로 청년 지역운동을 전개하던 1980년대 후반과 1990년대 초반은 '수돗물 중금속 파동', '낙동강 페놀 오염 사건' 등 물 문제가 연이어 터지는 시기였다. 주민들은 수돗물 문제에 대해 지역활동가인 김제남에게 문의하기 시작했다. 그때 김제남이 느낀 것이 있었다.

"이런 게 환경문제라는 거구나. 물 문제는 누구나, 가난하거나 부자이거나 어떤 사람들도 물 없이는 살아갈 수 없는데, 생명과도 같은 건데, 이게 오염이 되면 어려운 사람들은 더 힘들구나."

물 문제의 심각성을 인식한 김제남은 새로운 환경단체를 만들어야겠다고 생각했다. 그는 한양대 학생운동권 출신 최승국^{전 녹색연합 사무처장}, 김혜애^{전 녹색연합 공동대표} 등과 환경 관련 공부를 시작하면서 100여 명의 회원을 모았다. 이렇게 해서 1991년 6월, '환경보호, 생명 존중, 평화사랑'을 기치로 내건 푸른 한반도 되찾기 시민모임^{이하 푸른한반도}이 결성되었다. 29살의 김제남이 단체 대표를 맡았다.

김제남은 기존 환경운동과 다른 '새로운 환경운동'을 해야겠다고 생각했다. 당시 공추련이 공해 피해자 중심 운동을 벌였다면, 푸른한반도는 환경권을 누리는 시민이 환경문제를 생활 속에서 나의 문제로 인식하도록 하는 운동을 지향했다. 그에 따라 공개강좌, 독서 토론 등 회원 교육에 집중하면서 한강 탐사 등 생활 속 환경운동을 전개했다.

그런데 운동을 하다보니 '대중적인 활동으로 시민들 모아서 교육하고 조직하는 일은' 잘 할 수 있는데 '전문성'이 부족하다는 생각을 지울 수 없었다. 그러던 중에 1993년 초 그는 대학 교수로서 환경운동을 펼치고 있던 배달환경연구소 소장 장원을 초청해 강연을 들었다.[41] 장원은 청년, 시민들과 함께 하는 대중 활동에 관심이 있을 뿐만 아니라 그런 조직이 필요하다고 말했다. 이렇게 해서 이들은 '전문성과 대중적인 시민들의 모임

---

[41] 1991년 6월에 배달환경연구소가 창립되었고, 1993년 3월에는 배달환경연합이라는 환경단체가 출범했다.

을 연결해서 전국적인 활동 토대를 만들어보자.'고 뜻을 모으고 두 단체를 통합하는 작업을 시작했다. 여기에 대한녹색당 창당 준비위원회가 참여했다. 이렇게 해서 1994년 4월 1일 배달녹색연합이 창립했고, 장원이 사무총장, 김제남이 사무처장을 맡았다. 신동호, 2007b:111~112.

김제남은 통합 후 단체의 장기 비전과 정체성을 세우는 일에 관심이 많았다. 동료들과 토론하면서 '인간중심주의를 넘어서 사람과 자연이 공생하며 생명의 그물망, 생태계를 복원하고 보전하는 환경운동'을 해야겠다는 생각을 키워갔다. 1996년에는 '배달'이라는 말을 단체명에서 빼는 문제로 논란이 많았다. 그는 이 말이 '국수적, 민족주의적, 사람중심적인 냄새가 나지 않느냐.'고 말하면서 "녹색을 지향하는 녹색주의로 가자."고 강력히 주장했다. 이때부터 단체는 좀 더 자연, 생태주의, 녹색주의에 관심을 갖고 활동 영역을 확장'해 갔다. 김제남의 제안대로 1996년 말 배달녹색연합은 녹색연합으로 이름을 바꾸었다. 녹색연합은 백두대간, 갯벌 보전 등 자연 생태 분야로 활동 영역을 넓혀갔고, 지구적 감각도 키웠다. 그는 문제가 생겼을 때 책상에서 판단하기보다 우선 현장 실태부터 확인하고, 또한 '생태감수성'을 중시하는 운동 풍토를 지향했다.

1997년 말 출산휴가에서 복귀한 김제남은 이런 운동 방향을 갖고 새만금 간척사업 반대운동에 참여했다. 김대중 정부 시절 본격화된 새만금 갯벌 매립 반대운동은 노무현 정부까지 이어졌다. 당시 이 운동은 환경단체, 종교계가 역량을 총결집한 운동이었다. 김제남은 새만금 매립 반대운동을 위해 지역주민을 조직하면서 환경단체와 전문가가 공동으로 대응하는 조직을 제안하기도 했다. 1999년에는 새만금 사업 환경영향 민관공동조사단이 만들어져서 조사를 벌였다. 환경운동단체들이 많은 노력을 기울였지만, 결국 새만금 간척사업은 지금도 계속되고 있다.

그런데 2000년 5월 '장원 성추행 사건'은 녹색연합과 김제남에게 커다란 위기였다. 시민사회의 영향력을 크게 보여준 2000년 총선시민연대 활동 직후에 여기에 참여한 핵심 리더가 일으킨 사건이었기 때문에 사회적 파장이 매우 컸다. 이 사건으로 녹색연합을 향해 '문 닫아라'라는 비난까지 쏟아졌다. 김제남은 비상대책위를 꾸려 대표단 교체 등 단체 쇄신 작업에 매진했다.

이런 어려움 속에서도 김제남과 녹색연합은 생태보전을 위한 운동을 꾸준히 했고, 이 때문에 2003년 '천성산 관통터널 반대운동'에서 이 운동의 핵심 주체인 지율 스님과 신뢰를 맺으며 연대활동을 할 수 있었다. 녹색연합은 지율과 함께 도롱뇽의 친구들이라는 시민모임을 통해 도롱뇽 소송을 제기하기도 했다. 김제남은 '천성산 터널 반대운동'을 우리 사회 환경인식의 저변을 넓히는 역할을 했다고 평가했다. 도롱뇽의 친구들처럼 많은 시민들이 자연의 속도로 함께 살아가는 것을 생각게 되었다는 점에서 이 운동은 의미가 있다고 그는 보았다. 그러나 언론에서는 '목숨을 건 단식'이 부각되었고 이 운동에 대한 부정적 평가도 적지 않았다.[42] 그는 이렇게 볼 때 '한 사람이 자기 목숨을 걸고 하는 운동 방식은 많은 사람들과 함께 오래 지속할 수 있는 것은 아니'라고 말했다.

2010년을 전후하여, 김제남은 사무처장직을 내려놓고 안식년을 보낸 후, 녹색연합 녹색에너지 디자인 위원장으로 일했다. 그런데 2011년 3월 후쿠시마 핵발전소 폭발사고는 그가 탈핵·

---

[42] 이 운동을 '환경 근본주의'로 비판한 담론은 보수, 진보 언론에서 모두 발견되었다(유채원, 구도완, 2016: 380-381).

에너지 전환에 더욱 집중하게 된 계기로 다가왔다. 그는 독일 에너지 전환 현장을 언론에 연재했고, 기초 지자체를 돌면서 지역 에너지 전환을 위한 조례 제정운동을 벌였으며, 은평구에서 '두꺼비 하우징'이라는 마을 에너지 자립형 도시재생 모델사업에 관여하기도 했다.

이렇게 지역에서 환경운동을 하고 있던 2012년에, 김제남은 갑작스럽게 통합진보당 비례대표 국회의원 후보로 추천되어 당선됐다. 갑작스럽기는 했지만 사실 그는 젊은 시절부터 녹색당과 녹색정치에 깊은 관심을 갖고 있었다. 푸른한반도를 준비하던 20대 시절 그는 '독일 녹색당 강령을 보면서 소름 끼칠 정도'로 녹색당의 매력에 꽂혀 있었다. 1990년대 초 그는 '한국의 페트라 켈리'를 꿈꾸며 환경운동 10년 후 녹색당을 만들겠다는 포부를 밝히기도 했다. 2012년 총선을 앞두고 당시 시민사회단체 일부 전·현직 사무처장들이 '내가 꿈꾸는 나라'라는 조직을 구성해 시민정치를 고민했다. 또 환경단체 출신 운동가들이 참여하는 녹색정치포럼도 운영되고 있었다. 김제남도 여기에 참여해 토론하면서 후쿠시마 사고 이후 탈핵정치를 위해서는 시민사회가 세력을 형성해 국회에 진입해야 한다고 봤다. 이런 흐름 속에서 그는 통합진보당 국회의원으로서 국회에서 일하게 되었다. 그러나 김제남의 국회의원 활동은 2012년 통합진보당 내분을 겪으며 심각한 어려움에 직면했다.

"그냥 소명 하나, 가서 뭔가 탈핵 할 수 있는 법과 제도를 만들고 그런 사회 여건을 만드는 일에 이 한 몸 어떤 역할을 해 보자. 이 생각밖에 없었던 거 같아요. 다른 준비 없이."

김제남은 사회운동과 정치는 문법부터 다르다는 걸 절실히 느껴야 했다. 그렇지만 순탄치 않은 19대 국회 상황 속에서도 그는 국회 산업통산자원위원회 소속으로 활동하면서 아이들에게 핵 없는 세상을 위한 국회의원 연구모임 대표를 맡는 등 탈핵 의정에 집중했다.

> "우리 사회의 구조, 시스템들을 들춰내서 문제가 있는 것들은 얘기하고 관련 정보를 저를 통해서 세상에 확산시키는 거. 그리고 피해실태를 알리고 그 주민들의 손을 잡아주는 일 이런 일을 주로 한 거죠."

그의 임기 동안 핵발전소 부품 비리 등 여러 원전 비리가 쏟아졌고, 김제남은 이 문제를 집중적으로 파헤치면서 핵발전소 안전 관련 제도를 강화해 나갔다. 그는 시민들이 재생에너지를 확산할 수 있는 제도를 만들었고, 밀양 할매들이 국회에서 발언할 수 있는 장을 만들어 국회 차원에서 밀양 송전탑 문제를 검토할 수 있도록 만들기도 했다. 이러한 활동을 통해 그는 진보정당 내에서 '진정한 진보라는 것은 성장, 개발, 토건에서 생명의 질서, 생명이 공존하는 생태계의 복원으로 가는 것'이라는 이야기를 많이 했다. 그는 진보의 의미를 시대 변화에 따라 확장하고 변화시키는 데 자신이 어느 정도 역할을 했다고 보았다.

2016년 총선에서 그는 서울 은평구에서 재선에 도전했지만 실패했다. 이후 그는 정의당에서 조용히 탈핵·에너지 전환운동을 이어갔다. 그 기간이 그에게는 상처의 회복 과정이었던 것으로 보인다. 그에게 어려움을 이겨낸 힘이 무엇인지 물어보았다.

"자신의 본원에 생명의 빛들이 있잖아요. (중략) 사람에 대한 깊은 관심, 애정, 그리고 우리가 살아가고 있는 이 지구와 나와 함께 살아가고 있는 이 생명에 대한 깊은 관심과 애정, 그걸 지니고 있는 저 자신이 너무 감사해요."

그는 2020년 들어 문재인 정부 청와대 기후환경 비서관에 이어 시민사회수석을 역임했다. 2022년 2월 이후에는 김혜정에 이어 원자력안전재단 이사장으로 활동하고 있다. 1980년대 치열하게 학생운동을 하다가 시민이 참여하는 환경운동을 꿈꾸며 새롭게 운동의 전환을 시도한 김제남은 우리 사회에 생명과 자연을 지키는 환경운동을 뿌리내리게 했다. 진보정당 국회의원이 되어 탈핵과 원자력 안전의 기초를 놓고 진보의 의미를 전환하는데 기여하기도 했다. 그렇지만 그가 청년 시절 꿈꾸었던 정당정치를 통해 구조를 바꾸어가는 생태전환 기획은 미완의 기획으로 남아 있다.

지방자치단체에 들어가 생태전환 하기

서왕진

우리나라 환경운동가들 가운데에는 급진적인 학생운동, 노동운동, 변혁운동 등을 하다가, 시민운동에 관심을 갖고 환경운동을 새롭게 시작한 이들이 적지 않다. 이들 가운데 일부는 지방자치단체나 정부에 들어가 자신이 운동가로서 갖고 있던 전환의 비전을 국가 안에서 실천하기도 했다. 그들 가운데 서왕진과 박진섭을 만나, 지배구조 밖에서 저항하는 운동과 지배구조 안에서 이를 개혁하는 일을 모두 해본 사람들은 무엇을 어떻게 생각하고 실천했는지 들어보았다.

2000년대 초반 환경운동이 활발하던 시절 환경운동연합, 녹색연합과 함께 우리나라 3대 환경단체로 꼽히던 단체가 환경정의였다. 이 단체의 사무처장을 맡아 일한 서왕진은 1980년대 학생운동과 노동운동을 벌이다가 1990년대 초반에 환경운동에 뛰어들었다. 그는 2011년 서울시장 보궐선거 이후 박원순 시정에서 주요 직책을 맡으면서 지방자치단체에서 생태전환을 이루어가는 일을 했다.

1980년 고향 영광을 떠나 광주에서 고등학교를 다닌 서왕진은 대학에 들어가서야 광주민주항쟁이 한국 사회에서 어떤 의미를 갖는지 알게 됐다. 그는 1984년 서울대에 입학해 동아리 활동을 하면서 한국기독교학생총연맹KSCF의 '광주민주항쟁' 자료를 접하고 강한 충격을 받았다. 이것이 그가 학생운동을 치열하게 벌이게 했던 원동력이었다.

1986년 시위 도중 화염병에 부상을 당한 서왕진은 1년을 휴학하며 광주에서 보냈다. 그 때문에 1987년 6월항쟁에 적극적으로 참여하지 못해 매우 안타까웠다. 복학 후 그는 노동현장에 투신할 준비를 했고, 1989년 졸업 후 1992년 초까지 2년 반 동안 인천 남동공단에 있는 주물공장에서 일했다. 당시 서왕진은 소련의 고르바초프Mikhail Gorbachev가 주장하는 '민주적 사회주의' 관점에서 노동자를 모아 세미나를 열면서 노조를 조직했다.

1991년, 소비에트 사회주의가 붕괴하자, 서왕진을 비롯해 학생운동 출신 노동운동 그룹은 한동안 동요하면서 깊은 고민에 빠졌다. 현실 사회주의 몰락에 대해 서왕진은 "노동 혁명을 통해서 체제를 바꾸고 사회를 바꾸는 방법 자체가 현실에서 한계를 드러낸 것 아닌가."라고 생각했다. 또 그는 학생운동 출신으로 노동운동 현장에서 변화를 현실화시키는 데 한계를 느꼈다. 그러던 차에 그는 공추련의 최열이 1991년 말 '올해의 인물'로 선정된 기사를 보게 됐다이문재, 1991.

"세상을 바꾸기 위해서 사람들을 찾아서 여기에 왔는데,

정작 사람들과 자주 만나고 사람들에게 영향을 미치고, 사람을 설득하는 곳은 이곳이 아닌 저쪽에도 있는 것 아니냐? 이런 생각을 상당히 했었죠. 그러면서 시민운동이라고 하는 것 자체에 상당히 관심을 갖게 됐고…."

서왕진은 고려대 출신 노동운동가 전성^{변호사}을 만나 그의 소개로 경제정의실천연합^{이하 경실련}을 알게 됐다. 당시 그는 급진 민주주의론을 공부하면서 시민운동을 통해 한국 사회의 급진적인 전환이 가능할 거라고 봤다. 1993년에 서왕진은 경실련이 일종의 사회 혁신 운동체가 될 수 있을 것으로 기대하면서 시민운동에 발을 들여놓게 됐다. 오성규^{전 환경정의 사무처장} 등 그와 같은 정파 소속 운동가들도 대거 경실련에 참여했다.

서왕진은 조직국에서 대학생회 간사를 맡았다. 그는 정책 제안과 대안 제시를 통해 기존 학생운동과 다른 학생운동을 추구하면서 '경실련 대학생회' 조직 작업을 진행했다. 1994년 들어 그는 경실련 환경개발센터로 자리를 옮겨서 활동했다. 시기적으로 1992년 '리우 환경회의' 이후 환경문제에 관한 사회적 관심이 올라가던 때였다.

"근본주의에 대한 갈망이 있었던 것 같아요. (중략) 환경문제는 굉장히 문명 전환적이고 기존 라이프 스타일이나 삶의 방식이나 체제나 이런 것에 대한 굉장히 근본적인 문제 제기잖아요. 환경운동을 통해서 세상 자체를 근본화해서 전환해가는 것도 가능할 수 있겠구나."

환경개발센터에서 서왕진은 주로 전문가를 조직해 정책과 대안을 제시하는 경실련식 운동방식을 적용했다. 서왕진은 1995년부터 2년 동안 에너지 종합 대안 연구를 담당했던 것을 가장 기억에 남는 활동으로 꼽고 있다.

환경개발센터는 제도 개선 등 정책운동에 방점을 두었기 때문에 사회의 시선을 강하게 끌진 못했다. 서왕진은 "경실련 내에서 환경개발센터는 너무 연구 중심이다, 너무 학자들 중심으로 활동한다는 문제 제기도 있었다."라고 말했다. 다른 면에서 경실련의 경제적 관점과 환경개발센터의 환경 관점에서 오는 차이 때문에 두 기관의 입장이 충돌하는 경우도 있었다. 또 경실련의 백화점식 운동에 대한 비판 목소리도 있었다. 이러한 차이점은 이후 환경개발센터가 경실련에서 분리하게 된 배경으로 작용했다.

그러던 중 1997년 3월에, 경실련 간부가 당시 김영삼 대통령 아들의 언론사 인사개입 의혹 등이 담긴 비디오테이프를 입수하는 과정 김현철 비디오테이프 유출사건 에서 부적절한 행동을 하는 사건이 일어났다. 이 일로 경실련은 커다란 비난을 받게 되었고 이 일에 책임을 지고 사무총장이 사퇴했다. 이 사건 등을 계기로 환경개발센터는 1998년 11월 (사)환경정의시민연대로 이름을 변경했고 1999년 7월에는 경실련으로부터 독립했다.[43] 1998년부터 사무처장을 맡았던 서왕진은 '환경운동단체로서 역할과 색깔을 강화한 것을 의미'한다고 당시 상황을 설명했다.

경실련에서 독립하는 과정에서 단체 명칭으로 환경정의를 내걸었지만, 초창기에는 정의론 관점을 명확하게 정립한 것은 아니었다. 이 때문에 서왕진은 정의론 관점에서 환경운동을 재해

---

[43] 환경정의시민연대는 2004년 2월 대의원 총회를 통해 단체명을 '환경정의'로 변경했다.

석하는 프로그램을 김명자^{전 환경부 장관}, 한면희 박사 등 관련 전문가들과 함께 기획해 진행했다. 한편으로 그는 환경개발센터 시절부터 집중해서 활동한 국토난개발 문제에 매진했다. 하나의 사례로 환경정의 활동가가 대지산을 지키기 위해 나무 위에 올라가 농성^{용인 대지산 나무 위 투쟁}을 벌였고, 그 결과 2001년 건교부가 죽전택지개발지구 내 대지산 28만㎡를 녹지로 보전하기로 결정했다^{방현철, 2001}.

2003년 서왕진은 시민운동 10년 만에 안식년을 얻어 미국 연수를 갔다. 처음 그는 단체 복귀를 생각했었다. 하지만 그는 후배들이 역할을 할 수 있는 상황에서 다시 똑같은 활동을 벌이는 것은 현명한 일은 아니라고 생각했다. 당시 서왕진은 "운동 자체를 체계적으로 정리하면서 특정 분야에서 전문성을 가졌으면 좋겠다."고 생각했다. 이런 생각으로 그는 2005년부터 2009년까지 미국 델라웨어 대학에서 에너지환경정책을 연구해 박사학위를 취득했다.

2009년 귀국한 서왕진은 환경정의연구소 부소장과 소장을 맡았고, 대학의 연구교수 등을 했다. 그는 2011년 환경단체 전·현직 사무처장 그룹과 녹색정치포럼을 구성하면서 '녹색정치'를 핵심 주제로 다루기 시작했다.

"내가 무슨 정치를 꼭 하겠다, 이런 것보다는 환경 아젠다를 서울시정이라든지 아니면 국회나 국가, 정치에 어떻게 영향을 주고, 그런 걸 세력화 해가지고 환경 녹색정치인들도 많이 진출도 하게 하고. 또 그 영역에서 좀 더 영향력을 높여 나갈 거냐, 이런 거에 관한 관심과 문제의식들이 좀 생겼던 것 같고. 그런 논의를 쭉 하고 있다가 박원순 시장 보궐선거가 만들어진 거죠."

그는 2011년 10월 서울시장 보궐선거에 뛰어든 시민 후보를 돕자는 심정으로 박원순 캠프 정책단장으로 결합했다. 그는 박원순 후보를 통해 녹색정치를 실현할 수 있는 계기를 만들 수 있다고 기대했다. 그는 실제 선거에서 민주당이 정무적인 부분을 담당했지만, 정책이나 의제와 관련해서는 시민사회가 강점이 있다는 것을 확인했다.

박원순이 시장으로 당선된 후 서왕진은 시장 정책특보로서 시 예산을 공약에 따라 재구성하는 작업부터 시작했다. 그는 공약을 만들었던 전문가와 시민운동가를 붙여서 예산과 정책을 하나하나 집요하게 정리해 나갔다. 박원순 시장의 꼼꼼한 리더십과 전문가와 시민사회의 투철한 거버넌스44 의식이 있었기에 정책 구성과 실행에 있어서 큰 영향력을 발휘할 수 있었다는 것이 서왕진의 분석이다. 2012년부터 2년 동안 서왕진은 시장 비서실장을 맡았다. 2014년에 박원순 시장이 재선으로 당선된 이후 2년간 그는 다시 정책특보로 활동했다. 비서실장으로 일할 때, 서왕진은 시장과 호흡을 같이하면서 서울시정 전반에 관련된 일을 했다.

그는 '원전 하나 줄이기' 사업의 경우 시민사회가 어떤 공무원보다 더 많은 전문성과 대안, 그리고 현장 정보력이 있었기에 성과를 만들어낼 수 있었다고 보았다. 반면에 미세먼지 등이 사회적 의제로 부상했으나, 시민사회에는 전문성이 충분히 축적되어 있지 않았다. 서왕진은 '사회적 과제에 대해서 엄청난 실천

---

44 민과 관이 함께 협의하여 의사를 결정하고 검토하는 협치, 협의 또는 그 기구를 말한다.

과 노력과 연구가 얼마나 축적되었느냐'하는 것이 정책의 성공 여부를 결정하는 데 매우 중요하다고 말했다.

서울시정을 통해 녹색정치의 실현을 꿈꿨던 서왕진은 우리 사회의 녹색 전환의 가능성을 어떻게 인식하고 있을까? 그는 '몇 가지 중요한 분야의 전환을 통해서 질적 전환이 이루어질 수 있다'고 말한다. '예를 들면 탈핵의 경우 국가적인 결의인데 지도자의 결단이 있어야 하고, 거기에 대한 국가적, 국민적 차원의 동의, 공감 이런 것들이 만들어지면 가능하다'고 그는 말한다. '국가가 지향하는 철학과 이념을 녹색으로 전환하는 것은 시간이 많이 걸리겠지만 굵직한 몇 가지 부문을 전환함으로써 녹색 전환을 확고하게 열어가는 것은 충분히 가능하다'는 것이 그가 서울시정의 경험에서 내린 결론이다. 서왕진은 2017년 서울연구원 원장을 역임한 이후 2022년 대통령선거에서 이재명 후보 캠프에서 활동했다.

급진적인 학생운동과 노동운동을 한 후 시민운동에서 희망을 발견한 서왕진은 환경운동을 하며 '근본적인' 사회 전환의 꿈을 꾸었다. 그의 꿈은 환경정의에서 부분적으로 실현되었지만, 박원순 서울시정에 참여하면서 다른 방식으로 현실화하였다. 원전 하나 줄이기와 같은 에너지 전환 정책을 펴면서 그는 지자체, 국가, 시민이 힘을 합하면 생태전환이 가능하다고 생각하게 되었다. 우리가 그를 만난 2017년 1월과 2022년 지금 상황은 많은 차이가 있다. 그렇지만 '충분히 가능하다'는 그의 확신처럼 우리는 어제의 경험을 되돌아보며 새롭게 생태전환을 꿈꿀 수 있을 지도 모른다.

급진적 변혁운동가, 에너지 전환의 관리자가 되다

박진섭

전남 고흥에서 나고 자란 박진섭은 1983년 한국외국어대에 입학해, 5.18 광주민주화운동에 대한 이야기를 많이 들었다. 호남 차별문제에 대한 인식, '일종의 역사의식' 같은 것을 갖게 된 그는 학생운동에 뛰어들게 되었다. 1986년에는 총학생회 홍보부장과 민족·민주투쟁위원회 위원장직을 맡았다. 이 일로 그는 한동안 수배 생활을 해야 했다. 그는 결국 경찰에 연행되었지만, 집행유예로 나왔고 그 후 성남, 울산, 부산에서 노동운동을 지속했다.

1990년대 들어 박진섭은 그가 지향하던 전투적 운동의 기반이 쇠퇴하는 걸 느꼈다. 당시는 1980년대 중·후반 저금리, 저유가, 저달러 등 이른바 '삼저호황'에 따른 경제성장으로 소득이 증대하고 경제 규모가 급속히 커지고 있었다. "저항은 물적 토대가 중요한데, 그 토대가 변했다."라는 게 그의 판단이었다. 그는 당시 상황을 이렇게 회고했다.

"아무리 노태우 정부라고 해도 세상이 굉장히 바뀌어요. 경제적인 수혜가 늘어나고, 물론 불평등구조나 정치적인 억압구조나 독재 정권 유지는 여전한데, 저항운동 자체의 성격이 바뀌는 시점이었고. 그러다 보니까 조직 자체가 뭐라 그럴까요. 그런 전투적 조직이 유지되기가 어려운 시점이 되었어요."

박진섭은 현장운동의 대안으로 노동 관련 연구소 설립을 생각했다. 하지만 그의 선배들은 그에게 시대가 저물었으니 다른 걸 하자고 제안했다. 1990년대 초·중반 통일운동, 민중운동이 여전히 있었지만, 시민운동으로 사회운동의 중심이 이동하고 있었다. 그는 그런 시점에서 자연스럽게 생각이 좀 더 시민적 마인드로 바뀌게 되었다. 그와 같은 정파 소속 선·후배들은 이미 경실련, 참여연대 등 시민운동단체로 들어가고 있었다.

1996년부터 박진섭은 환경운동연합에서 활동하기 시작했다. 그는 중앙보다 자신의 조직운동 경험을 최대한 살릴 수 있는 지역에서 활동하기를 원했다. 당시 환경운동연합은 아시아 최대 환경단체를 추구하며 회원을 늘리고 지역 조직을 확대해 가고 있었다. 이런 흐름에 따라 박진섭은 1997년 강동송파환경운동연합을 조직해 4년여 기간 동안 활동을 이어갔다.

2001년 박진섭은 환경운동연합 중앙으로 복귀해 '환경운동연합 녹색자치위원회 사무국장을 맡아 2002년 지방선거에 50여 명의 녹색 후보가 출마하도록 도왔다. 2003년에는 새만금생명평화연대 상황실장으로서 수경 스님, 문규현 신부 등 성직자의 새만금 삼보일배 전체 과정을 조정했다.

같은 해 그는 '부안 핵폐기장 반대운동' 상황실장도 맡았다. 박진섭은 노무현 정부 고위 관료와 정치인을 압박하면서 부안 핵폐기장 유치를 백지화하는 데 기여했다. 그는 독일 프라이부르크 사례를 들어 부안 지역 에너지 자립마을 등 핵폐기장 싸움 이후의 지역 대안을 제시하기도 했다. 박진섭은 새만금, 부안에서의 치열한 운동 후 환경운동의 한계와 이후 방향성에 대해 고민했다. 그는 환경단체가 힘으로 개발사업을 막는 운동이 아니라 한 사안에 대한 깊이 있는 연구와 전문성을 바탕으로 정교한 논리와 실력을 갖춘 운동으로 전환해야 한다고 봤다. 이런 고민은 그가 2006년에 환경운동연합을 나와서 만든 생태지평으로 이어졌다.

생태지평은 갯벌, DMZ 분야에서 주민 주도형 운동에 중점을 두면서 시민들에게 쉽게 다가가는 연구를 지향했다. 2007년에서 2009년에 이르는 시기에는 이명박 정부의 한반도 대운하와 4대강사업에 대응하는 운동을 조직했다.

이후 그는 지속가능발전위원회 에너지·산업 전문위원, 국가에너지위원회 갈등관리 전문위원 등 에너지문제에 집중했다. 거버넌스 기구에서 전문가로 참여하던 그는 박원순 시정에서는 에너지 전환을 관리하고 이끄는 활동을 직접 맡아서 하기 시작했다. 2014년에 SH공사 집단에너지사업단 전문위원에, 2015년에는 단장에 임명됐다. 2016년 12월 SH공사 집단에너지사업단은 서울에너지공사로 독립했고, 이곳 초대 사장으로 박진섭이 취임했다.

서울에너지공사 사장답게 그는 에너지 관점에서 동해 풍력단지를 더 조성해야 관련 신재생에너지 시장이 넓어지고 그에 따른 기술 발전을 가져올 수 있다고 보았다. 박진섭은 인류가 어쩔 수 없이 환경을 파괴해야 한다면, 가장 덜 파괴하는 방식으로 가야 한다고 생각했다. 국내외에서 급격한 기술 발전으로 "에너지문제 만큼은 급격하게 전환하고 있다. 시민사회가 산업의 영역까지 빨리 주도할 수 있다."라는 게 그의 설명이다. 에너지 쪽에 청년 일자리가 많아지고 있는 상황에서 보수든 진보든 관점과 속도의 차이일 뿐 어차피 신재생에너지를 안 할 수 없다고 그는 보았다.

박진섭은 내연기관차에서 전기차로 바뀌는 전환 과정에서 일자리가 줄어드는 것을 사회와 국가가 풀어갈 수 있고 그렇게 하면 에너지 전환과 탈원전도 장기적으로 해낼 수 있다고 보았다. 그는 이런 에너지 전환에 있어서 박원순 시장의 서울시가 실용적 접근으로 '어마어마한 영향'을 미치고 '큰 변화'를 일으켰다고 평가했다. 그는 자신이 환경단체에서 할 수 있는 일과 서울시에서 할 수 있는 일의 차이를 이렇게 말했다.

"생태지평에 계속 있었다면 저는 이제 주장만 하게 되잖아요. 원전은 폐쇄하고 신재생에너지로 바꿔라. 이런 주장만 하지 제가 할 수 있는 것은 제한적이지 않아요? 제한적이라기보단 거의 없다고 봐야겠죠."

그런데 서울시와 서울에너지공사가 발표한 태양의 도시 100만 가구 같은 정책은 '가치를 실현시켜 나가는 것'인데, 이를 실현할 수 있는 '조직이라는 무기를 쥔 것'이라고 그는 평가한다. 그는 자신이 지자체 공사의 사장 역할을 하는 것에 대해 "형식에 몸담는 공간이 달라졌을 뿐이지, 그 지향점이나 가치는 거의 유사하다."고 말했다. 박진섭은 2020년부터 문재인 정부 청와대 기후환경비서관으로 활동했다.

학생운동과 노동운동, 환경운동을 거쳐 지방자치단체의 공사, 청와대 등에서 일한 박진섭은 '공간과 역할이 달라졌지만, 세상을 바꾸려고 했던 노력'은 변하지 않았다고 말한다. 그는 노동조합이 기득권 세력으로 변화한 사례를 언급하면서 "시민사회를 기득권이라고 표현하기는 어렵지만, 자기 변신이 없다."라고 지적했다. 그러면서 그는 "이 시대에 필요한 것들이 굉장히 많다. (중략) 그런 점에서 시민사회의 역할이 없어지는 게 아니라 더 세분화되는 것 같다."고 말했다.

변혁을 통해 지배구조를 철폐하고 완전히 새로운 사회를 만드는 것을 꿈꿨던 청년 박진섭은 재밌고 행복한 환경운동을 하려고 노력하다가 지방자치단체와 중앙정부에 들어가 조직이라는 무기를 갖고 생태전환을 기획하고 관리하는 사람으로 스스로를 변화시켰다. 제도권 밖에서 요구하고 주창할 때보다 제도권 안으로 들어가 '가치를 실현'하면서 그는 더 큰 보람을 느낀 것 같다.

저항하고 협력하며 민주주의 확장하기

염형철

한국 환경운동의 중요한 특징 중의 하나는 환경문제뿐만 아니라 민주주의, 불평등, 정의, 평화 등 중요한 사회문제를 해결하기 위해 다른 사회운동과 연대해 왔다는 점이다. 공해추방운동으로 시작하여 시민환경운동으로 발전한 우리나라 환경운동은 2000년 총선시민연대는 물론 2016년에서 2017년에 이르는 박근혜 퇴진 촛불집회에도 적극적으로 참여했다. 이런 흐름이 이어질 수 있었던 것은 우리나라 환경운동가들이 사회경제적, 생물학적 약자들이 잘 사는 세상을 만드는 꿈을 갖고 이를 실현하기 위해 환경문제뿐만 아니라 민주화를 중요한 과제로 인식했기 때문이다. 우리가 이제 만날 염형철도 그런 사람들 가운데 한 사람이다.

전남 순천에서 자란 염형철은 그의 형제들처럼 어릴 적부터 집안 생계를 도와야 했다. 그가 초등학교 6학년 때 부친이 지병으로 돌아가시자 남은 가족은 청주로 이사를 했다. 염형철은 낯선 청주에서 보낸 중·고교 시절을 회고하며 "인생에 대해 상의하고 스승 될 만한 사람이 통 없었다. 그래서 자의식이 굉장히 낮은 상태로 그냥 대학을 가게 된 것 같다."라고 말했다.

1987년 충북대 정치외교학과에 입학한 염형철은 한국사회연구회라는 언더서클에 들어가 학생운동에 참여하면서 삶이 달라지기 시작했다. 그는 '학생운동을 하면서 사회와 자신에 대해 고민도 하고. 그런 과정에서 자의식도 생기고, (중략) 학생운동이 인생을 구원해준 굉장히 소중한 계기'였다고 말한다.

염형철은 1980년대 후반에 격렬한 시위 현장에 있었다. 그는 대학에 있는 동안 시위를 하다가 최루탄과 돌에 맞아 얼굴만 40여 바늘을 꿰맬 정도로 '강성 운동권'이었다. 그는 3학년 때 구속돼 집행유예를 받기도 했다. 그러면서도 그는 '운동권 학습에 열심인 모범적인 운동권'이었다고 스스로를 평가했다.

염형철은 4학년 때인 1990년 총학생회장이 되었고, PD 계열[45] 학생운동권으로는 드물게 전대협 4기 충북지역대학총학생회협의회 의장을 맡았다. 당시 집행유예 기간에 시위를 주도하던 그는 「집회 및 시위 등에 관한 법률^{집시법}」 위반으로 구속돼 2년을 청주교도소에서 보냈다. 거기서 그는 노회찬^{전 정의당 국회의원, 2018년 작고} 등 이후 한국 진보운동에 영향력을 미친 인사들을 만났다. 그는 노회찬 선배가 "우리가 정권을 잡으려면 실력이 있어야 돼." 이러면서 아침에 요가와 운동도 하고, 책도 굉장히

---

[45] 1980년대 이후 학생운동은 NL$^{\text{National Liberation}}$·민족해방과 PD$^{\text{People's Democracy}}$·민중민주의 양대 축이 영향력을 발휘했다. NL계열은 한국 사회의 모순이 남북 분단에서 비롯됐다고 보고 민족문제와 통일 투쟁에 중점을 뒀고, PD계열은 자본주의에 따른 노동과 자본의 계급문제에 집중했다^{현일훈 외, 2019}.

열심히 봐서 '아! 저렇게 살아야 하는구나' 하는 생각을 했고, 자신도 하루 16시간씩 책을 읽었을 때도 있었다고 한다.

염형철이 수감돼 있었던 1991년에 현실 사회주의가 몰락했다. 앞서 살펴본 서왕진, 박진섭처럼 상당수 운동권은 이 시기 운동 방향을 두고 고민에 빠졌다. 1992년 출소한 염형철은 '실용적인 운동'을 지향하며 운동권 출신을 규합해 '청주지역 진보 청년모임 일하는 사람들'이라는 단체를 만들었다. 그는 회원 참여 시민교실을 운영하면서 환경반을 맡았다. 환경반을 하나 보니 좀 더 체계적으로 해야 할 일이라는 생각이 들었다. 그래서 그는 동료들과 함께 1994년, 푸른환경을 지키는 청주시민모임[이하 푸른청주모임]을 만들었다.

푸른청주모임에는 염형철의 학생운동 동기와 후배가 속속 결합했다. 이 단체는 '무심천 하상 주차장 반대운동', '문장대 용화온천 반대운동', '충북지역 생수공장 반대운동' 등 지역의 굵직한 현안 문제를 제기하고 해결했다. 염형철과 활동가들은 해당 사안의 문제점을 정리해 시민들에게 알리면서 불도저 삽날 앞에 드러눕는 급진적인 저항행동도 불사했다. 염형철은 "매우 극렬한 운동이었지만, 사회적으로 충분한 지지를 받을만한 상황이었다."라고 말했다.

젊은 패기와 집요한 운동으로 지역의 현안 문제를 해결하는 성과를 만들어낸 푸른청주모임은 단시간에 지역의 주요 단체로 부상했다. 그러나 당시 염형철은 정보와 전문성에 한계를 느끼고 있었다. "신문에 나온 기사만 가지고 운동할 수는 없었다."라는 게 그의 말이다. 이를 해결하고자 그는 푸른청주모임과 환경운동연합의 통합을 추진했고, 1996년 말에 청주환경운동연합을 만들었다.

2001년 충북대학교 사회학과 대학원 졸업 무렵, 그는 대통령 자문 지속가능발전위원회^{이하} ^{지속위}에서 국토수자원분과 간사로 파견 근무를 하게 됐다. 당시 지속위는 새만금 중재안을 추진했지만 제대로 된 성과를 만들지 못했다. 이에 반발하며 각 단체는 파견활동가들을 지속위로부터 철수시켰고, 염형철도 7개월 만에 사직했다. 염형철은 이미 가족과 함께 서울로 이사를 한 상황이었기에 청주가 아닌 중앙 환경운동연합의 생태보전팀장으로 활동하기 시작했다.

2010년 7월 22일 환경운동연합은 이명박 정부의 4대강사업에 저항하기 위해 한강과 낙동강에서 공사중인 보에 올라가 점거 농성에 들어갔다. 염형철은 한강 이포보 농성에 참여했다. ⓒ 『함께 사는 길』 이성수 염형철은 2001년 6월 건교부가 12개 댐 건설 계획을 발표하자 전국 댐 예정지 대책위를 묶어 댐반대국민행동을 결성해 당시 11개 댐 계획을 철회시키는 성과를 내는데 기여했다. 그 과정에서 그는 물 정책 관련 전문성을 쌓았고, 2004년 수자원 장기 종합계획 수정 작업에 민간 전문가와 함께 참여해 혁신적인 계획 수립에 기여했다. 이때 염형철과 함께 참여한 민간 전문가들은 이명박 정부의 한반도 대운하와 4대강사업 비판에 가장 앞장섰다.

염형철은 2008년에는 서울환경운동연합 사무처장[이후 운영위원장]으로 자리를 옮겼다. 지역운동을 경험한 염형철은 서울환경운동연합을 독자적인 회원구조와 독립적 인사 체계를 갖춘 조직으로 바꾸고 서울지역 의제도 발굴했다. 그는 서울지역 풀뿌리 단체의 연대체인 서울풀뿌리네트워크를 조직해 그간 시민 감시의 사각지대였던 서울시 의회와 서울시 예산을 대상으로 하는 모니터링 운동을 주도했다. 그러면서 그는 이명박 정부의 4대강사업을 반대하기 위해 2010년 7월부터 한강 이포보에서 41일 동안 고공 점거 농성을 벌이기도 했다. 당시 서울시장 오세훈의 한강운하사업인 '한강르네상스'를 막아내기 위해서 염형철은 2011년 5월부터 10개월간 양화대교에서 1인 시위를 벌이며 반대운동을 주도했다. 그는 이후 서울시장 보궐선거에서 박원순 캠프에 '신곡수중보 해체' 등 한강 복원을 제안해 이를 공약화하도록 만들기도 했다.

2012년 염형철은 환경운동연합 사무총장으로 당선됐고 2015년 연임하면서 6년을 사무총장으로 활동했다. 그의 첫 번째 사무총장 임기 시기는 2008년 '환경운동연합 회계 부정 사건'의 여파로 25~26명으로 규정된 중앙 인원 중 15명 정도만 남아 있던 때였다. 환경운동연합이 갚아야 할 빚도 적지 않아 대표단과 재정 마련과 활동 방향을 두고 이런저런 마찰도 있었다. 그 이유에 대해 염형철은 "저는 운동을 하면서 돈이 없어서 못 한 적은 없었다. '돈은 운동하면 반드시 생긴다. 운동을 벌이면 어디서든지 돈은 들어온다.' 이런 생각인데 그게 무모해 보였던 것 같다."라고 회고했다.

2013년 재정이 더 나빠지자 사무총장 염형철의 의사와 무관하게 활동가들이 생계비를 100만 원만 받기로 하고, '활동을 접고 회원 확대에 올인하자.'라고 결의를 했지만, 상황은 개선되지 않았다. 그는 "굶고서 어떻게 활동을 하나? 활동력도 뚝 떨어졌고. 그래서 2013년에는 제가 정말 일을 잘 못 하는가보다, 일을 할 수 있겠냐고, 몇 사람에게 상의하기도 했었다."라며 당시의 어려움을 토로했다.

"맨날 선배들은 와가지고 혼만 내키고 가고, 활동가들은 뭔 일을 할 수 있는 형편이 안 되고. 돈은 없어가지고 4대 보험이 3개월 밀리면 과태료가 나옵니다. 그러니까 맨날 몇 푼 되지도 않는 돈 빌리느라고 이리저리 다니고. 그니까 사람이 막 신경도 예민해지고 짜증도 잔뜩 나고 그런 상태였던 거고. (중략) 일을 하다가 안 되고 실패해가지고 겪는 좌절이 아니라, 일을 할 수 없어서 겪는 그런 답답함이 훨씬 힘들더라고요."

다행히 염형철의 두 번째 임기 때부터는 상황이 개선되기 시작했다. 환경운동연합 구성원 간 논의를 통해 그는 운동 분야를 탈핵, 물, 에너지 등 다섯 개로 압축했다. 그는 카카오톡을 통해 활동가, 임원, 전문가가 일상적으로 정보를 교류하며 논의할 수 있는 구조를 만들려고 했다. 그는 '이전 운동이 도제식으로 한 명에게만 배웠다면 이제는 블록체인처럼 집단으로 서로 배우는 구조로 돼가고 있는 것'이라고 말했다. 그는 '재정도 어느 정도 회복했다'며 이 시기 환경연합이 인적 네트워크와 운동시스템을 회복하면서 운동을 주도했다고 평가했다.

염형철은 환경운동가로서 많은 일을 했다. 그런데 그가 한 또 다른 중요한 일은 시민운동가로서 다른 시민사회단체 등과 연대하여 사회적 의제를 공론화하고 해결한 것이다. 그중에서도 중요한 것은 그가 2015년 2월부터 2017년 4월까지 시민사회단체연대회의[이하 연대회의] 운영위원장을 맡았을 때의 일이다. 촛불정국 상황에서 염형철은 연대회의와 민중단체들을 설득해 개인이 아닌 단체 베이스로 박근혜 정권 퇴진 비상국민행동[이하 비상행동]을 구성하자고 했다. 이명박 정부 시대 미국산 광우병 쇠고기 수입 반대 촛불시위 등의 실패를 반면교사 삼아 책임질 수 있는 단위가 중심을 잡아야 한다는 것이 염형철의 생각이었다. 그는 "제 생각에는 그런 어떤 자기 통제 능력이 있었기 때문에 촛불시위 정국에서 여러 번 위험한 과정에서 합리적인 판단을 할 수 있었다고 생각한다."라고 말했다. 그의 말대로 2016~2017년 광화문 광장에서 펼쳐진 촛불시위는 새로운 시위문화로 세계의 주목을 받았다. 이러한 광장의 힘은 정권을 교체하는 원동력이 됐다.

학생운동으로 시작된 염형철의 운동가로서의 삶은 지역 환경운동을 거쳐 중앙 환경운동과 시민사회 전체에 영향을 미쳤다. 그는 자신의 삶을 이렇게 평가한다.

"역사의 큰 어떤 과정에서 나름, 그래도 의미 있는 곳에 있었다는 것에 자부심을 느끼고, 저는 만족하죠."

그는 환경운동연합 사무총장 임기가 끝난 직후인 2018년 사회적 협동조합 한강을 만들어 대표 역할을 하고 있다. 이어 그는 2019년 8월 구성된 국가물관리위원회에서 간사 위원을 맡아서 일했다.

급진적 학생운동을 했던 염형철은 시민환경운동에서 새로운 길을 찾았고 그 운동을 하면서 한편으로는 개발사업에 강력하게 저항하고 다른 한편으로 정부와 협력하며 거버넌스 안에서 생태전환을 하나씩 이루어가는 실험을 해왔다. 그는 환경운동가로서 물과 강의 문제에 집중하며 법과 제도를 바꾸고 진전된 제도적 틀 위에서 변화를 만들어 가고 있다. 이 길은 인간중심의 민주주의를 모든 생명에게로 확장하는 생태민주주의를 발전시키는 길로 연결되는 것 같다.

세계 시민과 함께하는 환경운동

김춘이

1974년, 일본 도쿄에서는 청년들이 도야마화학공업과 일본화학이 공해공장을 한국으로 수출하는 것에 반대하는 운동을 벌였다. 이들은 2차 세계대전에서 일본이 전쟁을 확산시켰듯이 다른 나라 사람들에게 공해수출로 해를 끼쳐서는 안 된다고 생각하고 이런 운동을 조직했다. 한국으로의 공해공장 수출이 저지되지는 않았지만, 일본 시민들이 세계 시민의 책무를 다하기 위해 장기간에 걸쳐 시민운동을 조직한 것은 매우 의미있는 사례이다^{구도완, 2015}. 앞에서 본 강은빈의 이야기에서 보았듯이 청년기후긴급행동이 석탄화력발전소를 베트남에 건설하는 사업에 반대하는 시위를 벌인 것도 일본의 공해수출 반대운동과 겹쳐진다.

그렇다면 우리나라 환경운동가들은 세계 시민으로서 지구 환경문제 또는 국외의 환경문제를 해결하기 위해 어떤 일을 해왔을까? 우리나라 환경문제를 해결하느라 다른 나라 시민들을 지원하지는 못하고 도움만 받지는 않았을까? 이런 의문을 해결하기 위해 우리는 국제협력활동을 오랫동안 해 온 김춘이와 이태일을 만났다.

우리나라 환경운동가 중에 전 세계 환경 현장을 가장 많이 경험한 이를 꼽으라면 최열과 함께 김춘이를 빼놓기 어렵다. 1997년부터 국제연대를 담당한 그는 새만금, 4대강사업 등 국내 환경 현안을 해결하기 위해 세계 시민들의 협력을 조직하는 데 동분서주했다.

1986년 전남대 국문학과에 들어간 김춘이는 학술동아리에서 선배들과 역사를 공부하면서 세상을 다르게 보기 시작했다. 그는 "우리가 학교에서 배운 역사하고 실질적 역사가 완전히 다르다는 걸 1학년 때 처음으로 느꼈다." 이러한 역사의식을 바탕으로 김춘이는 '3학년까지 가투를[46] 내내 했다.' 김춘이는 4학년 때 광주 인근 공단 노동자를 대상으로 하는 노동야학에서 활동하기도 했다.

1990년 졸업을 앞두고 김춘이의 학생운동 동기들은 지역으로 갔지만, 그는 학생운동권의 권위적인 모습에 실망해 다른 방향을 고민했다. 그는 아는 사람 많은 광주를 떠나 서울로 올라와 편집학원에 다니며 취업을 준비했다. 한 달여 출판사에서 근무했던 김춘이는 곧바로 번역회사로 이직해 국문 교정 일을 맡았다. 그는 영어 공부를 해야겠다는 생각이 들어서 영어사전을 찢어가며 공부했다. 그러나 그가 다니던 회사가 여성 차별을 하는 것을 보고 5년 만에 사표를 내고 그 회사를 나왔다. 그의

---

[46] 가두 투쟁의 줄임말로서 거리 시위를 말한다.

지인들은 학생운동 경력이 있는 김춘이에게 환경운동연합을 추천했다. 이렇게 해서 김춘이는 1995년 공채로 환경운동연합에서 활동하기 시작했다.

1997년 정책실에서 국제연대를 담당하게 된 김춘이가 처음 대응한 현안이 '대만 핵폐기물 북한 반입 저지운동'이었다. 그는 국제적 반대 여론 조직을 위해 연대 제안서를 발송해 그린피스$^{Green\ Peace}$, 지구의 벗$^{Friend\ of\ Earth}$, 세계자연기금^{WWF} 등 국제단체와 각국 환경단체들의 반대 의견서를 받았다. 당시 대만에서는 대만환경보호연맹^{TEPU}이 핵폐기물 북한 수출 반대운동을 벌이고 있었다. 환경운동연합은 이 단체와 적극적으로 연대하면서 상황을 공유했다. 국내 환경단체 대표단이 대만을 항의 방문했을 때 TEPU가 적극적으로 지원했다.

> "TEPU와 일하면서, 약간 우리 자매 같은 느낌, 대만에 있는 약간 동지애 같은 느낌이 들었어요. 지금도 TEPU가 잊히지 않아요. (중략) 그런 활동가들의 세계 시민 의식이 있었기 때문에 그 활동가들도 저희한테 '역내에서 핵폐기물을 소화하자. 대만에서 소화하자.[47] 더구나 가난한 나라인 북한에 핵폐기물을 보내는 건 말도 안 된다.' 그런 콘셉트가 있었던 것 같아요."

김춘이는 1997년 4월 미국 뉴욕에서 열린 UN환경발전위원회^{UNCED} 회의에 참석했다. 그는 대만 핵폐기물 북한 반입 문제점을 알릴 방법으로 매일 아침 발간하는 NGO들의 '에코뉴스레

---

[47] 핵폐기물을 다른 나라로 보내지 말고 자국 내에서 처리하고 관리해야 한다는 의미다.

터'에 한국 의견서를 올리고자 했다. 당시 그는 국제 NGO에서 아는 사람이 한 명도 없었지만, "무식하면 용감하다."라는 그의 말처럼 담당자를 수소문해 겨우 찾았고, 늦은 밤까지 작업해 의견서를 게재했다. 이 당시 김춘이는 또 다른 임무를 수행했다. 그는 뉴욕 UN 본부를 찾아가 환경운동연합의 UN NGO 가입에 필요한 절차를 확인하고 가입서를 받아왔다. 이때도 그는 메일 회신을 하지 않는 UN 담당자를 사무실에서 두 시간 기다린 끝에 만났다. 귀국 후 김춘이는 환경운동연합 정관, 전국 조직 예산, 간행물 목록 등 각종 자료를 외국인 자원활동가와 함께 한 달여 동안 번역해 제출했다.

김춘이는 2000년대 초반 새만금 관련 국제연대활동을 잊을 수가 없었다. 2002년 남아프리카공화국 요하네스버그에서 열린 지속가능발전 지구정상회담^{WSSD}에서 환경운동연합은 전 세계 NGO 활동가를 대상으로 새만금 영상을 상영했다. 그 영상을 보면서 울먹이는 사람들이 적지 않았다. 2003년 성직자들이 새만금부터 서울까지 삼보일배를 하고 있을 때 김춘이는 해외단체들에 새만금 갯벌 매립 반대 의사 표명을 요청했다.

그는 "전 세계 시민들이 편지를 엄청 보냈다. 그 사람들 편지 온 거 보면 진짜 세계 시민들이 뛰어나다. 그 감동, 그런 거 볼 때 진짜 이 자리에 있는 것에 감사함을 느꼈다."라고 말했다. 전 세계 92개국 회원을 두고 있는 글로벌 리스펀스$^{Global\ Response}$ 본부는 2003년 8월 미국 콜로라도주에서 열린 NGO 대회에서 새만금 갯벌 매립 반대 삼보일배를 하고, 그 영상을 한국에 보내왔다. 김춘이는 "그때 운동의 존엄성 생각이 많이 났다."라고 말했다. 김춘이는 호주 녹색당 밥 브라운$^{Bob\ Brown}$ 대표가 새만금 옥구염전 등 현장에서 위기에 처한 도요새를 보면서 눈물짓던 모습도 떠올렸다.

2000년 5월 수경, 문규현 등 성직자들은 조계사에서 청와대까지 삼보일배 예례를 드리며 새만금 갯벌 살리기를 촉구했다.
ⓒ『함께 사는 길』이성수

2000년대 들어 환경운동연합은 전 세계 68개국에 지부가 있는 지구의 벗 가입을 추진했다. 당시 최열 등 환경운동연합 리더 그룹은 그린피스에 가입하면 단체명을 사용할 수 없지만, 지구의 벗은 지구의 벗 한국 지부이자 고유 단체명을 그대로 사용할 수 있다는 장점 때문에 지구의 벗 가입을 추진했다. 환경운동연합은 2004년에 정식 멤버가 됐다.

  그 사이 10년 동안 밤낮을 가리지 않고 활동하던 김춘이는 심신이 지쳐갔다. 그는 단체 내에서 국제연대를 자기가 독점하다시피 하는 것도 문제라고 봤다. 이런 문제를 풀기 위해 그는 2005년부터 2007년까지 미국 예일대에서 석사 과정을 밟았다. 김춘이가 없는 동안 환경운동연합 국제연대는 신입 활동가가 맡았다. 10년 차 활동가와 1년 차 활동가의 차이는 역량 차이만이 아니라 단체 내 국제연대에 대한 우선순위 감소로도 연결됐다.

  2008년 복귀한 김춘이는 같은 해 발생한 '환경운동연합 회계부정 사건'에 대해 지구의 벗에 상황을 보고했다. 그는 2009년 8월에 열린 지구의 벗 회의에 참석해 해명도 했다. 지구의 벗은 의장이 직접 환경운동연합을 실사했고 '환경운동연합은 여전히 지역과 함께 하는 유의미한 단체로서 회복 중'이란 내용을 담은 보고서를 제출했다. 2010년 3월 지구의 벗 니모 베시Nnimmo Bassey 의장은 방한해 이명박 정부의 4대강사업을 강하게 비판했다. 이 과정을 김춘이가 총괄했고, 해외단체와 직접 통화하기 위해 새벽까지 일할 때가 많았다.

  김춘이는 한국의 환경운동이 해외단체들의 도움을 받은 사례는 많지만, 상대적으로 한국 단체들이 해외단체의 운동을 도와준 사례는 많지 않다고 말했다. "한국 기업의 해외 진출 관련해 아주 소소한 정보 교류는 있었지만 새만금에서 받았던 것만큼 우리가 같이 연대 한 건 없다."라는 게 김춘이의 말이다. 김춘이는 단체 내에 영어를 할 수 있는 활동가들이 적을 뿐만 아니라 활동가들이 국내 운동에 집중할 수밖에 없고, 재정적 자원도 부족하기 때문이라고 평가했다. 김춘이는 2021년부터 환경운동연합 사무총장으로 일하고 있다.

김춘이는 우리나라 환경문제를 해외에 알리고 해외단체나 시민들로부터 도움을 받아 환경문제를 해결하는 데 많은 노력을 기울였다. 세계 시민들의 연대와 환대에 깊은 감동을 받기도 했다. 그렇지만 환경운동연합은 우리 문제에 빠져서 모두의 지구를 위해, 지구의 벗으로서 활동하는 데에는 많은 힘을 기울이지 못했다. 작은 회원 규모, 열악한 재정, 부족한 활동가 등의 조건 속에서 이는 쉽지 않았을 것이다.

아시아 시민들과 함께하는 생태발전

이태일

 경남 삼천포^{현 사천시}에서 나고 자란 이태일은 울산지역 대학 신설 환경공학과에 들어갔다. 환경공학과 1기생인 그는 3학년이 됐을 때부터 실험실에서 살다시피 하면서 울산 태화강 수질을 분석한 논문을 내기도 했다. 당시 그는 유학 가서 공부를 계속할 뜻을 품었다.

 이태일은 1993년 졸업 후 서울로 올라가 유학을 준비했다. 그때 그는 우연히 라디오에서 '환경운동연합 상근자 모집' 광고를 접했다. 이태일은 '상근자가 뭐지? 자원봉사자인가? 가기 전에 자원봉사라도 하고 갈까?' 하는 생각으로 환경운동연합을 찾았다. 그는 필기시험과 면접을 거쳐 1994년 1월부터 근무하기 시작했다. 나중에 알고 보니 공채 2기였다. 운동을 본격적으로 해 보겠다는 그런 생각이 있었던 건 아니었다. 자원봉사인 줄 알고 갔다고 당시를 회상했다.

이태일은 환경공학 전공을 살려 한강 수질 분석과 오염 행위 감시를 하는 '한강감시단' 실무를 맡았다. 그는 기업에 제안서를 제출해 후원금 3천만 원과 FRP 보트 등 당시로서는 큰 규모의 금액을 지원받았다. 그는 택시기사 직능모임인 '환경통신원'을 대상으로 수질 감시 교재를 만들어 교육하면서 이들과 함께 팔당상수원 등에서 보트를 타며 감시활동을 벌였다. 이렇게 재밌게 1년을 보냈다. 이태일은 1년만 활동을 하고 유학 갈 생각이었다. 하지만 그의 사수였던 팀장이 사직하는 바람에 그가 한강감시단 정산 등 마무리 작업을 해야 했다. 프로젝트를 마무리하다 보니까 계속 있을 수밖에 없는 상황이 벌어졌다.

그가 유학을 미루고 환경운동연합에서 계속 활동했던 이유 중에는 환경운동에서 자신과 맞는 새로운 재미를 발견하고 그에 따라 자신의 능력이 인정받았던 측면도 있었던 것으로 보인다. 이태일은 환경단체 중에서 거의 최초로 생태기행 프로그램을 기획해 실행했다. 그는 대기업 후원을 받아 구성된 환경운동연합과 〈한국일보〉의 '녹색생명운동'에 파견 가서 전국 해수욕장 수질 조사, 대기 오염 조사 등 이전까지 없었던 새로운 기획을 추진했다. 이태일은 "새로운 걸 해서 뭐가 없던 걸 성공을 하면 사람들이 인정하게 되는 부분도 있고. (중략) 새로운 거를 기획할 때가 가장 행복한 것 같았다. 나하고 맞는 것 같았다."라고 말했다.

"어떤 면으로 바라보면 제가 운동을 그렇게 많이 안 했기 때문에 그런 것들을 했던 것도 있는 것 같아요. 운동을 했던 사람들은 어쨌든 틀이라는 게 알게 모르게 있거든요.

저는 그런 틀을 벗어나서 생각하는 거죠. 일반인의 관점에
서 하다 보니까 좀 다르게 접근하지 않았을까 싶거든요."

단체 내 기획사업에 재능을 인정받은 그는 1997년 IMF 이후
기획재정팀장을 맡았다. 그는 재정 확보를 위해 환경음악회, 환
경마라톤대회 등 대규모 행사를 기획하고 총괄하면서 운영 부
서도 관여했다. 당시 '비영리단체 경영'이란 개념이 미약한 상
태에서 재정과 운영 부서는 운동을 위해 돈을 벌어 오거나 지
원하는 단위로 인식됐다. 운동단체 내에서 운영 부서가 상대적
으로 저평가되는 상황 속에서 이태일은 예측 가능한 일과 그렇
지 않은 일을 나눠서 우선순위를 정하는 등 단체활동의 체계를
만들려고 했다. 그는 일을 무계획적으로 하면 그 일이 블랙홀처
럼 자원과 운영비를 빨아간다고 생각했다. 그는 "환경운동연합
이 한국에서 가장 큰 조직이라고 그러는데 이렇게 무계획적으
로 해서 되겠냐는 생각을 했다. 그래서 전체 운영이 가능하도
록, 예측 가능하도록 시스템을 만드는 것에 신경을 가장 많이
썼던 것 같다."라고 말했다.

2000년대 들어, 이태일은 더 체계적인 비영리단체 운영을 고
민하다가 MBA^{Master of Business Administration} 과정과 연계된 NPO
^{Non Profit Organization: 비영리기구} 매니지먼트를 공부하기 위해 유학을
결심했다. 그는 당시 환경운동연합 공동대표였던 임길진^{미시간주립대 석좌교수, 2005년 작고}의 추천을 받아 2005년 1월 미국으로 출국
했다. 그러나 그가 출국한 지 보름 만에 임길진 교수는 갑작스
러운 교통사고로 세상을 떠났다. 그에 따라 이태일은 갑자기 붕
떠버리는 상황이 됐다. 이태일은 없는 살림에 어렵게 준비한 유
학을 포기해야 했다. 대신 그는 2006년 귀국해 장학금을 받을

수 있는 1년 3학기 과정의 한국개발연구원^{KDI} MBA 과정에 들어갔다. 장학금을 유지하려면 일정한 평점 이상을 계속 받아야 했기 때문에 그는 하루 3시간 이상 자본 적이 없을 정도로 열심히 공부했다.

이태일은 2007년 복귀해 운영처장을 맡았다. 이명박 정부 시절인 2008년 9월 검찰은 환경운동연합 전 간부 공금 횡령 의혹을 수사한다는 명목으로 환경운동연합 사무실을 압수수색했다. 당시 이태일은 환경운동연합 명의의 200개가 넘는 통장을 전수 조사해서 3개가 빠진 사실을 확인했다. 이를 통해 환경운동연합은 활동가 개인의 횡령 사실을 공개했다. 이 사건의 여파는 매우 컸다. 당시 공동대표, 사무총장이 사퇴하고 이태일 등 처장급 중견 활동가들도 동시에 사직했다. 2008년 12월 환경운동연합은 '환경연합 거듭나기위원회'를 구성해 "정부와 기업의 프로젝트를 수행하지 않고, 회비와 소액후원금으로 운영한다." 등 10개 쇄신 원칙을 밝혔다$^{환경운동연합, 2008}$.

이 원칙에 따라 논란이 된 사업이 중국에서 진행하던 '사막화 방지사업'이었다. 앞서 2008년 4월 환경운동연합은 현대자동차, 중국 내몽고 자치구 아파까치 지방정부와 향후 5년 동안 진행할 '사막화 방지사업' 관련 MOU^{양해각서}를 맺은 상태였다. 환경운동연합의 리더십이 약해진 상황에서 이태일이 이 사안을 맡았다. 그는 외부에 단체를 만들어서 '사막화 방지사업'을 계속해야 한다는 점을 안팎으로 설득했다. 2009년 3월 사단법인 에코피스아시아^{이하} ^{에코피스}는 이렇게 만들어졌고, 이태일이 사무처장을 맡았다.

에코피스는 중국 북경과 필리핀 마닐라에 지부를 두고 활동을 벌이는 등 아시아 환경문제에 집중하고 있다. 그 이유에 대해 이태일은 "한국은 많이 받았고 이제는 우리가 주어야 하는 시기"라고 강조했다.

"저희가 생각하는 건 뭐냐면 아시아권에서의 환경문제가 전 세계 환경문제와 직결돼 있다고 보거든요. 대략 65% 인구가 살고 있고. 그다음에 가장 많은 개도국이 아시아권에 있고. 결국에는 중국하고 인도가 환경문제를 어떻게 하는지가 사실은 전 세계 환경문제의 척도가 될 수 있고 갈림길이 될 수 있으니까 아시아권에서 환경운동을 하는 게 중요하지 않겠나 생각을 한 거고요."

그는 '가능하면 한 나라의 주제보다 여러 나라가 걸쳐져 있는 주제, 하나를 하면 다른 나라에 적용할 수 있는 주제였으면 좋겠다."고 생각했다. 에코피스 활동의 절반 이상은 중국 내몽고에서 진행하고 있는 '사막화 방지사업'이다. 다른 사막화 방지 활동 단체가 주민 소득에 초점을 두고 있다면 에코피스는 생태복원에 중점을 두고 있다는 점에서 차이가 있다. '주민 소득증대사업 위주로 하게 되면 환경적으로 적정하지 않은 외래종 식재로 생태계 교란이 일어날 수 있다. 또 나무가 자랄 수 없는 곳에 나무를 심으면 지하수 고갈로 사막화를 가속화할 수도 있다.'고 그는 말한다.

에코피스는 예전 초원지역은 풀씨를 심어 복원하는 것을 원칙으로 하고 있다. 이 단체는 예전 산림지역의 경우 자체 양묘장에서 길러낸 나무를 식재해 복원하고 있다. 에코피스는 중국 남부 샤먼지역을 중심으로 '맹그로브 복원사업'을[48] 벌이고, 중국 환경단체 활동가 대상으로 생태놀이 교육도 하고 있다.[49] 이런 활동으로 에코피스 북경사무소 소장 박상호는 2013년 중국 내 가장 권위 있는 환경상을 수상하기도 했다.

2014년 7월 에코피스아시아의 사막화방지활동에 참여한 한국 대학생들이 내몽고자치구 시린커러멍 아파카치현 차칸노르의 마른 호수에서 풀씨가 자랄 수 있도록 하기 위한 사장^{바람장벽} 작업을 벌였다. ⓒ 이철재

이태일은 아시아에서 화전농업에 따른 열대우림 파괴 문제가

---

48 맹그로브 나무는 군락을 이루면 천연 방파제 역할을 하고 수질 개선과 갯벌 생물의 서식처 제공하는 이점이 있다.^{이철재, 2016:61-71}. 에코피스아시아는 중국 남부에서 맹그로브 복원사업을 현지 단체와 협력해서 진행하고 있다.

49 에코피스아시아는 우리나라에서 환경교육 현장에서 진행되는 생태적 감수성을 높일 수 있는 놀이를 중국 환경운동단체에 전수하고 있다. 종이를 사진틀처럼 만들어서 자연에 두면 그 자체가 예술작품이 되는 '자연미술관', 손의 감각만으로 주머니에 든 씨앗을 찾아 짝꿍을 맺어주는 '씨앗찾기' 등 에코피스아시아는 40여 종의 생태놀이를 진행하고 있다.

심각하다는 점에 주목했다. 그는 이를 해결할 방안으로 주민 소득을 높이면서 열대우림을 보전할 수 있는 혼농임업사업을 처음으로 고안해 필리핀에서 적용하고 있다. 그는 코이카^{KOICA,} 한국국제협력단 지원을 받아 주민들이 스스로 커뮤니티를 조직해 일을 풀어나갈 수 있도록 교육하는 데에도 힘을 기울이고 있다. 필리핀에서 빗물 저장시설 보급활동과 유기농 보급운동도 벌이고 있다. 그는 '환경을 보호하는 것이 자기한테도 도움이 되고 소득도 생겨서 이 사람들이 계속하게 하는 것이 중요한 부분'이라고 말했다.

"이런 해외사업도 많이 해보면서 초심으로 많이 되돌아가는 부분도 있는 것 같습니다. 그러니까 한국에 있으면 매너리즘에 빠지지 않습니까? 그런 데를 가보면 해야 할 일이 정말 많은 거죠. (중략) 가보면 제가 배우는 게 더 많죠. 기다리는 게 일이거든요."

이태일은 아시아 환경문제를 해결하기 위해 지역 주민들과 일하면서 많은 것을 배운다고 말한다. 아마 그것은 그가 지배구조에 저항하는 것을 넘어서 새로운 것을 만드는 실험을 하고 있기 때문일지도 모른다. 일본 청년들의 공해수출 반대운동, 청년기후긴급행동의 석탄화력 수출 반대 시위 같은 것들이 환경오염의 제국주의적 확산에 대한 저항이라면 에코피스의 사업은 개발도상국 주민과 함께 지속가능한 발전, 생태발전의 대안을 만들어 가는 운동이라고 볼 수 있다. 틈새의 생태발전의 실험이 거대한 지배구조를 하루아침에 바꾸기는 어렵겠지만 다른 세상을 상상할 수 있는 힘을 줄 수 있는 것은 분명하다.

사람과 생명을 돌보는 에코페미니스트

강희영

1990년대와 2000년대에도 여성이라는 정체성으로 환경문제를 바라보고 새로운 세상을 만들려는 사람들이 새롭게 나타났다. 우리는 이들 가운데 한 사람, 강희영을 만났다.

철학에 뜻을 품어 대학원에서 공부하며 박사 과정까지 밟으려 했던 강희영은 환경운동을 접하기 전에는 되게 소비지향적으로 살았다. 그랬던 그는 20대 후반의 나이였던 2000년에 자원봉사로 참여한 여성환경연대 워크숍에서 엄청난 충격을 받았다. 이 이후 그는 에코페미니즘을 고민하며 여성 환경운동가의 길을 한 걸음씩 걸어가게 되었다.

부산에서 딸 셋의 첫째로 자란 강희영은 어릴 적 유교 관념을 신봉한 할아버지와 이에 맞서던 아버지의 모습을 지금도 또렷이 기억하고 있다. 훈장 선생 같았던 그의 할아버지는 그의 아버지에게 아들 낳기를 종용했다. 하지만 그의 아버지는 '딸만 있어도 정말 행복하다'며 할아버지 말씀에 강하게 반대했다. 강희영은 그런 부친이 고마웠다. 이 때문에 그는 "첫째로서 (중략) 장녀지만 장남의 역할을 해야겠다는 생각을 했던 것 같다."라고 회고했다. 중·고교 시절 강희영은 반장, 부반장을 하면서 학교 친구들이 겪는 부당한 일에 앞장서 맞서기도 했다. 강희영은 그 시절 자신을 '오지라퍼'라면서 "최근 그 기억이 났는데, '아 그때부터 이쪽 일을 하려고 그랬나'라는 생각이 들더라."라고 말했다.

강희영은 1991년 철학과에 입학했다. 학생운동이 격렬한 시기였지만, 그는 친구들과 여행 다니는 데 더 관심이 많았다. 강희영은 1996년 대학원 석사 과정에 진학해 서양철학 전공으로 석사학위를 받은 후 바로 박사 과정을 밟으려고 했다. 그런데 지도 교수가 건강문제로 휴직을 하자, 강희영은 사회에 나가서 3년 정도 제대로 된 현실을 배우고 나서 학문을 계속하겠다고 마음먹었다. 그때 한 선배의 소개로 그는 여성환경연대에서 자원봉사를 하게 됐다. 그가 처음 맡았던 일은 대전에서 열린 '여성환경활동가 워크숍'에 참가자를 실어 나르는 운전 자원활동이었다. 그는 귀동냥 삼아 워크숍도 참석했는데 거기서 강렬한 울림을 느꼈다.

"2000년 초기였고. 그냥 아무 생각 없이 운전하고 갔는데, 그날 그 프로그램 같이하면서 제가 너무 다른 세상에, 완전히 다른 경험을 하게 된 거죠. 완전히. 그러면서 그 속에서 만났던 여성들, 그 안의 자매애, 그리고 그들이 하는 활동들, 이런 것들이 저에게는 너무 큰 울림으로 온 거예요."

강희영은 당시 워크숍에 참석한 김종남전 환경운동연합 사무총장, 안종선문화기획자 등 선배 여성활동가들을 보면서 '내가 여성, 여자구나. 그리고 저렇게 멋진 여자들이 있구나.'라고 느꼈고, 사회 경험 3년을 여성환경연대에서 해도 좋겠다고 생각하게 되었다.

여성환경연대는 2000년 11월 10일 제주도에서 여성환경활동가 전국연수를 진행했다.　　　　　　　　　　　　　　　　　　　　　© 여성환경연대

강희영은 같은 해 제주도에서 열린 '제1차 여성환경활동가 전국연수'에서 새내기 활동가로 실무를 지원했다. 그는 4박 5일 동안 여성 환경인을 만나며 당시 이슈였던 가부장제, 여성 건강 문제, 여성운동 내 환경의식 부재 등의 문제들을 듣게 되었다. 그는 참석자들과 같이 분노했고 그들에게서 위로받았다. 연수

마지막 날 50여 명의 참가자는 내면의 모습을 자유롭게 표현하는 여신축제 후 침묵의 포옹 시간을 가졌다.

"태어나서 그렇게 많은 여성과 포옹을 한 것도 처음이고, 저도 남 앞에서 운다는 것이 되게 익숙하지 않고 쑥스럽고 그럴 땐데, 그냥 그런 거 없이 그냥 같이 막 울었던 것 같아요. 다 처음 보고 그런 분들인데. 그래서 그때 함께 했던 분들은 지금도 저 멀리서 봐도 서로 기쁘게 인사를 한다거나, 그냥 안 본 지 한 10년쯤 지나도 그냥 그때 그 순간에 함께했던 우리 그 뭐라 할까. 그냥 나눔, 연대, 이런 것들, 자매애 이런 것들이 지금도 되게 뜨겁게 있는 것 같아요."

제주도 연수에서 받았던 그 느낌이 그가 운동가로서의 삶을 계속하게 했던 원동력이었다. "아마 저뿐만 아니라 그때 함께 했었던 몇 분들도 저와 비슷한 거를 느끼고 계속 운동을 하는 힘을 갖게 됐을 거라고 생각한다."라고 그는 말했다.

강희영이 빠져들었던 여성환경연대는 어떤 단체일까? 여성환경연대는 '조용한 환경청소부 노릇'과 '용감한 환경투사 노릇'도 모두 필요하다고 인식하고, '병들고 죽어가는 사회와 생태계'를 살리겠다고 선언하며 1999년 6월에 여성 환경운동가들의 네트워크 단체로 창립했다. 여성환경연대는 세대별 평등을 지향하며 세대별 대표를 두었고, 대안적인 삶을 추구하는 운동을 펼쳐나갔다.

강희영이 활동을 시작했던 2000년에 여성환경연대는 별도의 사무실이 없어서 당시 박영숙전 한국여성재단 이사장. 2013년 작고 선생

연구실 한쪽에 책상을 두고 일을 했다. 재정이 넉넉지 않아 실무자가 몇 명 되지 않았다. 이 때문에 강희영은 회계, 회원 등 관리 업무부터 폐기물, 국제연대 등 운동 파트와 여성 환경인 데이터베이스 작업까지 맡았다.

2006년 여성환경연대는 대중조직으로 전환했다. 이 시기 강희영은 공정무역 캠페인을 벌이며 아시아지역 여성과 연대하고 이들을 지원하는 일에 열정을 쏟았다. 또 그는 전기 대신 초를 켜놓고, 느리게 사는 삶에 대한 자기 성찰의 시간을 갖는 캔들라이트$^{Candle\ Lite}$ 캠페인에도 집중했다.

강희영은 2011년부터 사무처장을 맡았다. 운동과 재정 등 단체 실무를 총괄한다는 것은 상당한 부담감이 있을 수밖에 없다. 그는 이런 단체 총괄의 무게감을 견디며 사무처장직을 2017년 2월까지 수행했다. 이 시기 그는 '4대강사업 대응활동'과 '밀양 송전탑 반대 대책위 활동'을 가장 기억에 남는 일로 꼽았다.

2017년 강희영은 여성가족재단으로 옮겨서 일하기 시작했다. 그는 "여성가족재단이 저를 2000년도로 재소환한 거다. 여기 역할이 예전 여성환경연대 초창기에 네트워크로 했었을 때 그 사업들, 그 활동들, 그 역할들을 하는 거더라."라고 말했다. 그가 맡은 팀은 여성단체와 활동가를 지원하는 일을 했는데, 그는 이를 통해 여성운동가 네트워크를 새롭게 만들어 나갈 수 있을 것이라고 봤다.

강희영은 여성환경연대 활동 경험이 재단 일을 하는 데 상당한 도움이 됐다고 말했다. 단체에 대한 이해가 없거나 경험이 없으면 단체와 활동가 지원 역할은 그저 감독과 감시, 지시로 끝나는 경우가 있다는 것이다.

강희영은 여성가족재단에서 젊은 페미니스트 그룹을 만나며 그들을 지원하고 그들의 변화를 지켜보았다. 2016년 5월 이른바 '강남역 10번 출구 살인사건' 이후 새로운 그룹의 목소리가 강하게 나왔다. 언론에서는 이 시기 등장한 페미니스트를 '영영 페미니스트'라고 불렀다.[50] 강희영은 온라인 커뮤니티를 중심으로 모인 영영 페미니스트 그룹의 경우 시간이 걸리더라도 운영진 모두의 의사를 중시하는 것이 특징이라고 말했다. 기존 특정 리더 중심의 여성운동과는 다른 모습이다. 영영 페미니스트 그룹은 기존 여성운동 그룹의 권위적인 모습과 동원 위주 운동 방식을 비판했다. 영영 페미니스트 모임이나 집회에서는 기존 여성운동권을 배격한다는 의미로 '퀸충은[51] 나가라'라는 말이 나오기도 했다고 한다. 강희영은 "이런 비판은 오히려 덜 문제다. 기존 여성운동권의 존재를 아예 모르는 경우도 있다."라고 말했다. 그런데 박근혜 대통령 탄핵 시기 온라인 커뮤니티 활동을 벌였던 '영영 페미니스트'들이 변하고 있다고 그는 말했다. 영영 페미니스트 그룹이 운동을 지속하려면 조직이 필요하고 조직화를 해야 한다는 것을 인식하기 시작했다는 것이다. 그에 따라 선배 그룹과 교류가 늘어났다. 옛날에 '퀸충은 가라' 했었던 그 친구들이 조금씩 변하고 세대 간의 극명한 대립도 좀 줄어드는 기미가 보이는 것 같다는 것이다.

강희영은 이런 영영 페미니스트 활동이 에코페미니즘 활동으로도 이어질 수도 있다고 보았다. 그는 "아직은 에코페미니즘이 마이너^{소수}지만, 여성과 환경에 즉각적으로 연결되는 환경 건강 이슈가 계속 나오고 있어서 에코페미니스트들이 좀 많이 생기

---

[50] 이는 1990년대 중반부터 활발히 활동했던 기존의 '영페미^{Young Feminist}'와의 구분을 위해 더 젊다는 취지로 만들어진 말이다.
[51] 기존 여성운동권을 벌레에 비유한 말

지 않을까?"라고 말했다. 이렇게 여성들을 돕는 여성 환경운동가의 경험을 한 강희영은 2020년부터는 '(재)숲과 나눔'에서 활동하고 있다.

1980년대에는 크리스찬아카데미의 교육이 서진옥과 구희숙의 삶을 바꾸었고, 2000년대에는 여성환경연대의 워크숍이 강희영의 삶을 바꾸었다. 그는 여성의 자매애와 내면의 힘을 깨달았고 그 힘을 가지고 조직과 사람을 돌보며 삶을 파괴하는 사람들과 구조에 맞서 싸우는 일을 해왔다. 권리를 주장할 뿐만 아니라 스스로를 성찰하며 생명을 돌보는 에코페미니스트들이 지금 여기에 있다.

4장에서 우리는 시민의 관점에서 환경문제를 보고 해결하기 위해 애써 온 운동가들을 만나보았다. 이들 가운데에는 급진적인 학생운동을 경험한 후 시민운동으로 전환한 이들도 있고 우연한 계기로 운동가가 된 이들도 있다. 어떤 이들은 투쟁의 현장에서 싸우면서 환경을 지키려고 애썼고 어떤 이들은 생명을 돌보고 살리는 데 힘을 기울였다. 이들의 노력 덕분에 우리 모두의 환경과 생명은 좀 나아지지 않았을까? 이제 다음 5장에서는 지역에서 '주민'의 힘으로 세상을 바꾸려고 애써 온 사람들을 만나보겠다.

5장

지역의 눈으로, 주민의 힘으로

우리나라와 같이 부와 권력이 서울과 수도권에 집중된 나라에서 지방 또는 지역에서 환경과 생명을 지키는 일은 어렵고도 중요한 일이다. 우리가 만난 사람들 가운데에는 지역에서 시민, 주민과 함께 환경과 생명을 지키는 일을 해 온 이들이 많다. 앞에서 본 곽빛나[1장]는 밀양 할매들과 함께 삶을 지키려고 싸웠고, 구자상[2장]은 자치와 분권의 생태민주주의 사회를 꿈꿨고, 김혜정[4장]은 소외된 오지 울진 어촌마을에서 민중을 보았다.

이제 이 장에서는 광주에서 대안적인 환경 거버넌스와 정책을 실험한 박미경, 경남에서 주민들과 함께 환경을 지켜온 임희자, 목포와 신안에서 주민들이 잘 사는 발전 모델을 기획한 유영업의 이야기를 들어보겠다.

광주에서 만들어 가는 생태전환

박미경
ⓒ 『함께 사는 길』 이성수

1982년 조선대 국문과에 입학한 박미경은 여행과 독서를 좋아하는 대학생이었다. 그는 남들 취업 준비하는 4학년 때 50~60대 어머니들을 위한 '희망학교'라는 야학에서 1년 동안 국어 선생으로 활동했다. 돌이켜 봤을 때 그 시절 야학 경험이 인생의 방향을 정하게 한 중요한 요인이었다고 그는 말했다. 그가 환경운동을 선택하게 된 것도 비슷한 지향점이 있었기 때문이다.

"환경운동을 해야겠다고 시작한 게 아니고 뭔가 사회에 기여하는 일을 해보고 싶다고 시작한 게 이렇게 된 거예요."

박미경은 대학 졸업 전 음악 잡지 기자 생활을 했다. 가족 모두

음악에 조예가 있었고, 그 역시 어릴 적 피아노를 배웠기 때문에 좋은 직장이 될 것이라고 생각했다. 박미경은 유명 음악가를 취재하고 그 사람이 빛이 나도록 기사를 썼다. 하지만 그는 보람을 느낄 수 없었고 뭔가 부족하다는 느낌을 강하게 받았다. 잡지사를 그만둔 그가 선택한 곳이 광록회라는 1987년 5월에 창립한 유기농산물 직거래운동 단체였다. 광록회는 1980년대 영산강 보존운동의 핵심인 서한태 박사, 전홍준 박사^{병원 원장} 등과 광주지역 민주화운동 인사들이 참여하고 있었다. 여기서 박미경은 회보 만드는 일을 담당했다.

1987년 6월 항쟁 이후 임낙평^{전 광주환경운동연합 공동의장} 등 민주화운동 인사 10여 명은 광주지역 환경단체 설립을 추진했다. 이들은 공문연의 온산병 대책활동과 영산강보존회의 진로 주정공장 반대운동 성공 사례에서 영향을 받았다^{박미경, 2016:5}. 1년여 준비모임을 통해 1989년 3월 '공해추방, 반핵평화'를 기치로 광주환경공해연구회^{이하 광주환공연}가 만들어졌다. '환경'이란 단어를 단체 명칭에 넣었던 건 이유가 있었다. 임낙평 등 광주환공연 추진 인사들은 새로운 운동에 시민 참여를 끌어내기 위해서 공해추방보다 상대적으로 덜 투쟁적으로 보이는 '환경'이라는 표현을 사용하기로 했다. '연구회'라는 말을 쓴 것도 같은 의도였다^{광주환경운동연합, 2019:25, 이철재, 2022}. 여기서 임낙평이 사무국장을 맡고 박미경은 간사로 참여했다. 박미경은 당시 환경문제 등 사회문제를 다루기 때문에 광주환공연이 광록회보다 더 활동적일 거라고 보았다.

광주환공연 창립 한 해 전, 전남 영광에서는 핵발전소 온배수 어민 피해 사건 등 방사능문제가 알려져 논란이 일어났다. 이에 1989년 4월 광주환공연은 최초 반핵연대 조직인 전국핵발전소

추방운동본부에 참여하면서 9월부터 영광원전 3, 4호기 반대운동을 본격화했다. 당시 광주·전남의 유일한 반핵운동 환경단체였던 광주환공연이 영광지역까지 맡아야 했기에 할 일이 많을 수밖에 없었다.

그 시절 광주환공연은 회비 등 단체 운영에 필요한 수입이 안정적이지 않았다. 처음에는 한살림광주매장 한쪽을 빌려서 간판 걸고 책상 하나 두고 사무실로 썼다. 광주환공연이 처음 따로 사무실을 낸 곳은 보증금 천만 원에 월세 10만 원하던, 시장 인근 골목길 단독주택 반지하 공간이었다.광주환경운동연합, 2019:43.

당시 박미경은 단체에서 월급을 받는 것이 아니라 오히려 집에서 용돈을 받아서 사무실 전기료, 전화 요금 등을 내야했다. 그는 당시 상황을 "버티기였다."라고 회상했다. 초창기 광주환공연은 영광 핵발전소 대응뿐만 아니라 전남지역 원전 30기 건설 계획과 핵폐기장 반대운동, 지구의 날 캠페인, 페놀 오염 사고 불매운동, 리우 환경회의 기념행사 등 숨 돌릴 여유조차 없이 활동을 이어갔다.

박미경은 일이 몰리면 아침 일찍 나가 밤을 새우고 퇴근하는 일이 빈번했다. 남들처럼 대학 나와 월급을 받아오는 것도 아닌데 바쁘기만 한 그를 집에서 곱게 볼 리 없었다. 부모님의 잔소리가 늘어만 갔다. 그런데 1990년대 초반 어느 날 그의 어머니가 그가 만든 폐식용유 재활용 비누를 찾았다. 그 순간을 박미경은 잊을 수가 없었다.

"아, 그때 제가 느꼈어요. 드디어 부모님이 변하는구나. 혼날 때마다, 친정 어머니가 꾸중하시고 아쉬워하고 할 때마다 저도 나름대로 이러저러하다, 이게 필요한 거다, 늘 이야기 했었는데 그때는 별로 안 들으시는 것 같더니 어느 날 친정어머니가 '그 비누를 한번 가져와 봐라.' 하시더라고요. 그래서 이게 변화가 있구나. 저는 그게 굉장히 오래된 사건이거든요. 근데 그게 어마어마한 보람이었어요. 사실은."

박미경이 지금도 활동가들에게 "내 가족이나 내 주변 사람들부터 먼저 설득하지 못하면 절대 남을 설득하지 못한다."라고 말하는 것도 이런 경험이 있었기 때문이다. 광주환공연은 1992년 2월 광주전남환경운동시민연합으로 개칭했고, 1993년 4월 환경운동연합 창립에 참여하면서 광주전남환경운동연합[52]으로 재창립했다.

박미경은 사회의식 높은 공무원을 만나 결혼했는데, 그의 남편은 환경운동연합 사람들이 '비상근 간사'라고 부를 정도로 궂은일도 마다하지 않고 단체활동을 도왔다. 박미경은 "결혼과 출산과 육아와 관련해서 한 번도 제가 이 활동에 방해받은 적이 없다."라고 할 정도로 남편과 시댁, 친정의 도움을 많이 받았다. 이런 전폭적인 도움으로 환경운동을 열심히 했지만, 남성 중심의 운동문화는 그를 불편하게 했다. 공식 회의가 끝난 후에 술자리에서 결정 사항이 바뀌는 일도 적지 않았다.

광주환경운동연합은 전남지역 환경단체가 자리를 잡기까지 광주·전남지역을 책임졌다. 2000년 전후로는 광주시민환경연구소라는 부설 연구기관을 설립했고 자전거 관련 독립단체를 만들어 지원하기도 했다. 또 광주환경운동연합은 다양한 교육 프

---

52 광주전남환경운동은 1999년 총회를 통해 광주환경운동연합으로 개칭했다[광주환경운동연합, 2019].

로그램을 마련해 시민 참여를 이끌었다. 무등산 난개발 반대, 영산강 골재 채취 반대와 4대강사업 저지활동 등 지역 자연을 지키기 위해 단식농성 등 강력한 운동방식도 지속했다.

그런데 1990년대 중반 이후 지방자치가 활성화되면서, 광주환경운동연합은 지자체와 협력하여 환경을 살리는 일도 하기 시작했다. 광주환경연합은 광주시 산하 각종 위원회에 참여했는데, 특히 광주 도시계획위원회에 참여하면서부터 거버넌스를 통해 새로운 모델을 만들어 가기 시작했다. 이런 흐름에 따라 우리나라 최초로 8.2km의 폐철도 부지가 녹지 공원이 되었고, 광주시청 지붕에 태양광 발전시설이 설치되기도 했다.

박미경은 2012년까지 광주환경운동연합 사무국장, 사무처장 등을 맡아 실무를 총괄했다. 20년 넘도록 광주라는 한 지역에서 활동했던 그는 '보람을 느끼고, 우리가 운동을 견인하고 있다는 자부심'도 갖고 있다.

박미경은 정당에 들어가 현실 정치에 참여하는 일도 해보았다. 2013년 박미경은 안철수 대선 후보 자문그룹 '내일'의 호남권 실행위원으로 참여했다. 그는 '새 정치운동'을 통해 지역 정치의 변화를 꾀했다. 그가 사는 지역은 특정 정당이 '막대기만 꽂으면 된다.'라는 말이 나올 정도로 오랫동안 정치색이 변하지 않았다. 정치를 바꿀 수 있는 시민사회 출신 인사가 있어도 이미 구조화된 정당 중심 구조에서는 당내 경선조차 통과할 수 없었다. 박미경은 새 정치운동을 통해 이러한 흐름을 조금이나마 바꿀 수 있는 계기가 될 것이라 기대했다.

2014년 그는 안철수계와 민주당계가 통합한 새정치연합 광주시당 창당준비단으로 활동하면서 발기인으로 합류했다. 같은 해 지방선거에서 박미경은 처음에는 새정치연합 광주시의원 비례대표 1번을 배정받았지만, 장애인 여성이 3번을 배정받자 비례대표 후보를 사퇴하면서 이 여성을 1번으로 배정받게 했다.

2014년 지방선거 이후 박미경은 윤장현 광주시장 인수위원회에 참여했다. 이후 그는 NGO 출신으로 최초이자, 여성 최초로 공기업인 광주환경공단 상임 이사로 임명됐다. 환경기초 시설을 운영하는 공기업 임원이 되었지만, 환경운동을 할 때 가졌던 자신의 가치관이 달라지지는 않았다고 그는 말했다. 다만 4년여 동안 행정 업무를 직접 하면서 그는 외부에서 환경운동을 바라볼 수 있게 됐다고 말했다. 적은 수의 활동가들이 많은 일을 하다 보니 스스로에게 투자할 시간이 부족해서 능력과 실력을 키우지 못하는 것이 안타깝다고 그는 말했다.

박미경은 2020년에 광주환경운동연합 공동의장으로 환경운동에 복귀했다. 광주·전남지역 환경운동을 처음부터 이끌어온 그는 '평생 환경운동을 하겠다는 각오가 있기에 회원으로서, 선배로서 활동가들이 성장할 수 있는 역할을 하겠다.'라고 말했다.

'사회에 기여하기 위해' 환경운동을 시작한 박미경은 30년 넘도록 활동을 이어오면서 광주·전남지역에 생태전환의 씨앗을 뿌리고 나무와 숲을 키워 왔다. 박미경처럼 지역에서 한편으로 개발사업에 맞서 싸우고 다른 한편으로 지자체, 시민과 협력하여 새로운 모델을 만들어 가는 사람들이 있기에 생태민주적인 지역 자치, 지방 분권을 모색할 수 있을 것이다. 2021년에 박미경은 환경운동연합 공동대표로 선출되어 활동하고 있다.

주민과 함께 현장을 지키는 환경운동가

임희자
ⓒ 정수근

마산, 창원, 진해 등 경남권역의 환경문제를 해결하고 낙동강의 자연을 지키기 위해 자신의 삶을 쏟아 부은 환경운동가가 바로 임희자이다. 앞의 1장에서 본 곽빛나가 환경운동연합을 찾아갔을 때 처음 만난 사람도 그였다.

경남 의령에서 태어난 임희자는 어릴 적에 여군이 되리라 마음먹었다. 국가에 충성하는 게 그의 꿈이었다. 그런 그가 다른 꿈을 꾸게 된 계기가 고2 때 있었다. 그는 수배 생활하던 서울대생 친구 오빠를 우연히 만나 '광주 학살' 이야기를 전해 듣고 충격을 받았다. 그는 '배신감, 분노 이런 게 엄청 컸다. 어떻게 이런 왜곡된 역사를 우리한테 가르칠 수 있냐?'라며 분개했던 기억을 떠올렸다. 그가 사학과를 대학 전공으로 선택한 것도 이러한 영향이 있었기 때문이다. 이때부터 그는 기자가 되겠다고 생각했다.

"뉴스에서 봐 왔던 것과 실제 얘기 들었던 게 너무나 판이 했기 때문에, 일단 대학 가면 어쨌든 바른 역사를 공부한 다, 언론사 쪽으로 간다고 생각했지요. 나름대로 계획이 있었던 거죠."

임희자는 1988년 경남대학교에 들어가서 학교 교지 편집위원회에 참여했다. 다양한 학생운동 정파들이 모여 있던 교지 편집위원회에 있으면서 그는 NL, PD 양쪽 이론을 학습했다. 그에 따른 갈등도 없지 않았지만, "한 번 하면 확실히 막판까지 가야 하는 성격"을 가진 임희자는 3학년까지 교지활동을 이어 갔다. 그는 1991년 4학년이 되면서 '애국적 사회 진출'의 방안으로 언론사에 가기로 결심하고 본격적으로 준비를 시작했다.

이 시기 '낙동강 페놀 사태'가 터졌다. 당시 지역의 16개 시민단체는 '건강한 사회를 위한 시민단체협의회'이하 건사협'를 구성해 대응활동을 벌였다. 임희자는 지역 연대 차원에서 마산시청 항의 시위 등을 지원하면서 건사협이 주최한 최열, 신영식환경만화가 초청 강연에 참석해 환경문제에 대한 인식을 넓혀나갔다. 임희자는 환경문제를 공부하게 되면서 "경제문제 속에 환경문제가 있다는 거는 상상을 못 해 깜짝 놀랐다. 결국 '기업들이 돈 벌려고 노동만이 아니라 환경도 착취하는구나.'라는 걸 알게 됐다."라고 당시를 회고했다.

페놀 사태를 겪으면서 지역 시민단체 대표들 역시 환경문제의 심각성을 인식하기 시작했다. 이들은 환경문제는 행정이 해결할 수 없는 문제이고 시민들이 스스로 건강과 생명을 지켜야 한다는 점에 공감하고 이 문제를 집중적으로 다룰 수 있는 지역 환경단체 창립을 논의했다. 이렇게 해서 지역 시민단체들은 1991년 12월 마산창원공해추방시민협의회[마·창공추협] 창립을 지원했다. 특히 가톨릭 단체가 마·창공추협 조직과 임원 구성을 주도했고 재정도 많이 지원했다. '지리산 양수댐 저지 서명운동' 등 초기 마·창공추협 활동의 많은 부분은 가톨릭 단체의 지원이 있었기에 가능했다.

1992년 졸업 후 〈한겨레〉에 들어가는 것을 목표로 공부하고 있던 임희자는 마·창공추협에 있는 친구의 부탁을 받고 소식지 자원봉사를 하기로 했다. 당시 마·창공추협은 이인식[우포따오기자연학교 교장]이 비상근 사무국장이었고, 간사 1명만 상근하고 있었다. 임희자는 '내가 들어오니까 그 친구가 그냥 그만둬 버렸다. 사무실이 비니까 있을 수밖에 없었다.'라고 말했다. '한 번 하면 끝까지 가는' 그의 성격대로 그는 그 일을 맡아 지금까지 환경운동가의 길을 걷고 있다. 그는 자기의 선택에 후회하지 않고 산다고 말했다. 후회할 일이 있어도 최선을 다해서 살면 된다는 것이 그의 신념이다.

임희자는 1992년 리우 환경회의 이후 국제적 관점을 갖게 됐다. 그가 직접 회의에 참여하진 않았지만, 리우 환경회의 이후 공추련 등 중앙단체들에서 관련 자료가 쏟아졌다. 그는 이런 자료를 바탕으로 회원 교육, 참여 프로그램을 기획해 실행해 나갔다.

마·창공추협은 1993년 환경운동연합 창립과 함께 마산·창원환경운동연합[이후 2008년 마산창원·진해환경운동연합으로 변경, 이하 마·창·진환경연합]으로 재창립했다. 임희자는 여전히 낙동강문제 해결에 전념하면서 마산만 수질 오염문제와 주남저수지 개발문제까지 맡아서 진행했다. 특히 그는 낙동강 배후습지로서 주남저수지 문제와 관련해 해외 사례에 주목했다. 1996년 호주 브리즈번에서 열린 람사르 회의에53 참가한 그는 주남 저수지를 중심으로 국내외 습지연대를 창립하는 데 기여했다. 그는 1997년까지 회원 관리, 소식지 제작, 현장 교육, 현장 대응과 기록, 보도자료 작성과 배포 등을 혼자서 했다. 이 과정에서 환경운동연합 중앙의 도움을 많이 받았다는 것이 임희자의 말이다.

"그야말로 혼자서 하다 보면 되게 외롭거든요. 그때 중앙이라는 조직은 억수로 든든하지예. (중략) 실질적으로 지역에서 일이 터지면 자료 요청하면 째깍째깍 응대해주고, 자료 내려오고."

그는 '주민운동은 환경운동의 꽃이다'라는 이야기를 듣고 '아, 이거 운동 제대로 하고 있다'라는 생각을 하기도 했다. 그는 환경운동연합은 사회적 자산이므로 귀중하고 소중하게 유지해야 한다고 강조했다.

임희자는 환경문제를 주민들과 함께 풀어내고자 했다. 그는 낙동강, 마산만, 주남저수지 외에도 가포 송전탑 이전운동, 쓰레기 매립장, 소각장 반대운동 등을 지역주민과 함께했다. 2000년 '팔용산 개발 반대운동' 당시 임희자는 포클레인에 쇠사슬로 몸을 묶고 시민사회단체와 함께 농성을 벌이기도 했다.

"우리가 피 터지게 했다. 수정만 매립지 반대운동도 그렇고.

---

53 1971년 이란 람사르에서 체결된 '물새 서식지로서 국제적으로 중요한 습지에 관한 협약' 당사국 회의.

마·창^{마·창·진환경운동연합}은 항상 옆에 주민들이 있었다."라고 그는 말했다.

임희자를 비롯한 임원진의 노력으로 마·창·진환경연합은 경남지역 최대 시민단체로 성장했다. 그러나 2007년 마·창·진환경연합은 출범 15년여 만에 최대 위기를 맞았다. 당시 언론 보도에 따르면, 마·창·진환경연합 내 의장단과 사무국 사이에 습지와 교육 관련 활동을 별도 조직으로 만들자는 의견을 둘러싸고 갈등이 생겼다. 그리고 람사르 총회를 유치한 경상남도가 「남해안발전특별법」 제정을 추진하자 이에 대한 대응 전략을 어떻게 할 것인가 하는 이슈를 놓고 심각한 의견 차이가 나타났다. 이 과정에서 임희자를 비롯한 사무국 활동가들이 사퇴해야 했지만, '환경운동연합 중앙집행위원회'가 실사를 거쳐 사무국 활동가 복귀와 비대위 구성 등을 권고하면서 임희자 등은 다시 환경운동연합으로 복귀해서 일하게 되었다^{강정훈, 2007}.

> "조직 안에서 갈등이라는 거는 언제든지 있을 수 있고, 사람의 생각은 다 다를 수가 있고. 중요한 거는 이런 다름과 이런 차이점들을 조직이 조절해서 이런 생각을 가진 사람도 함께 데려갈 수 있고, 저런 사람도 데려갈 수 있는, 이게 조직적 역량이라고 생각하는데, 마·창·진환경운동연합이 그것이 무너질 때가 바로 그때였고, 그 무너진 것을 중앙이라는 조직이 내려와서 바로 세웠고, 그래서 저는 조직이 시스템이 갖추어져 있다, 이런 생각을 하는 거지예."

임희자는 "나는 개인적으로 내 역량이 그렇게 뛰어나다고 생각 안 하고, 내 미흡한 점은 이 조직이 감싸줘야 나는 운동할 수 있다, 라고 생각하는 사람이라서 조직을 떠나서는 나는 생각하지 않는다."라고도 말했다. 임희자의 말에서 단체와 개인, 운동과 삶이 거의 일치된 1세대 환경운동가의 특징을 볼 수 있다. 임희자가 중심을 지키고 있는 마·창·진환경연합은 경남권 전체에 영향력을 미치고 있다. 그 이유를 그는 이렇게 말했다.

"현장에서 정책 대안을 다 얻는 것 같아요. 저는 이제 그것에 대해 확신하거든요. 책상머리에서 나오지 않는다는 것은 확신하기 때문에, (중략) 마·창·진환경운동연합에 지역 주민운동이 많은 거는 그런 것 때문이죠. 후배들한테도 그런 거 교육시키고. 주민 전화가 오면 언제든지 뛰쳐 나가야 된다고. 그렇게 하죠."

그가 강조하는 현장과 주민 중심 환경운동은 이명박 정부의 4대강사업 때도 이어졌다. 그는 마·창·진환경연합 임원진과 적극적으로 소통하면서 노동, 농민, 진보단체 등 지역 시민단체와 연대하면서 운동을 이끌었다. 옳은 것은 해야 된다는 것이 그가 지닌 운동의 원칙이다. 그가 30년 가까이 환경운동을 하면서 단체 의장 또는 대표가 되지 않고 계속 실무자로서 일하는 이유도 계속 현장운동을 하고 싶었기 때문이다.

임희자는 주변에서 '앞으로 10년 뒤 뭐할 거냐?'라는 말들을 듣는다고 했다. 그는 '환경운동연합을 중심으로 해서 환경운동에 마지막까지 기여하는 것이 인생의 목표'라고 말했다. 그는 '환경문제 때문에 고통받는 주민들과 함께 호흡하면서, 함께 미래를 만들어 가는 것'이 바로 자신의 미래라고 말했다.
1980년대 학생운동을 통해 변혁의 삶을 지향했던 임희자는

1991년 낙동강 페놀 사건을 계기로 환경운동이 단순히 중산층 운동이 아니라 정치와 사회와 연결된 문제라는 것을 인식하고 환경운동에 적극적으로 결합해 30여 년을 이어 왔다. 그는 운동과 단체에 대한 강인한 신념과 믿음을 바탕으로 여전히 지역과 주민 중심 환경운동을 전개하면서 경남지역 환경운동 네트워크에 있어 중요한 역할을 담당하고 있다.

급진적 학생운동가에서 마을사업가로

유영업

광주와 경남에서 박미경과 임희자가 시민과 함께 환경을 살리는 일을 할 때 목포와 신안군에서 대안적인 지역 발전을 위해 애쓴 이가 유영업이다. 전남 영광에서 태어난 유영업은 어릴 적 어머니 말씀을 간직하고 있다. 그는 "어머니가 저보고 한 번도 '넌 안 된다'라고 한 적이 없는 거 같다. '네가 아직 해답을 찾지 못한 거라고'. 그게 굉장히 중요한 것 같았다."라고 말했다. 살면서 난관을 만났을 때 돌파할 수 있었던 원동력은 어머니에게서 배운 삶의 자세라고 그는 생각한다.

유영업은 1994년 철도대학^현 한국교통대학에 합격했으나 집안 형편 때문에 포기하고 목포대 영어영문학과에 들어갔다. 대학에서 운동권 학생들을 보니 문제가 많게 느껴졌다. 술 먹고 지각하고 수업 제대로 안 듣는 학생운동권의 불성실한 태도가 마음에 들지 않아 그는 '학생운동권은 꼭두각시'라는 비판 글을 쓰기도 했다. 그랬던 그는 한 선배의 질문에 충격을 받았다.

"술 마시다가 선배가 나한테 '니가 조국을 알아?' 그랬어요. 전 진짜 생각지도 못한 거죠. 아버지, 어머니, 가족들, 친구들, 의리 이거만 생각하다가 갑자기 사회적인 문제 중에 가장 높은 문제인 '니가 조국을 알아?'라고 하니까 충격을 좀 받았죠. (중략) 그때부터 저한테는 화두가 생긴 거 같아요. 내가 몰랐던 사회라는 거에 대한 인식을 조금씩 시작한 거 같아요."

그렇게 해서 유영업은 운동권 학술동아리에 가입했다. 그는 적어도 근현대사를 알아야 한다는 생각에 역사를 학습하면서 운동권 주장이 틀리지 않았음을 알게 됐고, 생활비 마련을 위해 아르바이트를 하면서도 학내외 집회에 열심히 참여했다.

그러나 당시 학생운동은 사회적 영향력을 잃어가고 있었다. 학생운동 주류였던 NL 계열은 한국대학총학생회연합^{한총련}을 중심으로 '전민항쟁'을 추구하는 과격한 운동방식을 고수하면서 학생운동권 안팎의 비판을 받았다. 1996년 8월에는 '연대 사태'로 불릴 정도로 정부와 한총련의 극한 대립 상황이 벌어졌다. 당시 연대 농성에 참여했던 유영업은 학생운동의 과격한 방식에 자신들의 지지자며 후원자였던 대중이 이전 같지 않은 반응을 보인다는 것을 느꼈다. 그의 평가를 들어보자.

"학생운동이라는 것이 대중의 마음을 얻는데 집중하는 게 아니라 상대와의 싸움에 집중하면서, 의도적으로 과격하게

갔던 것은 (중략) 그것은 지금 평가해도, 저는 아주 반성해
야 할 일 중의 하나다, 이렇게 생각을 합니다."

유영업은 1997년 총학생회장에 당선됐고, 목포지구총학생연합 의장을 맡았다. 당시 정부는 한총련을 이적 단체로 규정했다. 이 시기 한총련이 일반인을 경찰 프락치로 오인해 죽음에 이르게 하는 '이종권, 이석 치사 사건'이 벌어지면서 학생운동권은 도덕적으로 치명타를 받았고, 정부는 한총련 간부들을 대거 연행하기 시작했다. 이 때문에 수배 중이던 유영업이 광주전남총학생회연합남총련과 한총련 의장 권한대행을 맡게 됐다.

유영업은 서울, 목포 등에서 7년여 도피 생활을 이어가면서 육체적으로, 정신적으로 피폐해져 갔다. 그는 2000년 명동성당에서 한총련 등 '정치 수배해제 농성단'에 참여했다. 2003년 노무현 정부 들어 그는 한총련 수배문제가 사회 이슈화하자 민가협 등 10여 개 단체를 조직해 구성한 '한총련 수배문제 완전해결을 위한 비상대책회의'를 맡아 활동했다이철화, 2003. 이런 흐름 속에서 그는 구속 15일 만에 풀려나게 됐다.

대학 졸업 후 유영업은 학생운동, 통일운동을 해봤으니 시민운동을 해보고 싶었다. 그는 지역 학생운동 선배를 통해 목포의 서한태를 소개받아 2005년부터 목포환경운동연합에서 활동하기 시작했다. 그는 매일 아침 서한태에게서 환경운동가의 삶의 자세부터 갯벌, 기후변화 등 국제적 환경문제와 영산강, 유달산 등 지역 현안 등을 배웠다. 유영업은 "너무너무 재밌었다. 그 시간이 하루에 제일 기대되는 시간이었다."라고 말했다. 이어 그는 "환경운동을 속성으로 뭔가 이해할 정도는 됐던 게 서 박사님 때문이다. 저한테는 아버님 같은 분이자 지혜를 주신 분이

다."라고 덧붙였다.

유영업은 서한태 소개로 2009년부터 신안군 증도 갯벌생태전시관^{이하} ^{전시관} 관장으로 활동하게 됐다. 앞서 2007년에 신안군에 있는 증도는 아시아 최초로 슬로우 시티로 지정되었다. 신안군은 이것을 계기로 전시관 등을 설치했다. 신안군은 2009년 국비 등 지원을 받아 '차량 없는 섬', '불빛 없는 섬', '금연의 섬' 등을 계획하며 "현대문화와 차별화된 전략으로 관광 소득을 창출할 계획"을 발표했다$^{조근영, 2009}$.

"저는 슬로우 시티를 모르죠. 근데 서한태 박사님이 얘기
하셨던 것들이 곧 슬로우 시티더라고요. 그 정신이더라고
요. 아 그러면 해 볼만 하겠다."

유영업은 전시관 관장과 슬로우 시티 사무처장을 겸해서 맡았다. '학생운동, 통일운동 그리고 시민운동을 하다가 삶의 현장에서 주민들과 함께하는 일을 해볼 수 있는, 마음껏 펼쳐볼 좋은 기회가 주어진 것'이라고 그는 생각했다. 유영업은 직원 두 명과 함께 환경운동에서 배운 방식대로 우선 반년 동안 증도 관련 문헌자료와 자연환경 조사를 시작했다. 이를 바탕으로 그는 섬 주민 1,800명을 일일이 찾아다니며 그들의 이야기를 듣기 시작했다. 유영업은 "그분이 현재 뭘 하는지도 중요하지만, 뭘 하고 싶은지를 아는 작업을 했다. 그래서 실질적으로 간담회도 했었다. 내가 하고 싶은 것을 하는 게 아니라, 주민이 하고 싶은 쪽으로 방침이 가야 한다. 지혜는 주민들에게 나온다."라고 강조했다.

유영업은 주민 신뢰를 바탕으로 '차량 없는 섬', '불빛 없는

섬' 등 처음 신안군이 수립한 계획을 실행해 나갔다. 그는 전문가들과 함께 '섬 갯벌'이라는 개념을 정립하면서 증도 주변을 갯벌도립공원, 유네스코 생물권보전지역, 람사르 습지로 지정되는데 기여했다. 그는 마을 재생사업과 생태관광 관련 심포지엄 등에서 수없이 증도 사례를 발표했다.

"요즘 마을 만들기나 재생사업하는 거 보면 답답해 죽겠어요. 왜 답답하냐? 사람을 만나는 것을 게을리하면서 마을을 이야기해요. 그 지역 자연의 특성을 제대로 이해하지 못하면서, 말 그대로 그냥 벽화 그리고 뭐 하기 바쁜 상황이에요. 뭘 그렇게 자꾸 빨리 급하게 가는지."

유영업은 마을 기업 육성을 위한 주민 연구모임을 지원했다. 이때 슬로우 푸드, 로컬 푸드 개념으로 그가 처음 접했던 것이 민어를 말려서 판매하는 건정사업이었다. 그는 이를 보다 체계적으로 연구해 2013년 안전행정부 등이 주최한 '우리 마을 향토자원 베스트 30선 경연대회'에서 신안군이 대상을 받게 했다. 이를 계기로 신안군은 2014년부터 국비 등 30억 원을 지원받아 민어 건정 공장 건립을 시작했다.

그러나 유영업에게 또 다른 시련이 찾아왔다. 그를 전폭적으로 신뢰했던 군수가 2014년 지방선거에서 중도에 포기하면서 새로운 군수가 당선됐다. 유영업은 퇴직 의사를 밝혔지만, 몇 년에 걸쳐 세 번의 감사와 경찰 수사가 이어졌다. "아무 죄가 없어도 수사 받는 것 자체가 괴롭더라. 남들이 봤을 때 문제 있는 것처럼 보였다."라는 게 그의 말이다. 그가 자리를 비우자 슬로우 시티 개념으로 추진했던 '차 없는 섬' 등의 사업들이 무너지기 시작했다. 그는 "증도라는 공간이 전체적으로 흔들렸다."라고 말했다.

  2016년에 '국민의당 청년위원장'을 맡기도 했던 유영업은 2017년 건정 공장이 완공되면서 다시 증도로 돌아왔다. 그는 "증도라는 공간에 다시 열정을 가지고 제가 어떤 일을 할 수 있을까? 이 공장이 아니었더라면, 내가 다시 왔을까?"라고 스스로 자문했다고 한다. 그는 건정 공장을 중심으로 다시 열정을 일으켜, 국내외 사례를 분석해 수출용 브랜드까지 만들었다. 미래 비전을 묻는 질문에 유영업은 "고민이다."라며 다음의 말을 이어갔다.

> "'유영업은 어떤 사람일까?' (중략) 학생운동을 했던 사람, 최고지도부까지 갔었고, 환경운동연합을 했고, 그다음에 전시관 관장을 했고, 보호지역 사업이나 재정사업하고. 지금 또 너무 많이 바뀐 거죠. 기업 한다고. (중략) 그니까 열심히 하다 보니까 여기까지 온 건데, 앞으로 뭐를 해야 할지는 이제 고민이고. 일단 이 사업을 잘해서, 건정 밥상이 국민한테 사랑받고 그런 쪽으로…."

극단적이고 급진적인 운동방식까지 사용하며 지배 체제를 부수고 새로운 '조국'을 만들려고 했던 유영업은 오랜 운동과 수배 생활 속에서 자신들의 과격한 운동방식에 대해 반성하고 새롭게 시민운동을 시작했다. 그가 발견한 것은 환경과 주민이었다. 증도라는 작은 섬에서 주민들과 함께 자연을 지키면서 잘 사는 발전 모델을 궁리했고, 그런 노력은 결실을 맺을 수 있었다.

이 장에서 우리는 광주, 마산, 창원, 목포, 신안 등 지역에서 시민과 함께, 주민과 함께 생태전환을 이루어가는 사람들을 만났다. 박미경은 폐철도 부지를 공원으로 바꾸며 자연과 함께 하는 커먼즈 또는 공통장을 만들었고, 임희자는 개발사업에 맞서 싸우며 낙동강을 지키기 위해 주민과 협력했다. 유영업은 작은 섬에서 자연과 함께 하는 느린 도시, 느린 삶의 문화를 만들기 위해 노력했다. 이들이 지역에서 해본 이런 실험들이 모여, 느리지만 빠르게 생태전환이 이루어지고 있는지도 모른다.

그런데 마을과 지역에서 아무리 생태전환을 이루어나가도 거대한 국가나 세계 체제가 환경과 생명을 파괴하면 이를 되돌리기는 매우 어렵다. 그래서 정치가 중요하다. 다음 6장에서는 생태전환의 정치를 고민하고 실천해 온 사람들을 만나서 그들의 이야기를 들어보겠다.

6장

녹색정치로 생태전환하기

우리는 지금까지 환경운동, 생명운동 등 사회운동을 통해 생태전환을 꿈꾸고 실천해 온 사람들을 만나 보았다. 그런데 환경을 파괴하고 생명을 죽이는 사회구조를 이런 사회운동만으로 바꿀 수 있을까? 사람들이 마을에서 한 그루의 나무를 심고 있을 때 거대한 국가나 기업이 불도저로 숲을 밀어버리면 무엇을 어떻게 해야 할까? 이런 문제를 고민하는 이들이 정치를 전환하기 위해 여러 가지 일들을 해왔다.

  이 장에서는 과학기술운동을 하다가 진보정당과 녹색당에서 녹색정치를 실험한 한재각, 에너지 전환운동과 탈핵운동을 하다가 진보정당 국회의원 보좌관 등을 하며 법과 제도를 바꾸는 일을 한 이헌석, 시민운동을 하다가 녹색당 창당을 이끈 하승수, 풀뿌리 시민운동을 하다가 녹색당 기초자치단체 후보로 나선 이태영, 녹색당 당직자로서 녹색정치의 꿈을 키우고 있는 허승규의 이야기를 들어보겠다.

과학기술운동에서 기후정의운동까지

한재각

한재각은 고교 3년 동안 막걸리 몇 잔 마신 게 가장 큰 일탈이라고 할 정도로 '범생이'였다. 그런 그가 1989년 아주대학교 전자공학과에 입학한 후에는 전공 공부보다 미술반 동아리활동에 더 많은 시간을 보냈다. 거기서 그는 운동권 선배들을 따라 학내외 시위에 참여했다. 그러던 1990년에 한재각은 "제 인생의 격랑기가 시작됐다."라고 회상할 정도의 사건을 겪었다. 당시 총학생회가 영화 〈파업전야〉를 학내에서 상영하려 했으나 경찰 난입으로 중단되는 일이 벌어졌다. 한재각은 이를 규탄하는 시위에 참석했다가 경찰에 연행됐다. 경찰 공무원이었던 그의 아버지가 경찰서 유치장에 찾아왔는데, '경찰에게 돌을 던지는 건 아버지에게 돌을 던지는 것과 같다'며 그를 꾸짖었다. 한재각은 아들 걱정에 오열하는 어머니 때문에 더 힘들었다. 이건으로 구속됐다가 집행유예를 받은 한재각은 괴로운 심정에 미술반에 틀어박혔다.

> "뭔가를 할 수 있는 것이 없어서, 집회 같은 게 있으면 너무 괴롭고. 그냥 동아리 들어가서 안 되는 그림 그린다고 막 그러고 앉아 있고. 그리고 대학 2학년 끝날 때쯤인가 군대 가겠다고, 보통 그런 스토리 있잖아요. 한번 사고치고 군대 가서 정신 차리고 한다던데. (중략) 신검 봤는데 눈이 나빠서 군대 못 간다잖아요. 그래서 판이 또 이상하게 뒤흔들린 거죠."

1991년 초반 한재각은 강경대 고문치사 사건 이후 벌어진 시위 정국에서도 고뇌할 뿐 행동에 나서지 못했다. 그랬던 그는 같은 해 하반기 선배의 권유를 받고, 다시 학생운동에 참여했다. 대학 졸업 이후 운동가로서의 삶을 고민하던 한재각은 과학기술자운동을 하기로 결심하고 1995년에 서울대 '과학사 및 과학철학 협동 과정 대학원'에 진학했다.

그의 대학원 생활은 녹록지 않았다. 수업을 따라가지 못한다는 좌절감에 술에 취해 주변 지인들에게 푸념을 늘어놓기도 했다. 그러던 때, 한재각은 공대 신문사에서 활동하면서 다시 활력을 얻었다. 거기서 그는 과학기술운동에 대한 구체적 고민을 하게 되었다. 그는 강양구전 〈프레시안〉 기자 등 다른 대학 사람들과 세미나모임을 하면서 과학기술운동의 방향에 대해 많은 토론을 했다.

한재각은 대학원 졸업 후 1998년 유네스코한국위원회에서 활동하면서 전문가들과 함께 유전자조작농산물^{GMO}과 생명 복제 관련 문제를 '합의회의' 방식을 도입해 풀어내고자 했다. 1998년 국정감사에서는 미국에서 GMO 콩이 국내로 수입됐다는 사실이 밝혀져 논란이 일어났고, 앞서 1997년 〈Nature〉 지에 영국에서 탄생한 복제 양 돌리 논문이 게재되면서 국제적으로 논쟁이 번지고 있었다. 국내에서는 1998년 황우석[전 서울대 수의과학대학 교수]이 세계에서 다섯 번째로 동물 체세포 복제에 성공했다는 보도가 있었다[김종영, 2017:244]. 당시 한재각은 시민 참여를 통해 이 문제를 풀어야 한다고 생각했다. 그는 1999년부터 참여연대 시민과학센터에서 활동하면서 생명윤리법 제정운동 등 생명공학 감시운동에 중점을 뒀다.

2004년 총선 이후 한재각은 진보정당에 참여했다. 당시 17대 국회의원선거 결과 민주노동당[이하 민노당]은 원내 10석을 확보했다. 이를 바탕으로 민노당은 진보정당 싱크 탱크 역할을 할 수 있는 40여 명 규모의 정책위원회를 구성했다. 여기에 정책연구원으로 참여한 한재각은 처음 생명과학 분야를 절대 맡지 않겠다고 선언했다. 참여연대 시절 그는 시민단체 내에서조차 입장 정리가 어려웠던 걸 경험했기 때문이다. 그러나 그는 선진국과 비교해 생명과학을 규제할 규범이나 문화가 없는 상태에서 한국이 시험대가 되는 현실을 보며, 강한 책임감을 느꼈다. '외국 같은 경우 배아 복제 같은 것을 하려면 IRB[Institutional Review Board, 연구윤리위원회] 같은 것을 다 거쳐야 하는데, 우리나라는 그런 것도 없이 기술만 있는 상태라서 그것을 막으려니 매우 힘들었고, 우리나라에서 깨지면 전 세계에서 처음 깨지는 문제라는 압박감이 매우 심했다.'고 회고했다.

2000년대 초중반 생명과학 분야에서 가장 큰 이슈는 황우석이 주도하는 인간 배아 복제문제였다. 2003년 노무현 대통령은 황우석 팀 실험실을 방문해 "이건 기술이 아니라 마술"이라 극찬했고[김진석, 2003], 정부는 황우석 팀에 수백억 원의 연구비를 지원했다. 정치권은 앞다퉈 황우석의 생명공학 관련한 바이오 기술Biotechnology을 미래 성장산업으로 띄웠고, 언론은 그를 국민적 영웅으로 추어올렸다.

당시 한재각은 젊은 공학자들에게 배정된 예산을 깎아서 황우석에게 몰아주는 현상에 분개하면서 이 문제를 파고 있었다. 이어 그는 〈MBC〉 'PD수첩'의 제보를 받고 본격적으로 조사하면서 문제를 제기했다.[54] 그때부터 한재각의 고난이 시작됐다. 그가 황우석을 비판하자 장애인 단체가 강하게 반발하며 나섰고, 그를 비판하는 당원 글들이 쏟아졌다. 당 대표가 나서서 한재각이 황우석 관련 발언을 못 하도록 지시하는 등 압박도 강했다. 그가 속한 정책연구소 내부에서도 그에 대한 곱지 않은 시선이 있었고 그에 따른 마찰도 있었다. 소수의 사람들만 동지로서 그를 지지했다.

2005년 하반기에 〈MBC〉 'PD수첩'이 황우석 연구 윤리문제와 줄기세포 조작문제를 보도했지만, 일시적으로 프로그램이 폐지될 정도로 여론의 반발이 강했다. 이후 황우석 팀이 성공했다던 줄기세포는 거짓이고 2004년 〈사이언스Science〉지에 게재된 논문이 조작됐다는 사실이 밝혀지면서 상황은 급반전했다. 그는 당시 어려움을 극복할 수 있었던 원동력을 자신을 끝까지 믿어준 동지들이라고 말했다.

2008년에 한재각은 참여연대 시절부터 함께한 이강준[에너지기후]

---

[54] 한재각은 강양구 등과 함께 인간 배아 복제의 문제점을 다루는 별도의 작업도 진행했다. 이때 정리한 내용은 2006년 강양구, 김병수, 한재각 공저로 『침묵과 열정 : 황우석 사태 7년의 기록』이라는 책으로 출간됐다.

정책연구소 이사 등과 함께 에너지정치센터를 만들었다. 이 단체는 2009년에 '정의로운 전환을 위한 에너지기후정책연구소'이하 에정연'로 정식 창립했다. 한재각은 에너지문제에 집중하게 된 이유를 "생명공학은 더 이상 하기 싫었다는 게 분명히 있었던 것 같다."라고 말했다. 어려운 상황에서 황우석 사태 대응운동은 성공했지만, 그에 따른 심적 피로가 오래 갔던 것으로 보인다. 한재각은 에정연의 핵심 방향을 적록동맹과 연결된 관점에서 '정의로운 전환'으로 잡았다.

> "비판적 환경주의 내지는 사회생태주의, 생태좌파, 좌파생태주의 이런 식의 포지션을 계속 나름대로 가져왔다고 생각하는데, 이 연구소도 사실은 그런 차원에서 했으면 좋겠다고 했었고. (중략) 에너지 전환이라고 하는 전환이 있는데, 전환 자체를 정의롭게 해야 한다. 그러니까 사회적 차원들, 정의의 차원들, 형평성의 문제 이런 식의, 색깔로 얘기하면 '붉은'이라고 표현하는 것들과 연대해야 한다, 이렇게 생각을 하고 왔어요."

한재각은 '정의로운 전환'을 실현하기 위해 노동조합을 엮어나갔다. 그는 노동자 환경교육을 벌이면서 녹색일자리 관련 책을 만들었다. 이어 그는 노동자들과 영국 등 해외 사례를 견학하는 등 공을 들였다. 또 그와 에정연은 주민이 참여하는 지역 에너지 전환 시나리오 수립에도 심혈을 기울였다.

한재각은 2011년 3월 일본 후쿠시마 핵발전소 폭발사고 이후 녹색당이 추진됐을 때 적극적으로 참여했다. 앞서 한재각은 민노당 정책연구소에 있으면서 환경 파트도 챙기고 있었다. 거기서 그는 정통 민중운동 기반 진보정당이 환경 이슈에 크게 반응하지 않는 현실을 직면했다. 이를 조금이라도 개선하기 위해 그는 대선 시기 녹색정치사업단을 구성하기도 했다. 그는 진보신당으로 자리를 옮겨 녹색위원회에서 활동했지만, 여기서도 "우리가 지금 생태 같은 한가한 걸 얘기할 때냐?"라는 당 핵심 관계자의 말을 들어야 했다. 이런 일을 겪으면서 그는 새로운 틀을 새롭게 만들어야만 뭔가 바뀔 수 있을 것이라고 생각하게 되었다.

이런 생각을 갖고 그는 녹색당 창당에 참여했고, 2016년에는 녹색당 당원 투표에서 공동정책위원장으로 당선돼 당내 현안 대응과 총선 전략을 수립했다. 그는 최근 기후위기와 관련된 활동에 적극적으로 나서고 있다. 기후운동 방향에 대해 한재각은 '사람들을 겁주어서 움직이게 하는 파국론'에는 반대하면서, 참여를 통한 생태적 지속가능성을 강조하고 있다. 그는 정의나 평등이 더 실현된다면 더 빨리 지속가능성에 도달할 수 있을 것이라고 생각한다. 너무 조급하게 파국론을 주장하지 않고 생태파시즘 같은 담론과 거리를 두는 것이 필요하다고 그는 말했다.

한재각이 녹색 관점을 갖게 된 데에는 앞서 언급한 것처럼 그가 과학기술운동에 관심을 두고 이를 연구했기 때문인 것으로 보인다. 그는 '기술이 사람과 사회를 억압하고 환경을 파괴하기 때문에 기술을 바꿔야 한다는 생각을 하다 보니까, 자연스럽게' 자신의 생각이 생태주의와 연결되었다고 말했다. 그런데 그는 우리나라 환경운동가들 가운데 드물게 '생태사회주의적인 감각'을 갖고 있으면서 지속가능발전론과 생태적 근대화론에 비판적이다.^{구도완, 2020:68~70}

한재각은 과학기술을 비판적으로 바라보고 거기서 한 걸음

더 나아가 이를 생태적으로 바꾸어야 한다는 생각을 갖고 이를 실천하기 위해 진보정당, 녹색당 등 정당에서 활동했다. 또한 에정연을 만들어서 에너지 전환 정책을 제안해 왔다. 그는 지금은 기후정의운동에 관심을 집중하며 자본주의와 성장 중심의 체제를 근본적으로 전환하는 비전을 고민하고 있다[한재각, 2021]. 그와 그의 동료들의 노력 덕분에 진보정당은 좀 더 '녹색' 쪽으로 이동했고, 기후정의운동도 활발해지고 있다. 그와 그의 동료들이 체제 전환을 고민하고 실천하는 한, 생태전환운동과 정치는 그만큼 넓어지고 깊어질 것이다.

탈핵 에너지 전환의 생태전환정치

이헌석

서울에서 나고 자란 이헌석은 어려서부터 컴퓨터를 잘 다루었다. 그는 1993년 고려대 전자공학과에 입학했고, 3학년 때 전자동아리 회장을 할 정도로 동아리활동과 전공 수업에 집중했다. 그러면서도 학생회 멤버와 교류하면서 사회과학 세미나와 학내 집회에도 참석했던 그는 3학년 말 무렵 학생운동 조직에 가입했다. 4학년 때 그는 단과대 학생회 사무국장을 맡았다. 4학년 말 이헌석은 자신의 전공을 사회운동과 어떻게 맞물려 볼 건가를 깊게 고민했다. 그는 "그냥 기술자로 살기보다는 세상을 바꾸거나 뭔가 좀 바꾸는 걸 하고 싶었던 생각이 많았던 것 같다."라고 말했다. 당시 그와 비슷한 성향의 학생운동 조직들은 진보적 사회 진출을 통한 영역 운동을 논의했다. 그들은 노동운동이 하나의 영역인 것처럼 여성, 문화, 환경 부문 역시 하나의 영역 운동으로서 의미를 지닌다고 봤다. 당시 이헌석이 고민한 것은 환경운동이었고 그는 각 대학 환경동아리를 조직해서 같이 할 수 있는, 일종의 '학생환경운동'을 모색했다.

이헌석과 비슷한 고민을 하는 서울대와 서울시립대 환경동아리 사람들이 있었다. 이들 중 일부는 졸업 후 환경단체에서 활동했고, 일부는 1997년 일본 교토에서 열린 '제3차 유엔기후변화협약^{UNFCCC}' 회의 대응 프로젝트팀을 계기로 청년생태주의자 KEY Korea Ecological Youth라는 별도의 환경단체를 만들었다. 이헌석도 프로젝트팀에 합류해 교토를 방문했고, 전 세계 활동가들과 함께 기후변화 대응을 촉구하는 시위에 참여했다. 그는 그때 굉장히 많이 배웠다고 당시를 회고했다.

"사실은 97년도 경험이 저는 굉장히 소중했던 게, 당시에 학생운동이든 아니면 사회운동이든 약간 답답함을 느꼈거든요. 운동방식이라든가 아니면 뭔가 메시지를 어떻게 전달할 거냐? 퍼포먼스라든가 좀 답답하다. 이런 걸 많이 느꼈는데, (중략) 유럽 친구들이 하는 캠페인 방법이라든가 또는 토론하는 방식, 어떤 의사결정을 하는 방식 이런 게 굉장히 저희는 좀 충격적이었고요."

한국 단체가 흑백 프린터로 인쇄한 유인물을 돌릴 때 그린피스는 트럭을 개조한 솔라 카$^{Solar\ Car}$로 캠페인을 하는 모습을 보고 그는 적지 않은 충격을 받았다. 밤샘 회의가 일상인 한국 청년들과 달리 의사결정을 효율적으로 하는 해외단체 활동가 모습을 보고 자극을 받기도 했다. 이헌석은 이후 여러 국제회의에 참석했다. 큰 비용과 많은 시간이 걸리지만, 국제단체와 교류하면서 얻은 배움이 환경운동가로 살면서 어려움을 극복할 수 있는 원동력이 됐다고 그는 말했다. 특히 그는 일본 단체와 일본 자료를 통해 반핵운동을 많이 배웠다.

이헌석은 1998년 졸업 무렵 각 대학 환경동아리연합체로 구성된 전국학생환경회의 활동을 지도하면서 신입 멤버 세미나 등 교육을 담당하기도 했다. 1999년 그는 전국학생환경회의 출신 졸업생들을 모아 청년환경센터를 준비해 2000년 공식 창립했다. 청년환경센터는 창립선언문에서 "생태계 파괴에 맞서 싸우는 반자본 환경운동의 첫걸음"을 뗀다고 선언했다. 이 단체는 2010년 에너지정의행동으로 명칭을 변경했다.

청년환경센터는 창립 후 핵발전소, 골프장 등 전국 환경 현장을 돌면서 문화행사와 항의 시위를 벌이는 '생태유람단'을 구성하는 등 대학생 환경운동을 이어갔다. 이런 활동을 벌이면서 이헌석은 핵발전소 문제에 집중하기 시작했다. 당시 울산 핵발전소 신고리5·6호기 반대 주민운동을 지원하던 이헌석은 1999년 환경단체와 핵발전소 지역 주민단체의 연대 기구인 한국반핵운동연대 사무국을 맡아 핵발전소 건설 반대운동에 매진했다. 이후에도 그는 반핵운동 사무국 역할을 많이 했다. 그는 '지역단체와 서울의 시민사회단체가 갖는 연대운동에 대한 요구가 다르기 때문에 이를 조율하는 게 힘들다.'고 말했다.

"저는 사실은 실무를 총괄하는 일을 많이 했기 때문에, 실제로 일을 만든다는 느낌이 굉장히 강할 수밖에 없죠. 왜냐하면 진짜 아예 밑바닥부터 시작을 계속할 수밖에 없는 거니까. 그런 측면이 저한테는 굉장히 중요한 하나의 동력이 되는 것 같고요."

이헌석은 군 복무를 위해 병역지정업체에서 근무하다가 2004년 복귀해 당시 핵심 이슈였던 방사성폐기물처분장^{이하} ^{방폐장} 선정 반대운동에 동참했다. 당시 상황을 정리하자면 이렇다. 앞서 2003년 노무현 참여정부는 방폐장 부지 선정을 위해 유치 희망 지역을 조사했는데, 부안은 군수가 직접 방폐장 유치 의사를 밝혀 유력 후보지로 떠올랐고, 그에 따른 찬반 투쟁이 격해졌다. 부안에 집결한 전국의 반핵운동 진영은 주민투표를 통해 종지부를 찍으려 했다. 그러나 다른 지역 반대대책위는 주민투표 방식의 한계를 지적하면서 반발했다. 이헌석도 강한 반대 의견을 피력했다. 그렇지만 결국 2004년 2월 부안 '방폐장 유치 찬반 주민투표'가 진행됐고, 반대가 압도적이었다. 법적 효력은 없었지만, 주민투표를 계기로 부안은 방폐장 후보지에서 빠지는 것으로 정리됐다.

그러나 갈등은 끝나지 않았다. 이헌석은 "부안 주민투표 이후 반핵운동 진영은 혼란의 도가니에 빠졌다."라고 말했다. 정부가 새롭게 방폐장 부지 물색에 나서자, 반핵운동 진영은 부안이라는 가장 큰 동력이 빠지면서 큰 어려움을 겪었다. 반핵운동 진영과 정부의 소통 채널도 여러 개가 난립하면서 혼선을 부채질했다. 그 때문에 회의하다가 욕설과 멱살잡이가 몇 차례나 있었다는 것이 이헌석의 말이다.

정부는 부안을 빼고 다른 지역을 대상으로 핵폐기장 부지 선정 절차에 들어갔다. 정부는 2005년 「중·저준위 방사성폐기물 처분시설의 유치 지역 지원에 관한 특별법」을 제정해 주민투표 방식을 통해 방폐장 부지를 선정하기로 했고, 결국 경주가 부지로 결정됐다. 이헌석은 당시 상황을 이렇게 말했다.

"청년환경센터 전체를 놓고 봤을 때 가장 큰 사건이 2005년도 방폐장 주민투표였거든요. 많은 사람이 물어봐요. 왜 부안은 이겼는데, 그다음에 방폐장 주민투표는 왜 결론이 저렇게 났느냐? 사실 처음부터 진 싸움이었거든요."

이헌석은 시민사회가 부안 주민투표를 운동의 성과라고까지 얘기하는 상황에서 정부가 추진한 주민투표를 반대할 명분이 없다고 봤다. 그는 경주 방폐장 확정 이후 반핵운동이 침체기에 들어섰다고 진단했다. 2006년에 그는 '체르노빌 20주년 행사'를 한 달 넘게 준비해서 겨우 치렀다. 그는 "동력이 없는 거다. 이미 반핵은 사람들 정서에서 다 빠져나갔고. 단체 반핵담당자는 사라진 지 한참 됐고."라며 당시 상황을 떠올렸다. 이명박 정부 들어 기후변화와 녹색성장 담론이 등장하면서 이헌석은 기후변화 대응운동을 전개했다. 그 시기에는 그에게 반핵 강연 요청이 전혀 오지 않았다. 일부에서는 '청년환경센터 마저 반핵을 버리는 거냐?'라는 얘기도 했지만, 그는 국제회의에 참석해서 해외 반핵운동단체 현황을 알아보는 등 포기하지 않았다고 했다. 이헌석은 당시 핵발전의 대안으로 기후변화와 에너지문제에 집중했던 게 이후 탈핵운동에 상당한 도움이 됐다고 말했다.

2011년 3월 발생한 후쿠시마 핵발전소 사고를 계기로 소수 활동가 중심의 반핵운동이 대중적 참여가 이루어지는 탈핵운동으로 전환되었다. 이헌석은 "후쿠시마 사고가 없었다면 한국의 반핵운동은 절대 안 됐을 거라고 본다."라고 말했다. 그는 후쿠시마 사고 이후 결성된 핵 없는 사회를 위한 공동행동 공동집행위원장으로서 국회와 언론 대응, 지역 강연 등 숨 쉴 틈 없이 바쁘게 움직였다. 그는 전문적으로 반핵 소식을 알리는 일본과 유럽 단체 사례를 떠올리며 국내에서 〈탈핵신문〉 발간을 제안하고 추진했다.

이렇게 탈핵운동에 역량을 집중하고 있을 때 그에게 국회에서 일할 기회가 찾아왔다. 2012년 4월 총선에서 통합진보당 비례대표로 당선된 김제남이 그에게 의원 비서관으로 일할 것을 제안했다. 그는 국회에서 일해보기로 결심하고 활동을 시작했다. 그런데 통합진보당 사태가 일어났고, 환경단체와 지역 탈핵단체 사람들은 이헌석에게 당장 의원실에서 나오라고 종용하기도 했다. 그는 "솔직히 국회에 왔는데 국정감사를 한번 해보고 가야 하는 거 아니겠냐."라며 주변을 설득했다. 그는 2013년 2월까지 김제남 의원실에서 비서관과 보좌관으로 활동했다. 그 사이 그는 보안각서가 필요한 핵발전 관련 자료를 열람했고, 예산·결산 처리 과정과 국정감사를 경험했다. 국회 경험은 그가 정책 과정과 정당정치를 이해하는 데 큰 도움이 되었다.

에너지정의행동으로 복귀 후 그는 〈탈핵신문〉, '탈핵학교'를 중심으로 활동하면서 국회와 지역단체를 연결하는 활동에 중점을 뒀다. 그는 "실제 현장에서 뛰어보면 시민단체와 정당과의 차이가 분명하다."라고 말했다. 시민단체가 주로 총론만을 얘기한다면 정당은 구체적 법률에 기반해서 무엇인가를 변화시킨다는 점에서 두 영역에 차이가 있다는 것이다. 그런 점에서 이헌석은 두 영역의 연결고리를 누군가는 해야 한다고 보고 있다.

이헌석은 활동하면서 가장 큰 아쉬움으로 청년층의 재생산구조를 만들지 못한 점을 꼽았다. 그는 "운동이 잘 되려면 '재생산을 어떻게 할 거냐'라는 부분에 대해서 고민을 해야 한다. 솔직히 일본은 진짜로 70대가 여전히 운동하고 있지 않나. 우리나라도 그렇게 될 것으로 보인다."라고 우려를 했다. 그는 젊은 활동가들이 한 사람의 운동가로서 자리를 잡을 수 있도록 하기 위해선 자기 전문성을 축적할 수 있도록 한 분야에 전념할 수 있는 시스템을 만들어야 한다고 강조했다. 끝으로 이헌석은 활동가의 역할을 강조하면서 이렇게 말했다.

"전자공학을 전공해서 그렇게 비유를 하는데, 예를 들면 이런 거예요. 반도체 소재를 만드는 사람이 텔레비전을 만들 수 없거든요. 이거를 전문적으로 파는 사람이 있을 거예요. 저는 반핵의사회, 변호사회, 공학자들은 그런 거라고 보고요. 이거 가지고 모아서 반도체 칩도 넣고 LED도 넣고 케이스도 만들어서 텔레비전을 만드는 거잖아요. 텔레비전을 만드는 역할이 저는 시민단체 활동가의 역할이라고 봐요."

1980년대에 공해문제를 해결하기 위해 함께 세미나를 하며 새로운 사회를 만드는 꿈을 꾸었던 청년들처럼 이헌석과 그의 동료들은 1990년대에 환경문제를 해결하고 사회를 바꾸는 꿈을 꾸며 대학에서 동아리를 만들고 청년단체를 조직했다. 이헌석은 반핵과 에너지 전환에 초점을 맞추어 지역 반핵운동 조직들과 시민사회단체, 환경단체들을 네트워킹하며 반핵운동의 조정자 역할을 했다. 이런 경험을 바탕으로 국회의원 보좌관으로서 법과 제도를 바꾸는 생태전환정치의 현장을 경험해보기도 했다. 그는 현재 정의당에서 생태에너지본부장으로 활동하고 있다.

녹색당으로 열어가는 새로운 녹색정치

하승수

환경운동의 성장에 비해 녹색정치는 여전히 미약하다. 하지만 2011년 후쿠시마 사고 이후 2012년에 우리나라에 녹색당이 창당했는데 이것은 녹색정치의 새로운 가능성을 여는 사건이었다.

녹색당은 창당 이후 기성 제도정치권에서는 부차적인 이슈였던 환경, 탈핵, 젠더문제 등에 다양한 목소리를 내어왔다. 그러나 녹색당은 창당 이후 맞이한 선거에서 연거푸 고배를 마시면서, 녹색정치가 제도권으로 진입하는 것이 쉽지 않음을 보여줬다. 1만여 당원의 정치결사체로서 녹색당을 운영하는 것 또한 쉬운 과제는 아니었다. 내부 갈등과 성폭력 등의 문제가 연이어 발생했고, 이를 해결하는 과정에서 꿈을 품고 참여했던 많은 이들이 소진되어 당을 떠나기도 했다. 그렇지만 선거에서의 부진과 내부 갈등 속에서도 여전히 원외정당 녹색당에는 많은 이들이 남아서 녹색정치의 꿈을 꾸고 있다. 이들이 꿈꾸어 온 녹색정치는 무엇이고, 어떻게 이를 이루려고 할까? 이제 녹색당 창당을 이끈 하승수의 이야기를 들어보자.

하승수는 참여연대를 시작으로 거의 쉼 없이 달려오면서 새로운 운동을 개척하고, 녹색당이라는 새로운 정당을 만들었다. 그는 정당의 대표를 역임한 뒤에도 쉬지 않고 정치개혁을 위한 활동을 계속했다. 변호사에서 풀뿌리 지역정치로, 환경문제로, 다시 녹색정치와 정치개혁을 기치로 다양한 활동을 해오면서 그는 좋은 사람들을 만나고 에너지를 얻으며 재미와 의미를 찾아왔다.

부산에서 태어난 하승수가 대학 입학을 위해 서울로 간 것은 1987년이었다. 학교에는 경찰이 들어와 있고, 시위가 수시로 일어나던 때였다. 영화는 안 찍던 영화동아리를 하며 술 먹고 시위를 나가곤 했다. 돌이켜보면 격변기였던 1987년, 선배들도 우왕좌왕하던 때, 그는 그들을 정신없이 따라다녔다. 그가 전공을 제대로 공부한 건 3학년을 마치고 군대를 다녀온 뒤였다. 1992년은 소련이 붕괴하며 사회주의권이 무너지고 '다들 고시 공부하던' 시절이었기에, 졸업을 해야겠단 생각에 그는 수업도 몰아서 듣고 공인회계사 시험도 준비해서 '덜컥 붙었다.'

삼일회계법인에 들어갔지만 외국계 기업의 회계를 보는 일은 그리 재밌지 않았다. 그는 좀 더 공익적인 일을 하고 싶었다. 몇 달 만에 일을 그만둔 그는 사법시험을 준비했고, 시험에서 답안을 '찍는 걸 잘해버려서' 또 덜컥 붙어버렸다. 1995년 당시 사법연수원에는 운동권 출신 합격자들이 수십 명 있었고, 그중 스무 명 정도가 참여연대에서 법률상담, 법안 작성을 지원하는 일을 도왔다. 하승수도 참여연대에서 일하는 친구를 따라갔다가, 당시 사무처장이던 박원순의 요청에 법안 만드는 일을 돕기도 했다. 이후 변호사로 '월급쟁이'도 해보고, 개업도 해봤지만, 결국 2000년에는 동업하던 이상훈 변호사와 함께 참여연대 상근 변호사로 들어갔다.

참여연대에 들어가 첫 사업으로 하게 된 2000년 국회의원선거 낙선·낙천운동 2000년 총선시민연대활동 은 그가 보기에 '네거티브'한 방식의 운동이었다. 낙선·낙천운동은 언론의 주목도 끌었고, 시민이 느끼기에 당장 속이 시원할 수 있는 방식이긴 했지만, '시민운동이 정치와 이렇게 관계를 맺는 게 맞는지' 고민이 들었다.

네거티브한 방식이 아닌 대안을 만드는 다른 방식을 찾아보던 그는 주변에서 지역운동을 하는 이들을 주목했다. 하승수는 지역운동가들이 다른 지역에서 뭘 하는지 잘 알 수 없어서 답답하다고 이야기하는 것을 듣고, 2001년에는 정보를 교류하는 장으로서 시민자치정책센터를 만들었다. 여기에 더해 자신도 운동을 지원하는 활동을 벗어나 지역활동을 해야겠다는 생각에 당시 살던 과천에서 공동육아나 보육조례 주민발의운동, 공부방 같은 사업을 함께 했다. 그렇게 지역에 뿌리내린 그는 과천에서 2002년과 2006년 지방선거에 시민 후보를 내는 일을 거들었다. 이런 활동의 결과로 2006년에는 시민 후보 서형원전 과천시의회 의장과 민주노동당 황순식현 정의당 경기도당위원장이 시의원에 당선되기도 했다.

그가 환경문제에 관심을 가지게 된 것은 2006년 제주도로가 4년간 살게 되면서였다. 평소 수도권이 아닌 지역에서 살며 활동을 하고 싶다고 생각하던 참에 제주대학교 로스쿨 교수 제안이 왔고, 이에 그는 무작정 제주도로 가게 되었다. 그렇게 가서 살기 시작한 제주도에는 수많은 문제가 산적해 있었다.

"제주도에 가니까, 제주도는 섬 전체가 다 환경과 관련된 문제들이 많아서. 저도 이것저것, (중략) 중산간에 곶자왈 보존문제라든지, 그때 강정 해군기지 문제가 막 시작될 때였는데, (중략) 그다음에 또 풍력발전 문제를 다루게 되었어요."

풍력발전은 분명 필요한 시설이었지만, 민간 주도 개발로 기업과 주민 간 갈등이 심한 상태였다. 하승수는 제주환경운동연합 활동가들과 함께 공공자원으로 풍력을 바라보는 공풍화公風化라는 개념을 제안하기도 했다. 제주도에 살면서 에너지 갈등과 기후변화 문제를 접하고 공부를 하면서, 그는 지역정치가 바뀌어야 한단 생각을 하게 되었다.

교수 생활은 처음에는 재미있었지만, 이내 변호사 입시 학원이 되어버린 대학의 문제점이 눈에 들어왔다. 제주에서의 삶의 만족도는 높았지만, 대학은 좀 아닌 것 같다는 생각에 그는 다른 활동을 하기 시작했다. 참여연대에서 같이 활동했던 전진한과 함께 '투명사회를 위한 정보공개센터'를 만들고 활동하면서 그는 더 큰 재미를 느꼈다. 정보공개 청구를 통해 권력을 감시하고 이를 인터넷에 공개하여 공유하는 방식의 운동이었다. 2009년 말 대학을 그만둔 그는 제주 생활을 접고 서울로 돌아와 정보공개센터 활동을 하면서 2010년 지방선거를 도왔다. '풀뿌리 좋은 정치 네트워크'를 만들어 열 곳 정도 후보를 내기도 했다. 하지만 단 2명만 당선 되었기에 그는 이 활동을 실패라고 자평했다.

그리고 2011년, 후쿠시마 핵발전소 사고가 터졌다. 무소속으로 출마해서 지역정치를 바꾸는 운동이 과연 가능한지 의문이 들기 시작하던 때였다. 후쿠시마 핵발전소 폭발사고를 보니 녹색당이 필요하다는 생각이 들었다. 그는 이전의 지역정치에 대한 경험에 더해, 제주도에서도 정치가 제 역할을 하지 못해 문제가 많은 걸 보면서 정치가 핵심이라는 생각을 계속했던 참이었다. 하지만 정당을 만드는 일은 쉬운 일이 아니었다. 정당은 전국적인 시민단체가 가지고 있는 정책 역량과 풀뿌리의 조직 역량을 다 갖춰야 했지만, 녹색당은 아무 것도 없는 맨바닥에서 시작해야 했다. 준비도, 훈련도 안 되어 있는 사람들이 정당을 만들려고 했으니 시행착오도 많았다. 어려운 일이었지만 녹색당은 5개 지역에서 1천 명씩 총 5천 명이 넘는 사람을 모아 2012년 창당했다. 녹색당은 녹색 전환을 염원하는 사람들의 정치결사체이자 네트워크가 되었다. 그는 '녹색당이 만들어지면서 녹색전환이 필요하다고 생각하는 전국의 사람들이 네트워크가 되고 모이게 됐다는 것'을 높이 평가했다. 녹색당을 하지 않았다면 만나지 못했을 사람들의 관계망이 매우 소중하다는 것이다.

녹색당에서 공동운영위원장^{당대표}으로 본격적으로 정치를 하면서 그는 선거제도의 문제점을 여실히 깨달았다. 한국 사회를 지배하고 있는 성장주의와 같은 정치적 흐름을 반전시키기 위해 새로운 정치세력이 대거 진입할 수 있는 큰 틀의 판을 짜보자는 생각을 그때부터 하게 되었다. 비례민주주의연대라는 단체를 통해 선거제도 개혁을 필두로 한 정치개혁운동을 새롭게 시작한 것도 이러한 고민에서 비롯된 것이었다.[55] 그는 녹색당을 비롯한 새로운 세력이 선거제도를 바꾼다는 공통분모 속에서 자기 정체성은 지키되 연대나 연합을 할 수 있는 방법을 고민해야 한다고 강조했다.

그는 정치개혁과 같은 커다란 이야기를 하면서도 현장과 지역에 뿌리를 내리려 노력했다. 녹색당을 하면서도 지역에서 다양한 이들을 만나며 문제가 어떻게 연결되고 구성되었는지 이해할 수 있었다고 했다. 막연하게 핵발전이 위험하고, 재생에너지로 전환해야 한다고 생각할 때와 다르게 핵폐기장, 송전탑문제의 현장을 다니면서 구체적으로 그리고 심층적으로 문제를 이해하고 많은 공부를 하게 되었다는 것이다. 그가 홍성군 홍동면으로 이주해 사는 것도 좋은 모델이 될 수 있는 지역에 뿌리를 내리려는 생각 때문이었다. 그는 장기적으로 보고 풀뿌리에 뿌리를 내리고 면 단위가 자치를 할 수 있도록 모델을 만들어야 한다는 생각을 하고 있었다. 하승수는 언제나 뚜렷하게 방향을 정하고 활동을 해오지는 않았다.

"뚜렷하게 방향을 정해놓고 활동을 해온 게 아니라서, 그때그때 부딪히는 상황에 따라서 할 일을 찾고 하다 보니까. 다행스러운 건 그래도 큰 줄기로 보면 제가 해왔던 활동들이 좀 연결이 될 수 있고. 그런 면에서 다행이기는 한데…."

그는 스스로 재미와 의미를 느끼는 일을 언제나 도맡아 했고,

---

55 그와의 인터뷰 이후 2020년 국회의원선거에서 녹색당은 비례 위성정당 참여를 두고 심각한 내분을 겪었다. 당시 공동운영위원장으로서 또한 비례민주주의 연대 대표로서 녹색당의 비례 위성정당 참여가 필요하다고 역설한 그의 활동 또한 격렬한 비판에 직면했다.

늘 언제나 함께하는 사람들을 만났다.

"저는 이제 이런 활동이 그래도 좀 힘들기도 하지만 재미는 있는 것 같아요. 재미와 보람? 근데 보람이나 의미는 좀 거창한데, 어쨌든 재미와 의미가 다 있다, 그런 게 있고. 또 하나는 아까도 말씀드린 것처럼, 좋은 사람들을 많이 만난다. 그 사람들한테 받는 에너지나 또 배우는 것들 이런 게 저는 되게 좋더라고요."

하승수는 그렇게 재미와 의미를 찾으며 참여연대에서부터 지역운동과 지역정치, 환경운동을 경유해 녹색당의 씨앗을 심고, 정치제도 개혁에 매진해왔다. 하승수는 끊임없이 새로운 방향을 찾고 가장 먼저 걸어가며 길을 만드는 사람이라 할 수 있지 않을까.

내가 처한 장소에 개입하는 운동가

이태영

이태영은 '내가 위치한 장소의 주변에 어떤 영향을 줄 것인가'를 늘 고민하는 사람이다. 그는 경기도에서 태어났지만, 대학에 오면서 살게 된 신촌에서 많은 활동을 했다. 그는 어느 장소가 특별히 좋아서라기보다는, 지금 자신이 처해 있는 장소와 그 주변을 어떻게 바꾸고 거기에 개입할 것인지를 항상 고민해왔다.

이태영은 유년기를 경기도 화성에 있는 야마기시즘공동체^{산안마}을에서 보냈다. 야마기시즘은 일본에서 발원한 생활공동체운동으로 무소유 일체 사회를 만들려는 운동이다. 이태영의 어머니인 서혜란은 여성민우회 생협의 초기 이사였고, 아버지인 이남곡은 사회운동을 하다 투옥되기도 했다. 이태영의 부모님은 야마기시즘공동체를 찾아갔다. 그가 해맑은 시기에 공동체에 들어가 살던 때, 야마기시즘공동체 사람들은 한창 번창하며 좋았던 시기를 보내고 있었다. 이태영은 학교를 다녀와 농사도 배우고 야채도 출하하고 풀도 뽑고 닭도 키웠다. 이때까지 그는 '나는 당연히 야마기시에서 살아간다.'고 생각했다. 하지만 그 안에서 여러 갈등을 경험하면서 자신에게 온전한 사회가 무너져내리는 경험을 했고 이는 그에게 많은 영향을 주었다. 2004년 연세대학에 입학하면서 그의 장소는 신촌으로 옮겨졌다. 대학에 갓 들어온 그는 공동체나 사회운동과 일부러 거리를 두었다.

> "이십대 초, 첫 번째 학기에는 사회운동이라든지, 공동체 운동이라든지, 이런 쪽은 가지 말아야겠다고 생각했어요. 왜냐하면 '내가 그걸 진짜 좋아하는지 아닌지를 스스로 좀 점검해보자, 왜냐하면 나는 그게 제일 익숙하니까 그리로 갈 확률이 높지 않을까?' 약간 이런 고민이 있었어요."

하지만 1학년 2학기에 만난 '대안정치·대안사회'라는 이신행 교수의 정치외교학과 세미나 수업은 그를 체화당과 신촌민회, 풀뿌리학교라는 공동체로 이끌었다. 그렇게 그는 2학년 때부터 체화당에서 자원활동을 하게 되었다. 체화당은 신촌 변두리에 공간을 두고 신촌 내에서의 다양한 활동과 모임을 만들고 지원하는 실험장이었다. 그 당시 체화당에는 많은 이들이 모여 있었고, 수십 명이 토론공동체 프로그램을 하기도 했다.

체화당은 다른 활동을 하는 이들도 만나는 '관계가 시작되는 장소'이기도 했다. 이태영은 체화당에서 대학 YMCA 조직을 재건하려던 이들을 만나 연세대 YMCA에 참여하게 되었다. YMCA는 대학을 일종의 지역사회로 보고, 그 안에서 대학 사회운동을 했다. 그는 YMCA에서 활동하면서 지역과 마을 활동가를 초청해 포럼을 하기도 하고, 생협, 공정무역 등 다양한 대안적 구상을 캠페인이나 강연을 통해 알려 나가기도 했다.

대학생협운동도 그에게 큰 부분이었다. 연세대에는 이미 대학생협이 있었지만, '편의점이랑 다른 게 뭔지' 알기 어려운 상황이었다. 대학생협은 잉여금을 생협 장학금으로 사용하는 식으로 환원을 하기도 했지만, 생협으로서의 특별한 정체성이나 사업이 없었다. 이태영은 생태적인 생협을 만드는 운동인 '쌩쌩'을 꾸려 나가며, 직영 식당을 만들고 채식이나 유기농 식당 등을 하자는 이야기를 했다. 이런 활동의 연장선상에서 그는 이후에 총학생회 선거를 치루며 '생태주의 선본'에서 역할을 맡기도 했다. 또한 2010년에는 학생복지위원회에 들어가 지역사회 환원 활동이나 다른 생협과의 연대활동을 조직하기도 했다.

졸업이 다가오면서 그는 장래 진로로 막연히 활동가나 기자를 생각했다. 그러다 2010년 여름 어머니가 돌아가시고, 장례식장에서 YMCA 선배들을 많이 만나면서, YMCA에서는 좋은 팀을 만날 수 있지 않을까 하는 생각이 들었다. 이태영은 2011년부터 YMCA 간사로 일을 하면서 대학사회 관련한 일을 했다. 하지만 그는 1년 정도 일을 하면서 대학활동에 대한 회의도 들기 시작했다. 그가 보기에 대학 자체가 임금 격차를 당연하게 만드는 모순의 현장이 아닌가 싶기도 했고, 수도권 외부의 대학에서는 대학이라는 공간 자체에 대한 애정 자체가 다르기도 하다는 걸 보면서 대학을 둘러싼 구조 자체가 문제이지 않은가 하는 생각을 하게 되었다.

그러던 중 2012년, 이태영은 YMCA 사무총장을 지낸 이학영이 민주통합당 국회의원 내부 경선에 뛰어들었을 때 이를 돕다가 YMCA 내에서도 시민정치운동을 하면 어떨까 하는 생각을 하게 되었다. 지방선거에서 후보를 내고 정치운동을 하면 YMCA운동의 전환점이 되지 않을까 하는 생각이 들었던 것이다. 그렇게 내부에서 모임도 만들고 해보았지만, 결국 그 내부에서는 정치운동이 잘 안 될 거 같은 느낌이 들었다.

> "그냥 어떤 느낌이었냐면 내가 뭐 선수로 뛰어본 적도 없는데 감독하려고 하는 느낌 같은 걸 스스로 좀 받아서, 그냥 내가 계속 감독질하려고 하지 말고, 선수로 한 번 뛰어보고 싶다. 그런 생각을 막 했죠."

그렇게 고민하던 그는 체화당에서의 대화를 통해 출마를 결심하고 YMCA도 그만두게 된다.

> "2012년 말에 체화당에 제가 놀러 왔던 게 계기가 됐는데 (중략) 우리가 2014년에 여기 서대문에서 구의원 한번 내보자! 이런 얘기를 막 우리끼리 하다가. '이태영 니가 나가, 니가 나가면 우리가 다 도와줄게!' 술집에서 이런 얘기를 막 한 거예요."

체화당은 이런 정치 이야기가 원래부터 익숙한 장소였다. 심심치 않게 서로들 '구의원 나가볼래?' 같은 이야기를 하던 곳에서 그는 새로운 결심을 한 것이다. 2013년 초 YMCA를 그만둔 그는 2012년 당시 창당발기인으로 참여했던 녹색당에서도 활동을 시작했다.

그와 동시에 신촌민회 사무국장을 맡아 활동을 했다. 신촌민회에서는 지역에서 권위 있는 회의체를 만든다는 목표 하에 실험을 했다. 지역에서 중요한 주제를 가지고 포럼이나 논담을 주기적으로 열고 여기서 모이는 이야기를 어떻게 사회화할 것인지를 고민했다. 그는 신촌과 같은 도시 커뮤니티는 구나 동이라는 구획의 형태보다는 자기 정체성을 투여한 장소와 그 장소를 연결하는 동선이 핵심이라는 생각을 했다. 따라서 신촌은 여기 정주한 주민이 아니라 계속 누군가를 초대해야 한다는 생각을 했다. 신촌 재생포럼을 진행하면서 주민뿐만 아니라 신촌을 거점으로 활동하는 활동가, 예술가를 모아서 신촌이 어떻게 변화해야 하는지를 논의하기도 했다.

녹색당에서도 그는 서대문 운영위원 외에 2014년에는 서울녹색당 운영위원장으로도 활동했다. 처음엔 서울녹색당 운영위원장을 하고픈 마음이 없었지만, 이를 하려는 사람이 없는 데다, 주변의 간곡한 부탁 때문에 활동을 하기 시작했다. 부탁으로 나선 자리였지만 운영위원장 활동을 하면서 그는 당의 절차적, 제도적 운영을 열심히 고민하고 바꾸었다.

2014년 6월 지방선거에는 체화당에서 만난 이들이 많은 도움을 주었고, 선거운동 과정에서 녹색당원이 되는 이들도 많았다. 이태영은 선거 과정을 신나게 즐겼고, 선거운동 도중에는 당선도 조금 기대했지만, 이는 소수정당에게는 어려운 일이었다. 7.4%의 표를 받고 낙선 후 하루 만에 툴툴 털고 원래 컨디션으로 돌아온 그는, 오히려 이러한 경험이 녹색당의 성장에 어떻게 기여할 수 있을까 하는 고민을 했다.

이태영은 지방선거를 치루며 구의원선거는 여기서 오래 정주하지 않을 사람에게는 관심의 영역도 아니라는 것을 알게 되었다. 녹색당이 풀뿌리 정당에의 '강박'이 있으면서 구나 동 단위에서 사람을 조직하려고 하지만, 그가 보기에 녹색정치가 조직해야 할 사람들은 오히려 정주하지 못하고 소유하지 못한 사람이었다. 정주하고 소유한 사람들이 지방정치에 참여하기 좋은 구조 하에서는 개발에서 자유롭기 어렵다는 게 그의 생각이었다.

이태영은 '멋진 사람'이 되는 게 가장 큰 자신의 동기라 말했다. 그러면서도 무리하지 않는 게 중요하다 생각했다. 그런 힘으로 그는 다양한 활동에 '맨땅에 헤딩하듯' 뛰어들었다. 활동가로 사는 일은 쉽지 않지만, '어떻게든 살아갈 수는 있다'는 확신을 가지고 살았다. 그는 스스로 생태주의나 녹색주의는 낯선 영역이라고 말했다. 그보다 그는 녹색정치를 하는 사람으로서 사람들이 경제성장과는 다른 '욕망'을 가질 수 있도록 그들을 조직하고 그들과 소통하기를 바라고 있었다. 그의 말대로 녹색정치는 다른 욕망을 가진 시민 주체를 조직하고 만들어나가는 과정일 것이다. 이태영은 제주대 대학원 사회학과에서 석사학위를 받은 후 박사 과정에서 연구하고 있다.

탈성장과 녹색을 기치로 안동에 뿌리내리려는 정치인

허승규

넓은 의미의 녹색정치를 실천하는 이들은 적지 않지만, 녹색당에서 당직을 맡고 녹색당운동을 삶의 중심에 놓고 일하는 사람들은 그리 많지 않다. 우리가 만난 허승규는 '느닷없이' 나타난 녹색당에 가입하고 '당직자'가 되어 녹색당을 통해 탈성장과 성찰의 새로운 정치를 하기 위해 노력하고 있다.

허승규는 정치를 하기 위해 정치학을 배웠다. 대학에서도 그는 학생운동보다는 '학생정치'를 하면서, '평범한 이들'이 정치에 참여해야 한다는 고민을 안고 행동했다. 자신이 나고 자란 안동에서 정치를 해야겠다는 생각에 지역에서부터 성장한 정치인의 캠프에 찾아가 활동을 하기도 했다. 늘 정치란 무엇인가를 고민하면서 행동의 범위를 넓혀나간 그가 녹색당을 만난 건 우연이 아니었다.

허승규가 정치에 대한 고민을 시작한 것은 고등학생 때부터였다. 사회 수업을 좋아했고, 시사 PD나 사회교사를 꿈꾸던 그는 한국 공교육에서는 원하는 교육을 하기 어렵단 생각에 이를 바꾸는 정치에 관심을 가졌다. 정치인이 정치학을 공부하지 않아 문제라는 역사 선생님의 이야기는 그가 정치학과에 진학하는 데 큰 영향을 주었다.

　정치학도를 꿈꾸며 입학한 연세대에서 그는 '대학교 학생이라는 정체성보다는 공동체 구성원이다.'라는 생각으로 다양한 활동을 했다. 별다른 이유 없이 그냥 좋아서 새내기 부대표를 했고, 자연스럽게 단과대 학생회 일을 돕기 시작했다. 한참 마음이 어둡던 중3 때 만난 원불교 활동도 이어갔고, 원불교대학생연합회장을 하기도 했다. 원불교대학생연합회장을 하면서 전국 단위 대표회의도 가면서 '많이 크는' 경험을 한 그는 단과대 부학생회장, 학과 학생회장도 하면서 계속해서 '학생정치'를 했다.

　허승규는 학생운동보다는 학생정치라는 말을 쓰길 선호했다. 대학교 1학년 수업 중 토론에서 한 학생이 한 말은 대학 생활 내내 그에게 화두로 자리잡았다.

"제가 1학년 때 충격을 받았던 게, (중략) 토론을 하는데 한 학생이 '저는 운동권은 아니지만 등록금은 비싸다고 생각합니다.' 이 문장이 계속 화두였어요. 화가 너무 나는 거예요. 저는 뭐가 최대 고민이었냐면 운동 이전에 반정치를 깨야 된다. 등록금이 비싸다는 발언을 하는데 왜 그 앞에 '운동권은 아니지만'이란 말을 붙여야 하느냐."

　그가 보기에 학생운동의 언어와 영역은 너무 협소했다. '운동권과 반권'이 아닌 80%의 학생이 학생정치에 무관심한 상황에서 중요한 것은 반정치를 깨고, '평범한 이'들이 참여할 수 있는 기제를 늘려나가는 것이란 게 그의 생각이었다.

허승규는 이런 활동 속에서 이후 '나는 뭘 할 것인가'를 고민했다. 2010년 어느 날 기말고사를 준비하며 밤을 새우고 걷다가 그의 머리에 들어온 두 글자는 '지역'이었다. 나고 자란 안동이 자신의 현장이라는 생각이 들자, 그는 지방행정에 대한 수업을 듣기도 하고, 지역에 천착해 성공한 정치인을 찾아 나서기도 했다. 그가 주목한 인물은 김두관 국회의원이었다. 모두가 수도권에서 대학 잘 나와 국회에 입성한 인물을 주목할 때, 허승규는 지역에서 이장부터 남해 군수까지 한 김두관에게서 배울 게 있다고 생각했다. 그는 김두관 강연회를 찾아가고 모임에도 참석했다. 청년이 나타나니 김두관 지지자들은 그를 반겼다. 하지만 2012년 김두관이 갑자기 대선에 출마하겠다고 한 후 그와의 인연은 끝이 나게 되었다. 허승규는 출마에 반대했지만, 캠프에서 일을 도왔고, 압도적으로 지고 난 후에는 민주당 활동을 더는 하지 않았다.

그러던 중 녹색당이 '난데없이 튀어나왔다.' 허승규는 당장 녹색당 당원이 될 마음은 없었지만, 녹색당 행사를 따라다녔다. 군대에 가 있는 동안 주변의 존경하는 지인들이 하나둘 녹색당에 들어가는 걸 보면서 그도 진지하게 녹색당에 대해 고민을 하기 시작했다. 끙끙 앓으며 고민하던 그는 녹색당으로 지역에 균열을 내겠단 각오로 전역 후 첫 정당으로 녹색당에 입당했다. 이후 그는 '녹색당과 연애를 했다 싶을 정도'로 녹색당 강연과 행사를 쫓아다녔다. 연세대에 녹색당모임을 만들고, 청년녹색당, 서대문 녹색당, 경북 녹색당모임에도 참석했다. 2016년 봄에는 총선에 나선 서울 서대문 갑 김영준 후보 캠프에서 사무장 역할을 했다. '기득권은 너무 잘 아는 선거의 세계'에 부딪혀본 경험을 해본 그는 시민을 대상으로 한 정치교육과 조직활동이 매우 중요하다는 것을 느꼈다.

2016년 졸업을 하면서 허승규는 안동에서의 활동과 녹색당 사이에서 고민에 빠졌다. 군대에 가기 전, 그는 안동에서 오랫동안 활동해온 시민사회 인물들을 만나기 시작했고, 2015년에는 청년들과 함께 바름협동조합을 만들었다. '주거, 놀이, 노동, 학습을 어떻게 대안적으로 할 수 있을까'를 고민하는 청년들의 모임이었다. 허승규는 2016년부터 동네대학이라는 사업을 만들어 지역사회의 다양한 사안을 공부하고, 지역의 인사를 초청해 강의를 듣는 자리를 마련했다. 졸업하면 안동에 가서 활동하려는 생각으로 이런 일을 했던 그에게 녹색당은 새로운 변수였기에 깊은 고민을 하지 않을 수 없었다.

"내가 안동에 바로 내려가서 지금 막 필드에 뛸 수 있을까. (중략) 좀 암울했어요. (중략) 그때 또 고민이 (중략) 어쨌든 지역에 내려가는 건 저의 가치관을 가지고 가는 거지, 그냥 지역 이기주의 운동하러 가는 게 아니잖아요. (중략) 저도 어떤 전국적, 세계적 비전을 가지고 내려가야 지역운동이 의미가 있는 거잖아요."

그러던 중 녹색당 조직 담당 당직자 채용 공고가 떴다. 녹색당 일을 해보고 싶었고 기회는 한 번밖에 없다는 생각에 바로 응모해서 일을 시작했다. 이전부터 많은 활동을 해왔던 그지만 당 활동을 하며 허승규는 '서당 개 삼 년이면 풍월을 읊듯, 탈핵과 젠더, 농업 등' 많은 의제를 배울 수 있었다. 그는 당직자가 된 후 녹색정치에 대해 공부하고 고민하기 시작하면서, 성장지상주의에 맞서는 탈성장 정치도 이야기했다. 그러면서도 안동과의 끈을 놓지 않기 위해서 안동에 자주 가고, 동네대학 사업도 계속했다. 작은 정당의 상근자는 박봉에 때때로 일과 생활이 구분되지 않아 소진되기 쉬웠다. 허승규는 퇴근 후 녹색당과 거리를 두는 균형감각을 가지지 못하면 오히려 활동에 해롭다는 사실을 차차 깨달았다. 힘들 때는 주변의 좋은 이들과 만나고, 매년 원불교 캠프 훈련에 참석해 자신을 되돌아보기도 했다.

녹색당에서의 경험은 조직과 청년에 대한 그의 고민을 더욱 깊어지게 했다. 허승규는 청년이 조직 내에서 '치고 나가면서' 변화를 이끌어야 한다고 보면서도, 윗세대에 비해 구조적으로 역량이 취약하다는 점을 인정해야 한다고 봤다. 이를 극복하기 위해서 그는 평등의 이름 아래 청년들을 끌어당겨 소모하기보다는, 변화의 주체로서 그들의 실력을 키우고 역량을 축적하는 것이 필요하다고 보고 있었다.

허승규는 녹색정치를 '성장지상주의에 정면으로 도전하는' 정치로 정의한다. '성장을 전제로 한' 평등과 더 나은 사회가 아니라, '성장에 대한 생태학적 한계와 지속가능성, 탈성장'이 녹색의 핵심이라는 것이다. 그는 성장에 대한 비용부담이 평등하지 않았단 점에서 사회 정의가 중요하며, 이를 통해 녹색정치가 결국 성장에서 배제된 이주민, 젠더문제와 연결된다고 생각했다. 그가 말하는 녹색정치와 탈성장 정치는 성장에 중독된 한국사회에서, 특히 성장이 여전히 목마른 비수도권 지역에서는 이중 삼중으로 어려운 과제다. 하지만 허승규는 인간, 관계맺기, 과로 등에 대한 성찰, 즉 성장지상주의에 대한 성찰을 원하는 이들이 충분히 있으며 이를 정치적 프로그램으로 엮어낼 수 있다고 믿고 있었다. 허승규와 같은 이가 전국 곳곳에서 탈성장과 녹색을 기치로 지역에 뿌리를 내리고 정치적 균열을 내는 사건을 만드는 일이야 말로 한국 사회의 녹색 전환에 있어 필요한 일이 아닐까?

지금까지 우리는 진보정당이나 녹색당에서 활동하며 정치를 바꾸고 정책을 변화시켜 사회체계를 생태적으로 전환하려고 애써 온 사람들을 만나보았다. 한재각은 진보정당의 생태와 과학기술에 대한 인식 수준이 한심스러워 진보정당을 뛰쳐나와서 녹색당 활동에 참여했고, 이헌석은 진보정당의 의원 보좌관으로 일하면서 정당의 구체적이고 실질적인 입법활동의 중요성을 절감했다. 하승수, 이태영, 허승규는 녹색당이라는 정당을 통해 탈핵, 풀뿌리, 탈성장의 대안정치를 꿈꾸고 이를 위해 노력했다. 성장주의가 지배적인 한국 사회에서 이들의 녹색정치는 아직 큰 영향력을 미치지 못하고 있다. 그럼에도 이들의 존재 자체가 지배구조를 해체하고 새로운 사회로 전환할 수 있는 잠재적인 힘인 것은 분명해 보인다. 이제 7장에서는 '마을'에서 살아가면서 자신들의 삶을 지키고 새로운 세상을 만들어 가고 있는 사람들을 만나 보겠다.

7장

마을에서 새로운 세상 만들기

현대 산업사회에서 이웃과 교류하면서 자연을 접하고 살아가는 사람들은 그리 많지 않다. 그렇지만 어떤 이들은 마을에서 사람들과 친밀한 관계를 맺으면서 다른 세상을 만들어 가고 있다. 또 어떤 이들은 국가가 공공의 이름으로 자신들의 '공동의 삶의 터전'을 침해하려고 할 때 이웃과 자연을 지키기 위해 일어나기도 한다. 한편으로 새로운 것을 마을에서 만들고 한편으로 지배구조에 저항하는 사람들을 이 장에서 만나보자.

  홍성군 홍동면에서 친환경농업을 통해 잘 사는 지역을 만들어 온 주형로, 녹색평론을 만들다가 농사에 빠져들고 녹색당운동에 몰입한 장길섭, 홍성에서 마을 일을 하며 대안을 실험하고 있는 이재혁, 성미산마을에서 '일상의 혁명'을 즐기다가 서울시의 마을 만들기 정책에 참여한 유창복, 대안학교에서 아이들을 가르치다가 도시의 에너지 전환운동에 참여하고 이를 연구해 온 조미성, 가로림만 조력발전소 건설 계획에 반대해 '모두의 바다'를 지킨 박정섭, 4대강사업에 맞서 두물머리 유기농지를 보전하기 위해 싸웠던 최요왕의 이야기를 들어보자.

유기농업에서 찾는 희망

주형로

충남 홍성군 홍동면은 지역 주민이 주도하여 친환경농업을 하며 마을을 발전시켜온 대표적인 농촌 마을로 유명하다. 홍동면에는 다른 곳에서 찾기 힘든 것이 있는 데 그것이 바로 풀무학교이다. 풀무학교를 졸업하고 이 지역은 물론 전국의 농촌을 새롭게 살리기 위해 노력하고 있는 이가 주형로다. 이제 그의 이야기를 들어보자.

주형로는 홍성군 홍동면 문당리에서 태어나서 이곳에서 지금까지 살고 있다. 그는 어릴 적 아버지가 사주신 고무공에 빠져 살았고, 덕분에 초등학교 4학년 때는 배구반에 들어가게 됐다. 그는 중학교 때도 배구를 계속하면서 선수를 꿈꿨지만 작은 키에 후보 선수만 하다 보니 재미가 없어서 결국 운동을 포기하게 되었다.

운동만 하다 보니 공부에는 취미를 잃어서 제대로 하지 못하던 주형로는 누나들이 다니던 풀무농업고등학교^{지금의 풀무학교}에 응시했다. 그런데 공부를 안 했으니 시험지를 받았는데 아는 것이 하나도 없었다. 그는 풀무학교가 양심의 학교, 진실한 학교인데 '내가 장난할 수 없다.'고 생각하고 모두 백지를 냈다. 나중에 들은 이야기지만 긴 논의 끝에 25명을 뽑기로 했으니 25명 안에 든 그를 합격시켜야 한다고 주장한 선생님들의 의견이 받아들여져 결국 그가 합격하게 되었다. 이렇게 해서 풀무학교와 주형로의 인연이 시작되었다. 여기서 그는 평생의 스승 홍순명 선생을 만난다. 홍순명 선생은 공부에 흥미를 잃은 그를 매일 격려하며 그에게 희망을 주었다.

"선생님이 와갖고 전부 일어나라고. 24명을. 이유가 뭐냐. 제가 10점에서 20점으로 올랐으니 100% 성장이라고. 기립박수 쳐주자는 거죠. 난 그때 거기서 선생님을 통해서 희망을 갖는 거예요. 선생님 안 만났더라면 그냥 자퇴할라 그랬어요. 창피하니까 더이상 못 다니겠다고 생각했으니까. 몇 번 했어요. 그러고서 그렇게 용기를 얻은 다음에 풀무 생활 속에서 내가 바뀌어요."

다른 친구들은 공부는 잘해도 농업은 잘하지 못했기에, 그는 농업에서 1등을 해보려고 학교 궂은일은 도맡아서 했다. 그렇게 해서 그는 풀무학교에서 성장하게 되었다. 그는 '진정한 농사꾼이 되려면 3년 머슴을 살아라.'라는 말을 듣고 풀무학교를 6년 다녔다. 3년은 학생으로, 3년은 머슴으로 그는 학교의 조교로서 목장, 실습 농장에서 궂은일, 실습 보조 같은 일을 했는데, 너무 힘들게 해서 결국 폐결핵에 걸려 입원해야 했다. 9개월 정도 치료를 하고 완치된 후 그는 아버지를 도와 농사를 짓기 시작했다. 그는 농약을 치지 않고 벼농사를 지으려고 힘들게 논을 매며 농사를 지었다. 이웃의 땅까지 빌려서 만 오천 평 농사를 지으니 힘이 들어서 몸은 바짝 말랐다. 맨날 풀 매는 꿈을 꿀 정도였다. 그러던 중 홍순명 선생에게서 편지가 한 통 날아왔다.

"'주군에게. 이 농법은 자네가 연구해 보길 바라네.' (중략) 원문 복사하고 번역해갖고. (중략) 현대잡지에 난 일본의 오리농법을 복사해서 준 거예요."

우리나라에도 오리를 논에다 풀어 놓아서 풀이 나지 못하게 하는 농법이 있었지만, 일본 사람들은 이것을 구체적인 방법으로 정립했던 것이다. 주형로는 이 기사를 보고 오리농법을 하자고 동네를 뛰어다녔다. 겨우 두 사람을 설득해서 그를 포함해 세 사람이 오리농법을 시작했다. 유기농업하면 빨갱이라는 생각이 아직도 남아 있던 시절에 오리농법을 도입하는 일은 쉽지 않았다. 그러나 오리농법을 도입해서 오리가 풀 매는 일을 도와주니까 너무나 좋았다. 그는 일본의 오리농법을 응용해서 전국으로 펼쳐나가기 시작했다. 1994년에는 기자들이 이색적인 농업, 희망의 농업으로 오리농법을 보도하면서 주형로가 세상에 알려지기 시작했다. 그는 글을 잘 쓰지 못하고 강의 경험도 없어 처음에는 매우 힘들었지만, 전국을 돌아다니다 보니 '입이 열려서' 지금은 알고 있는 모든 것을 청중들에게 전해준다.

그는 농업과 교육이 함께 가야 한다고 말한다. '자연을 보지 않으면 세상이 보이지 않는다.'는 것이 그의 생각이다. 그는 초등학교에 텃밭과 논 만드는 운동을 벌이고 있다.

> "텃밭은 단순히 텃밭이 아니에요. 이 텃밭은 생명의 공간이에요. 텃밭은 뭐냐? (중략) 딱 콩을 심으면 뾰족뾰족 나올 때 보면 신비의 세계이지요. 나같이 무딘 사람도 뭐라고 막 떠들고 싶어요. (중략) 꽃만 피는 줄 알았더니 가을 되니까 열매를 주렁주렁, 결과를 주시는 거예요. 이 작물의 일생을 보는 애들은 절대로 농업을 버리지 않아요."

그는 교육은 닮아가는 것이라고 말한다. 자연은 거짓이 없으므로 그걸 닮아가야 한다는 것이다. 주형로는 2000년에 녹색연합 녹색사회연구소에 의뢰해서 '문당리 발전 백년계획'을 만드는 데 참여했다. 작은 마을에서 백년계획을 세운 것은 매우 드문 일이다. 생태와 환경을 중심으로 만든 이 계획을 만든 지 약 20년이 되는 지금 많은 사업들을 실현했다고 그는 말한다. 그런데 그는 못한 것도 있다고 말한다.

> "계속 교육이 안 된 거예요. 그리고 중요한 거는 많이 교만해졌어요. 저도 교만해지고 마을도 교만해지고. 우리가 넉넉하거든요. 여기가. 그러니까 교만해진 거예요. (중략) 지금은 뭐냐, 딱 뭐 할라 그러면 '어이 그거 돈 돼? 나한테 얼마 떨어져?' 이거는 세상적인 흐름에서, 여기도 대한민국의 홍동이거든요. 이게 안타까운 거예요. 그게 제일 어려운 거거든요."

그가 처음에 마을 일을 할 때는 "해봐! 해봐! 잘한다. 잘한다." 하며 격려하고 응원해 주는 사람이 많았지만, 지금은 경제적 이해관계를 따지는 것이 대세가 되었다. 예전에 가난할 때는 나누고 그 나눔을 통해서 무언가를 만들어 갔지만, 지금은 말로만 협동이지 실제 협동은 잘 이루어지지 않는다고 그는 말한다.

홍동면의 290만 평 논 가운데 현재 100만 평이 유기농단지라고 그는 말한다. 그는 홍동면에 200만 평의 유기농단지를 5년 후에 만드는 계획을 갖고 이를 실행하고 있다. 또한 그는 농업이 가지는 공익적이고 다원적인 가치를 평가하고 이를 보상하는 제도를 도입해야 한다고 주장한다. 이것을 도입하면 세상이 달라질 것이라고 그는 말한다.

공부를 못 해서 의기소침했던 주형로는 풀무학교 홍순명 선생을 만나 새로운 삶을 살게 되었다. '더불어 사는 평민'이라는 풀무학교의 가르침을 몸으로 익힌 그는 머슴살이를 하며 사람들과 함께 사는 삶을 살아왔다. 자연과 함께 하는 농업의 소중함을 모든 사람들에게 알리느라 그는 오늘도 전국을 돌아다니고 있다. 그러나 그의 성공 뒤에는 '넉넉해지고, 교만해진' 이웃들과 자기 자신이 있다고 그는 말한다. 그는 이런 모습을 성찰하고 있지만, 근본적 전환을 기획하기보다는 더 많은 유기농과 더 많은 제도에 희망을 걸고 있는 것으로 보인다.

농사를 지으며 지배구조를 해체하고 새로 만들기

장길섭

홍성 풀무학교에는 고등학교 과정뿐만 아니라 전공부라고 하는 2년제 전문대학 과정이 있다.56 이 전공부에는 농촌에서 다른 삶을 살기 위해 귀농을 꿈꾸는 청년들이 많이 진학했다. 이 학교에 교사로 부임해서 청년들과 함께 농사짓고 공부하며 새로운 세상을 만드는 꿈을 꾸었던 사람들이 있었는데 그중 한 사람이 장길섭이다. 그는 어떤 세상을 꿈꾸며 어떻게 살아왔을까? 장길섭은 훼손되지 않은 자연과 농촌 풍경을 담은 지리산 고원의 운봉전북 남원시 운봉읍을 원초적인 풍경으로 가슴에 담고 있다.

"어릴 적에 제일 기억에 남는 게, 저희 고향 집에서 외가

---

56 풀무학교에서 농촌에 남아서 일할 사람들을 키우기 위해 2001년에 새로 만든 과정이다.

를 가는 산길이죠, 운봉 고원에서 한없이 내려가는 내리막 길에 물이 철철 흘러가는 계곡을 따라가면 복숭아 과수원이 나오고, 물레방아 방앗간이 나오고, 감나무, 대나무 숲을 지나면 커다란 징검다리가 나오고 계곡물은 수정처럼 맑았어요. 외가까지 거의 이십 리 되는 길을 걸어가면 다람쥐가 저하고 같이 동행하는 듯이 저를 따라 바위를 오르내리며 길 따라서 같이 가곤했어요. (중략) 그때는 굉장히 가난한 시절이었잖아요. 신발도 제대로 못 신고 옷도 제대로 못 입고 호롱불 밑에서 살 때였죠. 전기도 안 들어왔고, 자동차는 구경도 못하던 때였는데. 그 풍경이 늘 원형으로 남아 있어요. 깨끗하고 아름답고 전혀 더럽혀지지 않은, 쓰레기 같은 것은 전혀 없던 마을, 초가집, 돌담. 그래서 그 시절의 고향을 생각하면 가슴이 너무 아파요."

풀무학교 학생들이 모내기를 하고 있다.   © studio H

그런데 외가로 가는 계곡 사이로 88고속도로가 건설되면서 그는 "문명이라는 게 털끝만큼도 들어가지 않았던 원형을 (중략) 그냥 처참하게 부서버리는 것"을 보았다. '고향에 가도 그리던 고향이 아니'라는 정지용의 시처럼 고향은 그에게 다시는 돌아갈 수 없는 곳으로 남아 있다고 그는 말한다. 그는 초등학교 1학년을 마치고 부모님을 따라 경기도 양주로 이주해 갔는데 집이 없어 천막 속에서 살았다. 토박이 농가들 옆에서 빈민으로 살아서 그는 양주가 고향으로 느껴지지 않는다고 했다. 어린 시절부터 그는 어디에도 속해있지 못한, "완전히 뿌리 뽑혔다는 생각을 가지고 살았다." 그런데 중고등학교 시절에는 마을에 공장들이 들어오기 시작하면서 매연과 폐수로 몸살을 앓는 동네가 되었다.

"저희 집이 처음에는 논 가운데 있었는데 시간이 지나니까 공장 담벼락 밑에 있게 되더라고요. 공장지대가 점점 팽창해서 농지를 잠식하고 들어오니까 주거지역까지 밀고 들어온 거죠."

1982년에 대학에 들어가 보니 한쪽은 격렬한 운동권, 다른 한쪽은 고시 공부, 취직 준비하는 학생들과 이도 저도 아닌 세 부류로 나뉘어 있었다. 그는 현실에 대해 잘 아는 것이 없어서 혼자 사회과학책이나 문학책을 읽으며 세월을 보냈다. 분노와 무력감에 시달리며 동료, 선배들과 함께 "술을 많이 마시고 통곡하는 거 말고는 아무것도 하지를" 못했다. 그때 그는 문학평론가 김종철, 김우창, 백낙청 등의 글을 읽었는데 특히 영남대학교 김종철 교수의 글을 읽고 개안(開眼)이 되는 느낌을 받았다.

그는 졸업 후 노동계급의 일원으로 살아야 되겠다고 생각하고 공장에 위장 취업을 했다. 그런데 일을 해보니 2교대, 3교대로 하는 힘든 노동을 그의 약한 체질로는 감당해 낼 수가 없었다. 공장 일을 그만두고 대학에서 서점도 해 봤지만 망하고 말았다. 그다음으로 그가 선택한 것은 출판사 편집자 일이었는데 이 일은 그에게 딱 맞았다. 책 만들어서 돈 벌고 그 돈으로 좋아하는 책을 사보니 아주 좋았다. 그런데 3년 정도 지나니까 내용이야 어떻든 잘 팔릴만한 책을 만들어 달라는 영업부서 요구에 시달렸고 그러다 보니 출근하기가 싫어졌다.

그러던 중 출판사 일로 김종철 교수와 연락하게 되었는데, 그에게 "대학 다닐 때부터 사숙私淑하는 나의 선생님이다."는 내용의 장문의 편지를 쓰기도 했다. 그는 김종철 교수가 서울에 올라왔을 때 글로만 만났던 스승을 처음으로 만나 세상 돌아가는 이야기를 들었다.

"그때가 89년쯤이니까 사회주의가 붕괴될 때였어요. (중략) 그런데 선생님은 그 이전부터 산업문명 자체가 종말로 치닫고 있고, 우리에게 미래가 없다는 생각을 하시고, 지식인들과 학생들에게, 대학생들에게, 『사상계』처럼 영향을 미치는, 그런 잡지를 만들고 싶다는 말씀을 하셨어요."

이 말을 들은 장길섭은 자신이 도울 수 있다면 손발이 되어가지고, 일을 거들고 싶다고 말했다. 김종철 교수를 만난 지 2년이 지난 어느 날, 김종철 교수의 대학원 제자가 『녹색평론』 창간호 원고를 들고 장길섭이 일하는 출판사로 찾아왔다. 창간호 원고를 받아든 장길섭은 그날부터 '남의 집에서 월급 받아먹으면서, 잡지 등록을 하고, 출퇴근하면서 전철 안에서 교정을 보면서 잡지를 만들었다.' 그는 『녹색평론』을 1호부터 9호까지 1년 6개월간 편집하고, 읽으면서 삶이 바뀌는 경험을 했다.

"잡지 등록하고, 9호까지 만들고, 농사지으러 들어왔어요. 왜 그랬냐면, 1호부터 9호까지 잡지를 만드는 동안에 (중략) 원고 전체를 매호마다 한 30~40번 씩 읽었어요. 그러니까 거의 내용을 암기하게 되더라고요. 그러고 나니 옛날처럼 그냥 도저히 살 수가 없었어요. 왜냐하면 (중략) 우리의 산업적 생활방식으로 인해 우리 사회가 지금 생태적 파국을 향해 가고 있고, 이것을 극복하려면 농적 순환사회로 가야된다는 게 『녹색평론』의 결론이란 말이에요. (중략) 제 인생이 바뀐 것은 이같이 중요한 글을 반복해서 읽었기 때문이에요. (중략) 아무리 중요한 글이라도 그냥 한 번 읽고 지나가면 그건 삶에 영향을 못 미치지만, 글이 육화(肉化)되면 그렇게 살지 않을 도리가 없는 거지요."

『녹색평론』 9호를 출간한 후 그는 1993년에 경기도 양주에 있는 풀무원 농장에서 공동체 생활을 했고, 1995년 이후로는 정농회 사무국장 일을 하면서 친환경농업육성법을 만드는 데도 기여했다. 이 일을 하면서 그는 또 전국 귀농운동본부를 만들 때에도 실무를 맡아 귀농학교도 책임져야 했다. 귀농학교를 운영할 때는 매번 저녁 늦게 강의가 끝나고, 뒷풀이하고, 총알 택시 타고 집에 가야 할 정도로 강행군이었다. 아들을 업고 회의를 갈 때도 있었는데 아이가 테이블 밑에서 기어 다니면서 '아빠, 가자.'고 보채기도 했다. 이렇게 힘든 생활을 하다가 그는 드디어 1998년에 땅값이 싸다고 해서 충남 홍성군 장곡면으로 농사지으러 내려갔다.

홍성에서 2001년까지 4년 동안 농사를 지으면서 농사만 지어서 먹고 살 수 있는 상황이 겨우 되었을 때, 새로 생긴 풀무학교 전공부에서 농업교사를 맡아달라는 요청을 해왔다. 그는 망설였지만 '나가서 도우라'는 김종철 『녹색평론』 발행인의 말씀에 용기를 얻어 전공부 교사가 되어 농업을 가르치는 일을 하게 되었다. 그는 젊은이들과 생태사상도 공부하고 농사도 지으면서 즐겁게 살아갔다.

> "농사를 배우겠다는 학생들하고 같이 공부하고 같이 공부하고, 같이 일하는 것은 굉장히 즐겁죠. 이반 일리치Ivan Illich가 말하는 공생공락이라는 게 이런 거구나, 그런 걸 느낄 수 있었어요. (중략) 아주 깊은 동지적 관계? 우정을 나누는 친구가 될 수 있어서. 말하자면 제가 부자가 된 느낌이죠. 저한테 굉장히 훌륭한 친구들이 많이 생겼으니까."

그는 농사를 당위로 시작했는데 농사를 30여 년 짓게 되니까 농사가 세상에서 제일 보람 있고 즐겁고, 자신한테 딱 맞는 일이라고 말한다. 그런데 2011년 후쿠시마 원전 사고가 터지고 그의 인생은 또 다른 전환을 맞게 되었다. 봄비가 방사능 비일 것이라는 생각이 들었고 그 빗물로 농사를 지어야 하는 사실에 무력감을 느꼈다. 종말이 온 것 같았다. 탈핵운동을 하자고 미친 듯이 이리 뛰고 저리 뛰어도 '그건 나하고 너무 먼 얘기'라는 답만 돌아왔다. 그런데 『녹색평론』 20주년 기념식에서 하승수 변호사의 '녹색당을 만들어야 한다.'는 내용의 강연을 듣고 그는 전공부 교사 다섯 명과 의기투합해서 충남 녹색당을 만들기로 했다.

"저는 몹시 편협한 사람이라서, 녹색당을 만들자고 제가 제안하는데 동의 안 하고 참여하지 않는 사람이 다 미워지더라구요. 그래가지고 의절하는 사람도 있어요. (중략) 탈핵을 해야 되는데 탈핵을 할 방법은 정치를 바꾸지 않고는 안 되는 거죠."

그는 정치적 무관심도 하나의 정치적 태도라고 생각하면서 녹색당 활동에 적극적으로 참여했다. 이런 그의 행동에 학교 이사회는 정치적 중립을 내세우면서 '정당활동을 하려면 학교를 나가라.'고 요구했고 그는 결국 2017년에 학교를 그만두었다.

그는 지금 홍동면 문당리의 마을이장을 하면서 농부들과 함께 작은 마을을 멋진 공동체로 만들어 가는 일을 하고 있다. 그는 선거제도 개혁, 기본소득 도입, 은행제도 개혁 등 개혁적이고 급진적인 전환 기획을 지지하고 있다. 그러나 그는 이런 일들이 조만간 실현될 것이라고 생각하지는 않는다.

"저는 희망은 없다고 보는데, 제가 뭐 세상을 바꿀 수 있는 힘이 있는 것도 아니고, 단지 세상이 저를 바꾸지 못하게 제가 저항할 뿐인 거죠. (중략) 이 압도적인 도시문명의 파국이 오기 전에, 붕괴되기 전에 사람들이 각성해서 방향을 전환한다는 것은 불가능한 것이 아닌가 생각해요. 그렇다고 해서 절망해서 우울하게 사는 것도 답은 아닌 것 같고. (중략) 그렇다고 자살할 수도 없고. 그렇지만 저는 미세먼지만 며칠 계속돼도, 그냥 그만 죽고 싶어요. 살고 싶지가 않아요. (중략) 절망적인 상황일수록 제가 찬성하지 않는 삶의 방식에 동조하지 않고 사는 수밖에 없는 거죠. 그래서 마을에서 농사짓고 살면서, 이웃들하고 오순도순 살다가 죽는 수밖에는 달리 방법이 없다고 생각해요."

그는 작은 마을에서 희망을 찾기 위해 애쓰면서 농사를 짓고 있다. 그의 말대로 세상을 바꾸기는 어렵지만, 세상이 자신을 바꾸지 못하도록 뭔가를 할 수 있는 사람이 있다는 것이 희망일지도 모른다.

농촌 마을에서 만들어 가는 협동의 공동체

이재혁
© 스튜디오 H

앞에서 본 장길섭이 풀무학교 전공부에서 농업교사로 학생들을 가르치고 있을 때 학생으로 이 학교를 다니던 이들 가운데 한 사람이 이재혁이다. 그는 도시에 살다 귀농해 풀무학교 전공부를 다니면서 '이런 분들을 선생님이라고 하는구나.'하고 느낄 정도로 교사들에게서 인생의 많은 것을 배울 수 있었다. 이재혁은 어떻게 해서 도시를 떠나 농촌 마을에 와서 새로운 삶을 살게 되었을까?

이재혁은 서울에서 태어나 쭉 살다가, 서른 즈음 충남 홍성군 홍동면으로 귀농했다. 그는 여기서 농사도 짓고 이런저런 마을 일도 하면서 충남 녹색당 사무처장까지 맡고 있다. 그가 별 연고도 없는 홍동으로 내려가 살게 된 이유 중 하나는 어린 시절

아버지 고향 파주의 시골 마을에서 지낸 좋은 기억들 때문이다. 그를 홍동으로 이끈 또 하나의 계기는 신학대학을 다닐 때 민들레공동체 김인수 교장의 공동체 강의를 들은 것이다. 공동체에 대한 관심은 그가 대학 졸업 후 교회 사역도 하고 교회 관련 출판사에서 일하고 있는 동안에도 계속 살아남아 있었다.

결혼 후 이재혁은 아내에게 시골에 내려가서 살아보자는 이야기를 얼핏얼핏 던졌다. 그의 아내도 처음에는 내켜하지 않았지만, 도시보다는 농촌에서 아이를 키우는 것이 더 좋을 것 같다는 생각을 한 것 같았다. 이때 마침 홍동을 다녀온 친구들이 이재혁에게 홍동에 같이 한번 가보자고 했다. 이렇게 해서 그는 풀무학교 전공부를 알게 되었고, 2008년에 아내의 친구 부부와 같이 풀무학교 전공부에 입학하면서 홍동에 내려가게 되었다. 풀무학교 전공부에서는 오전에 고전, 생활 글쓰기, 역사 등을 공부하고 오후에는 농사력에 따라 농사를 지어보는 실습을 했다. 그는 이 학교에서 특별한 것을 느꼈다.

"이분들한테 선생님이라고 하는구나. 그런 걸 느꼈던 것 같아요. 정말 선생님이라고 부르는 게 마땅하다는 생각. 저는 개인적으로 그렇게 2년을 지냈던 것 같아요."

이재혁은 2학년 2학기가 되었을 때, 선생님들의 추천으로 홍동농협 친환경 벼 작목반 간사로 일하게 되었다. 이 일을 하면서 그는 홍동면에 흩어져 있는 이백여 농가를 한순간에 알게 되었는데, 이 덕분에 지역에 남아서 활동하는 데 큰 힘을 얻었다. 이것이 계기가 되어 2015년에 농협에 들어가서 3년 정도 일하는 경험을 해보기도 했다.

전공부 1학년 때 그는 농촌에 내려와 사는 것만으로도 생태적인 삶을 산다는 생각을 가질 정도로 어깨에 힘이 들어가 있었다. 그러나 2학년이 되어서는 도시에서 시대의 흐름에 반하는 가치, 생태적 가치를 가지고 치열하게 살아가는 사람들을 보면서 '여기서 그냥 살고 있는 게 다는 아닌 것 같다'는 생각이 들기도 했다. 그는 지역 사람들과 관계하면서 의사소통의 어려움을 많이 느꼈다.

> "처음에 작목반 일 하면서도 몇 해는 힘들더라고요. 제가 그동안 해왔던 의사소통의 방식과 다른 것 같고. (중략) 예를 들어서 그분들이 '응, 좋아'해서 제가 했는데 그분들은 그런 의미가 아니었던 거죠. 그런 경우들도 허다하게 있고."

귀농자들과 원주민들 사이에 눈에 보이지 않는 갈등도 있다고 그는 말한다.

> "제가 농가 분들이랑 같이 일하고 거들며 이런 활동을 했다고 해도, 귀농자 욕할 때는 저도 끼어서 그 무리에 들어가서 욕먹고. 또 필요할 때는 저에게 협조를 구하거나 이러시고."

이런 문제들이 있지만 홍동은 밖에서 볼 때 풀뿌리에서 성장한 대안적인 농촌공동체의 희망이다. 그에게 희망의 씨앗이 무엇인지 물어보았다. 그는 초기에는 풀무학교 홍순명 선생이 지역 사람들에게 이야기를 하면 이들이 새로운 일들을 도모하기도 했지만, 지금은 좀 우려스럽다고 말한다.

"여기가 협동조합의, 외부에서 보시는, 그런 크고 무겁고 어려운 의제나 담론을 저희가 따라가고 있는가 하는 문제는 계속 저희도 살면서 고민이에요. (중략) 너무 저희를 붕붕 띄워놓는 듯한 느낌도 많이 받구요."

새롭게 생긴 작은 단체들도 많고 다양한 움직임이 있어서 '불안한 요소'들이 커지고 있다고 그는 말한다. 그러다 보니 오래된 단체 사람들은 다시 한번 그동안 해 왔던 것들을 돌아보고 앞으로 어떤 방향을 설정하는 게 맞는지 고민하고 있다고 그는 말한다. 그나 그의 동료들이 이렇게 성찰하고 있는 것은 지역의 보수적인 정치색과 녹색당의 긴장도 하나의 원인일 것이다.

그는 후쿠시마 사고가 일어난 다음 해인 2012년에 충남 녹색당을 창당하는 데에 큰 힘을 보탰다. 전공부 교사 장길섭이 '총대 메고' 당원을 모집하고 다른 교사들도 애쓰는 모습을 본 그는 이들을 돕기 위해 충남 녹색당 사무처장을 맡아 그 일을 오랫동안 계속했다. 그러나 보수적인 지역에서 녹색당이라는 새롭고 다소 급진적인 정치를 하는 일은 쉽지 않았다. 귀농자들은 다 녹색당이나 '빨갱이'로 아는 홍동 사람들이 많았다. 풀무학교 안에서도 갈등은 매우 심각했다. '전공부에서 이야기하고 고민했던 것들이 정치와 뗄 수 없다'는 전공부 교사들의 입장과 '정치는 선출직을 당선시키거나 제도 권력을 갖는 것'이라는 재단의 입장 차이는 매우 컸다. 결국 갈등은 심화되었고 장길섭 등 몇몇 교사들은 학교를 떠나게 되었다. 이 과정에서 이재혁도 적지 않은 상처를 입었다.

"저는 이러저런 활동들로 인해서 대미지^{Damage}를 많이 입어서 뭐 여기나 도시나 같을 수 있다. (중략) 그런 가치를 지키기 위해서 노력하는 몇몇 농부 분들의 수고, 노력 이런 것들은 굉장히 높게 사지만, 사람 사는 덴 다 똑같다는 생각이 크고요."

그렇지만 홍성 단위에서 녹색당이 자체적으로 굴러갈 수 있게 된 것은 창당 이후부터 쌓아온 힘이 있었기에 가능한 일이라고 그는 말한다. 녹색당이 만들어져서 탈핵, 농촌, 먹거리 같은 의제들을 더 활발하게 토론할 수 있게 되었다고 그는 평가한다.

공동체에서 생태적인 삶을 살고 싶었던 이재혁은 풀무학교 전공부에서 '선생님들'을 만나서 그 꿈을 이루어가고 있었다. 그러나 이제는 농촌 또는 도시, 즉 물리적 공간보다는 무엇을 어떻게 누구와 함께 하는가가 그에게 더 중요한 일인 것 같다. 의사소통의 어려움을 겪으며 녹색당 문제 등으로 '대미지'를 입었지만, 그는 지금 마을 교육활동을 열심히 하고 있다. 2012년부터는 삼성꿈장학재단이 지원하는 '네트워크사업'에 참여해서 마을에서 공부모임을 꾸리고 지원하는 일을 하고 있다. 2014년에는 지역에 만화방을 만들기도 했다.

이재혁은 별 연고도 없는 홍동에 내려가서 마을 일을 하며 다른 삶을 살아가고 있다. 그의 녹색당은 마을에서 세상을 바꾸는 정치 실험의 현장이기도 하다. 이 실험은 현재로서는 그리 성공적이지 못하지만, 다른 세상, 다른 공동체의 꿈을 꾸는 사람들이 편견과 싸우며 서로 힘을 모으고 있다는 사실 자체가 생태전환 정치의 희망일지도 모른다.

성미산마을에서 이루어가는 일상의 혁명

유창복

홍동이 오래 숙성된 농촌의 희망이라면 서울 마포구 성산동 일대의 성미산마을은 도시에서 일어나고 있는 생생한 전환의 현장이다. 유창복은 아이를 잘 키우기 위해 들어가서 살게 된 서울 마포구의 성미산마을에서 '매일 세상을 바꾸는 즐거움'을 느낄 수 있었다.

　유창복은 계속 뒷바라지할 여력이 없는 형편에 졸업 후 바로 취직할 수 있는 경영학과에 가야 한다는 어머니 말을 따라 경제학과 대신 연세대 경영학과에 1980년에 입학했다. 입학해 보니 학과 애들은 다 잘사는 집 애들인 거 같고, '뺀질뺀질한 애들'로 보여서 학과에서는 별 재미를 느끼지 못했고, 재수를 할 생각도 했다. 그러다가 그는 우연히 학교에서 탈춤 마당극을 보고 전율을 느꼈다. 그 길로 재수 생각을 다 접고 '학교가 아니

라 서클을' 열심히 다니게 되었다. '춤추고, 농악 악기 치고, 너무너무 신이 났다.'

"공연을 하면 폼이 나잖아요. 노천극장에 꽉 차면 3천 명정도 들어간다 그랬거든요. 빽빽이 찼는데 무대에 서면 너무 황홀한 거예요."

이렇게 신나게 서클을 다녔지만 1학년 말에는 엄마, 아버지가 생각이 나서 그만둬야 되겠다는 생각이 들었다. 두렵고 힘든 마음도 있었다. 그는 회계사 공부를 한다고 말하고 탈춤반을 나오려고 했지만, 신입생들이 들어오는 것을 보고 그게 좋아서 그냥 눌러앉았다. 그는 2학년 2학기에는 회장도 맡았는데, 4학년 초가 되어서는 수배까지 받게 되었다. 그는 어떻게 해야 할지 많은 고민을 했고 결국 1983년 9월에 데모를 주동해서 1년 반 징역 선고를 받았다. 그의 어머니는 3일을 누워계시다가 용수철처럼 일어나서 열혈 민가협 엄마가 되어서 학교에 가서 연설도 하셨다. 그 이듬해 3월에 전두환 정권이 「집회 및 시위에 관한 법률」 위반자들을 내보낼 때 그도 감옥을 나왔다.

그 후 그는 '화다'라는 출판사를 차려서 사회과학 책을 출간하는 일을 하면서 노동현장으로 들어가는 운동가들을 교육시키는 일도 했다. 그러다가 1987년 6월 항쟁 이후에는 1984년에 창립한 한국노동자복지협의회[노복]의 기관지 『민주노동』 편집장을 하면서 노동법 상담, 현장 지원 등을 하고 노조원들에게 탈춤을 가르치기도 했다.

그는 노동운동을 하던 부인과 1989년 12월에 결혼을 했다. 그런데 이듬해 초에 몸이 자꾸 아파서 병원에 갔더니 이미 폐결핵 2기에서 3기로 넘어가는 심각한 상황이었다. 그는 3년간 투병을 한 끝에 겨우 회복할 수 있었다.

그가 병에서 회복한 1992년쯤 되었을 때는 소련과 동구권이 붕괴하면서 이념적인 운동이 어려워졌다. 그는 현장 기반이 없는 데다가 이념적 조직운동도 흐지부지해져 버려서 갈 데가 없게 되었다. 그는 사업을 해서 돈을 벌어야겠다고 생각했고, 프랜차이즈 공장형 세탁소사업, 컨설팅사업 등을 했지만 돈도 벌지 못하고 재미도 별로 없었다.

그러던 때에 유창복 부부에게 아이가 생겼다. 그들은 마포구 성산동에 공동육아 어린이집이 생긴다는 소식을 듣고 아이를 그 어린이집에 보내기 위해 성산동으로 이사했다. 이 당시 그는 마땅한 벌이가 없는 상태였다. 그렇지만 그는 마흔 나이에 감정평가사 공부를 해서 합격을 했고 평생 자격증을 얻게 되었다.

생계 걱정을 하지 않게 되자 그는 신이 나서 동네 일에 뛰어들기 시작했다. 2000년 즈음부터 생협, 동네보험, 성미산학교 등을 만드는 데 참여하고 서울시가 성미산에 배수지 공사를 하려고 하자 이에 반대한 성미산 싸움에도 적극 참여했다. 동네 사람들은 그의 직업이 동네에서 일하는 것인 줄 알 정도였다. 그는 완전히 새로운 인생을 살게 되었다. 동네 사람들하고 만나서 일해 보니까 대학 때 동아리활동하는 느낌이 들었다. 같은 하늘 아래 살았던 사람들하고 같이 일하니 너무너무 신났다. 그는 '가치 지향성이 있는 세대, 조직활동의 경험이 있는, 민주적으로 훈련된 사람들이 마을이라고 하는, 지 새끼를 매개로 한 친밀한 관계 속에서 뭔가 일을 해냈다'고 해석했다.

"내가 20대에 세상을 바꾸고 나라를 구하겠다고 나섰는

데, 방법론은 권력을 가져와야 할 수 있는 그런 방법이었
잖아요. 권력을 가져와서 그 권력의 힘으로 세상을 바꾸어
야 한다. (중략) 그게 저의 혁명관이었죠. 그런데 마을에
살면서 매일매일이 혁명인 건데, 권력을 만든 다음에 세상
을 바꾸는 게 아니라 난 매일 세상을 바꾸고 있는데. 그리
고 그 즐거움이 있는데. 난 오히려 권력을 바꾼 다음에 하
는 혁명이 아니라 내 일상의 혁명이 훨씬 더 솔직하고 그
것이 현실이고 그것이 더 설득력이 있다."

그가 학생 시절 꿈꾸었던 혁명이 현실에서 무너지고 있는 것을
보며 그의 혁명관은 급격하게 바뀌었다. 그는 그의 혁명론이 해
체되지 않고 자기가 사는 곳에서 재구성된 것이 행운이라고 말
한다. '2000년대의 해체주의의 거센 물살에 완전 떠밀려가지
않을 수 있었던 것은 마을이 망에서 걸러주듯이 자신을 걸러준
것'이라고 그는 말했다. 그렇지만 옛 동지들의 시선이 곱지는
않았다.

"좀 사는 것들이 더 잘 살려고 하는 짓이지, 동네에서 꼬
물댄다고 세상이 바뀌어? 핵심은 구조인데…."

이런 비판을 그는 '구조주의적인 세계관과 국가주의적인 혁명관
의 연장'에 지나지 않는다고 보았다. 이런 생각을 갖고 그는 성
미산에서 마을 축제를 열고, 12년제 대안학교인 성미산학교를
만드느라 애를 썼다. 그런데 성미산학교를 만드는 3년 동안 그
는 매우 힘들었다. 그는 부모들의 다양한 욕망을 감당하기 힘들
었다. 한편으로 '세상이 어처구니없으니 인간답게 대안적인 삶

을 살아야 하겠다.'는 생각, 다른 한편으로 '세상이 만만치 않으니 밥벌이를 하고 살아야 되겠다.'는 생각 모두가 아이 가진 부모 마음인 것 같다고 그는 말했다. 그가 학교 일로 인생의 바닥을 치면서 고통스러워하고 있을 때 마을에 살던 한 친구를 우연히 골목에서 만났다. 그녀는 유창복을 툭 치면서 말했다.

"짱가^{유창복의 별명} 요새 힘들지? 그거 우리 옛날에 다 했던 거야. 너 이제 하는 거야. 너 옛날에 어린이집 거들떠도 안 봤잖아. 짱아^{유창복 부인의 별명}가 다 했어. (중략) 너 이제 하는 거야."

성미산 생태캠프 ⓒ 성미산학교

이 친구의 말은 그의 고민을 '깃털처럼 가볍게 날려줬다.' 그때부터 그는 마음이 다시 살아나서 마을 축제를 조직해 2박 3일간 신나게 놀기도 했다. 행정기관을 설득해서 마을 앞 4차선 도로를 막고 축제의 장을 열었다. 마을 사람들이 두 달 연습하고 연극을 무대에 올리기도 했다. 무대에 서 본 마을 사람들은 공연 한 번만 하고 말려니 너무 아깝다고 하소연을 했다. 이때 함께하는 시민행동, 여성민우회, 녹색교통, 환경정의 네 시민단체가 건물을 구하고 있었다. 유창복은 이들을 위해 땅을 봐주었고 이들은 '나루'라는 건물을 지으면서 지하를 극장으로 쓸 수 있도록 공간을 마을 사람들에게 내놓았다. 그래서 그는 흥부자 마을 극장장이 되었다.

2011년 11월 박원순이 서울시장 보궐선거에서 당선되면서 그의 인생은 또 한 번 전환점을 맞았다. 마을 만들기에 관심이 있던 박원순 시장은 후보 시절에 성미산마을을 방문했고, 당선 후에는 마을 만들기를 정책으로 추진하기 시작했다. 유창복은 박 시장에게 마을 정책을 자문하다가 아예 마을 만들기 정책을 추진하는 일을 맡아서 하게 되었다. 그는 사단법인 마을을 설립하고 이사장 자격으로 서울시 마을지원센터의 운영을 위탁받아 마을지원센터장 역할을 하게 되었다.

처음에는 천만 대도시의 광역지자체가 마을 만들기를 정책으로 한다는 게 말이 안 된다고 생각했다. 그러나 그는 시민사회나 마을의 자원이 매우 부족한 상황에서 부작용을 최소화하면서 밑으로부터 주민 주도로 마을 만들기를 해보자고 생각했다. 그는 시민단체 활동가가 나서지 않고 주민이 나서야 한다는 원칙을 갖고 정책을 기획했다. 처음에는 주민 3인 이상만 모이면 사업 신청을 하게 하고 백만 원 내외의 소액을 지원하도록 했다. 이 작은 그룹들이 연결되어서 좀 더 큰 사업을 기획하게 하고 나중에는 마을계획이라는 지원 프로그램으로 지원할 수 있도록 만들었다. '백여 명의 마을계획단이 1년씩 사업 토론을 해서 사업계획을 투표해서 결정'을 하는 데 이것이 '어마어마한 민주주의 훈련을 하고 있는 것'이라고 그는 평가했다.

그는 2015년부터는 서울시장의 협치자문관으로 위촉이 돼서 일했다. 그는 서울시에서 한 일이 절반의 성공이라고 평가했다. 주민들이 자발적으로 협동해서 만든 관계망이 이어지고 이것이 좀 더 공적인 관계로 발전하면서 의제가 바뀌고 그 과정에서 공론장의 소통문화가 발전되면서 주민들이 성장하여 시민이 되고 있다고 보았다. 마을에서 아래로부터 활동력 있는 '엄마들'이 생기고 있다고 그는 말했다.

시민사회운동이 이전에 비해 약해지고 있는 시대에 그는 '지역사회의 생활 세계에 기초한 주민들의 공공적인 활동이 희망'이라고 말했다. 마을 정책으로 생긴 주체들이 지금은 작지만 새로운 공공의 주체가 형성되는 과정에 중요한 에너지원이 될 것이라고 그는 기대하고 있었다.

유창복은 '20대는 길바닥에서, 30대는 비즈니스하느라 단란주점에서, 40대는 감정평가사가 되면서 마을에서 즐거운 인생'을 보냈고, 50대에는 '행정하고 노는' 삶을 살았다. 2018년 지방선거에서는 마포구청장을 꿈꿨으나 성공하지는 못했다. 그의 삶은 1980년대 이후 한국 사람들이 얼마나 치열하게 다양한 모습으로 자신과 사회를 전환시켜 왔는지를 잘 보여준다. 그의 삶을 보며 우리는 마을에서 싹트는 희망을 엿본다.

가르치며 배우는 생태전환운동가

조미성

 마을에는 사람들이 살아가고 있다. 그런데 이들은 서로 교류하면서 서로에게서 많은 것을 배우며 살아간다. 교육과 학습은 학교에서만 이루어지는 것이 아니라 생활 속에서 늘 계속되고 있다. 우리가 지금 만날 조미성은 가르치는 일을 통해 스스로 배우며 세상을 조금씩 바꾸어 가고 있다.
 조미성은 지리가 재미있어서 지리교육과로 대학 진학을 했다. 대학에 들어가서는 선배들 따라서 마르크스, 엥겔스, 레닌도 읽었다. 중고등학교에서는 모범생으로 살았는데 대학에서 이런 책들을 보니 세상의 '반쪽밖에 몰랐다는 생각이 들고, 배신감도 컸다.' 선배들이 데모하러 가면 졸졸 따라가기도 했다. 그런데 한총련 집회에 가보고서는 화염병을 던지고 폭력을 행사하는 것이 너무 과격하다는 생각이 들었다. 그는 한총련 의장이 '사이비 교주'처럼 행세하는 것을 보고 문화 충격을 받기도 했다. 불의에 대한 비판의식은 강했지만, 운동권이 폭력적이고 맹목적인 모습을 보이는 데에 불만이 많았다. 그는 이런 생각을 갖고 대학을 다니다가 4학년 때 재개발로 밀려나게 된 관악구 철거촌 아이들을 가르치는 공부방에서 자원봉사를 했다.

"어느 날 밤에 제가 그 공부방 하던 아이가, 고등학교 2학년인가 여자아이가 있었는데 밤에 가출을 하는 현장을 제가 잡았어요. 그 전날에 그 집 아빠가 술 먹고 애를 막 때리려고 하니까 애가 가출을 하려고 한 거예요. 근데 저랑 만났어요. 저랑 얘기를 진짜 거의 밤새 한 거죠."

이 아이는 가출하지 않았다. 이런 경험을 하면서 그는 교육에 대해 진지하게 고민했고, '아이들의 삶을 이끄는 교사가 되고 싶다'는 생각을 하게 되었다. 그런데 교사 경험을 해보기 위해 기간제 교사를 해보니 '주위에 벽이 막 딱딱 쳐 있는' 느낌이 들 정도로 견디기 힘들었다. 그래서 그는 대안학교를 알아보았고 경남 산청에 있는 간디학교에 교사로 일을 시작하게 되었다. 산청 간디학교는 정부에 의해 인가된 학교였기 때문에 교육 과정의 틀이 짜져 있었다. 조미성은 거기서 3년 정도 있다가 더 자유로운 비인가 학교인 충북 금산의 간디학교로 옮겼다.

간디학교에서의 경험은 젊은 그에게 큰 영향을 주었다. 간디학교가 자신의 60~70%는 만들었다고 그는 말한다. 기숙학교라 아침부터 밤까지 아이들과 함께 하니 출퇴근 학교에서 느낄 수 없는 몰입감이 있었다. 동료 교사들과도 보통 사회와는 차원이 다른 관계를 맺을 수 있었다. 그는 호주에 있는 크리스탈 워터스라는 생태공동체, 그리고 그 근처의 말레니^{Malany}라는 시골 마을에서 아이들과 함께 몇 달간 살아보기도 하고, 국토 순례를 하며 걷기도 했다. 매우 즐거웠지만, 너무 과도하게 몰입하다 보니 정신적인 스트레스가 생기는 것은 어쩔 수 없었다.

> "아이들 사이에 생길 수 있는 여러 가지 갈등들이 있어요. 그런 갈등들을 같이 회의를 통해서 막 해결한단 말이에요. 근데 이게 정말 정신적으로 다 스트레스인 거죠. 당시에는 너무 스트레스인 거죠. 60명, 100명이 모여가지고 서너 시간 회의를 하는 거예요. 진짜 피를 말리는 이런 게 있어요. (중략) 되게 소진되는 부분이 있거든요."

이런 어려움이 있었지만 그래도 '문제를 민주적이고, 투명하게 공론화시켜 해결하는 과정에서 아이들이 배우고 성장한다.'고 그는 말했다. 대안학교를 졸업하고 정말 대안적인 삶을 살아가는 젊은이들도 20명 중에 서너 명 정도는 있다고 그는 말했다. 주류에서 벗어난 삶을 갈망하고 꿈꾸는 아이들이 공동체를 꾸려보기도 하고, 보통 젊은이들과는 다른 삶을 살아가는 실험을 하고 있다. 그렇지만 경제적인 어려움 때문에 힘들어 하는 제자들도 많이 있다고 그는 말했다.

간디학교에 있으면서 그는 동료 교사와 결혼해서 아이를 낳았다. 그는 육아를 위해 휴직을 하면서 강사로서 일주일에 몇 번 정도 강의하는 시간을 보내며 자신을 되돌아보았다. 그가 교사가 된 이유는 환경이 안 좋은 아이들을 가르치고 싶은 마음 때문이었는데, 간디학교의 아이들은 그런 힘든 아이들은 아니라는 생각이 들었다. 좀 더 보람 있는 일을 하고 싶다는 생각이

들고 있을 때, 학교 교사가 술자리에서 학부모를 때리는 사건이 일어났다. 그와 그의 남편은 비폭력학교이기 때문에 폭력에 대한 책임을 제대로 물어야 한다고 주장했지만, 학교는 쉬쉬하고 넘어가려는 것처럼 보였다. 그와 그의 남편은 그건 '아닌 것 같다'는 생각이 들었고, 결국 2011년 말경, 학교를 그만두었다.

실업자가 된 조미성은 학원 강사를 해보기도 했지만 '가면을 쓰고 사는 게 익숙하지 않았고', 성장을 하고 싶다는 욕구는 커져만 갔다. 그래서 그는 2014년에 서울대 대학원 환경교육 석사 과정으로 진학했다. 그가 환경교육을 공부하기로 한 데에는 역시 간디학교에서의 삶이 큰 영향을 미쳤다. 그는 처음 산청에 내려가서 2, 3개월 만에 너무 정이 들었다. 별이 쏟아질 것 같은 공간에서 시골 생활을 하면서 그는 환경, 생태교육, 그리고 공동체를 많이 생각하게 되었다.

"비가 오는 날 학교 출근을 하면 한 40분 거리를 쭉 내려오는데, 산중턱에 물안개가 쫙 걸려있어요. 구름도 쫙 걸려있고 너무 예쁜 풍경이 막 펼쳐져요. 거기를 숲길을 걸어 내려오는 거예요. 근데 그 길에 그래도 차가 다녀요. 차가 다니는데 아주 몇 대 조금 다니는데. (중략) 로드킬 당해 죽은 그 개구리 있잖아요. 그런 게 있어요. 그래서 약간 자괴감. 이런 아름다운 풍경에 죽은 개구리. (중략) 인간이 뭔가? 여기서 인간이 왜 개구리를 죽이고 살아야 되지? 그런 생각도 좀 들고."

앨 고어의 〈불편한 진실〉 같은 다큐멘터리를 아이들에게 보여줬을 때 보인 반응도 그가 환경교육을 전공하게 된 하나의 계기가 되었다. 애들은 매우 무서워하고, '죽기 전에 치킨이라도 시켜 먹자.'는 자포자기의 심정을 드러내기도 했다. 그는 이런 식의 환경교육과는 다른 교육이 필요하다고 생각했다.

그는 20대 초반부터 공동체에 대한 고민을 많이 했는데 생각은 조금씩 변했다. 그가 호주에 있는 크리스탈 워터스라는 생태공동체를 방문했을 때, 그곳의 입주 조건이 생태화장실을 짓고, 개나 고양이를 키우지 않는 것 정도임을 알고 약간 놀랐다. 개나 고양이를 키우지 못하게 하는 것은 주변 야생동물에게 해를 주지 않기 위해서다. 이를 계기로 그는 이런 느슨한 공동체에 관심을 갖게 된 것으로 보인다. 모든 것을 공유하는 계획적인 공동체는 개인의 자유로운 사생활을 구속하고 이 때문에 공동체가 사람을 힘들게 할 수도 있다고 그는 생각했다.

"공동체가 사람을 힘들게 하면 지속가능하기 어려운 거잖아요. 즐거워야 되는데 그 생활이 즐겁고 재밌어야 공동체가 유지되는 거지. 사람이 그 안에 갇히면, 제가 그때도 자유주의적이었는데, 딱 틀이 있으면 힘들잖아요. 사람이 힘들지도 않으면서 (중략) 뭐랄까 자본주의문명과 좀 다른 길을 갈 수 있는 공동체의 모습은 뭘까? 이런 고민을 했던 것 같고."

이런 고민들이 쌓여서 그는 자유로우면서 즐겁고 행복한 사람들의 관계에 대한 연구를 하고 싶어졌다. 그래서 그는 서울 관악구에 있는 관악주민연대의 '꿈마을 에코바람'이라는 소모임의 에너지 자립마을운동에 관해 석사학위 논문을 썼다[조미성, 2016].

이곳 마을 사람들은 겉으로 포장을 하지 않으면서 자기들끼리 재밌게 절전운동을 벌이고 있었다. 이 논문에서 그는 성인들이 형식에 얽매이지 않고 자발적으로 에너지 자립마을운동을 하면서 생태적이고 민주적인 공동체를 만들어 가는 과정을 세밀하게 분석했다. 그는 간디 학교 아이들이 보였던 기후변화에 대한 공포가 아니라 '우리가 스스로 에너지 전환을 할 수 있고, 해야 한다'는 생각이 소통을 통해 강화되는 것을 이 사례에서 볼 수 있었다. 그는 소모임 회원으로 참여해서 활동하면서 회원들로부터 많은 힘을 받았다. 2014년부터 동네 아줌마들과 함께 공부하고 활동하면서 이들이 변화하는 것을 볼 수 있었다. 처음에는 환경문제도 잘 모르던 이들이 조미성과 에너지 관련 책을 읽으면서 '자본주의가 문제'라고 말하기도 하고, 쓰레기통을 뒤져서 재활용을 하는 사람들로 바뀌었다고 말한다. 그는 이런 변화를 보면서 무력감에서 많이 벗어났다.

그는 석사 졸업 후 에너지 제로 주택을 둘러싸고 입주민, 시공사, 설계사, 관련 구청 등 관련된 사람들이 어떻게 협동하고 갈등하는지를 환경교육의 관점에서 분석하는 박사 논문을 쓰고 지금은 모심과살림연구소 연구원으로 일하고 있다[조미성, 2020].

조미성은 환경교육이 '도구가 아니라 어떤 인간이 자기를 스스로 돌아보게 하고, 스스로 성장할 수 있고, 스스로 깨어날 수 있게 하는' 교육이 되어야 한다고 생각한다. 조미성의 삶의 한가운데에는 '교육과 학습'이 있다. 그는 철거촌 도시 빈민들에게 도움이 되는 교육을 꿈꾸다가 대안학교에서 질풍노도의 청년기를 보낸 후, 환경교육을 전공해서 신나고 즐겁게 현장을 연구했다. 그 현장에서 그는 자유를 느끼고 희망을 발견했다. 기후변화의 묵시록에 얽매이지 않고 좀 더 큰 안목을 갖고 변화를 만들 수 있는 여유를 그는 얻게 되었다.

모두의 바다를 지키기 위해 저항한 어민 지도자

박정섭

 마을공동체를 만들어 가는 일은 힘들지만 신나는 일이다. 그런데 사람들이 잘살고 있는 마을을 누군가가 송두리째 흔들어 놓는다면 어떻게 될 것인가? 자포자기하면서 마을을 떠나는 이들도 있을 것이고 맞서 싸우는 이들도 있을 것이다. 이제 우리가 만날 박정섭과 최요왕은 국가가 '환경'이라는 이름으로 자신들의 삶의 터전을 침해하려고 할 때 이에 맞서 저항한 사람들이다. 이들이 무엇을 어떻게 했는지 이제 그들의 이야기를 들어보자.
 박정섭은 서산 가로림만 근처 어촌마을에서 태어나 평생 그곳에서 살아왔다. 그는 바다에 기대어 살면서 바다가 주는 선물에 감사하면서 잘 살아가고 있었다.

"여기서 주저앉아서 가로림만에서 그냥 고기나 잡고 살아야 되겠다. 이런 맘 먹고 살다 보니까 섬에서 23년을 살았어. 그렇게 살다 보니까 고마운 게 뭐가 있냐 하면 바다 가면은 먹을 거를 주는 거야. 얼마나 좋아요. 돈도 자본도 없이."

그는 2006년에 도성리 어촌계장으로 선출되었는데, 얼마 후 가로림만 조력발전소 사업이 추진되면서 그의 인생은 완전히 바뀌었다. 2006년 12월에 가로림만 조력발전소 건설 계획이 신재생에너지라는 이름으로 제3차 전략수급 기본계획$^{2006\sim2020}$에 포함되었다. 이때 그는 가로림만이 막히면 그의 삶도 위태로워진다는 것을 직감했다. 어촌계장 선배들이 보상받는 쪽으로 기울어졌지만, 그는 사업을 추진하고 찬성하는 사람들에게 이렇게 말했다.

"바다가 우리 거냐? (중략) 농민은 밭이 있어야, 어민은 바다가 있어야 살지 않느냐. 이거 바다가 있다고 해서 우리 거 아니니까. 바다는 우리가 고기를 잡아다가 국민들 먹거리를 제공하는 '보고창고'다 말이야. 왜 이런 걸$^{조력발전소\ 건설}$ 하냐?"

그는 거의 7~8년간 조력발전소 반대운동에 삶을 걸었고, 그에 따라 생계가 어려워져 가족, 친척, 친지들과의 갈등도 점점 커져갔다. 그러나 그런 고통이 계속될수록 바다와 자신이 떨어지면 살 수 없을 뿐만 아니라 미래 세대에 물려줄 자산도 잃어버린다는 생각이 확고해졌다. 많은 사람들이 싸워도 이길 수 없다고 포기할 때 그는 목숨 걸고 가로림만을 지켜야 한다고 생각했다.

"곤쟁이도 (중략) 이것을 잡던 분들이 우리한테 물려줬어. (중략) 수 천 년, 수 억 년 동안에 살다 가신 분들이 우리한테 고대로 물려준 거야. 이거보다 더 잘, 이거만큼 만들어줄 자산이 어디 있냐. 재산이 어디 있느냐는 얘기지. 이거는 만들 수가 없는 거야, 우리 (중략) 후손들에게 돈 물려주면 금방 없어지잖아. (중략) 팔지 못하는 부동산을 우리한테 남겨준 거여. 후손들에게. 얼마나 좋아요. 못 팔아먹잖아. 그런데 어떻게 돈 몇 푼 받고서 팔아먹냐 이거여. 니 꺼여?"

박정섭은 가로림만 바다를 세 가지 의미로 해석하는 듯하다. 첫째, 바다는 자신의 조상들에게서 물려받은 '우리' 것 즉 어촌마을 사람들의 것이다. 둘째는 자신의 후손들에게 물려 줄 '공동자원'이라는 의미로도 해석하고 있는 것으로 보인다. 그런데 이와 함께 그는 바다를 모든 국민들이 누릴 '우리 모두의 것'이라는 의미로 함께 이해하고 있다. 지구 시민에 대한 이야기는 찾아보기 어렵지만, 그의 바다에 대한 생각은 '모두의 것'으로 확장되고 있는 것으로 보인다.

그는 가로림만에서 살고 있는 점박이물범을 이전에는 물고기를 잡아먹는 성가신 존재라고 여겼지만, 환경 전문가들이 생태적으로 중요하고 희귀한 동물이라고 이야기하는 것을 듣고는 생각이 바뀌었다.

"물범이 있는 데가 천혜의 생태적 가치가 있는 거 같더라고. 말거리가 하나 만들어지더라고. 어디 가면 물범 얘기도 해야겠구나. 가서 물범 얘기하니까 먹혀들어."

박정섭은 생계^{Subsistence}의 근거지로만 바다를 바라보다가 점차 미래 세대, '국민', 그리고 물범에까지 가로림만에 대한 이야기의 범위를 넓혀나갔다. 이제 그는 어떤 전문가보다도 가로림만을 잘 아는 전문가라는 자부심을 갖고 있다. 고통과 보람의 시간을 보낸 후 그는 새로운 인간으로 이미 변화되어 있었다.

멸종위기종 점박이물범이 가로림만에서 수면 위로 모습을 드러냈다.
ⓒ 황명우

가로림만 조력발전소는 환경부가 환경영향평가 과정에서 여러 차례 반려시켰다. 환경부는 가로림만 갯벌의 침식 또는 퇴적 변화에 대한 예측이 부족했고, 멸종위기 야생동물 2급인 점박이

물범의 서식지 훼손을 막는 대책이 미흡하다고 밝혔다. 2014년 10월 환경부가 최종적으로 환경영향평가서를 반려함으로써 이 사업은 현재까지 추진되지 않고 있다. http://kfem.or.kr/?p=146823

그는 가로림만 조력발전 반대운동이 성공할 수 있었던 것은 당사자인 어민들이 단결하여 투쟁했기 때문이라고 평가한다. 환경운동연합이나 전문가들에게 맡겨두었다면 논리적인 논쟁에서 질 수도 있었을 것이라고 그는 생각한다. 그는 '어민들 5천여 명의 생계가 달린 문제라고 막무가내로 밀고 나간 것이 괜찮았다'고 말한다. 그는 2012년에는 〈SBS〉 물환경대상에서 '대상'을 받았고, 2014년에는 한국환경기자클럽의 '올해의 환경인상'을 수상하기도 했다.

4대강사업에 맞서 저항한 농민

최요왕

바다뿐만 아니라 육지도 개발주의 앞에서는 풍전등화다. 이명박 정부는 기후변화에 대응하고 강을 살린다는 명분으로 4대강에 보를 짓고 물을 막는 4대강사업을 강행했다. 환경운동가들과 종교인, 전문가, 주민 등 많은 사람들은 이 사업이 심각한 환경파괴를 낳을 것이라고 우려하며 반대운동에 나섰고 이런 우려는 대부분 현실로 드러났다.이철재, 구도완, 2022.

　4대강사업 반대운동의 한 가운데에서 자신이 농사짓던 땅을 지키기 위해 국가와 맞서 싸운 사람이 최요왕이다. 최요왕은 1986년에 대학에 들어가 열심히 학생운동을 했다. 그는 세미나를 할 때는 졸았지만 경찰들이 학교에 들어오면 '열 받으니까' 돌을 열심히 던졌다. 대학 때 경험은 그의 인생에 중요한 영향을 계속 미치고 있다.

"20대 초중반 때 나를 이렇게 꽉 잡았던 그걸 가지고 평생 사는 게 아닌가 싶네요."

그는 대학 졸업 후 폐수 처리 관련 회사에서 일했다. 그러면서 1995년에는 대학 동문들과 함께 환경운동연합 안에 생긴 환경 기술인모임에 참여해서 공부도 했다. 그런데 직장 생활을 하면 할수록 농사를 짓고 싶어졌고 그것이 진짜 환경운동이라는 생각이 들었다. 그는 고향 순천에 내려가서 농사지을 생각도 했지만 결혼 계획 때문에 포기했다. 그러던 중 환경농업단체연합회에 가서 일할 기회가 생겨서 좋은 사람들도 만나고 환경농업에 대한 공부도 하게 되었다. 여기에서 최요왕은 귀농인들을 돕던 김병수[팔당 유기농민, 작고]를 만나게 되었다. 김병수가 일할 사람을 찾자 최요왕은 흔쾌히 응했고, 2004년부터 '머슴을 살면서 농사일'을 하기 시작했다. 김병수의 도움으로 그는 두물머리의 하천부지를 임대할 수 있었다. 귀농한 사람들은 땅이 없기 때문에 두물머리 하천부지를 임대해서 농사를 짓는 사람들이 적지 않았다.

그는 2005년 겨울부터 농사를 시작해서 2006년부터 2008년까지 3년간 농사를 지었다. 그는 하고 싶던 자기 농사를 짓게 되자 신나게, 재밌게 살았다. 농사가 잘 되어서 집에 돈도 갖다 줄 수 있었다.

"저야 무지하게 재밌었습니다. 농사일도 그렇고, 어쨌든 같이 농사하는 사람들이랑 어울려 사는 게 재밌죠. 공도 차고, 공부모임도 하고 술도 마시고. 그때는 부어도 부어도 술이 계속 들어가는데."

그런데 2009년에 4대강사업이 '터지면서' 그의 고난이 시작되었다. 농사를 제대로 하려고 하는 때에 '4대강사업이 터져 가지고, 폭 날아가 버렸다'고 그는 말했다. 이명박 정부는 4대강사업을 추진하면서 팔당^{남양주시, 양평군 등} 하천부지의 유기 농지를 없애고 자전거 도로 등을 만드는 일을 추진했다. 이렇게 되자 팔당생명살림영농조합 법인에 소속된 농민들이 움직이기 시작했다.

4대강사업에 저항한 팔당공대위는 '두물머리생태교육장' 대안 발표회를 앞두고 2011년 11월 8일 두물머리에서 청와대까지 행진을 벌이며 이명박 대통령에게 초청장을 전달하려 했으나 경찰에 의해 저지당했다. ⓒ 방춘배

2009년 5월에 '농지보전 친환경농업 사수를 위한 팔당공동대책위원회^{이하 팔당공대위}'가 구성되었다. 남양주시 조안리, 진중리, 송촌리 농민 60여 명, 양평군 두물머리 농민 10여 명 등이 투쟁

기금도 만들고 정부 부처를 찾아다니며 유기농지를 사업대상지에서 빼 달라고 호소했다. 처음에는 '겁이 나서' 4대강사업 반대 같은 말은 꺼내지도 못했다. 그런데 시간이 지날수록 4대강사업이 중단되지 않으면 쫓겨나게 될 것이라는 생각이 들었다.

　최요왕과 그의 동지들은 천주교 신부들의 도움도 받고, 에코토피아라는 청년조직들, 환경운동연합 등의 도움을 받으며 4대강사업 반대운동을 벌이게 되었다. 2010년 2월에는 '4대강사업 중단과 팔당 유기농지 보전을 위한 생명평화미사'가 열렸고 이후 매일 미사가 진행됐다. 그런데 팔당공대위에 함께 하던 남양주와 두물머리 유기 농가가 경기도와 대체 부지 이전 양해각서를 체결하면서 반대운동을 끝내자, 두물머리의 남은 4명의 농부들은 매우 힘든 상황에 처하게 되었다.

> "앞이 안 보이죠. 앞이. 앞이 안 보이고. 그러니까 환경이고 뭐고 간에 이건 보니까 권력 내지는 자본, 뭐 그런 것들하고 싸움이더만요. (중략) 결국에는 일반 개인, 개별 국민들이 갖고 있는 것들을, 정치권력 내지는 자본이 다 뺏어가는 과정인 것 같습니다."

최요왕은 다른 세 농부들과 함께 정부에 맞서 투쟁했다. 그는 동지 서규섭(두물머리 농민)의 말에 충격을 받았다고 한다. 서규섭은 '이 땅이 국가 것이면 그것은 국민 것이다. 정부 것이 아니고. 나도 국민이니까 내 것일 수도 있는 것이다. 왜 우리 것이 아니라고 그러느냐.'라고 말했다. 국유지인 하천부지의 이용권을 임대 받은 농부가 모두의 필요를 위해 유기농산물을 생산하는 것은 국민의 역할을 제대로 하는 것이라고 이들은 보았다. 그런데 국민의 권력을 위임 받은 국가가 국가의 이름으로 4대강사업이라는 자연 파괴적인 사업을 하면서 국민의 농지를 빼앗아 가는 것은 정당하지 않다는 것이다.

그는 어릴 적 고향에서 바다가 매립되면서 민물장어를 못 잡게 된 아버지 이야기를 회고했다. 매립을 하게 되면서 자연에서 먹거리를 구하던 사람들은 자연과의 관계에서 단절될 수밖에 없었다.

"저희 양식장도 있었고, 거기 꼬막이 되게 유명했었는데. 그런 것들을 다 지역 주민한테서 싹 뺏어가지고 자본한테 준 거예요. (중략) '야, 힘없는 이들이 여기서 만신창이가 되지' 그런 생각이 점점 들기 시작하지요."

거대한 정부에 맞선 네 농부들은 매우 힘들었지만, 그들은 많은 사람들의 도움으로 그 고통을 이겨낼 수 있었다. 그의 고향 사람들, 형제, 친척 어머니 모두 '고생한다, 잘해 봐, 니가 맞아.' 하고 지지해 주었고 그의 부인도 '요왕 씨 생각대로 해 보라.'고 격려해 주었다. 천주교 신부들은 930일간 두물머리에서 미사를 드리며 이들을 지지했다. 에코토피아 청년들은 주말마다 텐트를 치고 두물머리로 와서 농민들을 격려하고 자신들의 힘을 키웠다. 이들은 '공사 말고 농사!'라는 구호를 외치고 흥겹고 신나는 퍼포먼스를 펼치며 정부에 저항했다. 지루한 싸움 과정에 이 청년들은 문화적으로 풍부한 내용을 갖고 와서 재밌게, 오래 버틸 수 있도록 도와주었다.

그렇지만 투쟁이 만 3년 이상 계속되면서 최요왕은 한 푼도 돈을 집에 못 갖다 주고, 경찰에 잡혀가고, 농사도 제대로 하지 못하고, 재판받으러 다녀야 했다. 이런 상황이 계속되자 그는 몹시 힘들었고, 부인도 힘들어했다. 결국 신부들이 정부와 적극 중재에 나서 '생태학습장'을 만드는 안을 내놓았고, 2012년 8월에, 이 지역을 두물머리 생태학습장으로 만들기로 정부와 네 농가가 합의해 싸움을 끝내게 되었다. 두물머리에서 나온 네 농부들은 지금은 양평군 이곳저곳으로 흩어져서 농사를 짓고 있다.

최요왕은 오랫동안 싸움을 지탱할 수 있었던 것은 팔당생명살림영농조합의 힘이 있었기 때문이라고 보았다. 이 영농조합은 우리나라에서 유기농업을 최초로 시작한 몇 안 되는 조합 중의 하나이다. 회원들은 유기농 한다는 자부심이 강했고, 이 회원들이 싸움을 크게 도와주었다고 최요왕은 회고했다. 또 그는 4대강사업으로 전국의 강이 망가지는 상황에서 '상처받은 영혼들'이 두물머리를 찾아와 이들을 지원해 준 것도 큰 힘이었다고 평가했다. 그에게 4대강사업 같은 환경파괴 행위를 막기 위해 정치를 바꾸는 문제에 대해 물어보았다. 그는 부와 권력의 문제에 대해 이렇게 이야기한다.

"어쨌든 모든 부는, 바탕은 환경에서 나오지 않습니까. 산림을 밀든 바다를 매우든 뭘 하든 간에. (중략) 근데 그걸 희생만 시키고. (중략). 거기에서 살고 있는 사람들, 그 지역 사람들이 소박하게 먹고 살 수 있는데. (중략) 대대손손 쭉 이어나가면서 먹고 살, 누릴 자연환경 그런 것들을 싹 빼앗아 자본한테 줘버리는 거죠."

그는 자연과 거기에 기대 사는 사람들을 희생시키고 부의 바탕을 자본이 전유하도록 국가가 만든다고 말했다. 이러한 체제를 바꾸기 위해서는 농업에 대한 정책을 획기적으로 전환할 수 있는 정치를 만들어야 한다고 보지만 이것은 쉽지 않고 그래서 점점 외로워진다고 말했다. 그는 현재 은행 융자로 농지를 구해 농사를 짓고 있지만, 나중에 원금을 갚을 생각은 꿈꾸기도 어렵다고 말했다.

그의 근심 속에서 우리나라 농민들의 한숨 소리를 들을 수 있다. 자연을 덜 파괴하면서 공존할 수 있는 길을 찾아 유기농을 재밌게, 신나게 하던 최요왕은 '자본'에 떠밀려 그 땅에서 쫓겨나고 빚을 걱정하며 힘겹게 농사를 짓고 있다.

지금까지 우리는 7장에서 마을이라는 공동체, 공통의 장을 힘겹게 만들고 이를 발전시켜 온 생태전환운동가들 그리고 마을을 파괴하는 국가와 자본에 맞서 싸운 운동가들을 만나 보았다. 마을은 틈새의 작은 공간인 것처럼 보이지만 거기 사는 사람들의 이야기는 소통되고 퍼져 나가 거대한 구조를 바꾸는 힘이 될 수 있다. 그 변화를 시작한 사람들의 이야기를 들으면 그래도 생태전환이 가능할 것이라는 생각을 하게 된다. 마을에서는 사람들이 얼굴을 맞대고 서로의 표정을 보며 밥도 먹고 술도 마시며 세상 이야기를 나눈다. 그런데 다수의 사람들과 소통하기 위해서는 어떤 매체, 미디어를 통해서 소통할 수밖에 없다. 이제 8장에서는 미디어를 활용하여 생태전환을 실천해 온 사람들을 만나 보겠다.

8장

미디어로 바꾸어가는 세상

3장에서 본 공해추방운동가들이 많이 언급한 환경운동 사례 가운데 하나는 온산병문제다. 이 문제는 1985년 1월에 '온산에 공해병, 이타이이타이병 초기 증세'라는 내용의 기사가 신문에 보도되면서 큰 사회문제로 부각되었다. 이와 같이 대중 매체는 환경문제를 사람들이 인식하게 되는 중요한 통로이다. 생태전환을 꿈꾸는 사람들은 이런 매체를 통해 사회문제를 구성하고 이를 바탕으로 환경문제를 해결하는 전략을 펴왔다. 앞의 3장에서 본 조홍섭은 신문사 기자로서 이런 역할을 해왔고 10장에서 보게 될 남종영도 기자로서 동물운동을 대중들에게 알려왔다. 이 장에서는 방송기자로서 환경문제를 알리고 해결하기 위해 애써 온 박수택, 1인 미디어로서 환경운동을 해 온 최병성 두 사람의 이야기를 들어보겠다.

환경이라는 약자를 살리기 위해 현장을 뛰어다니다

박수택

　박수택의 청소년 시절은 '산업화', '잘살아보세'라는 구호가 박정희 유신 개발 독재의 그림자를 가리던 시절이었다. 그 시절 그는 학교와 집 부근 공단 폐수와 매연을 보면서 '쇠 씹어 먹고, 기름 마시며 살 수는 없는데'라고 느꼈다. 이것이 그가 평생 환경을 고민하고 실천하게 된 계기가 된 것 같다이철재, 2012.
　박수택은 1978년, 아주대 경영학과에 들어갔다. 없는 집안 형편을 생각해 장학금을 받는 조건이었지만, 그는 입학 후 성적이 좋지 않아 장학금을 받지 못했다. 그는 요행을 바라는 성격이 아니어서 공부를 안 했으면 시험을 볼 자격이 없다며 시험을 포기하기도 했다. 그 때문에 학사경고를 받았던 그는 졸업 이수 학점에서 1점이 모자라 3학년 때 학군단육군학생군사학교, ROTC을 중도 포기하고 입대했다.

박수택은 3학년 복학 후 언론계 진출을 꿈꾸며 준비했지만 100대 1이 넘는 경쟁률에 합격할 자신이 없어 금융계와 종합상사로 방향을 잡았다. 1984년 4학년 1학기 말 신문 광고를 보고 외국계 은행에 지원했지만, 그 은행은 세칭 일류 국립대 출신만 추려 시험을 보게 했다. 2학기 초에 대기업 종합상사 접수처에 채용시험 지원서를 내고 나오면서 자신의 서류가 그대로 쓰레기통에 들어가는 광경을 목격하기도 했다. 결국 유명 언론사에 응시해 3차 면접까지 올랐던 그는 면접관으로 참석한 언론사 회장의 학벌 차별 발언에 바로 반박해 떨어지기도 했다. 이후 그는 〈연합통신〉에 이어 〈MBC〉도 합격했다. 그는 통신사도 중요한 매체이지만 시청자에게 직접 뉴스를 전달하는 방송에 매력을 느꼈고, 그때부터 방송기자 생활을 시작했다. 그는 1985년 1년 차 햇병아리 기자 시절 기억에 남는 일화를 떠올렸다. 당시 미국에서 귀국한 김대중은 김영삼과 함께 재야 단체인 민주화추진협의회^{이하 민추협}를 구성해 전두환 군사 정권에 맞섰다. 경찰은 민추협 사무실을 봉쇄하고 재야인사 출입을 통제했다. 박수택이 젊은 기자들과 함께 민추협을 방문했을 때 한 인사가 그에게 "KBS가 전두환의 정실이라면 MBC는 애첩이여, 애첩"이라 말했다. 젊은 박수택은 이 말에 충격을 받았다.

"평생 비수 같은 말씀이에요. (중략) 우리가 섬길 존재와 섬겨야 할 주인이 누구냐? 권력이 아니라는 거죠."

박수택은 언론사가 독재 정권에 순치된 채 외적 성장을 좇는 모습을 지켜보면서 언론인으로서 부끄러움을 느꼈다. 그는 언론사 종사자로서 공정방송 등 언론이 기본 도리를 다해야 한다는 생각에 노조활동에 적극적으로 참여했다. 그가 〈SBS〉로 옮긴 후 '한국기자협회 SBS 지회장', '노조위원장' 등을 맡았던 것도 이러한 이유 때문이었다. 그는 또 '시·서·유·소·납·노·소'를 언론 인생의 좌우명으로 삼았다. 즉 '시민, 서민, 유권자, 소비자, 납세자, 노동자, 소외계층'이 대중 매체의 주인이라는 게 그의 생각이다. 그는 '시·서·유·소·납·노·소를 위한 언론이 진정한 언론이라 본다. 안 그러면 권력이나 자본에 부역하는 언론'이라고 말했다.

박수택은 1991년 개국을 준비하던 〈SBS〉로 이직했다. 2003년, 부장으로 승진한 박수택은 취재 현장 복귀를 신청하면서 환경 파트 담당 의사를 밝혔다. "기자가 서야 할 자리는 현장"이라는 것이 그의 신념이었다. 그는 현장을 뛸 기자들이 부족한 상황에서 현장에 다시 가는 게 본인과 회사 그리고 언론계 전체를 위해서 꼭 필요하다고 봤다.

박수택은 저 연차 기자들이 맡는 경찰서 출입 사건 담당 기자를 자원해 1년 동안 현장감을 복습했다. 2004년 그는 '환경전문기자'로 발령받아 환경부 출입 기자로 등록했다. 그는 "환경은 기본적으로 약자"라고 생각했다.

"우리나라는 모든 면에서 성장, 그다음에 개발, 기업 논리, 일자리, 여기에 치우쳐 있다는 거죠. 아무리 경제생활이라도, 성장이라고 하는 것도 자연과 환경을 바탕으로 하지 않으면 안 된다고 봐요. 자원이든지, 에너지든지 어디서 나와요? 먹을 거라든지. 경제재라는 것이 다 자연에서 우리가 좋은 말로 얻은 것이고, 다른 말로 하면 사실은 약탈한 거 아닌가요? 자연 관점에서 보면 강탈당한 거잖아요. 그러면 강탈당한 만큼, 빼앗은 만큼 자연이 스스로 치유하고 회복할 수 있을 정도로 좀 염치를 갖고 경제활동을 해주면 좋겠다, 성장해주면 좋겠는데, 그렇지 않다라는 말이죠."

박수택은 출입처 보도자료에만 의존해 기사를 쓰지 않았다. 그는 정부 발표 자료를 환경단체와 공유하면서 '환경 약자' 입장을 반영하려고 노력했다. 그는 환경단체에 자주 찾아갔고, 거기서 주요 개발 정책의 문제점에 관한 정보를 얻어 이를 보도해 정책 변화를 이끌었다. 그는 충남 서천 장항 갯벌에 추진된 국가산업단지의 문제점과 서산태안 가로림만 조력댐 예정지의 멸종위기종 점박이물범 문제를 보도해, 이 지역 생태계를 보전하는 데 기여했다. 또 그는 롯데 그룹이 인천 계양산에 골프장 건설을 추진할 당시 이 사업의 문제점을 보도했고, 이를 통해 사업이 취소되게 하는 데 기여했다. 그는 기자 역할에 대해 다음과 같이 말했다.

"기자들은, 저희 자체가 콘텐츠가 아니잖아요. 콘텐츠의 통로일 뿐이지. 전문가와 활동가들이 저희를 대신해서 탐구해주시고 현장 가서 파헤쳐서 '상황이 이렇게 모순입니다.'하고 저희한테 알려주시면 저희의 양식으로 비춰봐서 이건 대중에게, 아까 말했던 시·서·유·소·납·노·소에 필요하겠다. 그럼 전달할 뿐이죠. 콘텐츠의 통로니까. 전달 통로니까. 저는 이른바 기자 생활 또는 환경 전문기자 생활을 하면서 그게 저의 소임이라고 생각을 했죠."

박수택은 〈한겨레〉 조홍섭, 〈중앙일보〉 강찬수 등 환경 전문기자들로 구성된 한국환경기자클럽 활동에 적극적이었고, 2010년 이 모임 회장을 맡기도 했다. 그는 환경 이슈를 다른 언론사 기자들과 협력해 보도했다. 예를 들면 2009년 봄 전남 순천시가 멸종위기종 흑두루미 보호를 위해 순천만 대대들의 전봇대와 전깃줄을 철거했는데, 이때 그는 환경부 출입기자단을 조직해 이 사안을 공동 취재해서 큰 반향을 일으켰다. 2010년 5월에는 서울시가 다른 수계에서 물고기를 잡아서 인위적으로 청계천에 방류해놓고 청계천 생태계가 개선됐다는 식으로 과장 홍보한다는 기사가 보도되었다. 당시 박수택은 타 언론사와 함께 추적 조사를 통해 서울시가 업자를 동원해 타 수계 물고기를 사들였다는 사실을 확인하고 이를 보도했다. 그는 이와 같은 공동 취재와 보도를 '정의로운 담합, 정의로운 편파'라고 했다. "어떤 환경 의제 사건이 전무후무한 특종이라면 너 혼자 해라. 나도 혼자 할게. 그게 아니고 2단, 3단짜리면 알려서 함께 하자."라는 게 그의 생각이었다.

박수택은 이명박 정부 시절 4대강사업을 공개적으로 비판한 얼마 안 되는 언론인 중 하나였다. 이 때문에 그는 〈SBS〉 회장과의 독대에서 압박을 받았다. 그가 4대강사업 비판 보도를 계속하자 〈SBS〉는 2010년 1월 1일 자로 그를 사전 통보 없이 논설위원실로 발령냈다[박준용, 2017]. 그는 논설위원 재직 기간을 "잃어버린 7년"이라고 말했다. 4대강에 녹조가 생기고 많은 생명들이 죽어 나갈 때 그는 현장에서 뛸 수 없어서 울화병 비슷한 것이 생겼다.

박수택은 환경을 살리기 위해서는 시민회원의 역할이 중요하다고 강조했다. 그는 "우리 사회의 빛과 소금 역할을 하는 활동가가 언제까지 민주화운동의 열정으로만 살게 할 순 없다. 기본적으로 삶은 보장해줘야 한다."라고 말했다. 그는 '환경운동연합 회원이 10만 명이 돼주면 좋겠다. 한 달에 만 원이면 십억 원이다. 그럼 대한민국 환경 금세 좋아질 거다. 그래서 저는 감히 책임을, 책임의 절반은 시민들에게 돌리고 싶다."라고 덧붙였다.

박수택은 2018년 2월 정년퇴직 후 지역 미세먼지대책위 활동을 지원하다가 정의당 고양시장 후보로 나섰지만 낙선했다. 2020년 총선을 앞두고 그는 정의당 국회의원 비례대표 후보 경선을 준비하다가 방향을 바꿔 고양병 지역구 국회의원 후보로 나섰다. 그러나 '전쟁과 다름없는 선거판에서 맨손 후보는 들러리, 치어리더로 끝날 뿐'이라는 생각이 들었고 후보를 사퇴하고 당적도 탈피했다. 이후 그는 자신이 잘 알고 잘 할 수 있는 분야에서 인생 2막을 본격적으로 시작했다. 생태환경평론가 자리에 서서 지역 언론과 인터넷 뉴스 매체에 기고하며 탐조 활동, 환경교육과 생태관광 분야에서 환경운동을 이어가고 있다.

카메라를 든 1인 미디어 환경운동가

최병성

　수많은 말보다 한 장의 사진이 우리의 감성과 정동에 미치는 영향이 더 큰 경우가 많다. 최병성은 사진의 힘을 알고 사진을 열심히 찍었고 그것을 바탕으로 1인 환경운동가가 되어 환경을 살리는 일을 해왔다. "환경운동이 내 체질"이라 말하는 그는 현재도 끊임없이 공부하며 현장을 뛰어다니는 환경운동가로 살아가고 있다.
　경기도 부평시가 고향인 최병성은 없는 집안 6남매의 막내로 자랐다. 1960년대 그의 가족은 부평의 한 산속에서 무허가로 집을 짓고 밭을 일구며 살았다. 그는 철마다 찾아오는 꽃과 나비를 통해 자연을 배웠다. 부친 덕분에 자연을 가까이하게 됐다는 그는 "부라는 것은 통장에 넣어 둔 돈이 아니라 누리는 사람의 몫"이라고 말했다.

고등학생 시절 그의 둘째 형에게서 선물 받은 소련제 카메라는 그의 생태적 안목을 깊게 하는 멋진 도구였다. 그는 중고서점에서 구매한 여성지 별책부록 사진을 보며 혼자 공부했다. 자연을 관찰하면서 자신만의 접근방식과 접사기술을 익혔고, 이를 통해 대학 학비를 마련할 정도로 실력을 쌓았다. 이때 익힌 그의 사진 실력은 이후 그가 환경운동에 집중했을 때 큰 영향력을 발휘했다.

1988년 장로회신학대학에 입학한 최병성은 "너무나 엉망인 한국교회를 바꾸는 목사"가 되고 싶었다. 그는 대학 졸업 후 신학대학원까지 진학했고, 가톨릭 영성과 관련된 공부를 계속했다. 대학원 수업 마지막 날 그는 포천의 한 수도원에 들어갔고, 한겨울 난방조차 되지 않는 동굴에서 6개월을 기도하며 머물렀다. 1994년 6월 최병성은 지인 소개로 강원도 영월 서강에서 움막을 짓고 살았다. 그는 강변에 터를 잡게 된 일이 "하나님이 미리 4대강 싸움의 훈련을 시킨 것"이라고 말했다. 도시에 살았으면 강을 전혀 몰랐을 것이라는 게 그의 말이다. 그곳에서 그는 몇 년 동안 복음과 신앙에 대한 깨달음을 사진과 책으로 정리하고 있었다.

그런데 1999년 8월, 영월군수가 쓰레기매립장 건설 계획을 발표했다. 영월군은 애초 매립장 건설 계획이 주민 반발로 어려워지자 민가가 드문 서강에 매립장을 건설하려고 했다. 최병성은 서강에 살면서 강의 소중함을 느꼈고 그 속에 사는 꾸구리, 쉬리 등 다른 곳에서 쉽게 볼 수 없는 물고기가 있다는 걸 알았다. 그런 곳에 쓰레기 매립장이 들어선다는 것을 용납할 수 없었다. 그는 '우린 관하고 싸우면 못 이겨.'라고 말하는 마을 어르신들에게 이길 수 있다는 확신을 심어주며 이들을 조직해 나갔다. 그는 환경영향평가의 문제점을 분석해 알리는 한편 서강에 깃든 새, 물고기, 꽃, 풍경 등 강의 아름다움을 알리기 위해 사진을 찍었다. 며칠을 잠복해 수달 모습도 담았다. 서강의 한반도 지형을 촬영해 이를 널리 퍼트렸고, 이런 사진을 모아 '영월 서강 비경 사진전'을 열기도 했다. 이런 활동의 결과 지역 언론에 이어 전국 언론이 서강 비경을 연이어 보도하면서 보존 여론이 높아졌다. 이런 흐름 속에서 영월군은 결국 서강 매립장 건설 계획을 포기했다. 영월군수 꿈에 최병성이 나왔다는 말이 있을 정도로 그는 치열하게 싸웠다. 덕분에 '서강 지킴이'라는 별명과 함께 지역에서 '악질', '독종'이란 말도 돌았다.

최병성을 환경운동가로 만든 두 번째 사건이 이른바 '쓰레기 시멘트'였다. 2006년에 시멘트 분진 피해를 입은 주민의 요청으로 최병성은 처음 시멘트문제를 접했다. 신학을 공부한 목사로서 시멘트문제를 접근하기는 쉽지 않았지만, 그는 포기하지 않고 시멘트 관련 공부부터 시작했다. 그는 인터넷을 통해 관련 자료를 끌어모아 학습했다. 현장 확인을 위해 출입이 금지된 시멘트 공장에 맨몸으로 부딪히며 시멘트 원료로 사용되는 산업폐기물 등 유해 물질 사진을 찍었다.

당시 최병성은 포털사이트 〈미디어 다음〉에 포토에세이를 연재하고 있었고, 2006년 말부터 블로그를 시작했다. 그는 자신이 알아낸 시멘트 공장의 문제점을 밝혀나가기 시작했다. 최병성의 시멘트 관련 블로그 글은 〈미디어 다음〉 헤드라인에 배치되면서 2006년, 2007년 국정감사에서 주요 이슈가 될 만큼 커다란 사회적 파장을 만들었다. 환경부는 2007년 시멘트 업계, 환경단체 등이 참여한 민관협의회를 꾸렸고, 여기에 최병성도 참여해 문제 제기를 이어갔다. 그는 언론과 국회를 통해 감사원에서 관련 사안을 감사하도록 만들기도 했다. 그는 시멘트문제 공론화에 앞장선 활동으로 2007년 '미디어 다음 블로거 대상', 2008년 '교보생명 환경문화상 환경부문 대상'을 수상하기도 했다. 그는 개인이지만 스스로 미디어가 될 수 있다는 점을 강조했다.

"미디어가 없었으면 제가 이렇게까지 하진 못했을 것 같아요. 세상이 굉장히 바뀌었죠. (중략) 내가 가서 1인 시위를 하는 것보다, 내가 미디어로서 하나의 글을 쓰는 게 더 큰 영향력을 미칠 수 있죠."

최병성은 "시민단체운동가들에게 첫 번째 교육은 글 쓰고, 사진 찍고, 영상 만드는 미디어 교육이 아닐까 싶다."라며 미디어 교육을 강조했다. 1인 미디어이자 1인 환경운동가로서 그의 활동은 '4대강사업 반대운동'으로 이어졌다. 이명박 정부가 들어서자 그의 글을 주요하게 배치하던 〈미디어 다음〉은 시사 블로그 자체의 노출 빈도를 격감시켰다. 이때 〈오마이뉴스〉가 대안으로 떠올랐고, 최병성은 여기에 4대강사업의 문제점을 지적하는 기사를 연재했다. 그는 이전 싸움에서처럼 4대강사업 현장 곳곳을 직접 확인하고 사진으로 기록을 남겼다. 또 정부 발간 자료를 꼼꼼히 분석해 이를 기사로 정리했다. 그의 기사는 〈오마이뉴스〉를 통해 포털사이트 네이버에 게재되면서 여러 차례 100만 뷰를 넘어서기도 했다. 그는 이명박 정부에 맞선 시민사회 패널로 관련 토론회 등에 자주 참석했고, 4대강사업의 문제점을 다루는 저서를 출간하기도 했다. 그는 이명박 정부 내내 300회

이상 전국 강연을 다녔다. 그는 옆에서 지켜본 환경단체의 4대 강사업 대응을 다음과 같이 평가했다.

> "정말 힘들게 싸웠죠. 전문가들이 힘들게 싸웠는데, 어떤 시대 흐름, 시대 변화를 많이 이용하지 못하지 않았나. 〈한겨레〉, 〈경향〉 외에는 대부분의 언론이 당연히 저쪽 편인데 〈한겨레〉, 〈경향〉을 보는 사람은 소수잖아요. 어떻게 우리가 대중을 설득해 나갈 것인가라는 부분에 있어서 우리가 실패하지 않았나 싶어요."

최병성이 대표적으로 아쉬운 사례로 꼽는 것이 운하반대 전국 교수모임이 추진한 '4대강사업 반대를 위한 333 프로젝트'였다. 그는 전국에서 대학생 수백 명이 참여해 내성천 회룡포에서 4대강사업 반대 SOS 퍼포먼스를 했지만 〈한겨레〉 단 한 곳만 보도했다고 지적했다. "그렇게 많은 사람이 사진을 찍고 자기들이 미디어에 기사를 쓴다면 더 많은 사람이 알 텐데, 그렇게 한 사람이 없었다."라는 게 그의 문제의식이다.

최병성은 20여 년 환경운동가의 삶을 이어오면서 언론중재위 고소부터 수많은 민·형사소송까지 겪어야 했다. 경제적 어려움도 주요한 난관 중 하나였다. 많은 이들이 그에게 어려운 상황에서 목사가 환경운동을 하는 이유를 질문했다.

> "생명의 아픔을 내가 봤으니까 그 생명을 지키기 위해서 내가 나설 수밖에 없었다는 것이고. 그다음에 내가 잘 할 수 있는 일은 미디어를 이용할 수 있는 일이었기에 내가 열심히 할 수밖에 없었고, 지금까지 달려왔고요. 앞으로도

그냥 이 길을 변함없이 가지 않을까. 쉽지 않은 길, (중략) 힘든 걸음이긴 하지만 하느님이 내게 주신 소명이구나. 내가 찾은 게 아니라 하나님 그분이 억지로 떠맡긴 소명이기에 내가 외면할 수 없는 길이다, 라고 생각을 하죠."

사진기를 든 1인 미디어 환경운동가 최병성은 영월 쓰레기 매립장, 쓰레기 시멘트, 4대강사업 등 굵직한 환경 이슈를 사회 문제로 구성하고 이 문제를 해결하기 위해 많은 일을 해왔다. 이렇게 보면 한 사람이 할 수 있는 일은 생각보다 크고 많다는 것을 우리는 알 수 있다. 혼자이기에 외롭고 고통스러운 점도 많지만 그는 '소명'을 외면하지 않고 오늘도 그 길을 걸어가고 있다.

지금까지 우리는 환경문제로 고통받는 사람들이나 훼손되는 자연을 위해 노력하는 사람들의 이야기를 들어보았다. 이제 다음 장에서는 눈앞에서 살아 움직이는 비인간 동물들을 위해 일하는 사람들의 이야기를 들어보겠다.

9장

비인간 동물들과 함께 살아가기

1990년대 이후 반려동물을 키우는 가구가 점차 많아졌고, 버려지는 동물 또한 증가했다. 버려진 개를 구조해 입양을 보내고, 개고기 합법화를 저지하던 개인들은 점차 단체를 조직했고, 2000년을 전후해 지금의 큰 동물단체들이 만들어졌다. 2001년에는 동물자유연대가, 2002년에는 동물권단체 케어Care 구 동물사랑실천협회와 동물권행동 카라Korea Animal Rights Advocates구 아름품가 각각 설립되었다. 동물운동단체는 이후 급성장을 거듭해 왔다. 동물자유연대는 회원 2만여 명에 2019년 예산만 해도 45억 원에 달하는 큰 단체로 성장했다.57 동물운동이 20년이 되어가면서 앞서 언급한 주요 세 단체 외에도 새로운 세대가 이끄는 단체들이 생겨나고 있다. 이 장에서는 동물자유연대를 이끌고 있는 조희경, 돌고래를 바다로 돌려보내기 위해 해양동물 보호운동을 시작한 핫핑크돌핀스의 황현진, 한겨레신문의 동물전문 기자 남종영, 이렇게 세 사람의 이야기를 들어보겠다.

---

57 동물자유연대 누리집 '2019년 수입지출 보고' https://www.animals.or.kr/support/account/51572.

절박한 동물을 위해 쉴 새 없이 달려온 동물운동가

조희경

조희경은 동물자유연대를 세우고 지금까지 이끌어 온, 동물운동의 태동기를 대표하는 인물 중 하나이다. 우연찮게 동물운동을 접하게 된 그는 2001년 동물자유연대를 설립하고, 2003년부터는 사업을 접고 전업 활동가로서의 삶을 살아왔다. 쉴 새 없이 달려왔다는 그의 삶은 그 자체로 지난 20년간의 동물운동의 궤적을 잘 보여준다.

조희경은 동물을 '사랑'한다는 말은 쓰지 않으려 한다. 현장에서 만난 동물들 앞에서 사랑이라는 말은 사치로 느껴질 지경이라고 했다. 아버지가 말해주길, 조희경은 어린 시절에도 동물을 사랑해서 옆집 닭도 꼭 껴안고 있기도 했단다. 되돌아보면 개천 등지에서 동네 아저씨들이 개를 때려잡는 걸 보면서 개고기를 먹는 사람들에 대한 분노를 키운 거 같다는 생각도 든다고 그는 말했다.

'평범하고 착하게' 지냈고, 인생을 돌아봐도 특별하게 기억에 남는 사건이 없다는 그가 동물운동에 뛰어든 것은 30대 후반이 되어서였다. 젊은 시절 방황하다 설계사무소에 취직을 하고, 열심히 일해서 사무실을 차려 나왔지만, 'IMF'로 기억되는 1997년 경제 위기는 그가 스스로 어떻게 살고 있나 되돌아보게 했다. '상투적인 말'인 줄 알았던 '인생에 대한 회의'를 느끼던 그에게 인생을 전환하게 만드는 일이 생겼다. 조희경은 PC 통신 하이텔 애완동물 동호회에서 동물운동에 관심이 많았던 이옥경을 만났고, 그와 함께 「동물보호법」 개정 좌담회에 참여하면서 동물운동에 발을 들여놓게 되었다.

1990년대는 애견 붐이 있던 시대였다. 예쁘고 작은 개들을 키우는 게 유행이 되던 시대에 버려지는 동물 또한 많아지기 시작했다. 이미 이 당시에도 개를 구조해 치료하여 입양 보내는 개인 운동가들이 많았다. 하지만 당시 동물운동 담론은 조희경의 표현대로 '손석희와 브리짓 바르도'가 개고기로 싸우는 수준에 머물러 있었다.[58] 그는 1993년부터 개를 키우기 시작했고, 당시 키우던 개의 '신랑감'을 구하러 하이텔 PC통신 동호회에 들어갔다가, 개고기 논쟁에 뛰어들며 이옥경과 같은 이와 친분을 쌓게 되었다.

「동물보호법」 개정 좌담회에 참여하고, 온갖 동물 관련 일을 한다는 이들을 만난 건 우연이었다. 그래도 그는 '코드'가 맞으

---

[58] 2001년 11월 28일 MBC 라디오 「손석희의 시선집중」은 프랑스 배우 브리짓 바르도와 인터뷰를 진행하였다. 브리짓 바르도는 평소 한국의 개고기 식용에 비판적이었다. 손석희 아나운서는 이에 대해 문화의 상대성을 인정해야 하지 않나 질문하였고, 브리짓 바르도는 개고기를 먹으면 야만인이라 주장하였다.[민일동기, 2001]

니 모르는 이에게 메일을 받고서도 좌담회 이후 두 번째 모임에 나간 게 아닌가 싶다고 했다. 두 번째 모임에 모인 이들은 동물보호단체를 만들기로 했다. 그렇게 별다른 생각 없이 시작한 일이었지만 그는 점점 이 일에 깊이 관여하게 되었다. 그는 한 번에 한 가지 일밖에 못하니 적당히 발을 걸치려 했지만, 마음대로 되지 않았다.

동물병원 지하에서 동물 생체실습이 벌어지던 현장은 그에게 결정적인 계기로 다가왔다. 당시에는 병원에서 강의료를 받고 유기견을 실습 대상으로 동물 생체실습을 했다. 목 성대수술, 귀 내이염을 가상한 실습을 받으며 개들은 신음소리를 냈다. 며칠 뒤 찾아간 같은 현장에서 그가 마주한 개들은 목과 귀는 멀쩡했지만, 앞발 하나 뒷발 하나에 붕대를 감고 있었다. 유기견을 강제로 골절해서 실습한 것이었다.

> "그때도 몰래 웃으면서 사진을 다 찍고 나왔어요. 울지도 않고. 다 찍고 나오자마자 잠실 송파대로 왕복 8차선인가 10차선 도로에서 창피한 것도 모르고 대성통곡하고 울었어요. 너무 충격을 받아가지고 대성통곡을 하면서 내 인생을 얘네들을 위해서 쓴다고 결심했어요. 그게 결정적인 계기에요. 사실은 적당히 발만 들이고 하려다가…."

동물의 절박한 상황을 생각하며 "나는 죽어도 죽으면 안 되겠구나"라는 생각을 하던 조희경은 1년을 더 고민하다 2002년 말 사업을 접고 2003년부터 전업으로 활동을 시작했다.

「동물보호법」 개정 좌담회 이후의 모임에서 동료들과 그가 함께 1999년에 설립한 단체는 동물학대방지연합이었다. 단체 설립 후 개고기 합법화 저지를 위해 계속 싸웠고, 이를 막아낸 이후로는 웹사이트도 만들며 본격적인 활동을 시작했다. 하지만 곧 구성원 간에 이견이 생겼고, 조희경은 2001년에 그 단체를 나와서 동물자유연대를 창립해 활동을 시작했다. 가장 이견이 큰 부분은 동물 구조救助였다. 계속 구조를 하더라도 제대로 돌보지 못하고 죽는 개들을 보면서, 조희경은 동물 구조보다는 법을 바꾸고 캠페인을 해야겠다는 생각을 했다.

법을 바꾸거나 새롭게 만드는 일을 하는 데 가장 어려웠던 건 국회의원과 공무원의 인식이었다. 관련 법률안을 심사하는 농림축산식품해양수산위원회 소속의 국회의원과 관련 사무를 관장하는 농림축산식품부 소속의 공무원에게 동물복지는 늘 후순위로 밀려나는 의제였다. 이러한 어려움은 다른 동물단체와 연대하고, 언론의 도움을 받으며, 캠페인을 하면서 헤쳐 나갔다. 몇몇 국회의원과 관료는 열린 마음으로 도와주기도 했다. 그는 2005년 「동물보호법」을 개정할 때, 동물 판매업 등록과 청도 소싸움에 제한이 들어가도록 싸웠다. 2015년 강아지 공장 사건을 통해 사회적 공분이 일어났을 때에는 정부를 압박해 농림축산부에 정원 5명의 동물보호 전담부서 팀을 만들도록 했다.

조희경은 동물자유연대를 하면서 가장 큰 성과로 '동물 입양 문화'의 정착과 '농장동물 복지활동', '제돌이 등 돌고래 방사'를 꼽았다. 특히 농장동물 관련 활동은 '동물 애호가가 취미 생활하는' 것으로 동물운동을 보는 시선을 벗어나기 위해 중요했다. 그는 '동물운동의 초점은 인간이 사육해서 인간의 개입으로 태어난 동물'에 있다고 말한다. 물론 사람들이 개와 고양이 같이 친밀한 동물에 더 우호적인 건 사실이다. 그렇지만 조희경은 친숙한 동물이 아닌 동물에도 사람들의 공감능력이 점차 커지고 있다고 봤다.

"악어 같은 것을 예로 들면 악어는 흉하잖아요. 그럼에도 불구하고 악어가 정말 요런 관 같은 틀에 갇혀 사는 것을 보면서 정말 부당한 행위에 사람들이 분노한다는 것을 느낄 수 있었어요."

동물자유연대 소셜미디어 페이지에서, 작은 수족관에 갇힌 악어를 구조하고 널리 알린 사건에 45만 명이 반응했다. 쉽게 감정적으로 이입하기 어려운 동물에게도 큰 공분이 일어날 만큼 사회가 변화한 것이다. 다른 사회적 의제와 다르게 개별 동물은 '수명이 점점 다해가거나 병이 들기에' 시간을 끌 수 없다고 조희경은 말한다. 이 때문에 그는 동물단체가 이상적인 합의가 아니라도 지금보다 나은 상황으로 만들려는 합의를 빠르게 할 수밖에 없다고 봤다.

 서울대공원 돌고래 방사에 적용할 법규도, 예산도 없다는 정부를 압박하기 위해서는 불완전한 합의도 감수하고, 단체 예산 수천만 원을 쓸 수밖에 없었다는 것이다. 절박한 과제에 대해 동물운동단체들이 '서로 자기를 죽이고 맞추려고 노력'을 해왔다고 그는 말했다. 동물운동에 여성운동가가 많은 이유에 대해선 이 운동 자체가 '모성 본능이 있어야 가능한 것이 아닌가.' 싶다면서도, 꼭 동물운동이 아니더라도 시민단체 전반에 여성이 많은 듯하다고 말했다.

 동물자유연대는 회원 2만 명[2021년 기준]의 큰 단체로 자라났다. 조희경은 쉼 없이 달려왔지만, 이제는 좀 쉬고 싶다고도 했다. 하지만 그는 지금도 현장에 가면 '가슴이 벌렁벌렁 해진다.' 힘들어도 거의 쉬지도 않고 운동도 바쁘다고 안 가게 되어 '불행'하다는 그는, 자신이 잘 인내하는 성격이라는 생각이 든다고 했다. 그런 점에서 그는 '자기 헌신'이 기본이라고 생각한다. 하지만 새로운 세대와 갈등이 빚어지기도 한다. 동물 관련한 사건은 시간을 가리지 않고 생기기에 조희경에겐 쉬지 않고 일을 하는 게 당연했다. 하지만 활동가들이 퇴근한 6시 이후에도 조희경이 계속 일을 하는 게 문제가 되어서 2016년부터는 퇴근 이후에 일을 하지 않기 시작했다.

후배들의 생각 변화는 자연스러운 것이고 그들을 '탓'할 수는 없지만, 어떤 과도기 속에 있다는 생각이 든다고도 했다. 다만 그는 동물운동이 '기계적으로 성과'를 낼 수 있는 분야가 아니라는 점을 강조했다. 조희경은 이제 자신이 약 20년간 단체 운영을 해왔기에 혁신을 위해서라도 물러나야 한다는 생각을 하고 있었다. 그러면서 앞으로는 기존 동물운동사를 바탕으로 책을 내거나, 조사활동 연구보고서를 쓰기를 희망했다. 그러면서 그는 동물운동에 있어 관련한 전문가 집단과 연구가 부족한 점을 아쉬워했다.

조희경은 동물운동의 1세대로서 한국에서 가장 큰 동물단체 중 하나를 키워왔다. 이미 세대 교체가 한두 차례 이루어진 환경운동과 달리 2천 년대 초 본격적으로 시작된 동물운동은 새로운 혁신과 세대 교체의 진통 속에 있는 과도기일지도 모른다. 그는 스스로를 동물권리주의자에 가깝다고 생각해왔지만, 한국 현실에서 사회와 대화를 해나가기 위해서는 동물복지를 이야기할 수밖에 없었다고 한다. 동물권을 위한 직접 행동이 최근 들어 한국 사회에서 새롭게 나타나는 것도 그의 말대로 기존 운동이 밑받침이 되어 가능한 것일지도 모른다.

고래 곁을 지키며 경계에 머무르려는 운동가

황현진
© 핫핑크돌핀스

황현진이 동료 활동가 조약골과 함께 설립한 핫핑크돌핀스는 동물자유연대와 같은 큰 단체와 비교하면 무척 작은 단체이다. 불법 포획된 돌고래를 2011년에 만나면서 시작된 그의 활동은 어느덧 10여 년을 이어오며 해양동물단체라는 새로운 영역으로 펼쳐지고 있다. 핫핑크돌핀스가 계속 작은 단체로 머무르면서 여러 작은 단체와 함께 다양한 목소리를 내는 단체가 되었으면 좋겠다는 그의 바람은 동물운동의 새로운 세대가 가진 한 모습을 보여준다.

황현진은 무언가 만드는 걸 좋아한다. 장래에는 페인팅 아티스트가 되어 다른 방식으로 생명의 메시지를 전하는 게 꿈이라 했다. 대학 시절 주거학을 복수 전공한 것도 그래서였다. 졸업

작품을 고민하다 푸른의제 21의 대학생 기후변화 특강을 만났고, 아이들을 대상으로 한 기후변화 체험센터를 작품으로 내었다. 황현진은 그렇게 '그냥 막연하게' 환경운동가가 되어야겠다고 결심을 했다. 환경운동가가 되기 위해 그린피스를 검색해 보았지만, 2009년 당시는 그린피스 한국 지부가 없던 때였다. 그는 그린피스와 활동을 함께 했다는 환경운동연합에 무작정 이메일을 보냈다. 마침 통영에서 바다위원회 워크숍이 있으니 오라는 말을 듣고 찾아갔고, 가자마자 워크숍 속기를 맡았다.

이렇게 그는 자연스레 2010년 3월부터 통영·거제환경운동연합에 출근하게 되었다. 처음 접한 운동은 재미있었다. 아이들 교육도 어려울 것이 없었고, 사무처장 등 활동가를 도우면서 이슈를 배우고 재미를 찾아갔다. 그가 고래를 만난 건 이듬해 7월 즈음이었다. 이즈음 환경운동연합 바다위원회 사무국 설립이 결정이 되지 않았던 상황이라 그는 자리가 붕 떠 있던 상태였다.

"7월에 뉴스를 봤는데, 멸종위기종 고래가 불법 포획이 된 거예요. 그래서 무작정 '아, 제가 내려갔다 오겠습니다.' 해서 배낭에 슬리퍼를 신고 제주로 내려간 거예요. 내려갔는데, 쇼장 뒤편에 '관계자 외 출입금지'라고 적힌 작은 문이 있었는데, 열려 있는 거예요. 왠지 들어가고 싶은 거예요. 들어갔는데, 불법 포획된 고래들이 평소에 지내는 굉장히 좁은 목욕탕 같은 수조가 나타난 거예요. 저는 태어나서 고래를 본 것도 처음인데, 그 고래가 멸종위기종인데, 정말 20~30년 된 시설에 갇혀 있는 게 말이 되냐. 나는 이 고래를 바다로 꼭 보내야 되겠다라는 생각과 책임감이 들었어요. 원래는 어떤 상태인지 보고 육지로 돌아와야 하는데, 저는 안 올라가고 여기서 1인 시위를 하든 뭘 하든 하겠다고 선배들에게 말했어요."

2011년 7월 황현진은 제주도 퍼시픽랜드 앞에서 1인 시위를 벌이며 돌고래쇼를 중단하고 불법 포획한 돌고래를 바다로 돌려보내라고 촉구했다.
ⓒ 핫핑크돌핀스

그렇게 1인 시위를 이어나가며, 돈이 없어 찜질방에도 가고, 삼각김밥으로 끼니를 때우던 그가 우연히 알게 된 곳이 바로 옆 서귀포 강정마을이었다. 해군기지 건설을 막기 위해 전국의 환경운동가와 평화운동가가 모여 있던 강정에서 그는 자신과 비슷하게 살아가는 친구들을 만나게 되었다. 그렇게 그는 강정마을 회관에서 묵으면서 낮에는 버스를 타고 나가 퍼시픽랜드에서 피켓팅을 하고, 저녁에는 강정마을 촛불집회에 참여하면서 활동을 이어나갔다.

황현진은 스스로를 낯도 많이 가리고 사회성도 부족한 사람이라고 말했다. 그런 그가 용기를 내어 낯선 이들 앞에서 피켓팅을 하면서 상처도 많이 받았지만 동시에 힘을 얻기도 했다. 불법 포획된 고래가 하는 돌고래쇼를 보지 않으면 좋겠다는 그의 외침에 '그거 보러 여기까지 왔는데'라며 지나치는 이들을 보며, '아무도 내 말에 귀 기울여주지 않는 거 같아' 상처를 받기도 했다. 하지만 귀를 기울이는 이들도 있었다.

"진입로 로터리 쪽에 서서 계속 피켓을 들고 있었어요. 어떤 차가 저를 한 번 쳐다보고 퍼시픽랜드로 갔어요. 그런데 얼마 있지 않아서 다시 나온 차에서 어떤 꼬마가 내려 제게 다가와 귤을 주면서 얘기하는 거예요. 저희 가족은 이 피켓을 보고 돌고래쇼를 안 보기로 결정해서 들어갔다가 다시 나온 거예요."

그는 고민 끝에 환경운동연합을 나와 강정에서 만난 평화운동가 조약골과 함께 2011년 11월경 새로운 단체를 만들었다. 주변에서 운동을 지속적으로 하기 위해서는 후원금도 받고 해야 한다며 조언을 해주었기 때문이었다. 핫핑크라는 색이 주는 따듯함과 밝은 에너지가 생명을 대변할 수 있다고 생각해, 핫핑크돌핀스라는 단체명을 지었다.

2012년 3월에는 불법 포획된 돌고래 관련 재판이 열리면서 언론의 관심이 커졌다. 서울대공원에도 불법 포획된 돌고래가 있다는 소식에 서울에서 기자회견도 진행했다. 당시 서울시장이었던 박원순은 방류 결정을 내리고 최재천[이화여자대학교 석좌교수] 등 과학자와 시민단체가 모인 제돌이 방류 시민위원회를 꾸리면서 핫핑크돌핀스도 여기에 참여하게 되었다. 시민위원회에서는 환경·시민운동의 입장에서 의견을 내기도 했다. 시민위원회 내에서 찬반이 갈린 일 중 하나는 돌고래의 몸에 모니터링을 위한 표식을 남길 거냐 말 거냐 하는 것이었다.

황현진은 인간이 다른 종에게 인간이 아니라는 이유로 이렇게 폭력을 가할 권한이 있는지를 물었다. 그는 최대한 인간이 벌이는 '만행'과 '영향'을 최소화하고 싶었다. 지속적인 모니터링을 위해 위치를 추적할 수 있는 GPS 기계를 달고, 지느러미에 드라이아이스로 냉상을 입혀 만드는 '냉동낙인' 표식을 남기자는 과학자 의견에 대해 인간에게 착취당한 고래가 돌아갈 때까지 인간의 흔적을 남기는 것에 반대했다. 고래는 지느러미로 개체 식별이 가능해, 기존의 고래 연구소에서도 이를 통해 개체를 식별하곤 한다. 이렇게 그가 반대했지만, 결국 돌고래는 '냉동낙인'과 GPS 기계를 달고 바다로 돌아가게 되었다. 하지만 GPS 기계는 한 달이 안 되어 사라지고 말았다.

그는 갇혀 있던 고래들이 무사히 돌아가 야생 무리와 함께 살아가는 일이 몇 년 사이에 벌어진 걸 기적이라 여겼다. 이후 비슷한 사안에도 계속해서 많은 시민이 관심을 가지면서 정식 재판이 열리거나, 환경부, 해수부, 시민단체 합동점검이 이루어지기도 했다. 그는 변화를 위해선 시민의 의식을 바꾸는 것이 중요하다고 생각했다. 어떤 방식이 사람들에게 스며들 수 있을까 고민하던 그는 2013년 그린 디자인을 전공하기 위해 다시 학교를 다녔고, 그곳에서 좋은 친구들을 만나기도 했다.

강정마을은 여러 의미에서 그의 터전이 되어주었다. 황현진은 강정에 방문한 어린이 친구들을 대상으로 제돌이 이야기 등 고래 이야기를 들려주었고, 그 이야기를 듣던 부모들이 한두 명씩 후원을 해주기 시작했다. 그는 야생돌고래 생태계, 서식처 보전 운동을 하며, 해양생태계를 파괴하는 해군기지를 반대하는 운동도 했다. 강정에서 만난 사람들은 그를 버티게 해준 힘이 되어주었다. 그의 표현대로 번듯한 집도, 차도, 직업도 없는 자신과 그들은 '현대인들의 기준에 따르면 완패한 사람'이었다. 하지만 이들은 자신만의 색깔을 내는 사람이면서, 서로를 있는 그대로 받아들이고 지지해 주는 사람이었다.

"여러 동물단체도 그렇고, 제가 환경단체들이랑 활동해 보면 그들은 도시 사람들이에요. 그냥 도시 사람들이고. 자기 단체를 성과화하기 위해서, 핫핑크돌핀스의 노력이나 조근조근한 변화들을 무시하거나, 자기 것으로 만드는 경향들이 있어요. 그럴 때 상처를 굉장히 많이 받죠. 그런데 강정에 있는 친구들은 늘 그냥 모든 삶의 방식, 모든 투쟁 방식을 존중해 주는 거예요. 그러니까 자기들만의 색깔을 다채롭게 내고 있는 거죠. 그런 친구들이 어울려져 있는 마을이고, 또 응원하고 지지하는 것들이 있어서 이런 힘으로 버티는 거죠."

작은 단체를 꾸려나가며 가장 힘든 건 재정적인 부분이었다. 그는 몇 년간은 공공선을 위해 활동하는 것이니 감수해야 하는 일이라고 생각을 하며 살았다. 하지만 그는 어느 날 이가 썩어 치과에 가야 하는데 돈이 없어 망설이다, '아, 이 방식이 지속 가능한 방식이 맞나?'라는 생각이 들었다. 작은 단체를 젊은 활동가가 스스로 꾸려나가는 점에서 오는 어려움도 많았다. '아무리 노력을 해도 재정적으로 넉넉하고, 인력적으로 충분한 단체에 늘 치인다.'고도 했다. 그는 돌고래 이슈에 있어서만큼은 전문성을 가지고 위원회나 정부기관에 참여하고 있지만, 단체의 가능성과 활동의 깊이를 규모로 단정 짓는 고정관념도 자주 마주친다고 했다.

공동행동임에도 불구하고 큰 단체가 독단적으로 기자회견을 하고 잘못된 숫자를 발표하는 등 문제가 있기도 했다. 서울대공원에서 돌고래 방류 후 기자회견을 할 때에도 큰 단체가 핫핑크돌핀스에는 어떠한 발언 기회도 주지 않는 일도 있었다. 하지만 그는 핫핑크돌핀스가 너무 커지지는 않기를 바라고 있었다. 큰 단체들은 개개 활동가들의 의욕이 떨어지고, 지속가능하고 깊이 있는 활동이 안 되고 있다는 이유에서였다. 그러면서 그는 작은 단체가 다양한 방식과 목소리를 낼 수 있기를 희망했다.

황현진은 맨몸으로 제주에 가 돌고래를 만나 활동을 시작했다. 강정이라는 공간에서 만난 이들은 그를 더 단단하게 만들어주었고, 이들 덕분에 활동의 기반도 마련할 수 있었다. 그는 애초에 단체를 더 키울 생각이 없었다. 그는 젊은 활동가로서, 여성으로서, 작은 단체를 이끄는 이로서 많은 차별과 어려움을 접했다. 새로운 사고나 실험은 기존 중심의 변방에서 나온다. 그는 경계에 서서 활동을 시작했고, 계속 경계에 머무르며 사람들을 만나 그들의 생각 속에 동물에 대한 관심이 스며들게 하려하고 있었다. 깊이 있으면서도 즐거운 운동을 꿈꾸는 그가 페인팅 아티스트를 꿈꾸는 것도 계속 경계에 머무르려는 노력이 아닐까?

동물을 둘러싼 모순적 욕망을 분석하고 기록하다

남종영

지난 20년간 동물운동의 담론은 점차 확장되고 깊어졌다. 여기에는 동물과 관련한 담론을 대중에게 전파하는 대중 매체의 역할 또한 컸다. 〈한겨레〉의 남종영 기자는 2000년대 들어 동물과 관련한 새로운 담론을 전파하는 일을 해 왔다. 동물운동가는 아니지만 동물운동의 언저리에서 취재를 다니고, 학술적 연구를 하며, 때로는 활동에 깊이 관여하면서 보다 넓고 깊은 이야기를 전해 온 그의 생애는 동물운동사에서 빼놓을 수 없는 장면이다.

남종영은 무언가가 좋으면 깊이 골몰하고 '덕후'처럼 파 들어가는 사람이다. 어릴 적 좋아했던 건 지도와 산이었다. 사회과 부도를 외우다시피 들여다보던 그는 지도 속의 산과도 사랑에 빠졌다. 중학생 때 처음 친구들과 2박 3일 지리산을 다녀온 그는 고등학생 때 지리산 종주를 하며, 〈월간 산〉과 같은 잡지를 탐독했다.

1994년 대학에 들어가서 그는 산을 잊고 살았다. '1980년대의 여진'을 느끼며 현대사연구회라는 동아리에서 그는 사회과학과 역사 공부를 하며 집회에 나가기도 했다. 그는 지금 와서 보면 대학생이 얼마나 알았겠나 싶은 생각이 들어 '병정놀이'라고 평하면서도, 그 당시 그람시$^{Antonio\ Gramsci}$, 알튀세르$^{Louis\ Pierre\ Althusser}$ 같은 네오 맑시즘이나 신사회운동론 등을 공부한 사회과학 학습의 세례가 어릴 적 지도와 산과 함께 그의 정체성의 기반이 되었다고 회상했다.

군대를 다녀오고, 2001년 졸업을 앞두고 그는 가을에 〈전자신문〉에 취직이 되어 일을 시작했다. 하지만 일이 적성이 맞지 않는다고 느끼고 퇴사 후 다른 곳에서 일하던 그는 〈한겨레〉 시험이 있다는 걸 알고 곧바로 지원했다. 〈한겨레〉는 그가 대학 때부터 봐왔고, 기자 일을 한다면 꼭 가고 싶은 곳이었다. 2001년 11월 〈한겨레〉 기자가 된 그는 남들 하듯 수습기자 생활을 했다. 경찰서 출입기자부터 서울시청, 경찰팀, 여론팀, 편집부, 여행담당, 노동담당 등 여러 영역을 순환하며 경험했다.

남종영이 환경문제와 동물문제에 대해 긴 호흡의 기사를 쓰기 시작할 수 있었던 건 2005년 주간지 〈한겨레 21〉에서 일하게 되면서부터였다. 비둘기와 고양이에 관한 진실이라는 기사는 그가 처음 환경과 관련해서 쓴 기사였다. 지금은 여러 지자체에서 시행하는 TNR$^{Trap\ Neuter\ Return}$, 즉 포획, 중성화, 방사를 통한 길고양이 개체수를 조절하는 사업이 과천에서 처음으로 시작되던 시기였다.

그는 신혼여행조차도 덕후스럽게 캐나다 처칠로 갔다. 북극곰을 보기 위해서였다. 하지만 개체 수가 줄어든 북극곰을 보기는 쉽지 않았다. 그곳에서 만난 폴라 베어 인터내셔널$^{Polar\ Bears}_{International}$이라는 단체는 강의에서 2050년이면 허드슨 만의 북극곰이 멸종하리라는 예측을 들려주었다. 여행에서 기후변화에 관심을 가지게 된 그는 〈한겨레〉에 대형 취재를 제안했다. 그렇게 북극, 투발루, 뉴질랜드, 남극으로 몇 달에 걸쳐 기후변화 취재를 다녀올 수 있었다. 기후변화가 지금보다도 사회에 알려지지 않았고, '지구온난화'라는 말이 더 많이 쓰이던 시절이었다.

남종영이 취재에서 접한 이야기는 『북극곰은 걷고 싶다』라는 책으로 엮여 나왔다. 그는 '좀 공부를 하는 스타일'이어서 국내외 논문, 단행본을 읽어가며 공부를 하고 지식을 쌓으며, 이를 취재기와 결합했다. 2009년 나온 그의 책은 17쇄를 넘기며 계속해서 많은 이들이 찾는 스테디셀러가 되었다. 이어서 2011년에는 『고래의 노래』를 펴냈다. 첫 책 이후로도 계속 아이슬란드, 스발바르 등 고립무원의 북극권을 휴가 기간에 자비로 다녀온 결과였다. 그곳에서 고래를 만나며 그는 점차 고래에도 관심을 쏟게 되었다. 『고래의 노래』를 마무리하던 즈음, 충격적인 사건이 발생했다. 불법 포획된 돌고래가 서울대공원과 제주도에서 돌고래쇼를 하고 있다는 소식이었다.

"저도 충격적이었어요. 저는 『고래의 노래』라는 책을 썼다는 사람이, 그리고 환경기자라는 사람이 이걸 몰랐다는 게 사실 좀 부끄러웠죠. 그래서 그게 인천해양경찰청에서 나온 자료임에도 불구하고 저는 기사를 쓰지 않을 거면서 취재를 했죠. 그런 부끄러움과 환경기자가 이것도 몰랐다라는 생각이 들어서 계속 그 이슈를 좇았어요."

'필^{Feel}이 꽂힌' 상태에서 그는 마치 운동가처럼 일을 했다. 황현진을 만나 함께 하면서, 동물자유연대 조희경 대표에게도 이야기를 해서 이 일을 함께 했다. 기자회견까지 미리 잡아두고 〈한겨레〉 1면에 기사를 실었다. 그 이후 박원순 서울시장이 이 문제에 전향적으로 나서면서 그가 보기에도 현기증이 날 정도로 빠르게 상황이 진행되었다.

동물문제를 접하면서 그는 기자가 기사로 쓸 수 있는 내용이 어느 정도는 피상적이라고 느끼게 되었다. 제돌이 기사를 쓰며 갈증을 느낀 그는 기회가 되어 영국 브리스톨 대학에서 동물지리학 석사학위를 받았다. 지도교수는 그에게 다양한 장치를 통해 동물의 목소리를 듣기를 권했다. 그는 동물행동학, 인류학, 각종 문헌 등의 자료를 보고, 취재를 통해 동물의 관점으로 생각하려 노력했다. 『잘 있어, 생선은 고마웠어』^{2017}는 그러한 노력 끝에 나온 책이었다.

동물은 인간과 언어로 소통이 되지 않기에, 동물의 목소리를 듣는 건 쉬운 일이 아니다. 취재 속에서 그는 동물의 '미시적인' 저항정치를 기록하면서, 이것이 인간 및 여타 행위자와 어떻게 영향을 주고받으며 변화가 일어나는지를 분석했다.

"아주 미시적인 국면에서는 돌고래가 조련사한테 저항하는 정치가 있었던 거고. 그러니까 돌고래쇼 하라고 하는데 안 하고 뺀들거리는 그런 저항의 정치가 아주 미시적으론 있었던 거고. 거시정치, 우리가 말하는 대문자 정치에서는 박원순이 '제돌이 돌려보내라', 그리고 언론에서는 '돌려보내자', 동물운동가들은 '얘네들은 자유가 있다'라고 주장하는 그런 정치들이 얘를 고향으로 내보낸 거죠. 하지만 미시적인 수준에서는 얘네들의 어떤 고통, 저항, 이런 것들이 사람들을 바꿔 가기 때문에 그런 정치도 또한 이뤄지는 거죠."

이러한 과정에서 누구도 동물의 목소리를 완전히 대변할 수는 없다고 그는 말했다. "환경운동가는 환경운동가, 정치는 정치, 기자는 기자, 과학자는 과학자" 모두 각자의 욕망이 있고, 이러한 "다수의 모순적인 욕망"이 교차하면서 제돌이가 풀려나는 것과 같은 변화가 일어난다고 그는 보았다.

동물문제를 기사로 쓰는 데 어려움이 없는 건 아니었다. 〈한겨레〉 또한 동물문제를 액세서리로 치부하는 경우가 있었고, 편집 회의에서 그가 중요한 동물문제를 내놓아도 밀리기 일쑤였다. 그러나 그가 보기에 〈한겨레〉는 국내 언론 중에선 새로운 문제에 열려 있는 곳이었다. 2012년 〈한겨레〉 토요판이 생기면서 생명 면에 꾸준히 동물 이야기가 실렸다. 2017년 8월부터는 〈애니멀피플〉이라는 동물 전문 매체가 창간되었고, 남종영 기자는 팀장을 맡았다.

그를 동물문제로 이끌어 온 것은 그의 호기심이었다. 남종영은 엄밀한 의미에서 동물운동가라 하기는 어렵다. 하지만 동물과 여러 인간과의 관계 속에서 그는 동물정치의 중요한 행위자가 되는 순간이 있었고, 그럴 때 그는 그 관계 속에서 중요한 행위자가 되길 마다하지 않았다. 기자로서, 저술가로서, 학자로서 다양한 욕망과 호기심을 갖고 동물문제를 기록하고, 공론장을 만들어 가는 일 또한 동물을 대변하는 여러 목소리 중 매우 중요한 축 중 하나이다.

이 장에서는 1부의 마지막으로 사람과 말로는 소통할 수는 없지만 신음소리, 몸짓 등 비언어적 소통 수단으로 인간들에게 신호를 보내는 비인간 동물들과 그들의 '소리'를 듣고 공감하고 반응하는 동물운동가와 기자의 이야기를 들어보았다. 환경과 생명을 살리는 사람들은 이제 인간을 넘어서서 모든 생명이 차별 없이 잘 살 수 있는 새로운 세상을 꿈꾸고 그 꿈을 이루기 위해 노력하고 있다. 이제 2부에서는 생태전환운동가들의 이야기를 가로질러, 위험에 처한 모두의 삶을 살리기 위해 사람들이 무엇을 어떻게 해 왔는지, 그리고 어떻게 변화를 만들 것인지 이야기해 보겠다.

2부

새로운 세상 만들기

10장

다른 세대, 다른 인간

같은 시대에 역사적 경험을 공유한 세대는 또래 집단과 긴밀하게 교류하며 비슷한 생각을 갖고 비슷한 삶을 살아가는 경우가 적지 않다. 그렇지만 자세히 보면, 같은 시대를 살아도 사람들은 저마다 자기의 생각을 갖고 고유한 자신만의 삶을 살아간다. 우리가 만난 사람들은 어떤 시대에 어떤 계기로 환경, 생명, 마을, 동물운동을 하게 되었을까? 무엇이 이들을 사회운동가, 전환을 이끌어가는 사람이 되도록 만들었을까? 학생운동, 민주화운동을 하다가 환경과 생명에 눈 뜨게 된 사람, 시민교육을 받고 새 삶을 살게 된 사람, 동물의 고통을 보고 참지 못해 운동가가 된 사람, 농사가 좋아 마을운동을 하게 된 사람, 자신의 마을을 지키기 위해 운동에 뛰어들게 된 사람. 운동가들은 저마다 자신의 이야기를 갖고 있다.[59]

---

[59] 이 책은 연구참여자들의 기억에 바탕을 두고 역사적 사실을 재구성한 것이다. 연구참여자들의 수가 제한되어 있고 이들이 동시대 운동가들을 대표할 수 없기 때문에 우리의 분석은 이후의 역사적 연구를 통해 보완되어야 할 것이다.

1960~70년대 중반 학생운동과 사회운동

1960년 4.19혁명과 1961년 5.16 군사 쿠데타는 민주주의와 권위주의를 극명하게 드러내는 두 개의 역사적 사건이다. 우리가 만난 1940년대 생 세 사람 정성헌, 윤준하, 최열은 1960년대에서 1970년대 초에 청년기를 보내며 권위주의에 맞서 민주화운동에 뛰어들었다.

정성헌과 윤준하는 각각 1964년과 1967년에 고려대 정치외교학과에 입학했다. 이들은 모두 고등학교 때부터 역사와 정치에 관심을 갖고 공부를 하다가 대학에 들어가자마자 학생운동에 적극 참여하기 시작했다. 정성헌은 1964년에 한일협정 반대운동을 벌이다가 내란죄로 구속되었고 1967년에는 6.8 부정선거에 저항하는 고려대 학생들의 시위를 주도하기도 했다. 민주화운동을 계속하던 그는 유신이 선포된 후 '화병'에 걸리고 말았고, 이때 생명이라는 주제에 대해 깊이 생각하며 1년 가까이 수양을 하고 나서 겨우 회복할 수 있었다. 1970년대 후반에서 1980년대 초에 이르는 시기에 정성헌은 가톨릭농민회 등 운동을 함께 하는 동지들과 함께 생명과 문명 전환, 공동체에 관한 이야기를 하면서 생명과 평화를 위한 운동을 하게 되었다.

윤준하는 1967년, 대학에 들어가자마자 6.8 부정선거에 항의하는 단식에 참여했고 1969년에는 학생운동의 전면에 서게 되었다. 대학 졸업 후 그는 금융노조, 아시아자동차 등에서 일하다가 '인간사'라는 출판사를 인수해 문화사업도 했으나 책이 팔리지 않아 많은 어려움을 겪어야 했다. 1990년경 부직포 제작회사를 설립해서 경영에 성공했고 이 시기 최열의 권유로 공추련 집행위원을 맡아 환경운동에 참여하기 시작했다.

정성헌의 고등학교 4년 후배인 최열은 고등학교 시절에 한일 회담 반대운동에 참여했고, 1968년 대학에 들어가서는 교련 반대운동 등을 벌이다가 1971년에는 강제징집을 당하기도 했다. 1975년 대학을 졸업한 최열은 '명동가톨릭학생사건'으로 그해 6월에 구속이 되었다. 최열은 감옥에서 공해 관련 책을 읽으며 공해추방운동을 준비했고 1982년에 공해문제연구소 창립에 참여하게 되었다. 최열이 공해추방운동을 벌이기 시작하자 최열의 선배인 정성헌, 윤준하도 그를 도와 환경운동의 바람막이, 후원자가 되어주었다.

환경운동과 생명운동의 주춧돌이 된 세 사람은 1960년대에 대학에 들어가서 민주주의와 민족문제를 고민하며 학생운동에 뛰어들었다. 세 사람은 시대의 흐름에 따라 청년기에는 모두 민족·민주문제에 집중했으나, 1970년대 후반 이후 각자의 생각과 행동에 변화가 나타나기 시작했다. 정성헌은 생명과 공동체에 대해 고민하기 시작했고, 최열은 감옥에서 책을 읽으며 공해추방운동을 준비했다. 윤준하는 좀 늦게 1990년대부터 환경운동에 참여하기 시작했다. 이 세 사람의 삶의 변화는 우리 사회에서 '민주화'라는 거대 담론이 '환경'과 '생명'이라는 새로운 담론으로 분화되는 흐름을 보여준다.

1970년대 후반 학생운동

1970년대 후반은 박정희 정권이 긴급조치와 같은 강압적 수단으로 민주화 요구를 억누르며 체제를 유지하던 시기였다. 1950년대 후반에 태어난 구술 참여자 가운데 조홍섭과 장재연은

1970년대 후반 대학에 다니면서 학생운동에 적극 참여하거나 이를 지지하면서 청년기를 보냈다.

조홍섭은 1975년에 대학에 들어가 1학년 말에 '공대 언더서클'에 들어가 공부하면서 학생운동에 빠져들었다. 산업공학과 선배 조중래가 "공대생이라면 이런 것도 알아야 한다."면서 보여준 공단 공해 현장 사진이 조홍섭이 공해문제에 관심을 갖게 된 중요한 계기였다. 그는 1978년 4학년 때 학생운동을 하다가 구속되었고, 구속된 1년 동안 최열처럼 공해 관련 책을 열심히 보았고, 공해추방운동의 길을 걷게 되었다. 그때는 감옥마다 학생들이 수백 명 들어가 있을 정도로 많았기 때문에 민가협 같은 단체들이 책을 열심히 구해서 감옥에 넣어주었다. 그는 최열이 보고 난 책이 나오면 그것을 다시 받아서 읽곤 했다. 억압적인 정권은 민주화운동을 낳았고 감옥은 환경운동을 싹트게 했다.

장재연은 1977년 대학에 들어가서 데모도 나가고 3, 4학년 때 대학연합 노동야학을 하면서 1980년 서울의 봄과 광주항쟁의 시대를 보냈다. 그는 학부 졸업 후 석사 과정을 마치고, 연세대 환경공해연구소에서 일하면서 박사 과정을 밟았다. 이 연구소에서 일하면서 과학자, 전문가로서 환경문제를 연구하는 것이 사회에 기여하는 운동이 될 수 있다고 느꼈다. 그는 온산병 문제를 접하게 되면서 많은 사람들을 만나게 되었고 환경운동에 참여하게 되었다.

1970년대 중후반에 대학에 들어간 조홍섭과 장재연은 유신정권 말기의 폭압적 상황에서 세상을 변화시키는 운동의 중요성을 절감했다. 1970년대 후반 이후 환경 오염문제가 점차 심각해지자 이들은 민감한 감수성으로 이 문제의 중요성을 인식했을 뿐만 아니라 이 문제를 연구하고 이를 운동으로 연결하는 것이 의미 있고, 재미있는 일이라고 느꼈다. 1970년대 말에서 1980년대 초에 이르는 시기 동안 조홍섭이 급진적인 공해추방운동의 이론적 기초를 다졌다면, 장재연은 과학에 바탕을 둔 환경운동의 씨앗을 뿌리고 있었다. 조홍섭은 1980년대 중반 이후 복잡한 현실을 고려하는 환경운동이 필요하다고 생각을 바꾸었고 환경 저널리스트로서 환경운동을 이어갔다.

1970~80년대 크리스찬아카데미 교육과 여성 환경운동

1970년대와 80년대 엄혹한 독재 체제 아래에서 강원용 목사가 주도한 크리스찬아카데미는 '인간화'를 주창하며 노동자, 농민, 주부 등 시민들의 역량을 키우는 교육에 집중했다. 1970년대 말에서 1980년대 중반에 이르는 시기에 크리스찬아카데미의 주부 교육을 받은 서진옥과 구희숙은 이 교육이 그들의 삶을 바꾸었다고 말한다. 이들은 주부 또는 여성의 리더십 강화에 초점을 맞춘 교육 프로그램에 참여하면서 자기주도적인 리더로 성장했다. 특히 서진옥은 1979년에 자신이 받은 교육을 바탕으로 1980년에 여주에서 새롭게 교육 프로그램을 진행하기도 했다. 서진옥은 1983년에 크리스찬아카데미 간사로 일하게 되면서 공해문제 그룹을 만들어 환경문제에 관한 인식을 높여 갔다. 이렇게 모여서 회의하며 서로 걱정을 나누던 36명의 여성들이 1986년 9월에 공해반대시민운동협의회를 창립했다.

구희숙은 1984년에 〈동아일보〉에서 크리스찬아카데미의 주부 교육 광고를 보고 물어물어 찾아갔다. 그는 스펀지에 물 빨아들이듯이 생명수 같은 교육을 받았다. 구희숙은 교육을 받은 후에도 동기들과 모임을 계속하면서 사회 참여가 필요하다는 생각을 쌓아갔다. 그는 여성문제와 환경문제에 관심이 있었는데 그중에서도 그의 둘째 아이가 많이 아픈 게 환경문제와 관련이 있다는 생각이 들었다. 그래서 그는 서진옥이 만든 공민협에 찾아가서 회원으로 활동하기 시작했다.

억압적인 독재 체제 아래에서 휴머니즘이 위협받던 시대에 크리스찬아카데미의 주부 교육은 서진옥과 구희숙의 삶을 송두리째 바꾸어 놓았다. 이들은 가족 안에서의 사적인 삶으로부터 모두를 위한 삶으로 극적인 전환을 경험하게 되었다. 1980년대 민주화의 흐름과 함께 환경문제에 대한 사회적 인식이 높아지는 시대 상황에서 서진옥, 구희숙과 같은 선도적인 여성 지도자들이 등장했다. 이들은 모두 '우리의 아이들, 자식들을 위해' 엄마의 마음으로 공해추방운동에 뛰어들었다고 말한다. 이들은 '나의 아이'라는 중요한 타자의 고통을 줄이기 위해 나와 가족의 건강을 돌보는 일에 머물지 않고, '시민'으로 새로 태어나 '우리의 아이들', '모두의 아이들'의 고통을 줄이기 위해 공해추방운동에 뛰어들게 되었다.

1980년대 학생운동

1980년 서울의 봄, 5.18 광주민주화운동, 1987년 6월항쟁과 7~8월 노동자대투쟁, 그리고 이후 시민운동에 이르기까지 1980년대는 민주화의 시대라 부를 만한 격동의 10년이었다. 1960년대에 태어나 1980년대에 청년기를 보낸 이른바 86세대는 대학 시절, 학생운동에 적극적으로 참여하거나 그 영향을 깊이 받으며 자신들의 정체성을 형성했다. 우리가 만난 1960년대에 태어난 사람들 가운데에는 학생운동을 만나 삶의 전환을 경험한 이들이 많다. 동시대를 보냈지만 어떤 이는 자본주의와 분단 체제를 급진적으로 바꾸려는 변혁운동에 적극적으로 참여했고, 어떤 이들은 이런 운동에 소극적으로 참여하거나 다른 운동에 관심을 보이기도 했다. 변혁운동에 깊이 빠져 들었다가 이후 시민환경운동에 참여하고 또 정부에 들어가거나 정당정치에 참여하게 된 사람들도 있고 청년시절부터 생명운동에 깊은 관심을 갖고 이후 협동운동에 참여한 사람들도 있다.

  1980년대 학생운동에 뛰어든 사람들은 비슷하면서도 다른 삶을 살았다. 안병옥은 대학원 다닐 때 반공해운동 관련 조직에 참여하기 시작해서, 공해문제연구소, 공청협, 공추련, 환경운동연합 등에 관여하며 환경운동의 기초를 다졌다. 김제남은 학부에서부터 학생운동의 중심에서 활약했고 졸업 후 1990년대에 환경운동조직을 새로 만들면서 운동의 방향 전환을 이루었다. 염형철도 급진적인 학생운동가였다가 졸업 후 청주에서 환경운동조직을 만들어서 새롭게 운동을 시작했다. 서왕진, 박진섭, 김춘이, 임희자는 학생운동에 참여했다가 1990년대 이후 경실련, 환경운동연합과 같은 시민사회단체에 들어가 활동가로 일하면서 급진적인 운동에서 현실적인 운동으로 방향을 전환했다. 최요왕은 대학생 때 학생운동에 참여했고, 졸업 후에는 직장 생활을 하다가 귀농해서 마을운동과 4대강사업 반대운동에 뛰어들게 되었다. 유창복은 급진적인 학생운동과 민주화운동을 하다가 공동육아를 위해 성미산마을에 들어가면서 새로운 마을운동에 뛰어들게 되었다.

1980년대 학생운동가들 가운데에는 반독재, 민주, 민족, 통일, 노동, 계급 등의 이슈에 관심을 집중하며 사회주의와 주체사상의 영향을 받은 이들이 적지 않다. 우리가 만난 연구참여자들 가운데 1980년대 학생운동에 참여한 사람들은 이러한 영향을 받았지만, 학생 때 또는 졸업 후 환경문제에 관심을 가지면서 운동과 삶의 전환을 경험했다. 이 전환의 핵심은 '시민, 환경, 그리고 마을'이었다.

흔히 '86세대'는 하나의 정체성을 가진 세대인 것처럼 보이지만 실제로는 매우 다양한 정체성을 형성하고 이를 변화시켜 왔다. 윤형근과 김기섭은 같은 대학 동기로서 생명운동에 대한 글을 보면서 생명을 살리는 전환을 고민했다. 윤형근은 사람을 도구처럼 바라보는 운동권과 달리 생명의 무궁함을 통찰하는 생명 담론에 깊이 빠져들었고, 김기섭은 원주의 생명운동의 영향을 받았고, 기독교 관련 동아리 친구들과 교류하면서 대학 생활을 했다. 생명 담론이 청년 김기섭과 윤형근의 마음을 사로잡았고 이 특별한 역사적, 개인적 경험이 사회와 만나 한살림, 두레생협연합 같은 한국의 생협운동으로 이어졌다.

박미경은 학생운동에 적극적이지 않았지만 야학을 하면서 '사회에 기여하는 삶'을 사는 인생의 방향을 결정했다. 김혜정은 1980년대 민주화운동의 영향을 강하게 받으면서 소외된 지역의 민중들과 함께 반핵운동을 해야겠다고 결심하고 이를 행동에 옮겼다.

1990년대 학생운동

1990년대는 소위 '86세대'들이 기존의 권위주의 체제를 송두리째 흔들고 판을 바꾼 1980년대 직후 10년이다. 1980년대가 반독재 민주화, 민족해방, 민중민주주의 같은 거대한 혁명적 정치 담론의 시대였다면 1990년대는 시민, 참여, 환경, 과학과 같은 새로운 개혁과 전환의 담론이 등장한 시대라고 할 수 있다. 이 시기에 환경운동연합, 녹색연합, 참여연대 같은 시민사회단체들이 창립하며 '시민사회'의 시대를 열었다.

1990년대의 학생운동은 과격하고 급진적인 운동으로 환원되지 않고 과학기술, 생태, 환경 등을 이슈로 시민들이 참여하는 사회운동의 영향을 받아 다원화되었다. 이러한 시대 배경 속에서 다양한 정체성을 가진 새로운 운동가들이 등장하기 시작했다. 우리가 만난 1970년대생들 가운데에는 1990년대에도 활발했던 학생운동에 직간접적으로 관여한 이들이 적지 않다. 전국대학생 조직의 간부를 맡아 오랜 기간 도피 생활을 해야 했던 이도 있고, 운동권의 권위주의적 행태를 비판하면서도 운동에 참여한 이도 있다. 이 시기 대학에 환경 동아리들이 생겼고 여기에 참여한 청년들이 이후 환경운동의 중요한 리더로 성장하기도 했다.

1990년대의 급진적인 통일운동에 적극적으로 참여한 학생운동가는 유영업이다. 유영업은 목포에서 대학을 다니며 1990년대 후반의 학생운동의 전위에서 서서 싸웠고 무려 7년간 수배 생활을 해야 했다. 수배에서 해제된 후 그는 시민사회에 관심을 갖겠다고 생각하던 중에 목포의 환경운동가 서한태 박사를 소개 받고, 목포환경운동연합에서 환경운동가로 일했다. 그는 환경이나 자연에 관한 관심이나 지식이 많았던 것이 아니라 '시민사회'에 대한 관심으로 환경운동에 참여하게 되었다.

한재각은 민중민주주의$^{\text{PD:People's Democray}}$ 계열 정파의 학생운동에 참여했다. 그는 대학 졸업 후 과학기술자로서 사회에 기여하는 일을 고민하다가 과학기술운동이라는 부문에서 중요한 역할을 하는 운동가이자 연구자로서 자신의 역사를 만들어 갔다.

1990년대 대학에서는 환경, 생태, 포스트 맑스주의, 급진 민주주의 같은 새로운 담론도 등장했다. 이헌석과 남종영은 이런 흐름 속에서 청년기를 보냈다. 이헌석은 1990년대에 생긴 서울대 씨알이나 서울시립대 환경공해연구회 같은 환경 동아리 사람들과 계속 만나면서 청년들의 환경운동에 관심을 갖게 되었다. 이때 환경 동아리 청년들 가운데에는 동시대 학생운동권과는 다르게 자연과 생태에 대한 감수성이 매우 높은 이들이 많았다. 1997년에는 청년생태주의자 KEY$^{\text{Korean Environmental Youth}}$라는 작은 조직이 새로 생겨나 1997년 교토 기후변화협약 당사국 회의에서 직접 행동을 하는 등 여러 가지 활동을 하기도 했다. 이런 흐름 속에서 이헌석은 동료들과 함께 2000년에 지금 에너지정의행동의 전신인 청년환경센터를 창립했다.

남종영은 1994년 대학에 들어가서 1980년대 학생운동의 '여진^{餘震}'을 느끼면서 최루탄과 지랄탄을 맞아가며 대학 생활을 했다. 그는 마르크스와 레닌도 공부했지만, 알튀세르, 그람시, 푸코, 들뢰즈, 이진경의 『철학의 탈주』 같은 책을 보면서 열광했다. 1980년대 많은 '운동권' 학생들이 마르크스, 레닌에 집중했던 것과는 달랐다. 1990년대 포스트 마르크스주의가 논의되는 흐름 속에서 그는 신사회운동이나 68혁명을 선망하며 대학 생활을 보냈다. 이런 시대적 흐름과 그의 체험 그리고 산과 지도를 좋아하는 그의 정체성이 만나 환경, 동물 전문기자 남종영이 등장했다.

조미성은 1992년에 대학에 들어가서 마르크스, 엥겔스, 레닌 같은 것들을 읽으면서 몰랐던 세상에 눈을 떴다. 1990년대 초의 학생운동은 조미성의 역사적 비판의식을 키워주었지만, 권위주의적 운동방식에 대한 거부감도 불러일으켰다. 인간에 대한 그의 연민과 애정은 그를 철거촌과 대안학교로 이끌었고 다시 공동체에 바탕을 둔 환경교육 연구로 인도했다.

1980년대 학생운동의 '여진' 속에서 1990년대 학생운동을 경험한 5명의 운동가들은 사회주의, 민주주의, 민족문제 등에 관심을 가졌지만, 차이도 적지 않았다. 유영업은 통일문제에 집중했고, 한재각은 노동과 계급문제를 고민하다가 과학기술문제에 관심을 갖게 되었다. 남종영은 신사회운동에 열광했고, 이헌석은 청년 환경운동가들과 교류하며 불평등과 생태문제에 함께 관심을 가졌다. 조미성은 학생운동의 권위주의적 행태가 싫었고 빈민들을 위한 야학에서 삶의 의미를 찾기도 했다.

이들이 졸업 후 걸어간 길은 비슷하기도 하고 좀 다르기도 하다. 유영업과 이헌석은 1980년대 '운동권'들이 현실 사회주의가 몰락하자 좌표를 잃고 헤맨 것과 달리 시민운동가로 '자연스럽게' 전환했다. 한재각은 1990년대 초 자신이 참여한 운동조직이 해체되자 힘든 시기를 보냈지만, 대학원에서 과학기술운동에 관심을 갖고 참여하면서 점차 환경운동을 하게 되었다. 남종영은 포스트 마르크스주의, 신사회운동 등에 관심을 갖고 있었기 때문에 그 관심이 졸업 후 환경, 동물 전문기자로 전환하는 데 영향을 미친 듯하다. 조미성의 주류 급진적 학생운동에 대한 반감은 그를 생태적이면서 공동체적인 대안교육과 공동체운동으로 이끌었던 것으로 보인다.

　1990년대 학생운동에 참여하지 않고 졸업 후 환경운동에 뛰어든 사람도 있다. 이태일은 환경공학과에서 공학도로 환경을 공부하다가 우연한 기회에 자원봉사를 하러 환경단체에 갔다가 평생 환경운동을 하게 되었다. 이태일의 경우처럼 전환운동가들은 다양한 경험과 관심을 갖고 환경운동을 시작하고, 이를 계속 이어가고 있다.

2000년대 이후 학생운동

1980년대에 태어나 2000년대에 대학을 다닌 청년들은 대학 생활을 어떻게 보냈고 이것이 이들의 삶에 어떤 영향을 미쳤을까? 1980년대 학생운동의 '여진'이 남아 있던 1990년대와 달리 2000년대 대학에서는 '운동권'의 영향력이 약화하면서 '반권반운동권: 反運動圈'도 등장했다. 다른 한편 1990년대 등장한 시민운동이 점차 자리를 잡으면서 그 영향이 청년들에게 직접적으로 미치기도 했다. 우리가 만난 청년 운동가들의 삶을 통해 이 시대를 설명할 수는 없지만 그 특징을 살펴볼 수는 있을 것이다.

　배보람은 고등학교 때 참여연대 청소년모임에 참여하면서 성공회대 사회학과로 가게 되었다. 그는 대학에서 페미니즘 세미나를 많이 했고 총여학생회 활동도 했다. 3, 4학년 때에는 환경, 생태 관련 책들을 읽었는데 몇 가지 책이 매우 인상적이었다. 그래서 그는 대학 때 자원활동 가운데 하나로 녹색연합에서 일했는데 이곳이 '다양한 이야기를 많이 할 수 있는 공간'이라고 생각했고, 그곳에서 일하게 되었다.

이태영은 대학 1학년 때 대안정치·대안사회라는 이신행 교수의 수업을 들은 것을 계기로 '운동권'과는 다른 운동을 자연스럽게 하게 되었다. 대학 YMCA도 하고, 대학에서 생태적인 생협을 만드는 운동도 벌였으며, 생태선본^{선거본부}이라는 것을 만들어서 총학생회 후보로 나가기도 했다. '운동권'도 아니고 '반권'도 아닌 생태적이고 협동적인 뭔가 다른 생각을 가진 이들이 그의 친구들이었다. 대학에서의 이런 경험을 바탕으로 그는 졸업 후 YMCA에서 일했고 녹색당 지방선거 후보로도 출마했다.

허승규는 대학 학생회, 원불교 학생회 등의 학생활동을 하느라 10년 동안 학부를 다녔다. 그는 10%의 급진적인 정파의 '운동권'과 10%의 '반권' 또는 극우에 가까운 친구들 사이에 있는 무관심한 80%가 참여할 수 있는 '보편적인' 학생정치를 꿈꿨다. 그는 '지역'과 '녹색정치'라는 두 가지 핵심 이슈를 붙잡고 대안정치를 실험하고 있다. '성장주의에 정면으로 도전하는 녹색정치'와 같은 이상은 2000년대 이후의 청년들에게 나타난 새로운 담론이다. 독재의 억압이 사라진 시대에 대안적인 정치와 사회를 꿈꾸는 학생들의 운동이 대학에 등장했고 그 흐름이 녹색당과 녹색정치로 연결되었다.

'운동권'의 학생운동이 매우 약화한 2000년대 이후에 청년기를 보낸 운동가들 가운데 우리가 만난 몇 명은 민족, 민주, 민중, 계급, 통일 같은 정치 담론과 달리 페미니즘, 환경, 녹색정치, 대안, 지역과 같은 담론을 사용하며 다른 정치나 운동을 꿈꾸고 이를 실현하기 위해 노력하고 있다.[60]

[60] 이런 흐름은 앞에서 본 이헌석, 남종영 등의 이야기에서도 나타난다. 이 책의 초고를 읽은 홍덕화^{충북대}는 '생태주의와 페미니즘의 결합, 성장주의 비판' 등이 1990년대 후반 학생 환경운동에서 쉽게 접할 수 있었던 담론이었으며, 1990년대와 2000년대 학생운동의 세대 차이가 그렇게 분명하지 않다고 평가했다.

동물의 고통에 대한 공감

지금까지 우리는 젊은 시절 학생운동에 뛰어들었거나 그 영향을 강하게 받으면서 사회운동에 참여하게 된 사람들의 이야기를 들어보았다. 그런데 이와는 조금 다르게 사회 변화의 흐름에 영향을 받으면서도 개인의 체험과 감각이 사회운동가로 이끈 주된 동인이 된 경우도 적지 않다. 먼저 동물의 고통을 직접 체험한 것이 결정적인 계기로 작용한 동물운동가들의 이야기를 들어보자.

조희경은 자신이 키우던 개의 신랑감을 구하러 PC통신 동호회에 들어갔다가 개고기 논쟁에 뛰어들게 되고 「동물보호법」 개정 간담회 등에 참여하면서 동물운동단체 만드는 데 조금씩 관여하기 시작했다. 그가 동물운동에 삶을 걸기로 한 계기는 동물병원 지하에서 동물 생체실습 현장을 직접 보게 된 것이었다. 개의 고통에 찬 신음 소리는 그를 전업 동물운동가로 만들었다.

황현진은 '그냥 막연하게' 환경운동가가 되어야겠다고 생각하고 통영·거제환경운동연합 활동가로 일하게 되었다. 그런데 그가 현장 조사를 위해 제주로 내려가서 본 고래는 그를 동물운동가로 만들었다. 멸종위기종인 고래가 매우 좁은 목욕탕 같은 수조에 갇혀 있는 모습을 본 그는 '이 고래를 바다로 꼭 보내야겠다.'는 생각이 갑자기 들었고 책임감도 느끼게 되었다. 그는 고래의 고통에 공감했고 그 공감이 그를 동물운동가로 다시 태어나게 했다.

동물에 관한 기사와 책을 꾸준히 써 온 남종영 기자는 자신을 움직이게 하는 힘은 호기심 그리고 고통의 감정이라고 말한다. 자신을 바꾸는 에이전시$^{\text{Agency: 행위성}}$는 '동물원에서 고통받는 동물의 얼굴, 개 농장에서 낑낑거리는 개의 목소리, 구제역 때 살 처분되는 돼지 멱따는 소리' 같은 감정, 정동이라고 말한다. 어떤 결정적인 순간 때문에 사람이 바뀐다고 그는 말한다.

동물운동가 또는 동물 전문기자들은 모두 동물의 고통에 대한 자신들의 감정, 공감, 또는 정동이 자신들이 동물운동을 하고 동물 취재와 연구를 하게 만드는 계기였다고 말한다. 인간중심주의의 틀에 갇혀 인간만을 공감과 연대의 대상으로 삼는 이들과 달리 이들은 동물들이 보내는 비언어적 신호를 민감하게 느끼고 이해하여 이들의 대리인 또는 후견인으로서 이들의 자유와 권리를 위해 노력하고 있다.

농사의 즐거움

우리가 만난 사람들 가운데에는 마음 맞는 이들과 함께 농사짓는 일이 좋아서 마을과 공동체를 살리는 일을 해온 사람들이 있다. 장길섭은 호롱불 밑에서 살던 아름답고 깨끗한 지리산 고원의 고향 마을을 가슴에 담고 있었다. 그는 대학 졸업 후 출판사에서 편집자 일을 하다가 『녹색평론』의 김종철을 만나면서 완전히 새로운 삶을 살게 되었다. 『녹색평론』의 글들을 읽으면 읽을수록 농사를 짓지 않고서는 살 수 없을 정도로 삶이 바뀌었다. 결국 정농회, 귀농운동본부 등에서 일하다가 홍성의 풀무학교 전공부 교사로 일하게 되었다. 농사를 당위로 시작했는데 30여 년 하다 보니까 농사가 세상에서 제일 보람 있고 즐거운 일이라고 생각하게 되었다.

홍성군 홍동면의 주형로는 배구선수를 하다가 공부에 흥미를 잃었지만 풀무학교에 가면서 농사에 재미를 붙여 새로운 인간으로 태어났다. 유기농업을 하면 빨갱이라고 손가락질하던 시대에 그는 오리농법 등을 도입하면서 자연을 살리는 농업을 실험했고 이를 바탕으로 농사로 마을을 살리는 운동을 해왔다.

1986년에 대학에 들어가 학생운동에 참여했던 최요왕은 졸업 후 회사 생활을 했지만 농사를 시작하고 싶은 마음이 깊어지고 '농사 짓는 것이 진짜 환경운동'이라는 생각이 들었다. 그러다가 좋은 사람들을 만나 경기도 양수리 두물머리에서 농사하는 사람들과 어울려 농사를 재밌게 지었다. 그런데 2009년 4대강사업이 시작되면서 그는 국가와 자본에 저항하는 운동으로 뛰어들게 되었다.

장길섭은 『녹색평론』의 말들이 육화되어 당위로 농사를 시작했고, 주형로는 풀무학교의 홍순명 선생을 만나 농부의 삶을 살게 되었고, 최요왕은 농사를 짓고 싶은 마음과 환경운동을 제대로 하고 싶은 마음의 소리를 따라 농사를 시작했다. 이들은 산업문명 또는 도시 생활이라는 지배적인 사회구조 안에서 그 대안으로 '자연에 피해를 덜 주는 생산과 생활양식'의 하나로 농사를 인식했다. 이들의 주변에는 자연과 인간이 유기적으로 관계를 맺는 생산방식으로서 유기농업을 실험하고 이를 운동으로 조직하는 사람들이 있었다. 이런 흐름의 영향을 받아 이들은 생명을 살리는 농업을 대안적인 공동체와 함께 키워나가는 꿈을 실천에 옮겼다.

마을공동체 만들기, 마을 지키기

우리가 만난 사람들 가운데에는 다른 사람들과 어울려 공동체를 이루는 것이 좋아서 마음 맞는 이들과 함께 살아가고 있는 사람들이 있다. 이들은 거대한 사회구조를 바꾸는 것보다 자신이 사는 마을에서 삶을 변화시키는 일이 훨씬 재미있고 중요하다고 느끼며 작은 전환을 이루어가고 있다.

1980년에 대학에 들어가 학생운동에 뛰어든 유창복은 졸업 후에도 노동운동을 지원하는 일을 계속했다. 그런데 아이를 키우기 위해 성미산마을에 들어가 살게 되면서 그는 마을 사람들과 함께 살고, 놀고 일하는 것이 너무너무 재미있었다. 권력을 장악해서 그 힘으로 세상을 바꾸어야 한다는 혁명관이 아니라 매일 마을에서 세상을 바꾸는 것이 설득력이 있다는 새로운 혁명관을 갖게 되었다. 그가 '해체주의의 거센 물살'에 개인의 사적인 삶으로 빠져들지 않고 마을에서 즐겁게 '혁명'을 할 수 있었던 것은 마을에서 '민주적으로 훈련된' 이웃 사람들과 함께 살고 있었기 때문이다.

사회운동에는 큰 관심을 갖지 않고 살아가던 사람들도 자신의 삶이나 마을이 갑작스럽게 누군가에 의해 뿌리째 흔들릴 위험에 처하게 되면 스스로를 지키기 위해 운동에 뛰어들기도 한다. 박정섭은 어촌계장으로 바다에 기대어 살아가고 있었지만, 가로림만에 조력발전소를 건설한다는 계획을 듣고 완전히 새로운 삶을 살게 되었다. 자신의 삶의 터전인 바다가 가로막힐 위험에 처하자 그는 바다를 지키기 위해 국가에 저항하기 시작했다. 그는 자신과 어촌마을 사람들의 생존을 위해 스스로를 방어하는 운동에 뛰어든 것이다.

환경이라는 '환'자도 모르고 꽃 사진만 찍던 최병성은 그가 살던 영월 서강에 쓰레기 매립장을 건설한다는 발표를 듣고 서강을 지키기 위해 환경운동가의 길로 들어서게 되었다. 그는 강의 철새, 물고기, 꽃 사진을 찍고 때로는 며칠을 잠복해서 수달을 찍어 영월 서강의 아름다움을 사람들에게 알렸다. 주민들과 힘을 합쳐 싸운 결과 그는 자신의 마을을 지킬 수 있었다.

마을을 만들고, 이를 지키는 일을 하면서 운동가들은 자신과 이웃이 변하는 것을 느낄 수 있었다. 일이 잘 될 때는 신나고 힘이 났지만 싸움이 길어지고 힘들어질 때는 큰 고통을 느껴야 했다. 한편으로 틈새에서 새로운 실험을 하고, 다른 한편으로 마을에서 저항함으로써 이들은 생태전환의 역사를 써내려갔다.

시대를 살며 변화를 만드는 사람들

우리가 만난 사람들은 1960년대에서 2010년대에 이르는 시기에 청년기를 보내며 자신의 정체성을 형성하고 변화시켜 왔다. 청년기에 학생운동에 뛰어든 사람들도 있고 사회운동과는 아무런 상관없이 살아온 사람들도 있다. 어떤 시대에 어떤 역사적 경험을 공유했는가가 이들의 삶에 큰 영향을 미쳤겠지만 같은 세대 안에서도 개인적 경험과 특성에 따라 그들의 생각과 실천은 매우 달랐다.

우리가 만난 사람들의 공통점은 자신의 역사적, 사회적 경험을 '나와 가족의 영역'을 넘어서서 사회적이고 공적인 영역과 접합시키고 확장해서 사회를 변화시키려고 했다는 점이다. 이들은 나, 내 아이, 내 가족, 내 주변 동물의 삶을 민중, 시민, 자연, 동물과 접합시키고 이들의 고통을 줄이고 더 자유로운 세상을 만들기 위해 뭔가를 궁리하고 조직했다.

이제 다음 11장에서는 환경과 생명을 살리는 여성들은 무엇을 꿈꾸었고 그 꿈을 이루기 무엇을 했는지 그들의 이야기를 들어보겠다.

11장

환경과 생명을 살리는 여성들

젠더 불평등이 많이 줄어든 것처럼 보이지만 현실은 그렇지 않다. 많은 영역에서 남성들이 주류를 이루고 있는 상황에서, 여성 생태전환운동가들은 환경과 생명을 살리면서 젠더 차별을 없애기 위해 노력했다. 아이들과 약자에 대한 돌봄의 중요성을 절감하고 이들을 위해 행동에 나서기도 했다. 이 장에서는 여성 생태전환운동가들이 어떤 생각을 갖고 어떻게 운동을 해왔는지, 세대가 바뀌면서 이들의 생각과 활동은 어떤 변화가 생겼는지, 이들은 페미니즘과 에코페미니즘에 대해 어떤 생각을 갖고 있는지 살펴보고자 한다. 에콜로지와 페미니즘이 행복하게 만나 새로운 사회를 열어가는 꿈을 꾸며 이들의 이야기를 들어보자.

공해추방운동에 뛰어든 여성들

서진옥은 엄마의 마음으로 내 새끼들을 살리기 위해서 반공해 운동을 시작했다. 그런데 운동을 하다 보니 전문성과 기동성이 필요했다.

"엄마들이니까 오전에 나와서 오후 3시까지 회의 준비도 하고 자료도 보고 이러잖아요. 그리고 또 밥하러 다 가야 되는 거야. 그래서 공해 고발 전화가 아무리 와도 그 시간에는 못 가는 거예요. 공해 고발 전화에 빨리 대응을 해야 되는데, 기동성도 부족하죠, 환경문제에 대한 전문성도 없지…. 지금 생각하면 완전히 미쳤어 정말. 미치지 않으면 어떻게 그 많은 일을 해요."

그는 청년들의 '기동성과 전문성, 그리고 주부들의 모성, 여성성, 헌신성'을 결합하면 한국의 환경문제를 더 빨리 해결할 수 있을 것이라고 생각하고 공청협과 공민협 두 단체를 통합해 공추련을 만드는 데 앞장섰다. 그렇지만 통합해서 일을 해보니 급진적인 이념 중심의 운동, 남성 중심의 운동문화의 문제점이 크게 부각되었다. 서진옥은 결국 공민협 출신 운동가 몇사람과 함께 공추련을 떠나게 되었다.

구희숙은 공추련 출범 후에 공민협 출신의 공추련 여성위원회 멤버들과 공청협 출신 청년들 사이에 생긴 갈등이 '큰 고난'이었다고 말한다. 공민협을 만든 여성 회원들 가운데에는 '청년들은 너무 빨리 나가고 과격하고, 우리는 정말 따라가기 힘들고 뒤치다꺼리 하는 거 힘들다.'고 이야기하는 사람들이 적지 않았다. 그렇지만 구희숙은 결국 공추련에 남아서 일했고, 환경운동연합 여성위원회를 이끌며 화학조미료 안 먹기운동, 장바구니 쓰기운동 등 생활 속 환경운동을 꾸준히 해나갔다. 그렇지만 주부이다 보니 상근활동을 할 수 없어 운동에서 중심적인 역할을 하기는 어려웠다.

환경운동을 이끄는 여성들

1980년대 말에서 2000년대 초에 환경운동에 뛰어든 운동가들은 젠더문제를 어떻게 느끼고 경험했을까? 김혜정은 '아들 낳으려다 낳은 딸'로 태어나 초등학교 때부터 집안일을 하며 자랐다. 여자는 '좋은 데 시집가는 게 최고'라는 분위기가 만연한 울진 어촌 마을이 그는 싫었다. 그가 완전히 새로운 인생을 살기 시작한 것은 이곳에서 반핵운동을 조직하면서부터였다.

1989년에는 서울로 올라가 공추련에서 자원활동을 했고 반핵평화부 간사로 근무하기 시작했다. 이때 김혜정은 청년들과 공민협 출신의 주부들 사이에 갈등을 그리 심각하게 느끼지는 않았고 전업 활동가와 비상근 운동가의 차이 정도로 느꼈다고 말했다.

그는 서진옥과는 다르게 젠더문제를 경험했다. 그는 전업 활동가로 일했지만, 남성활동가들과는 달리 총무, 회원 담당 같은 일을 주로 맡아야 했다. 남자들은 글도 잘 쓰고 기획도 잘 하니까 그 쪽 일을 맡아서 일하는 경우가 많았다. 그렇지만 김혜정은 방사성폐기물처분장 반대 주민운동에 적극적으로 참여하면서 주민을 설득하고 조직하는 데 큰 기여를 하게 되었다. 그는 여성활동가가 주민 조직활동이나 문서 쓰는 일은 잘 못 한다는 소리를 듣지 않기 위해 '몇 배로' 열심히 일했다. 여성 선배활동가로서 잘 해야 한다는 생각을 한 번도 잊어 본 적이 없을 정도였다. 그가 보기에 한국 사회는 여성 지도력에 대해 굉장히 엄격하다. 남자들은 술자리에서 결의한 것을 가지고 회의에서 공식화하는 경우도 많다고 그는 말한다. 그는 여성이 조직에서 1/3 이상 차지하면 좀 더 평등하게 의사 결정이 이루어질 수 있을 것이라고 본다.

남성들은 평가나 경쟁을 자연스럽게 받아들이고 조직력, 네트워킹 능력이 있는 경우가 많지만, 반면에 여성들은 남성들에게 부족한 공감 능력이 매우 크다고 그는 본다. '감성이 반응하는 것이 생명운동을 하는 사람들에게 매우 중요하다'는 것이다.

"왜 여성들이 나서면 이기냐면 지역의 여성들은 항상 남자 뒤에 있어요. 이분들은 원래 대우받고 산 적이 없어요. 자리, 짱자리 해본 적도 없고 기껏해야 부녀회장 이런 건데, 부녀회장이라는 자리가 위에 있는 게 아니잖아요. 그러니까 늘 집안에서 거두고, 뒤에서 애들, 부모들, 남편 건사하고 애들 키우고, 한 번도 (힘 있는) 자리 한 적 없는 사람들인데 이런 사람들이 나서서는 내가 짱을 맡아서 일하는 게 아니고, 그게 중요하니까 그냥 해요. 그 할머니들, 이런 사람들이 제일 많이 (말)하는 게 '저 청년들을 내가 나서서 지켜야 된다.' 이런 마음이에요. 밀양 할매들이 가장 많이 하는 말이 그거에요. '내가 나서야지 경찰들이 쟤를 안 잡아간다.' 그러니까 앞에 가서 딱 서는 거죠."[61]

김혜정은 여성운동가로서 느꼈던 차별을 엄청난 노력으로 극복했다. '여자니까, 시골 출신이니까, 일류 대학 안 나와서 못할 거야' 하는 시선을 아랑곳하지 않고 '그딴 것 안 중요하다'고 무시하고 운동에 힘을 쏟았다. 그러다가 그는 후쿠시마 원전사고 이후 주부들을 만나면서 새로운 힘을 얻게 되었다. 평범한 엄마들이 '꼬깃꼬깃' 모은 돈으로 환경연합 회비를 내며 아이들을 위해 탈핵운동에 뛰어드는 모습을 보고 그는 희망을 보았다.

광주환경운동연합의 박미경은 여성운동가로서 차별을 받은 것은 아니지만 불편함은 있었다고 말한다. 상근활동가로 일했지만, 아이를 키우면서 아침 7시나 7시 반에 시작하는 조찬회의에 참여하는 것은 매우 어려웠다. 무엇보다 공식 회의에서 결정한 것이 비공식 '술자리' 회의에서 바뀌는 일이 적지 않았다.

"예를 들자면 회의를 기껏 했는데, 저녁 술자리에서 회의 내용이 바뀌어버리는 일이 있어요. 회의가 다 끝났음에도 불구하고. 그래서 다음에 가보면 결정이 이상하게 되어있기도 하고. 근데 계속 따질 수가 없는 게 제가 아이를 키울 때는 모든 회의를 꼼꼼하게 참여할 수가 없는 거예요. 그러다 보니 끝까지 내가 책임을 질 수 없으니까 계속 따질 수도, 그 회의를 책임질 수도 없고, 뭐가 맞출 수도 없어 그게 사실은 굉장히 불편하고 좀 아쉬운 부분이죠."

차별은 없었지만, 남성들이 그들 중심으로 당연하게 내리는 결

---

[61] 앞에서 보았듯이, 구희숙도 이와 비슷한 이야기를 한다. "저도 최루탄 엄청 많이 먹었어요. (중략) 우리가 일선에 서자, 그래야지 쟤들^{대학생들}이 안 다친다."

정, 또는 '비공식 회의'의 결정이 그를 '불편하게' 했다. 그렇지만 광주환경운동연합에서는 최지현 처장이나 이경희 정책실장 같은 여성활동가들이 남성활동가보다 더 꾸준히 운동을 이어오고 있을 정도로 여성운동가들은 저력을 발휘하고 있다고 그는 말한다.

김제남은 여성과 생명의 관계에 대해 많은 이야기를 했다. 그는 생명 존중은 여성성과 뗄 수 없이 만난다고 말한다. 그는 환경문제의 근본 원인은 물질문명에 대한 욕망과 이를 충족하기 위한 착취와 차별이라고 본다. 자연에 대한 인간의 착취가 오늘의 환경문제를 낳았고, 인간에 대한 착취와 정복의 역사는 주로 남성 중심으로 이루어졌다는 것이다. 여성을 자연처럼 열등한 것으로 보는 이데올로기가 여성과 자연에 대한 차별과 착취를 정당화해 왔다는 것이다.

> "성차별로부터 우리 사회를 바꿔나가겠다고 하는 것은 근본적으로는 우리 사회가 가지고 있는 자연에 대한 차별의식을 바꾸는 것하고 만난다. 그런 면에서 제가 환경운동을 여성운동 관점에서 하진 않았지만, 자연스럽게 여성이었기 때문에 훨씬 흔들림 없이, 어떤 좌절이 와도 그 좌절을 이겨내고 갈 수 있는 힘을 저에게 줄 수 있지 않았나 생각해요. (중략) 여성이기에 (중략) 우리 사회의 차별에 훨씬 더 빨리 공감하고, 공명하고 손 내밀어 연대하는 힘을 갖게 된 것 같아요."

김제남은 여성 차별과 자연에 대한 차별이 역사적으로 문화적으로 함께 이루어졌다고 본다. 여성들은 이중의 차별을 받기 때문에 더 빨리 공감하고 연대할 수 있다고 말한다. 그는 젊은 페미니스트들의 '분노'에 깊이 공감하면서도 청년들이 "너무 심각할 정도로 서로 너무 공격적으로 갈등하지 않았으면 좋겠다."고 말한다. 폭력의 구조, 차별의 구조는 오랜 역사 속에서 줄곧 지배자의 질서였고, 그 구조에 남성들도 함께 피해를 입었다고 그는 말한다. '연민으로 바라보는 눈도 필요'한 것 같다고 그는 말한다. 김제남은 가부장제와 자연 지배를 구조적인 것으로 보고 이를 해결하기 위해 이 구조를 넘어서기 위한 광범한 연대가 필요하고, 그것이 가능하다고 보는 것 같다.

이와 비슷한 생각은 강희영의 이야기에서도 발견할 수 있다. 강희영은 여성환경연대를 만난 후 여성의 관점에서 환경과 생명을 살리는 운동을 해왔다. 1999년에 여성환경연대가 여성환경운동가들의 네트워크 단체로 창립하고 2005년에 대중조직으로 전환하면서 우리나라 여성환경운동의 새로운 장이 열렸다. 이 단체를 만드는 데 참여한 여성환경운동가들은 기존의 환경운동 조직이나 여성운동조직이 갖고 있는 한계를 넘어서서 에코페미니즘의 관점에서 새롭게 여성환경운동을 시작했다.

1990년대 시민환경운동 조직은 환경 이슈를 다루었지만 여성이나 젠더 관점을 갖고 있지 않았다. 다른 한편, 1990년대 여성단체들은 성차별, 여성노동 등의 다양한 여성운동의 이슈는 다루고 있었지만, 환경 이슈는 거의 다루지 못하고 있었다. 이런 점을 주목하면서 1999년 여성의 관점에서 환경문제를 다루는 여성환경연대가 창립하였다. 여성환경연대의 창립선언문은 '조용한 환경청소부 노릇도, 용감한 환경투사 노릇도 모두 필요하다.'고 말한다.[62]

강희영은 '멋진 여자들'을 여성환경연대에서 만나면서 여성과 환경, 에코페미니즘을 경험하게 되었다. 그런데 페미니즘과 에콜로지, 생태, 생명이 늘 행복하게 만나는 것은 아니다. 젠더 불평등과 가부장적 문화나 제도는 여전히 매우 강고하고 이는 여성들의 삶을 위협하고 있다. 강희영은 전투적인 영영 페미니스트들과 많은 대화를 하면서 그들을 이해하게 되었다. 젠더 불평등에 대해 매우 예민하고 즉각적으로 반응하는 이들의 모습을 보면 불편하기도 하고, '저렇게까지 안 해도 되는데'하는 생각도 들었다.

그는 스스로 '에코페미니스트라는 아이덴티티를 갖고 있다'고 생각한다. 그가 말하는 에코페미니스트는 어떤 사람일까? 그의 말을 들어보면 자연에 대한 인간의 억압과 젠더 불평등을 넘어서서 거시적인 관점을 갖고 대안적인 생활과 문화를 실천하는 사람들이 에코페미니스트들이다. 그는 대안적 삶, 느리고 성찰적인 삶을 통해 사회구조를 바꾸어가는 운동을 하면서 생리대 문제와 같은 여성 건강에 대한 운동을 벌여왔다. 그런데 에코페미니스트로 사는 일은 '안에서 걸러야 할 거름망들이 너무 많은' 힘든 일이다. 그래도 그는 에코페미니스트로 잘 살아가고 있는 것 같다.

그는 에코페미니스트와 영영페미니스트들이 만나고 있다고 본다. 좀 다른 페미니즘을 찾는 그룹들이 에코페미니즘에 관심을 기울이고 있다는 것이다. 젊은 페미니스트 가운데에는 동물권문제에 깊은 관심을 보이는 이들, 채식주의자들도 매우 많다고 그는 말한다. 훨씬 더 많이 열려 있고, 더 다양하고, 평등에 대해 더 많이 고민하는 이들을 옆에서 보면서 그는 많이 배운

---

62 이 내용은 이 책의 초고를 검토한 장우주의 논평에 바탕을 둔 것이다.

다고 말한다.

새로운 여성 환경운동가들

강희영이 말하는 젊은 페미니스트들과 에코페미니스트들의 '만남'은 어디서 어떻게 이루어지고 있을까? 1980년대에 태어난 배보람과 곽빛나의 이야기에서 그 만남의 한 장면을 볼 수 있을지도 모른다.

녹색연합에서 활동가로 일한 배보람은 대학 4년의 8할을 페미니즘 세미나에 쏟아부을 정도로 페미니즘에 관심이 많았다. 대학 3, 4학년 때 환경, 생태에 관련된 책을 읽고 녹색연합에서 일하게 되면서 그는 생태와 페미니즘을 함께 고민하며 실천하는 삶을 살게 되었다. 녹색연합의 경우에는 대표단을 구성할 때 남녀 성비를 5대5, 아니면 6대4 정도로 맞추려는 노력을 하지만, 토론회나 회의에 가보면 사회자, 발제자, 토론자 모두 남자인 경우가 너무 많아서, '정말 저렇게 여자가 없나?' 하는 생각이 들 정도라고 말한다. 여성단체 사람들이 국회에 진출하고 총리도 했지만, 여성 의제 자체가 국가 차원에서 래디컬해졌다고 보기 어렵다고 그는 말한다. '환경 진영'에서도 일부 인사가 개인 차원에서 정치에 진출했지만 마찬가지라고 그는 평가한다. 그는 자연을 어머니, 여성에 비유하는 게 마음에 들지 않는다고 말한다.

"'설악산 어머니' 이런 얘기 하는 건 별로 제 스타일에는 안 맞거든요. 자연이나 생태를 여성화하는 거 자체가 되게 문제가 있다고 저는 개인적으로 생각해요. 왜 여성은 돌봄의 가치로서만 한정지어지고 자연은 왜 어머니고."

그는 한 철학자가 설악산은 여신인데 케이블카를 건설하면 창녀가 된다고 말했는데 그런 식으로 자연을 여성의 몸에 빗대는 방식은 매우 문제가 많다고 비판한다. 환경운동을 열심히 하는 도인 같은 양반들이 음양오행 얘기하면서 게이 안 되고 레즈비안 안된다고 말하지만 이런 생각은 반페미니즘적이고 젠더 감수성이 없는 것이다.63 그는 녹색운동은 낭만주의가 되면 안 되고 라디칼Rradical한 정치운동이 되어야 한다고 강조한다.

마·창·진환경운동연합 활동가로서 밀양 송전탑 반대운동에 뛰어든 곽빛나는 이 운동을 하면서 여성들이 주체가 되는 과정을 경험했다. 밀양 하면 '할매들'이 딱 떠오르지만 이것은 일종의 가부장 사회였기 때문에 가능했던 것이라고 그는 말한다. '할배들'은 경찰을 '패버리기' 때문에 이를 막기 위해 '어머님들이 남편을 지키기 위해' 앞에 나서게 되었다. 점심, 저녁, 밭일 모두 다 '어머님들'이 하시는데, 정작 대책회의에서나 집회에서 마이크를 잡는 사람들은 남자들이었다. 현장에서 무슨 일이 일어났고, 어떻게 싸웠는지를 알고 몸으로 겪지 않은 남성들의 언어는 한계가 분명했다. 그런데 '어머님들'이 무대에 서기 시작하면서 이들이 주체성을 얻게 되었다고 그는 본다. 밀양 할매들이 부각된 것은 운동가들이 여성과 농민을 상징화하고 이를 바탕으로 지지를 동원한 것도 중요한 요인이었다고 그는 돌아본다.

그렇지만 그는 이제는 '어르신들'이 '희생'이 아니라 당연한

---

63 장우주는 '여성성=모성=어머니 지구'라는 신비화된 이미지로 여성과 자연을 이데올로기화하는 것은 성역할을 고정화하는 것으로 해석할 수 있다고 평가한다.

권리, 인권의 문제로 접근할 정도로 성장했다고 평가한다. 곽빛나에게 '어머님들'은 어머니 자연과 같은 추상적인 하나의 상징이 아니라 남편과 자신들의 삶을 지키려고 앞장서서 행동하는 시민으로 다가온다. 이들은 자신들의 체험을 자신들의 언어로 말하며 시민들의 동참을 호소하는 '농민과 농촌을 지키는 사람', '주체로서의 여성'이 되었다.

그는 자신을 여성운동가, 페미니스트라고 볼 수 있을지는 모르겠지만 가부장 사회의 문제를 인식하고 있기 때문에 그 점에서는 페미니스트인 것 같다고 스스로 생각한다.

> "'나는 페미니즘에 관심이 굉장히 많은 사람'이라고 말하는 것, 이게 되게 두려운 일이기는 한데요. 말하고 나니까 조금 더 편한 점도 있어요. 그 사람이 나를 색안경 끼고 보는 것도 있지만, 그럼으로 인해서 그 사람이 조심하는 것도 있더라고요. 그런데 그 껄끄러움을 당연하게 보는 것, (중략) '내가 잘못된 거야'라고 느끼지 않는 게 중요하다고 생각해요. 그래서 사실은 최근에 밀양에서 집회를 하는데 하여가를 트는 거예요. '최태민이 좋더냐?' 뭐 이런 얘기를, 그 가사를 보면서, 제가 굉장히 분노했어요. 이거 틀지 말자. 그래서 틀지 않기로 했거든요."

그는 채식을 하면서도 많이 힘들었다. "왜 고기를 안 먹어서 다른 사람들에게 피해를 주느냐?"는 비난을 들어야 했다. 이런 반응에 대해 그는 자신과 생각이 다른 사람들을 비난하기보다는 자신이 불편한 지점을 계속 이야기하면서 다른 사람들과 맞추어 나가야 한다고 생각한다. 그는 여성, 외국인, 장애, 나이 차별 이런 문제를 넘어서서 함께 가려고 노력하는 것이 중요하다고 본다.

배보람과 곽빛나는 여성성, 모성, 어머니 지구로 연결되는 의미의 연쇄에 반대하면서 스스로 페미니스트이면서 환경운동가로 인식하는 듯하다. 래디컬하고 정치적인 운동을 하며 지배구조에 저항하는 현장에 여성들이 주체로 서 있다.

에콜로지와 페미니즘, 함께 또는 따로

서진옥과 구희숙은 '엄마의 마음'으로 '순수하게' 환경운동에 뛰어들게 되었다. 이들의 이야기에서 모성과 여성성은 긴밀히 연결되어 있다. 여성, 주부, 엄마의 마음은 하나의 이야기로 묶인다. 그런데 여성으로서의 정체성을 강하게 갖고 있던 서진옥은 남성운동가들에게서 가부장적이고 권위주의적인 모습을 발견하게 되었다. 이 때문에 그는 공민협 출신 운동가들 몇 사람과 함께 공추련을 탈퇴했다.

환경운동 안의 남성 중심적인 문화는 1990년대 이후에도 오랫동안 남아 있었다. 김혜정은 여성운동가들에게 훨씬 더 엄격한 젠더 차별을 느꼈다. 김혜정은 더 열심히 일해서 능력을 보여주는 것으로 문제를 해결하려고 했다.

그러면 여기서 에콜로지와 페미니즘의 관계에 대해 생각해보자. 둘은 행복하게 만날 수 있을까? 삐걱대며 갈등하고 적대하지는 않을까? 김제남은 여성성과 환경, 생명은 본질적으로 친화적이라고 보는 것 같다. 또한 여성은 역사적으로 차별받아 왔기 때문에 차별받는 사람들에게 더 공감하고 더 잘 연대할 수 있다고 말한다. 김제남의 이야기에서 에콜로지와 페미니즘은 잘 만나는 것으로 보인다.

여성들과 함께 주로 일을 한 강희영은 젠더 차별을 심하게 느낀 것 같지는 않다. 그는 온갖 거름망으로 자신의 생각과 행동을 걸러야 하는 에코페미니즘이 힘들지만 넓은 관점을 갖고 대안적인 삶을 살아가는 에코페미니스트의 삶을 즐기고 있는 것 같다. 그에게 있어서 에코페미니즘은 조용한 환경청소부와 용감한 환경투사가 연결되고 접합된 담론인 것으로 보인다.

배보람과 곽빛나 같은 젊은 여성운동가들은 에콜로지와 페미니즘이 함께 갈 수 있지만, 그렇지 않을 수도 있다고 보는 것 같다. 이들에게 페미니즘은 에콜로지와 똑같이 중요한 가치이다. 이들은 가부장적이고 반패미스트적인 환경운동가, 생명운동가들을 단호히 비판한다. 아마 이들은 반환경적 페미니스트들에 대해서도 비판적일 것이다. 배보람과 곽빛나는 적극적으로 불편함과 차별을 이야기하며 페미니스트로서 환경운동을 해나가고 있다. 차별을 낳는 구조와 그 구조를 떠받치는 사람들과 싸우며, 차별받는 많은 이들과 연대하는 운동을 이들은 꿈꾸고 있다.

12장

비인간, 자연, 그리고 동물

우리가 만난 환경, 생명, 마을, 동물운동가들은 다양한 특색에도 불구하고 한 가지 공통점을 지니고 있다. 바로 흔히 '사회'의 바깥에 놓여 있다고 상상되는 비인간 생명이나 사물 혹은 물질을 인간 및 사회와 연결해 사고하고 사회적 의제로 만들어 왔다는 점이다. 우리가 만난 운동가들은 삶의 궤적을 회상하며 여러 비인간을 떠올렸다. 어떤 비인간은 운동가를 매혹했고, 어떤 비인간은 운동가에게 당혹감이나 충격을 선사했다. 운동가들은 이 비인간의 역량을 이해하려 노력했고, 이들로 인해 생기는 결과를 사회적 문제로 만들기 위해 다양한 방법을 동원했다. 이 장에서는 먼저 운동가들을 움직이게 만들었던 몇몇 비인간 생명과 사물의 쇄도를 살펴보려 한다. 다음으로는 운동가들의 구술 속에서 비인간 자연이 담론적으로 어떻게 이해되고 있는지를 본다. 마지막으로 이러한 비인간 행위자를 번역하고 이해하는 데 있어 가장 주된 도구인 과학 및 전문성이 어떻게 이해되고 있으며, 서로 다른 이해가 어떻게 경합하고 있는지를 살펴보겠다.

쇄도하는 비인간

1) 공해

'하천물이 완전히 단팥죽'[최열]이 되고, 벌거벗고 수영하며 놀던 개울은 염색공단에서 나온 폐수로 '잉크빛'[장길섭]이 되었다. 1970년대 말과 1980년대의 초창기 환경운동은 이러한 극심한 공해에 대응하기 위한 운동이었다. 급속한 산업화 속에 다양한 물질을 다루는 산업이 곳곳에 자리 잡았지만, 공해 규제가 제대로 이루어지지 않아 공단 주변은 심각한 오염을 겪고 있던 때였다. 구자상은 온산공단 조사를 가서 공해로 망가진 마을과 고통받는 주민을 본 것이 환경운동에 '완전히 발이 묶이는 계기'가 되었다 말한다. 조홍섭 또한 선배가 보여준 공해 현장 사진을 통해 공해문제를 접하며 이공계생이 사회에 기여할 방법을 찾아 나섰다. 서진옥은 주부아카데미에서 공해문제를 접하고, 36명의 주부들과 단체를 결성해 폐수로 피해받는 이들을 위한 공해 고발 전화를 열었다.

화학비료와 농약 또한 새롭게 쇄도하는 비인간 행위자였다. 정성헌은 1970년대 후반부터 농업에서 새로운 품종이 도입되고, 화학비료와 농약이 많이 투입되며, 농기계를 본격적으로 쓰는 녹색혁명이 일어나면서 농약 피해가 나오기 시작했다고 회상했다. 당시 사회에서 농약은 새롭고 낯선 물질[달리 말하면 행위자]이었기 때문에 농민들은 이 물질의 독성을 모르고 많은 양을 보호 장비 없이 사용했다. 최열은 선진국에서는 허용되지 않은 것이 마구 수입되었고, 무지 많이 뿌려졌다고 이야기한다. 정성헌에 따르면 1977년경부터 가톨릭농민회는 농약문제를 인식하고 농민을 대상으로 교육을 시작했다.

당시 운동가들은 땅과 물, 공기가 대규모로 오염되는 공해라는 현상을 이해하고 의미를 부여하기 위해 노력했다. 이들은 이미 공해문제가 심각했고, 관련한 운동이 있었던 일본의 서적을 주로 참고했다. 그러면서 당시의 반공해운동을 반독재·반자본운동과 접목하여, 공해를 자본주의적 생산양식과 독재 정권의 문제로 의미화했다. 그러나 그와 동시에 공해는 카드뮴, 구리, 아연, 메틸수은, 이산화황 등 다양한 오염물질이 물, 공기, 토양과 같은 매체를 통해 나무, 개구리, 인간과 같은 생명체에 피해를 입히는 현상이었다. 이러한 비인간 물질 또는 행위자의 복잡한 움직임을 연구하고 이해해야만 공해문제를 사회적 의제로 만들어나갈 수 있었다.

이러한 비인간의 움직임을 이해하는 역량은 당시에는 매우 미약했으며, 그마저도 독재 정권하에서 방해를 받기도 했다. 최열은 온산병 규명을 위해 노력했지만, 국내에서는 온산에 가려는 의사가 없었다. 1985년 최열은 일본의 하라다 박사를 초청해 온산을 둘러보게 하고, 어패류, 물고기, 조개, 토양, 슬러지, 농작물, 토양을 분석하도록 요청했다. 농약 피해 조사 또한 비슷한 상황이어서 최열은 농작물을 수거해 잔류 농약 검출을 의뢰했지만, 모든 연구기관으로부터 거절당하기도 했다. 이러한 열악한 상황 아래서 운동가들은 일본을 비롯한 해외의 자원을 동원하기도 하고, 설문조사나 농약일지와 같은 다양한 방법을 시도하기도 했다.

2) 페놀 사태

여러 공해 사건 중 1991년 낙동강에 페놀이 유출되면서 일어난 '낙동강 페놀 사태'는 비인간 행위자의 고유한 역량을 보여주는 사건이었다. 당시 지역운동을 하던 김제남은 1990년 즈음부터 물문제에 관심을 가지기 시작했는데, 이미 1989년 정부 조사에서 수돗물에서 중금속이 검출되는 등 문제가 드러나기 시작했기 때문이었다. 하지만 운동가들의 회상에서 가장 중요하게 이야기된 것은 페놀 사태였다. 페놀은 수돗물 정수에 쓰이는 염소와 만나 클로로페놀이 되면서 냄새가 강해진다. 정부의 검사가 아니라면 시민들은 인지조차 할 수 없었던 중금속과 달리 클로로페놀은 강한 냄새가 나기에 시민들의 즉각적인 항의가 이어지고 사건은 커져갔다.

구자상은 신문에 조그마하게 나온 페놀 사건 기사를 접하고 바로 사람들을 조직해 부산시청으로 달려가 항의를 했다. 경남 마산시에서도 많은 시민이 시청에 항의를 했다. 당시 16개 단체가 건강한 사회를 위한 시민단체협의회를 구성해 활동했고, 이는 이후에 마산창원공추협의 설립으로 이어졌다. 당시에 대학생으로 지원을 나가고 이후에 마산창원공추협에서 일하게 된 임희자는 독재 정권 이후로 지역사회에서 지방자치단체와 시민사회단체가 이렇게 부딪히는 현안은 처음이었다고 회상한다. 김제남 또한 수돗물 중금속 사건이나 페놀 사건 이후 물문제를 중요하게 생각하고 이후 녹색연합 창립 초기에 물문제를 중요하게 다루게 되었다.

페놀 사태는 블랙박스, 즉 평소에는 눈에 보이지 않게 작동하는 상수도 시스템과 낙동강과 같은 수원지에 관한 관심을 불러일으켰다. 이는 이후 지리산 댐 반대운동이나 구미 위천공단에 대한 부산 경남의 반대운동이 거세지게 만들었다. 구자상은 보수단체와도 연합해서 대규모 집회를 조직하고, 부산시장실을 점거하기도 했다. 임희자 또한 위천공단이나 지리산댐 반대운동

때, 마산역 앞에 5천 명이 모일 정도로 동력이 셌다고 회상했다. 이러한 동력은 2000년 「낙동강특별법」낙동강 수계 물 관리 및 주민 지원 등에 관한 법률」 제정으로 이어졌다. 구자상은 천만이 넘는 사람이 마시는 식수원에 특정 유해 물질 배출 공장을 허용하는 국가는 근대국가가 아니라고 단언했다. 이러한 오염물질에 대한 규제는 점차 중요한 국가 사무 중 하나가 되었고, 임희자는 2000년대 이후 환경운동의 힘이 줄어든 이유 중 하나로 오염을 규제하는 환경부가 안정적인 단계로 넘어갔다는 점을 들기도 했다.

3) 방사능

핵발전과 이로 인한 방사능문제 또한 비인간의 역량에 대한 새로운 이해가 필요한 현상이었다. 1986년 체르노빌 사건은 최열과 같은 초기 환경운동가들에게 원자력이 문제라는 점을 일깨워주었다. 김혜정은 울진에서 태어나 지역운동을 고민할 때 지역의 핵발전소를 중요한 문제로 보고 반핵운동을 시작했다. 울진에서는 1988년 8월에 울진 핵발전소^{현 한울 핵발전소}가 가동을 시작했다. 김혜정은 1988년 당시 지역 현안으로서 핵발전에 관심을 가지고 모임을 시작했다. 김혜정은 당시를 회상하며 '활동이 너무나 미미'해서, 원전이 위험하다는 걸 알리는 수준이었다고 말한다. 이후 1990년 안면도 사태 등에서도 '정교한 논리'를 쌓지는 못하고 일방 강행이 얼마나 부당하고 위험한 것인지 정도만 이야기할 수 있었다고 그는 회상했다.

서진옥은 1988년 아시아태평양 핵발전 반대 회의에 참여해서 다카기 진자부로^{高木仁三郎} 박사를 만나 핵발전의 위험성에 대해 배우게 되었다. 그는 당시 일본의 로카쇼무라 핵폐기장을 견학하면서 핵폐기물에는 중저준위, 고준위 핵폐기물이 있고, 고준위 핵폐기물 속 플로토늄으로 핵무기를 만들 수 있다는 사실을 이때 처음 알게 되었다. 다카기 진자부로 박사는 한국에 핵발전소가 몇 개인지도 모르던 서진옥에게 고리 핵발전소가 위험하며, 돌아가면 가장 먼저 방사능 폐기물이 어떻게 되어 있는지를 보라고 말했다. 그 당시 시민에게 방사성 물질은 매우 낯선 물질이었고, 당국은 핵발전소에서 나온 방호복, 마스크, 장갑과 같은 저준위 폐기물을 핵발전소 근처 생활 쓰레기 매립장에 그대로 버리는 지경이었다. 이 당시 고리와 영광에서 뇌가 없는 아이가 태어나면서 문제가 되기도 했다.[64] 공추련은 '핵발전소 반대 100만 서명운동'을 조직했고, 고리 핵발전소 폐쇄운동을 하기도 했다.

이헌석은 청년환경운동을 고민하며 2000년에 청년환경센터를 만들었고 핵발전소, 핵폐기장문제를 주로 다루었다. 그는 1999년 울산 신고리 핵발전소 반대운동을 하는 것을 시작으로 방폐장 반대운동도 함께 하며 한국반핵운동연대 사무국을 맡아 일했다. 하지만 이러한 반핵운동은 2005년 경쟁적 주민 투표로 경주가 중저준위 방폐장 부지로 선정되면서 침체되었다.

4) 후쿠시마 사고

2011년 후쿠시마 핵발전소 사고는 많은 사회운동가들에게 큰 영향을 주었다. 핵발전소가 물에 잠기고 폭발이 일어나는 모습

---

[64] 1989년 영광 핵발전소[현 한빛원전] 경비원 아내가 두 번이나 뇌가 없는 아이를 유산한 사건이 알려지면서 논란이 발생했다. 언론에서는 '영광 무뇌아' 사건이라 보도했고, 당시 영광 핵발전소 운영사인 한국전력은 "영광원전 근무 근로자의 무뇌아 출산은 방사능과는 무관하다."고 발표했다. 이에 대해 광주환경공해연구회는 "의혹이 많다."며 반박했다[연합뉴스, 1990].

이 방송을 통해 실시간으로 중계되면서 여러 운동가에게 큰 충격을 주었다. 장길섭은 자신과 홍성 풀무학교, 동료 교사, 유기농 농민 모두가 큰 충격을 받았다고 회상했다. 사고 이후, 벼농사 철이 되어 봄에 비가 오는데 이게 방사능비는 아닐지, 이 빗물로 농사를 지을 수 있는지 걱정이 되며 무력감이 들고 종말이 온 것만 같았다는 것이다. 당시 대학생이었던 곽빛나는 후쿠시마 사고 소식에 충격을 받았고, 우리나라에 21개의 핵발전소가 있다는 사실을 처음 알게 되었다. 이를 계기로 그는 『녹색평론』을 정기구독하기 시작했다.

2011년 7월 10일 고리원전 부근 월내항 방파제에서 환경운동연합 활동가들이 고리원전 가동 중단을 촉구하는 퍼포먼스를 벌였다.
ⓒ 『함께 사는 길』 이성수

김혜정은 사고 소식에 물이 넘어가지 않았다. '내가 있어야 될 곳은 반핵운동의 현장'이라고 생각한 김혜정은 약속을 다 취소하고, '반 미쳐가지고' 환경연합으로 달려갔다. 이헌석은 기후변화 문제를 다루려는 참에 후쿠시마 사고가 터지면서 '다시 처음으로' 돌아왔다. 사고가 난 3월부터 4월까지 사무실에는 끊임없이 기자의 문의 전화가 걸려왔다. 전화를 받는 알바를 따로 구해야 할 지경이었다.

이렇게 후쿠시마 사고에 충격을 받은 운동가들은 새로운 연대체와 운동을 만들었다. 사고가 나고 1주일 후 환경재단 레이첼 카슨 홀에는 이헌석과 김혜정을 비롯한 운동가 등 80명이 모여서 무엇을 해야 할 지를 논의하기 시작했다. 이 모임은 핵없는 사회를 위한 공동행동이라는 연대체로 발전했다. 이헌석은 평소 일본의 〈반원발신문反原発新聞〉, 유럽의 〈뉴클리어 모니터스Nuclear Monitors〉와 같은 신문을 눈여겨봤고, 지역 신문 경력이 있던 윤종호전 환경정의 활동가를 설득해 〈탈핵신문〉을 창간했고, 이 신문은 지금까지 이어지고 있다. 또한 탈핵교수모임 등과의 연계를 통해 시민과 운동가를 대상으로 탈핵학교를 10기까지 진행했다.

후쿠시마 사고는 녹색당이 창당하는 데에도 중요한 역할을 했다. 하승수는 이전부터 지역정치를 고민하고 활동했는데, 후쿠시마 사고 이후에는 어쨌든 한국에 녹색당이 필요하다고 생각하게 되었고 소수의 인원과 함께 의기투합하여 녹색당 창당에 매진했다. 구자상은 한 달 동안 텔레비전을 보면서 뭐라도 하지 않으면 안 되겠다고 느끼면서 녹색당을 만드는 모임에 합류했고, 부산의 고리 1호기 폐쇄 문제에 매달렸다. 장길섭은 후쿠시마 사고에 충격을 받고 반핵운동을 하려던 참에 『녹색평론』 20주년 기념식에서 하승수를 만나 풀무학교 전공부 동료교사들과 녹색당 창당에 함께 했다.

한국의 반핵운동 역사가 그리 짧지는 않지만, 복잡한 핵발전시스템과 방사능에 대해 이해하고 적절히 대응하는 일은 운동가에게도 어려운 과제이다. 이헌석은 '핵은 죽음'과 같은 구호만 가지고는 안 되며 전문성이 더욱 더 필요해지고 있다고 이야기한다. 일본만 해도 후쿠시마 1호기 상황을 이야기하며 몇 시버트의 방사능이 나왔고 어떻게 대처했어야 하는지를 구체적으로 이야기하지만, 한국에서는 그냥 '무섭다' 이상의 이야기가 나오기 어렵다는 것이다. 그는 후쿠시마 사고를 통해 특히 한국의 기자들이 핵발전의 원리와 중대성을 깨우치게 되었다고 이야기하기도 했다. 당시 기자들은 에너지정의행동에 연락해 기본적인 내용을 물어보며 학습을 했던 것이다. 〈탈핵신문〉이나 탈핵학교 또한 반핵운동의 지식을 축적하고 전파하기 위한 기획이었다.

5) 동물

동물의 행위성은 여러 운동가를 움직였다. 동물운동가들은 동물 개체와의 만남을 활동의 계기나 결심의 순간으로 기억했다. 조희경은 1993년부터 개를 키우기 시작하였고, 하이텔 PC통신 애완동물 동호회를 통해 동물운동을 시작하게 되었다. 깊이 들어가지 않으려던 그가 이 운동에 완전히 전념하게 된 계기는 동물병원 지하에서 동물 생체실습에 이용된 개들을 만났을 때였다. 너무 충격을 받은 그는 대성통곡을 하면서 '내 인생을 얘네들을 위해 쓰겠다.'고 생각하게 되었다.

황현진은 멸종위기종 고래 불법 포획 소식을 듣고 제주로 가서, 관계자 외에는 출입이 금지된 쇼장 뒤편에 들어가 굉장히 좁은 목욕탕 같은 수조 안에서 고래를 처음 보았다. 그길로 그는 1인 시위를 시작하면서 바다생물 전문운동을 시작하게 되었다. 남종영 또한 북극곰, 고래에 대한 지적 호기심으로 알래스카, 스발바르 제도와 같은 곳에 여행을 갔고, 다른 동물문제에 대해 관심을 넓혀나갔다.

북극곰, 고래, 개와 같은 동물은 비인간 카리스마를[65] 지니고 사람을 매혹시킨다. 하지만 이들 운동가들은 농장 동물이나 고양이와 같은 회색 영역의 동물 및 다른 동물에도 관심과 활동을 넓혀갔다. 조희경은 악어와 같이 흉하게 여기는 동물에 대한 학대를 고발하자 사람들이 큰 반응을 보였다는 점을 들면서 사회적으로도 변화하고 있다고 이야기했다.

동물은 환경운동과 마을운동을 접합하는 매개가 되기도 한다. 농부와 어부의 생계공간이자 정체성의 근간으로서의 자연에 대한 인식은 늘 환경운동과 매끄럽게 접합되지는 않았다. 박정섭은 본래 '물개'를 하찮은 걸로 생각했다. 그물도 찢어놓고 고기 잡아먹던 '물개'를 몇 번이나 잡아보려고도 했지만, '원체 빨라서' 잡지를 못했다. 〈SBS〉 박수택 기자가 박정섭이 말하는 '물개'가 점박이물범이라며 생태적 가치가 크다고 하니, 그날로 그는 '어디 가든 물범 얘기도 해야겠'구나 싶어서 이야기하기 시작했고, 그 얘기는 여러 사람들에게 먹혀들었다.

하지만 누가 동물을 대변하며 목소리를 낼 수 있는지는 경합

---

[65] 비인간 카리스마Nonhuman charisma는 지리학자 로리머Lorimer, 2007가 주창한 개념인데, 그는 흔히 사람에게 쓰이는 카리스마라는 용어를 비인간 동물에게도 확장해 사용하고 있다. 일반적으로 카리스마는 사람을 홀리는 특성으로 이해되는데, 동물을 포함한 비인간 실체 또한 그러한 카리스마를 가지고 있다는 것이다. 고래나 판다 같은 동물이 비인간 카리스마의 예로 자주 언급되며, 이들의 카리스마는 사람이 이들을 인식하고 평가하는 데 영향을 준다. 로리머는 비인간 카리스마가 이들 종에 내재된 것이 아니라, 특정한 문화적 맥락 아래 때로는 잠수정, 현미경, 분광계 같은 기술적 도움을 받아 인간이 신체를 통해 경험하면서 창발한다고 말한다.

적이다. 조희경이나 황현진 같은 동물운동가들은 반려동물이나 고래와 같은 동물을 누군가 대변해야 하기에 목소리를 내었다. 조희경은 반려동물에 대한 착취와 침해를 보면 괴롭기에 '얘네들의 처지'를 대변하려 애써왔다. 황현진은 방류되는 제돌이 등 고래의 지느러미에 냉동낙인을 찍으려는 과학자들에 반대하며 인간의 흔적을 최소화해야 한다고 주장했다. 남종영은 저널리스트이자 연구자로서 최고의 적임자는 없고, 정치, 과학자, 기자, 운동가 각각의 욕망 속에서 진실을 찾아가는 게 중요하다 보았다. 하승수는 제주도의 노루 이야기를 예로 들면서 노루와 농민의 갈등 사이에서 노루와 농민의 이야기를 듣고 수렵의 실효성, 개발로 인한 서식지 파괴라는 원인을 이야기하고 조정하고 정책을 세우는 게 녹색당, 녹색정치라고 이야기한다.

공해, 페놀, 방사능, 후쿠시마 사고, 동물과 같은 비인간 생명과 사물은 사회에 쇄도하며 반공해운동, 환경운동, 반핵운동, 녹색당 같은 집합 행동을 낳았다. 운동가들은 쇄도하는 비인간을 새롭게 해석하고 의미화했다.

생명과 자연

1) 생명
우리가 만난 운동가들은 다양한 의미에서 '생명'이라는 용어를 썼다. 생명은 크게 네 가지 의미로 쓰였다. 첫 번째는 죽음의 거대 문명을 전환하자는 생명사상이다. 두 번째로 생명은 여성과 엄마의 마음을 함축하는 용어로 쓰였다. 세 번째는 생명의 그물망, 즉 생태계를 이야기하는 데 쓰이기도 했다. 마지막으로 동물 개체에 대해서도 생명이라는 말이 쓰였다.

첫째, 생명사상과 운동에서 쓰이는 생명이란 말을 살펴보자. 농업사회가 해체되면서 산업문명으로 전환되는 걸 지켜본 이들은 환경문제 해결을 위한 근본적인 문명 전환을 이야기하며 생명사상에 기반한 생명운동을 전개했다. 정성헌은 가톨릭농민회를 하면서 단순한 환경운동이 아닌 '죽음으로 질주하는 거대 문명', 즉 구조악과 문명양식을 해결하는 생명운동을 해야 한다는 이야기를 하기 시작했다. 정성헌은 '우리나라 국토 생명'을 살리는 건 결국 물과 흙을 살리는 것이며, 구체적으로 3만 6천 개의 마을과 3만 5천 개의 개울을 살려야 바다와 생명을 살리는 일이라 말한다. 그가 생명의 위기를 느끼는 것은 토종벌의 97%가 전멸했다는 사실에서다.

구자상은 서구적 환경운동의 이야기가 부족하다 느끼게 되면서, 동학에 관심을 가지고 생명사상을 공부했다. 개인의 자유를 이야기하면서도 전체, 즉 '홀리스틱Holistic한 가치'를 추구하는 게 동학에 들어있다고 그는 생각한다. 또한 동학에서는 경물敬物해야 한다는 교리가 있는데, 구자상은 물건을 귀하게 대하는 이러한 사상이 대량 생산과 대량 폐기의 자본주의 시대에 중요한 내용이라고 생각했다.

김기섭은 '생명을 추구해야 사회가 건설된다.'고 생각한다. 달리 말하면 '사회를 만들어 가기 위해서는 사회를 넘어서 생명과의 관계를' 살려야 한다고 보는 것이다. 사회적경제는 경제가 사회를 지배하는 게 아니라, 생명이라는 토대 위에서 사회를 만들어 가는 과정이라고 그는 본다.

윤형근은 김지하의 글을 읽고서 생명사상을 접하게 되었다. 그는 이 글에서 사람이 갖고 있는 무궁함, 깊이를 느꼈고 가슴이 뛰었다. 하지만 그는 당시의 살림, 죽임, 기계, 생명과 같은 이분법은 문제라고 여기고 있으면서, 지금의 한살림선언이 도그마가 되는 것은 문제라고 보고 있었다. '젊은 친구'들은 '구리다'고 하는 한살림선언을 새로운 언어로 새롭게 쓰는 작업이 필요하다는 것이다.

둘째, 생명은 여성, 엄마의 마음과 연관되어 나타났다. 서진옥은 사람 사는 데 가장 중요한 물과 공기와 음식과 관련된 문제를 '엄마의 마음'으로 내 새끼들을 살리기 위해 환경문제를 간과하면 안 되겠다고 생각했다. 구희숙 또한 아픈 자녀를 생각하며 어머니로서 아이를 위해 환경운동을 하는 게 의미 있겠다 생각했다. 김혜정은 여성들이 환경운동에 많이 참여하는 이유는 여성들이 공감 능력이 많고, 생명의 가치를 중요시하기 때문이라고 보았다. 삶과 생명의 가치, 아이들에게 안전한 미래를 나눠주는 게 여성에게 매우 중요하다고 그는 생각했다. 김제남 또한 여성성과 생명 지향성, 생명 존중을 떼놓을 수 없다고 보았다.

우리가 만난 여러 여성 환경운동가들은 여성성과 생명 존중이 연결되어 있다고 보았다. 실제 환경운동에도 여성들이 많이 참여하고 있다는 것이다. 여성이 환경운동에 더 많이 참여하는 기제는 별도의 분석이 필요하겠지만, 엄마로서 아이의 건강, 음식과 물에 관한 관심은 우리가 만난 몇몇 운동가들의 출발점이기도 했다. 또한 이러한 동기는 운동 과정을 통해 자신 및 아이뿐 아니라 타인, 동물, 생태계 전반에 대한 관심으로 넓어지는 계기가 되었다. 하지만 배보람은 이렇게 자연이나 생태를 여성화하는 것을 문제로 인지하기도 했다. 여성을 돌봄의 가치로만 가두게 된다는 것이다.

세 번째로 생명은 생명의 그물망, 즉 생태계를 의미하기도 했다. 김제남은 배달녹색연합에서 녹색연합으로 이름을 바꾸면서, 인간 중심적 환경운동을 넘어서 사람과 자연이 공생하고, 자연의 생명을 존중하며 생명의 그물망을 복원, 보존하는 활동을 하자고 생각했다. 이후 그는 천성산 터널 반대운동에서 도롱뇽의 친구들이라는 이름으로 시민을 모집하고 대리소송을 하기도 하였다. 그는 이 활동을 환경인식의 저변을 넓히는 역할을 했다고 자평했다.

이러한 생명의 그물망, 생태계를 다양한 생물과 생태 과정이 얽힌 복잡한 체계로 이해하고 이야기하는 데에도 운동가의 역량이 요구되었다. 김제남은 1996년 갯벌, 습지 생태계와 백두대간 체계를 공부하고 이 체계를 보호할 방법을 만들자는 생각을 했다. 백두대간이라는 용어 또한 이러한 학습 와중에 재발견한 전통의 용어로, 백두대간 환경탐사를 통해 책을 발간하는 활동을 했다.

습지 또한 오랜 과정을 거쳐 그 중요성에 대한 이야기가 만들어졌다. 김제남은 1996년부터 습지에 관심을 가지고 활동을 시작했지만, 당시 한국의 습지 관련 지식은 척박했다. 당시 갯벌 습지 보전 국제 세미나를 열어 해외 활동가로부터 해외에서는 어떻게 하는지 배우기도 했다. 임희자는 1993년 우포늪의 아름다운 모습을 본 이후 교육위원회를 중심으로 습지기행을 하기 시작했다. 이후 주남저수지 군무원 아파트 반대운동에 대한 이야기를 듣고 1995년 방문한 일본의 가시와기를 통해 호주 람사르 회의를 가게 되었다. 1996년 호주에서 열린 람사르 회의에는 환경운동연합과 녹색연합 등이 참여하였고, 1997년에는 습지보존연대가 발족하게 되었다.

마지막으로 동물 개체에 대해서도 생명이라는 말이 쓰였다.

조희경은 무생물과 다르게 동물은 수명이 있고, 병이 들기도 하기 때문에 시간을 끌 수가 없고 생명을 살리기 위해 바르게 행동을 해야 한다고 말한다. 황현진은 동물운동과 환경운동이 다루는 '생명이라는 것 자체의 카테고리'가 다르다고 말한다. 즉, '진짜 막 살아서 심장이 벌떡벌떡 뛰는 동물'을 다루고 있다는 점이 동물운동의 특징이라고 그는 말한다.

2) 자연

바다와 뭍에서 생명을 키우고 거두어 삶을 영위하는 이들에게 자연은 가장 먼저 생계의 공간으로 다가온다. 가로림만에서 만난 박정섭에게 바다는 '맨손 들고 가면 저절로 돈이 들어오는 예금통장'이나 같은 곳이다. 최요왕은 모든 부의 바탕은 환경에서 나온다고 여겼다.

 이러한 생계의 공간에서 일하면서 자연과 맺는 관계는 이들에게 중요한 정체성이 되었다. 박정섭은 '나는 가로림만 떠나면 죽어유.'라는 표현으로 그가 붙박인 땅과 바다에 대한 애정을 드러냈다. 주형로는 그가 나고 자란 홍동에서 환경농업마을 영농조합법인을 만들고 농법을 알리는 역할을 해오면서, 마을의 100년 계획을 만들었다. 4대강사업이라는 거대한 파고 앞에서 최요왕과 동료 농부들이 두물머리를 떠나지 않고 싸울 수 있었던 것은 '유기농에 대한 자부심' 덕분이었다. 우리 사회에서 유기농업을 최초로 시작한 곳 중 하나인 영농조합을 기반으로 그와 동료 농부들은 농산물을 판 수입의 일부를 떼서 투쟁기금을 만들어 지속해서 싸울 수 있었다.

 최요왕은 환경운동연합에서 소모임을 하며 공부를 하면서, 농사를 짓는 게 맞겠다는 생각을 하게 되었다. 극단적으로 인간이 사라질 수도 없고, 그렇다고 인간의 지배력이 너무 커지면 환경이 망가지는 상황에서 '현재 나와 있는 방법 중에는 농업만이 최선의 타협점'이라는 것이다. 장길섭은 『녹색평론』의 초창기 편집장 일을 하면서 점차 농적 순환사회가 정답이라는 생각을 하게 되었다. 그는 '농사 짓고 사는 것이 죄를 덜 짓고 사는' 것이라는 생각을 하면서 귀농을 하게 되었다. 농업은 분명 인간이 땅에 깊숙이 개입하고 인간이 만든 질서를 부여하는 작업이다. 우리가 만난 농민운동가들은 농업을 인간이 자연과 타협하며 살아갈 수 있는 길이라고 생각하고 있다.

자연은 또한 인간의 개입이 적은 원초적이고 아름다운 풍경으로 여겨지기도 한다. 장길섭은 어릴 적 살던 고향에서 본 훼손되지 않은 '원초적 자연, 원초적 풍경'을 그리워했다. 그는 지금의 농촌은 보는 눈이 있는 사람에게는 '심성'도 '자연'도 망가진 폐허로 보일 것이라 말한다.

직접적으로 느껴지는 자연의 아름다움은 운동가들에게 영감을 주기도 한다. 조미성은 산청 간디학교에서 교사 생활을 하며 본 '별이 쏟아질 것 같은' 하늘과 물안개가 깔린 너무나도 아름다운 풍경을 회상했다. 이런 아름다운 풍경에 '로드킬 당해 죽은 개구리'를 보면서 '인간이 왜 개구리를 죽이고 살아야 하는지 생각하며 문명이나 대안교육에 대한 고민을 더 깊이 하게 되었다고 그는 이야기했다.

임희자는 페놀 사태 이후 낙동강의 중요성을 시민에게 알릴 방법을 강구하다가 1993년도에 처음 우포늪을 가보고 '바로 이거다'라는 생각을 하게 되었다. 낙동강 배후습지의 아름다운 경관은 낙동강의 물이 시커멓게 흘러가는 모습과는 차이가 있었던 것이다. 그리고 이러한 아름다운 풍경과 낙동강, 배후습지의 중요성을 알리기 위한 습지 기행 프로그램을 운영하였다.
 우리가 만난 운동가들은 생명과 자연을 중요한 개념으로 여기고, 이에 기반해 운동을 해나갔다. 생명은 문명의 기반이자 토대로 여겨지기도 하고, 돌봄과 여성성과 연결되기도 했다. 또한 생명은 생태계, 즉 생명의 그물망을 일컫기도 했고, 심장이 벌떡벌떡 뛰는 개별 개체를 가리키기도 했다. 자연은 인간이 개입이 적은 원초적이고 아름다운 풍경으로도, 생계와 정체성의 공간이기도 했다.

과학과 운동의 전문성

공해, 방사능, 생태계, 동물 등 비인간의 역량을 이해하고 그들의 목소리를 듣기 위해서는 인간 행위자에게도 새로운 역량이 필요하다. 운동가들은 이를 위해 전문성이 필요하다고 말한다. 하지만 이 또한 경합적인 개념이다.
 보통 환경운동은 현대과학에 대해 적대적이라 이야기하지만, 우리가 만난 운동가들은 꼭 그렇게 생각하지는 않았다. 최열은 자연과학적 지식을 가지고 운동에 뛰어드는 게 훨씬 유리하다고 말한다. 식품첨가물이 화학적으로 어떻게 변하고 이런 이야기를 운동가가 이해하고 말할 수 있어야 한다는 것이다. 장재연은 환경에 문제가 있다는 것도 과학으로 확인한다는 점에서 환경운동은 과학에 기반하고 있다고 보았다. 또한 과학은 수단이며 누가 이를 갖고 있느냐가 중요하며, 사람들을 설득하려면 전문성이 있어야 한다고 강조했다.
 여러 운동가들은 운동 과정에서 전문성이 부족하다고 느끼는 경우를 많이 이야기했다. 서진옥은 주부가 모여 공해반대시민운동협의회 활동운동을 하면서 전문성이 부족함을 느꼈다. 그는 당시 공청협이 환경학이나 핵물리학을 공부한 사람들이 모여 있으니 '평범한 주부'보다는 훨씬 전문성이 있으리라 생각하고 이들과 함께 일해야겠다고 생각했다. 김제남은 '푸른 한반도모임'을 하면서 물문제를 다루기 시작하면서 전문성의 부족을 느꼈다. 그러던 중 회원 강좌에 초청한 배달환경연구소 소장인 장원 교수와 대화를 나누다 서로가 전문성과 대중활동에 대한 필요가 일치하다는 걸 알고 두 단체를 연결해 활동을 하게 되었다. 김혜정은 반핵운동을 하면서 원자력 찬성 전문가와 전문기관이 압도적으로 많아 반핵운동 세력이 열세이고 전문성이 부족하다는 점을 느끼곤 했다. 이헌석은 '핵은 죽음이다' 이상으로 이야기하기 위해서는 과학적 전문성이 필요하다고 이야기했다. 조희경은 동물운동을 하면서 동물복지나 동물윤리를 연구하는 사람이 없어 이론과 전문성 부분이 뒷받침되지 않아 한계를 느끼고 있었다.

하지만 이러한 전문성이 반드시 소위 '자연과학'이나 '이공계'로 대표되는 무언가는 아니다. 박진섭은 운동이 전문성을 확보해야 하지만 그것이 공학적인 전문성을 이야기하는 건 아니라 말한다. 그는 좀 더 사회와 인식에 대한 연구가 필요하며, 시민에게 쉽게 다가가는 연구가 필요하다고 이야기한다. 이헌석은 시민단체 활동가의 역할을 텔레비전 조립에 비유했다. 활동가는 반도체 칩이나, LED와 같이 부품을 직접 만들 필요는 없지만, 각각 소재의 특성을 알고서 갖다 쓰는 게 중요하다는 것이다. 이렇게 가져온 재료들로 텔레비전을 조립하듯 운동의 논리와 전문성을 갖출 필요가 있다는 게 그의 설명이다. 한재각은 특히

나 과학기술에 비판적인 입장을 드러냈다. 그는 과학기술운동을 고민하면서 과학기술의 선용과 같은 이야기를 비판하며 과학기술에 비판적 개입을 해야 한다고 생각했다. 한재각은 박사 연구주제 또한 에너지 계획과 같이 전문성의 벽 뒤에 있는 영역을 비판적으로 검토하고, 시민의 참여적 개입이 가능한지를 살펴보는 것이었다.

우리가 만난 환경, 생명, 마을, 동물운동가들은 비인간 행위자의 고유한 역량과 그로 인한 결과를 이해하기 위한 전문성이 필요하다는 점을 절감하고 있었다. 그와 동시에 이들은 사회를 변화시키기 위한 또 다른 종류의 전문성도 필요하다고 이야기하고 있다. 환경, 생명, 마을, 동물운동은 인간과 비인간이라는 강고한 이분법 앞에서 양쪽을 동시에 고려하며 이야기하고 행동해야 하는 어려운 과제를 수행해왔다.

인간중심주의를 넘어

우리는 이 장에서 인간이 아니면서 인간에게 영향을 주고, 행위를 하며 세상을 변화시키는 물질, 사건, 담론, 존재 등을 비인간 행위자 또는 행위성이라는 관점에서 살펴보았다. 공해라는 말은 민주주의, 독재 담론과는 달리 사람들의 생명, 건강, 안전을 위협하는 그 무언가를 지시하는 말이 되어 1970년대와 1980년대 젊은이들의 마음과 몸을 움직였다. 페놀이라는 물질은 국가의 무책임성, 자본의 탐욕, 생명과 건강의 소중함이라는 의미와 결합하며 많은 사람들을 환경운동에 뛰어들게 만들었다. 눈에 보이지 않는 방사능은 과학기술의 위험성에 대한 인식을 불러일으켰고 그 위험을 눈에 보이게 만든 후쿠시마 핵발전소 폭발사고는 탈핵운동의 부활과 녹색당의 창당이라는 사건을 일으켰다. 동물운동가에게 동물은 자신들의 행위를 불러일으키는 강력한 행위자이다. 동물은 인간의 말은 하지 않지만 눈빛, 소리, 행동으로 자신들의 신호를 이들에게 강하게 전달한다.

생명과 자연이라는 말은 공해라는 말과 비슷하면서도 다르게 사람들을 움직이게 한다. 우리가 만난 사람들은 생명을 모두, 여성, 엄마, 돌봄, 생태계, 동물 등 다양한 의미와 접합시킨다. 이런 다양한 차이 속에서 '생명'은 생태전환의 기호로서 생명을 살리고 돌보는 행위를 불러일으키고 있다. 자연은 '생계의 공간'이기도 하고 '원초적이고 아름다운 장소'이기도 하다. 생계와 삶의 공간으로 자연을 바라보는 이들에게 바다와 땅은 대상화된 그 무엇이 아니라 자신들의 삶의 조건이자 존재의 의미로 다가온다. 그렇지만 어떤 이들에게는 자연이 인간의 개입이 최소화된 아름다운 장소로 기억되고 그 기억이 안식의 장소이자 비판의 근거가 되기도 한다.

공해, 페놀, 방사능은 누군가가 이것을 문제라고 인식하고 사람들과 소통하며 그 위험성을 알리고 숙의할 때 사회문제로 구성된다. 생명, 자연, 동물의 역량과 그로 인한 결과를 이해하기 위해서는 그것의 중요성과 지속가능성에 대해 누군가가 그에 대한 지식을 축적하고 소통하는 것이 필요하다. 이런 관점에서 과학적 전문성과 그 전문성을 바탕으로 대중과 소통하는 운동의 전문성이 중요하다.

누가 비인간 존재의 소중함, 위험성, 지속가능성을 연구하고, 숙의하고, 소통할 것인가? 과학자, 운동가, 시민이 인간과 인간 아닌 모두의 신호에 감각을 열어 놓고 함께 살아가려고 한다면 인간중심주의라는 거대한 지배구조도 조금씩 침식될 수 있을지도 모른다.

지금까지 10장에서 12장까지 우리는 전환운동가들이 어떤 시대에 어떤 계기로 운동을 하게 되었는지, 여성운동가들은 어떤 생각을 갖고 어떤 운동을 해왔는지, 인간 아닌 존재, 사물, 사건은 운동가들에게 어떤 의미를 갖는지 살펴보았다. 이제 13장에서는 생명운동, 협동운동, 마을운동, 14장에서는 시민환경운동, 15장에서는 녹색정치를 중심으로 전환운동가들이 어떤 꿈을 갖고 어떤 운동을 해왔고 그것을 어떻게 평가할 수 있는지 살펴보겠다.

13장

생명의 문명, 협동의 공동체 만들기

1부에서 우리는 생명을 살리는 문명을 꿈꾼 사람, 협동운동을 하며 모두를 살리는 꿈을 꾼 사람, 마을에서 매일 '혁명'을 하며 새로운 세상을 만들어 온 사람 등 여러 사람들의 이야기를 들었다. 이들 가운데 어떤 이들은 생명을 죽이는 기계문명, 산업문명이 지배하는 사회구조를 바꾸어야 한다는 생각을 갖고 지배구조를 해체하고 새롭게 만들기 위해 노력했다. 또 어떤 이들은 틈새에서, 마을에서 작은 실험을 하며 대안을 만드는 데 관심을 집중하기도 했다. 이 장에서는 1970년대 후반 이후 발전해 온 생명운동, 협동운동, 그리고 마을운동 등 생태적 대안 운동에 참여한 사람들이 무엇을 꿈꾸고 어떤 일을 했으며 하지 못한 일은 무엇인지 살펴보겠다.

문명 전환과 생명평화 세상

1970년대 후반 박정희 유신 체제가 폭력적으로 사람들을 억압하고 있을 때 민주화운동과는 다른 새롭고 근본적인 생각을 하는 사람들이 나타나기 시작했다. 정성헌은 원주의 생명운동 그룹들과 교류하면서 주로 가톨릭 농민회를 무대로 '생명'을 살리는 운동을 벌이기 시작했다. 원주에서는 1982년경에 생명운동의 시작을 알리는 '생명의 세계관 확립과 협동적 생존의 확장[통칭 '원주보고서']'이라는 문건이 만들어졌고 이런 흐름은 김기섭, 윤형근 같은 젊은 대학생들의 마음과 몸을 움직이게 했다. 우리가 만난 운동가들은 '생명'이 살아 숨 쉬는 세상을 만드는 꿈을 꾸고 있었다.

정성헌은 1977년부터 가톨릭농민회 활동을 하며 사회구조적인 억압 체제를 바꿀 뿐만 아니라 문명을 전환해야 한다는 생각을 발전시켜 나갔다. 개인을 파편화하는 거대 문명을 넘어서 공동체의 삶을 실현하는 문명을 만들어 나가야 한다고 그는 생각했다.

정성헌은 1998년에 강원도 인제군에서 한국DMZ평화생명동산을 만드는 사업을 시작해서 지금까지 이어오고 있다. 그는 이런 생각을 갖고 우리 밀 살리기운동과 같은 협동운동도 하고 평화운동도 조직했다. 그는 남북평화와 통일을 이루기 위해서는 남한 안에서 극단적인 갈등을 줄여나가며 평화를 만들어 가는 것이 중요하다고 본다.

생명을 살리는 협동조합

우리가 만난 생명운동가들 가운데에는 국가와 자본에 저항하기보다는 국가와 자본으로부터 조금 자유로운 협동의 공동체를 만드는 일을 해 온 이들이 있다. 협동조합은 이들에게 생명을 살리는 공동체를 만드는 하나의 방법이자 조직이다. 서로 도울 수 있는 협동의 조건과 토대를 만들 수 있는 사람들을 키우고 그런 공동체의 연결망을 키워서 '우리끼리'를 넘어서서 '모두'에게 확장되는 공동체, 커먼즈를[66] 만들어 가는 운동을 벌이고 있다.

김기섭은 생명의 관점에서 공동체와 사회를 바라보며 대안적인 사회의 비전을 이야기한다. 그는 인류의 역사 속에 축적되어 온 자본은 극복의 대상이 아니라 생명을 살리는 데 써야할 것이라고 본다. 한국의 생협 조합원들은 필리핀 네그로스섬의 농민들과 공정 무역으로 설탕을 거래하면서 시장가격과 별도로 100원이나 200원씩 기금을 모았는데 이렇게 형성한 '자본'으로 네그로스 주민들이 사회 개발 프로젝트를 진행할 수 있도록 무상으로 지원했다. 그는 '생명 전체가 다른 인간을 향해서 당신 덕분에 산다고, 선물에 대한 답례로, 조건 없이 순수증여를 한 것인데 이것이 좋은 의미의 자본'이라고 말한다. 이 기금을 가지고 농민들이 한 사업 중에는 사탕수수밭을 갈아엎고 그것을 논으로 바꾸는 사업도 있었다. 여기서 자본은 투자가 아니라 자기소멸이라고 그는 말한다. 김기섭이 조합원들에게 '이 기금이

---

[66] 커먼즈^{Commons}는 공유지, 공통장, 공동의 것 등으로 번역되고 있다. 여기에서는 우리의 것이면서 모두의 것이 될 수 있는 공동의 자원, 제도, 지식, 문화 등을 커먼즈로 표기하겠다.

조합원들에게 갈 설탕을 까부수는 데 쓰인다.'고 했을 때 일부 조합원들은 '그것은 훌륭한 일이다. 우리는 설탕이 필요해서 네그로스 농민들과 관계를 맺지만 그들의 삶이 설탕에 구속받는 삶이 되지 않기를 바란다.'고 말했다. 그는 이와 같은 '순수증여'의 행위가 우리끼리의 협동조합을 넘어서서 사회 전체로 확산하는 모델을 꿈꾼다. 생명의 토대에서, 자연의 토대에서 사회를 만들어 가는 것이 사회적경제라고 그는 말한다.

한살림에서 오래 일한 윤형근은 초기에 생명운동가들이나 한살림 사람들이 '문명 전환' 같은 큰 이야기를 했지만 '중간의 실천전략'은 부족했다고 평가한다. 생협의 사업이 급속히 확장되는 상황에서 시대적 변화에 따라 조직을 키우고 이를 관리, 경영하는 데 한살림 사람들은 많은 노력을 할 수 밖에 없었다. 이런 상황에서 그들은 생산자와 소비자들이 서로 부딪힐 수 있는 일들을 힘들게 토론하고 조정하면서 지금까지 왔다. 그렇지만 협동의 공동체를 만드는 일은 매우 어렵고 '문명 전환'이라는 거대한 비전을 실현하는 일은 더욱 어렵다. 그는 '한 사람의 삶으로서 자기를 닦아내는 것과 사람들이 어울려서 협동하며 어딘가를 향해 나가는 것을' 맞추어 나가는 것을 고민하고 있다. 그는 협동조합이 1인 1표의 민주주의를 넘어서서 '성스러운 경제'를 만들어 가야 한다고 본다. 흔히 협동조합은 주식회사가 1주 1표인데 반해 1인 1표의 평등한 공동체라고 말한다. 그런데 그는 그 기본정신에는 동의하면서도 형식적인 평등을 넘어서서 모두를 살리는 공동체를 만들어 가는 것을 지향하고 있는 것 같다. 개인들의 한 표들이 큰 어울림을 만들어 갈 수 있는 미래를 그는 고민하고 있다.

코로나19를 겪으면서 그는 국가나 시장이 삶의 문제를 해결할 수 없는 부분이 있고 협동운동이 그 부분을 메꾸어 나가는 시도가 점점 많아질 것이라고 예상한다. 삶의 문제를 해결하는 협동운동이 자원 배분과 연결되는 지점이 점점 커질 것이라고 그는 본다. 지금까지 국가나 시장이 너무 강해서 문제이지만 이것들이 없어져버리면 자원 배분이 더 어려워질 것이라고 그는 본다. 그는 인간은 경쟁도 하고 협동도 하지만 협동할 수 있는 조건이 만들어지면 협동을 한다고 말한다. 협동운동은 협동할 수 있는 조건을 만드는 일이라고 그는 말한다. 협동의 조건을 만들어서 사람들이 권리의 주체를 넘어서서 자기를 돌아보며 모두와 함께 살아가는 사회를 만들어 가는 것이 그의 꿈인 것 같다.

다른 마을 만들기

우리가 만난 사람들 가운데에는 작은 마을에서 자신을 바꾸고 세상을 바꾸는 실험을 한 사람들이 있다. 주형로는 생명을 살리는 농업을 하기 위해 궂은일을 마다하지 않았고 오리농법을 도입하여 친환경농업을 확산시키는 데 큰 기여를 했다. 그는 농업의 소중함을 학생들에게 가르쳐야 땅과 생명을 살릴 수 있다고 보고 초등학교에 텃밭과 논을 만드는 운동을 벌이기도 했다. 그와 마을 사람들의 힘으로 홍동면은 농민들이 중심이 되어 친환경 농업, 유기농을 하는 협동의 실험이 자리를 잡아가고 있는 마을이 되었다.
　장길섭은 『녹색평론』을 편집하다가 농사를 지어야겠다고 생각하고 이곳저곳에서 일하다가 홍성군 홍동면 풀무학교 전공부에 자리를 잡게 되었다. 이곳에서 그는 '공생공락'의 공동체를 몸으로 느낄 수 있었다. 젊은 학생들과 농사짓고 토론하면서 우정을 나누고 동지가 되었다. 그런데 후쿠시마 핵발전소 폭발사고는 '우리끼리' 마을에서 공생공락의 공동체를 만들려고 해도 방사능비가 내리는 재난 상황에서는 그것이 불가능하다는 것을 깨우쳐 주었다. 장길섭은 원전의 위험으로부터 삶을 지키기 위해 녹색당운동에 뛰어들었지만 '학교'라는 제도와 이를 떠받치는 사람들과 불화할 수밖에 없었다.

이재혁은 농촌에서 공동체를 이루고 사는 꿈을 갖고 풀무학교 전공부에 들어갔다. 그는 여기에서 다른 세상, 다른 마을이 가능하다는 것을 느꼈다. 그러나 보수적인 농촌 마을에서 완전히 새로운 정당, 새로운 녹색정치를 조직하는 일은 매우 힘든 일이었다. 그도 장길섭 만큼이나 적지 않은 상처를 입어야 했다.

도시에서 다른 마을, 다른 관계를 만들어 가는 사람들도 있다. 유창복과 그의 친구들은 두레 생협, 성미산 학교, 마을 카페 등 자본·국가와 연결되어 있지만 다르게 작동하는 공동체사회를 만드는 일을 하면서 행복감을 느꼈다.[67]

틈새에서 새로운 세상 만들기

생태적 대안운동을 해 온 운동가들은 좌와 우, 보수와 진보를

---

[67] 한국을 방문했을 때 성미산마을을 방문한 에릭 올린 라이트[Erik Olin Wright]는 구도완과의 대화에서 성미산마을이 자기가 말하는 리얼 유토피아의 사례 가운데 하나라고 말했다[라이트, 2012].

넘어서서 생명을 살리는 문명, 문화, 생활, 경제를 만들어야 한다는 중요한 담론을 우리 사회에 던졌다. 생명 담론을 푯대로 삼아 생활협동조합운동이 발전했고, 마을 만들기 같은 운동들 또한 생명 담론의 영향을 받았다고 볼 수 있다. 윤형근이 말했듯이 협동운동이 협동의 조건을 만드는 운동이라면 우리나라 생협들은 그 조건을 만드는 데 성공한 것으로 보인다.

그렇지만 성찰적으로 돌아봐야 할 것도 적지 않다. 김기섭은 생명운동가들 가운데 일부는 생명운동 초기의 담론이나 사람들이 만든 신화와 같은 이야기들을 신앙으로 만들어 버렸다고 평가한다. 윤형근은 한살림선언이 도그마로 변하는 것을 경계하고 있다. 예를 들면 한살림선언을 경전처럼 생각하며 기계문명과 생명의 문명을 구분하고 '생명'을 정당성의 근거로 삼아 자신과 남의 생각과 행동을 재단하는 사람도 있을 것이다.

김기섭은 협동조합운동을 하는 사람들이 '우리끼리' 서로 돕는 '묶음'의 운동은 성공했지만 '우리'에 들어올 수 없는 '모두' 즉 '모든 생명'을 엮어내는 '엮음'의 운동으로 발전하지 못했다고 평가한다. 생명협동운동을 하는 사람들이 지역을 살려야 한다고 말했지만, 지역을 변화시키는 운동으로 충분히 발전하지 못한 것은 이 문제를 절실하게 생각하지 않았기 때문이라고 평가한다. 생활협동조합운동에 대한 주된 비판 가운데 하나는 사업에 집중하느라 운동을 제대로 하지 않았다는 것이다. 운동을 제대로 하기 위해서는 조합원과 활동가 등에 대한 교육이 중요하다고 보는 사람들도 있다.

생명을 죽이는 문명을 살리는 문명으로 바꾸고 생명이 자유로운 공동체를 만드는 일은 지배구조와 불화를 일으킬 수도 있다. 이러한 갈등을 우회하여 협동조합, 마을공동체 등 틈새의 대안실험을 한 사람들은 많은 사람들의 지지를 얻고 사회적으로 큰 영향을 미쳤다. 자본주의 경제 체계 안에서 이에 저항하지 않으면서 호혜의 경제공동체를 만드는 실험을 한 한살림, 두레생협연합 등은 조직의 규모도 커지고 그 물적 토대도 튼튼해졌다.

지배구조 속에서 살아가면서 다른 삶, 다른 마을을 만들어온 운동가들은 사람들이 자유롭게 자신들의 잠재력을 키우면서 협동하고 즐기는 공동체를 만들 수 있다는 것을 보여주었다. 함께 아이를 키우고, 대안적인 교육을 고민하고 실행하며 공동체에 바탕을 둔 협동조합과 같은 경제 모델도 실험했다. 이런 실험들은 틈새에서 많은 변화를 일으켰고 지방자치단체의 정책과 접합되기도 했다. 이런 실험들이 축적된다면 자유로운 공동체 또는 결사체들의 힘으로 억압적이고 권위주의적인 지배구조는 조금씩 약해질 지도 모른다.

그러나 지배구조의 압력을 우회한 이런 운동들이 살림의 문명을 만들어 가고 있을까? 불평등과 환경 파괴는 줄어들고 있을까? 이런 질문들에 회의적인 생각을 한 장길섭 같은 이들은 녹색당운동을 통해 구조를 해체하는 도전을 시도했지만 그 결과는 암울하다.

지배구조를 우회한 틈새의 마을 만들기 실험과 지배구조 해체하기 사이에는 권력정치라는 높은 문턱이 있다. 마을 밖, 나라 밖에서는 석탄화력발전소, 원전이 수출되고 있고 기후위기는 모두의 생명을 위협하고 있다.

14장

환경문제 해결하기와 그 너머

1960년대 이후 급속한 공업화가 이루어지면서 1970년대 후반 공해문제는 점차 큰 사회문제로 인식되기 시작했고, 이를 해결하기 위한 공해추방운동 또는 반공해운동이 1980년대에 일어나기 시작했다. 1990년대에는 새로운 환경운동 또는 시민환경운동이 빠르게 확산하였고, 2020년을 전후하여 기후운동도 매우 활발하다. 약 50년의 세월이 흐르는 동안 사람들의 생각도, 사회도 많이 변화했다. 청년기에 급진적인 운동가였던 이들이 지금은 개인적인 실천과 현실적인 제도 개혁을 강조하기도 한다. 새롭게 급진적인 체제 전환의 필요성을 강조하는 사람들도 있다. 이 장에서는 공해추방운동과 시민환경운동에 참여한 사람들의 목소리를 통해 이들이 어떤 세상을 만들기를 꿈꾸었으며 이를 위해 무슨 일을 어떻게 했는지 살펴보겠다.

반공해운동: 민주화, 사회 변혁, 그리고 생명 살리기

1970년대와 1980년대 전반에 공해추방운동에 뛰어든 사람들에게 가장 중요하고 시급한 문제는 공해로 고통받는 사람들의 생명과 건강을 지키는 일이었다. 그런데 반공해운동가들의 생각이 같지는 않았다. 최열이나 구자상은 독재 체제가 공해를 일으켰을 뿐만 아니라 피해자들의 운동을 억압하고 있기 때문에 민주화운동과 반공해운동을 함께 벌여나가는 것이 중요하다고 생각한 것 같다.

공해문제를 자본주의의 구조적 모순으로 보고 자본주의 체제를 변혁해야 한다는 생각은 공해를 정치경제학의 관점에서 공부한 청년들이 나타나면서 점차 확산하기 시작했다. 조홍섭은 공해문제는 체제의 문제이고 노동자, 농민의 문제로 봐야지 '환경문제'라고 말하고 '우리 모두의 책임'으로 보는 것은 옳지 않다고 주장했다. 그는 '공해문제는 자본주의 체제문제다. 자본주의 생산양식을 바꾸지 않는 한 공해문제를 해결할 수 없다. 그래서 공해문제를 가해자와 피해자의 관계로 해석'해야 하고 공해피해 지역 주민들과 양심적인 지식인과 과학기술자'가 힘을 합해 이 체제를 변혁해야 한다고 생각했다.[68]

이런 문제의식은 그의 후배 안병옥도 갖고 있었다. 안병옥은 최열 등이 참여하고 있는 공해문제연구소는 '변혁에 철저하지' 않다고 평가할 정도로 체제와 구조의 '변혁'에 관심이 많았다. 그의 동지들은 다른 사회운동가들이 노동문제, 민주화가 중요하다고 생각할 때, 공해문제가 제일 중요하다고 생각했다. 그들은

---

[68] 앞에서 보았듯이 이런 저런 계기를 통해 그는 '체제, 구조를 바꾸는 것도 중요하지만 개인의 생각과 실천을 바꾸는 일이 더 중요하다'고 생각하게 되었다.

공해문제를 사회 변혁의 흐름에 어떻게 연결시킬지 늘 고민했다. 공해문제를 독점자본의 폐해로 보았고, 핵무기나 핵발전소 문제를 미국과 연결해서 해석하기도 했다.

이때 급진적인 청년들이 꿈꾼 세상은 노동자, 농민을 고통에 빠트린 체제를 변혁하여 민중이 주인이 되는 세상을 만드는 것이었다. 체제 변혁을 통해 국가권력을 장악해서 위로부터 반자본, 반제국주의 국가를 건설할 수 있다는 혁명 담론이 이 시기 급진적 청년들의 생각이었다. 그렇지만 이들은 1980년 중반 또는 1990년대 이후 이런저런 계기로 생각을 바꾸고 개인의 의식과 생활양식의 전환 또는 정부 정책 개혁을 통한 현실적인 변화가 중요하다고 생각하게 되었다.[69]

1980년대 공해추방운동을 시작한 사람들이 모두 체제 변혁을 목표로 한 것은 아니었다. 아이들의 생명을 살리기 위해 자기의 삶을 바친 사람들도 적지 않았다. 서진옥과 구희숙이 바란 것은 아이들이 공해로부터 자유롭게 건강하게 살아가는 세상을 만드는 일이었다. 서진옥은 여성에 대한 공해 교육 프로그램, 공해 고발 전화, 이를 위한 모금운동 등을 벌여 나갔다. 구희숙은 일본 환경운동단체를 직접 보고 그들이 소박하고 끈기 있게 운동을 해서 세상을 조금씩 바꿔 나가는 데 큰 감명을 받기도 했다. 그는 화학조미료 안 먹기운동, 장바구니 쓰기운동 같은 '생활 속 환경운동'에 관심을 집중했다.

장재연은 과학을 통해 환경문제를 해결함으로써 사회에 기여할 수 있겠다는 생각을 갖고 환경운동에 뛰어들었다. 그는 전문가로서 환경문제의 구체적인 원인을 진단하고 이를 실질적으로

---

[69] 안병옥은 이 당시 자신을 포함한 급진적인 공해추방운동가들이 너무 '이념 과잉'이었던 것 같다고 말했다.

해결하기 위한 방법을 찾아 사람들을 설득하고 대화하는 것이 중요하다고 말한다.

1970년대 중반과 1980년대 초에 공해추방운동을 시작한 사람들의 주된 관심은 민주화, 사회 변혁, 아이들의 생명, 과학을 통한 환경문제 해결 등이었다. 이런 생각을 갖고 이들은 사람들의 환경의식을 높이고 생활양식을 바꾸며 법과 제도를 환경친화적으로 개혁하는 일에 힘을 기울였다.

국가와 자본에 저항하기

1980년대 말에 새롭게 등장한 '시민운동'의 흐름 속에서 시민운동의 흐름 가운데 하나로 '새로운 환경운동'이 매우 활발해졌다. 이를 우리는 '시민환경운동'이라고 부를 수 있다. 환경운동가들은 환경문제를 해결하기 위해 다양한 방법을 동원했다. 아래에서는 이들이 어떤 생각을 갖고 어떤 방법으로 운동을 조직했는지 살펴보겠다.

급진적인 공해추방운동의 이념은 1987년 민주화와 1990년대 현실 사회주의의 몰락 이후 급속히 약해졌지만 자연과 환경을 파괴하는 국가의 대규모 개발사업에 대한 저항은 계속되었다. 시민환경운동 세력들은 동강댐, 새만금, 천성산 터널, 방폐장, 4대강사업, 평창 동계올림픽 등 국가와 토건 자본이 주도하는 대규모 개발사업에 대해 저항운동을 조직했다. 이들은 동강의 비오리, 천성산의 도롱뇽, 설악산의 산양 등 비인간 동물을 행위자로 불러오기도 하고 방폐장 후보지나 새만금의 주민들을 주체로 조직하기도 했다.

최요왕은 당사자 농민으로서 자신의 삶을 지키기 위해 4대강 사업에 저항했고, 박정섭은 자신의 삶의 근거인 바다를 지키기 위해 조력댐 건설에 반대하는 운동에 뛰어들었다. 1990년대 환경운동가들의 담론에서 자본주의 비판은 거의 찾아보기 어렵지만 최요왕은 자신의 운동을 자본에 저항하는 운동으로 해석했다.

그런데 2020년을 전후하여 매우 활발해진 기후운동에서 국가와 자본에 대한 저항은 새롭게 나타났다. 강은빈 청년기후긴급행동 공동대표는 기후위기문제를 해결하기 위해 동지들과 함께 직접 행동을 하기로 결의했다. 이들은 기후위기를 낳는 몸통은 산자부이기 때문에 '산자부를 쳐야 된다.'고 생각했지만, 시위의 대상으로는 적절치 않다고 결론 내렸다. 이들은 베트남에 석탄발전소를 설계 시공하는 두산중공업을 직접 행동의 대상으로 결정하고 두산 본사의 조형물에 녹색 페인트 스프레이를 칠하는 시위를 했다. 두산중공업은 활동가들을 형사 사건으로 고소했고, 민사소송도 제기했다. 법원은 약식 재판에서 재물 손괴 혐의로 500만 원 벌금을 선고했고 민사소송은 진행 중이다. 이에 대해 운동가들은 정식재판을 청구해서 법정에서 기업에 저항하는 운동을 벌이고 있다. 강은빈은 '기업이 사유재산권을 주장하지만, 석탄발전을 수출해서 생기는 베트남 시민들과 지구 기후위기에 미치는 피해는 어디에서 이야기해야 하는가?'라고 묻는다. '공해의 가해자는 자본이고 그 피해자는 민중'이라는 담론이 2020년대 한국에서 기후위기 시대에 새롭게 구성되고 있다.

교육으로 시민 환경의식 높이기

환경문제를 해결하고 생태전환을 이루어가기 위해서는 문제를 인식하고 이를 해결하기 위해 행동하는 시민이 형성되는 것이 매우 중요하다. 시민이 환경과 생명에 대한 의식을 갖기 위해서는 이에 대한 정보를 습득하고, 소통하며 사회적으로 학습하는 것이 필요하다. 이 때문에 이른 시기부터 생태전환운동가들은 환경교육에 많은 힘을 쏟았다.

크리스챤아카데미는 시민교육을 통해 공해반대시민운동의 리더들을 키웠다. 이 교육을 받은 서진옥은 여주에서 교육 프로그램을 만들기도 했다. 공해문제연구소, 공추련, 환경운동연합, 녹색연합 등 많은 환경단체들은 어린이, 청년, 시민들에 대한 다양한 교육 프로그램을 운영했다.

손민우는 서울환경운동연합에서 회원 생태기행을 맡아 시민환경교육에 참여했고, 서울 종로구 부암동 백사실 계곡의 도롱뇽을 지키기 위해 주민들과 시민에 대한 교육활동도 열심히, 재미있게 했다. 조미성은 대안학교에서 아이들을 가르치기도 하고, 성인들의 환경교육과 학습에 많은 관심을 갖고 연구하고 실천했다. 그는 여성들이 에너지 전환에 관심을 갖고 스스로 에너지 시민이 되는 과정에 참여하면서 이들을 지원했다.

미디어를 통해 환경 의식 확산하기

다수 대중의 환경의식을 높이는 데에는 대중 매체가 매우 중요한 역할을 한다. 우리가 만난 사람들 가운데 언론사의 기자 또는 1인 매체를 운용하는 시민들은 환경문제를 사회문제로 구성하고 이를 소통시켜 왔다.

조홍섭은 〈한겨레〉의 환경전문기자로서 환경문제를 주된 사회문제로 의제화하는 데 큰 기여를 했다. 박수택은 방송이라는 매체를 통해 환경이라는 약자를 돕기 위한 운동을 벌였다. 그는 '정의로운 담합, 정의로운 편파'가 필요하다고 보고, 환경단체들의 주장을 적극적으로 보도했다. 그의 보도는 서천의 장항 갯벌 보전, 가로림만 조력발전소 건설계획 백지화 등 정책 변화에 영향을 미쳤다. 최병성은 카메라를 들고 1인 미디어가 되어 영월군 쓰레기 매립장, 쓰레기 시멘트, 4대강사업 등의 문제들을 시민들에게 알리는 일에 앞장섰다. 남종영은 고래나 북극곰이 되지는 못했지만 이들의 목소리를 사람들에게 듣게 하는 기사와 책을 썼다.

제 목소리를 제대로 내지 못하는 약자들의 목소리를 사람들이 듣게 만드는 정치가 민주주의라면 환경전문기자들과 1인 미디어 기자들은 매체를 통해 민주주의를 생태적으로 풍부하게 만든 사람들이다.

참여의 거버넌스 만들기

국가와 자본에 저항하던 청년 공해추방운동가 또는 환경운동가들은 1990년대 이후 민주화가 점차 진전되고 급진적인 사회운동이 약해지면서 국가의 정책 과정에 참여하여 문제를 해결하는데 자원을 집중하는 경향을 보이기 시작했다. 김대중 정부가 환경운동조직들과 강원도의 주장을 받아들여 동강댐^{영월댐} 건설계획을 백지화하고 민관합동으로 대통령자문 지속가능발전위원회를 만들면서 정부와 환경운동조직들의 협력적인 관계 즉 '거버넌스'는 꾸준히 발전했다. 지방자치단체와 환경운동조직들의 거버넌스도 확산했다.

박미경은 광주환경운동연합이 개발사업에 저항하면서 싸움을 많이 했지만, 도시계획위원회에 참여하면서 지자체와 거버넌스를 만들기 시작했다고 말한다. 계획 단계에서부터 환경을 고려해서 정책을 세우는 사례가 늘어났다. 폐철도를 공원화하는 사업은 광주환경연합이 지자체와 협의하여 만들어낸 성공 사례이다.

김대중 정부 시절 대통령자문 지속가능발전위원회에서 일한 염형철은 정부에 대한 저항과 함께 정책 과정에 참여하는 것이 매우 중요했다고 말했다. 그는 노무현 정부 시절에 수자원장기종합계획을 정부와 시민사회단체가 함께 만드는 데 참여했다. 정부와 시민사회단체가 각각 30명의 전문가를 추천하고 이들이 참여하는 위원회에서 댐 건설 계획 없는 '환경친화적이고 진보적인 계획'을 만들었다. 그는 이런 과정에서 시민환경단체 쪽 전문가들이 국가 계획을 다루어 보고 이를 바탕으로 대안적인 정책의 틀을 짤 수 있는 실력을 갖게 되었다고 평가한다.

그러나 산업주의와 자본주의의 확장 없이는 존속하기 힘든 자본주의 국가와 환경운동조직이 거버넌스를 유지하고 발전시키는 일은 그리 쉽지 않았다. 김대중 정부가 새만금사업을 계속 추진하기로 결정하자 환경운동가들은 지속가능발전위원회 위원직을 사임하고 정부와의 협력 관계를 중지하기도 했다. 노무현 정부 때에는 환경운동조직들이 '환경비상시국'을 선언하고 정부의 '반환경정책'에 강력히 저항하기도 했다. 이명박, 박근혜 정부는 환경운동가들을 체계적으로 배제했다.

참여의 거버넌스 만들기는 복합적인 정치 상황에서 환경문제를 해결할 수 있는 유용한 전략이지만 그 한계도 분명하다. 대중들의 참여가 부족한 상황에서 환경운동가들이 거버넌스를 통한 정책 과정에 많은 자원을 투입했고 그 결과 환경운동의 자원동원역량은 약화되고 정책 과정에 매몰되기도 했다.

정부에 들어가 정부를 녹색으로 전환하기

김대중 정부와 노무현 정부는 권위주의에서 민주주의로 정치 전환을 이루었지만, 생태전환을 주된 과제로 보지는 않았다. 환경운동가들은 '민주적인' 정부에서 정부와의 거버넌스에 참여했지만, 국가를 녹색으로 바꾸지는 못했다. 그런데 '시민운동가' 박원순이 2011년에 보궐선거를 통해 서울시장으로 당선된 이후 박원순 시정은 환경운동가들이 참여하는 새로운 전환의 실험장이 되었다. 원전 하나 줄이기, 공유도시, 마을 만들기 정책 등은 거대한 규모의 지방자치단체가 생태적이면서 민주적인 전환을 어느 정도 성공할 수 있다는 가능성을 보여주었다.

우리가 만난 사람들 가운데에는 정부나 정당 또는 국회에 들어가 정책이나 정치를 전환시키는 일을 한 사람들도 있다. 이들은 정치 체제 밖에서 저항하거나 협력하다가 지방자치단체나 중앙정부, 지방공사, 제도정당, 국회 등에 들어가서 정책 과정에 직접 참여했다.

서왕진은 2011년, 서울시장 보궐선거에 출마한 박원순 후보의 선거 캠프에 정책단장으로 참여했다. 박원순이 시장에 당선

되어 활동하는 동안 그는 서울시장 정책특보, 비서실장, 서울연구원 원장 등을 역임했다. 그는 원전 하나 줄이기 같은 정책을 볼 때 지방자치단체가 중요한 변화를 일으킬 수 있다고 평가했다. 국가가 지향하는 철학이나 이념, 가치를 전환하는 것은 매우 시간이 오래 걸리겠지만, 굵직한 몇 가지 부문을 전환하는 것은 가능하다고 보았다. 탈원전, 동물보호, 도시농업 같은 부문에서 성과가 있었고 정책 과정에서 협치^{거버넌스}가 잘 이루어졌다고 그는 평가했다.

 부안 방폐장 반대운동, 4대강사업 반대운동 등에 적극 참여했던 박진섭은 박원순 시정 때인 2015년에 SH공사 집단에너지사업단장으로 일하다가 2016년 12월부터는 새로 생긴 서울에너지공사 사장에 취임하여 2020년 2월까지 근무했다. 그는 박원순 시장의 원전 하나 줄이기 정책이 큰 변화를 이루었다고 평가했다. 그가 생태지평에 계속 있었다면 원전 폐쇄와 신재생에너지 전환을 주장만 할 수 있었겠지만, 박원순 시정에 참여하면서 '우리가 가진 생각을 실현할 수 있는 무기'를 쥐게 되었다고 평가했다. 그에게 있어서 서울시와 서울시 관련 조직은 가치를 실현하고 실천할 수 있는 '무기'였다. 원전을 줄이고 재생가능에너지를 늘리며 지역 분산형 에너지 시스템을 만드는 데 필요한 지자체의 기구와 기관을 전환시키는 것을 그는 '재밌게' 해나갔다.

 성미산마을에서 살면서 '일상의 혁명'을 즐기던 유창복은 2011년에 서울시장 후보 박원순을 만나면서 새로운 삶을 살게 되었다. 그는 아래로부터 풀뿌리들이 천천히 변화를 만들어 가는 것이 마을운동이라고 생각했지만 박원순 시장과 대화하면서 서울시 차원에서 새롭게 마을 만들기를 해볼 수도 있겠다고 생각하게 되었다. 그는 주민 주도의 원칙을 지키기로 박원순 시장과 약속하고 국가에 들어가 국가를 이용하여 국가를 변화시키는 실험을 시작했다. 주민들이 마을 일을 논의하고 작은 사업들을 시작하면 서울시가 이를 지원하는 프로그램을 지속적으로 추진하자 주민들이 마을 계획을 세우고 이를 공론화하는 사례들이 생기게 되었다고 그는 말했다. 주민들이 자발적으로 협동하고 그 관계망이 이어지고 그 과정에서 공론장의 소통문화가 생기면서 주민들이 시민이 되고 있다고 그는 평가했다. 그는 성미산마을이 틈새의 전환 실험이었다면 서울시 마을지원센터라는 조직이 협치를 만드는 제도 변화를 이루어가고 있다고 평가했다. 하지만 이것이 전체 사회 혹은 '풍경^{Landscape}'의 변화까지 갈 수 있을지는 그도 판단하기 어렵다고 말했다.

그러면 박원순 시정을 어떻게 볼 것인가? 박원순 시정에 핵심 인사로 참여한 서왕진과 박진섭은 박원순 시장이 에너지 전환, 동물 보호 등 생태적인 전환을 이루는 데 중요한 성과를 이루었다고 평가했다. 마을 만들기, 협치 등에 참여한 유창복은 시민이 주도하는 마을 또는 시민공동체 만들기가 절반의 성공을 거두었다고 평가한다. 국가 밖에서 국가에 저항하거나 마을에서 다른 세상을 만들던 이들은 서울시라는 거대한 국가기구에 참여해서 국가를 생태적, 민주적으로 전환하는 일에 주도적으로 참여했고 그것이 성공적이었다고 평가했다.

동물운동가들은 박원순 서울시장이 제돌이 사례에서 정치인으로서 중요한 역할을 했다고 평가했다. 남종영은 제돌이가 불법 포획되어 서울대공원에서 공연하고 있다는 기사를 보고 지속적으로 이 사건을 추적해서 제돌이를 바다로 돌려보내자는 기사를 한겨레신문 1면에 썼다. 그는 조희경, 황현진에게도 이

사건을 알리고 이들을 도와주었는데 박원순 시장이 '의외로 바로 받아 가지고 갑자기 자신도 따라잡기 힘들 정도로 변화'가 일어났다고 회고했다. 그는 이때 박원순이라는 권력을 가진 정치인이 결정적인 역할을 했다고 평가했다. 황현진은 남종영 기자가 제돌이 문제를 매우 자세하게 크게 보도했고 그 영향으로 전문가, 시민단체, 정부기관의 협업이 매우 잘 되어서 제돌이가 제주 바다로 돌아갈 수 있었다고 평가했다. 그는 박원순 시장이 이때 책임감 있게 결정한 것이 매우 중요했다고 보았다.

그런데 신촌에서 민회운동을 하면서 녹색당 후보로 서대문구 구의원에도 출마한 이태영은 박원순 시정을 비판적으로 평가했다. 그는 박원순 시장을 행정가로 보면서 '호흡이 너무 급하다'고 말했다. 풀뿌리로부터 오랜 시간을 들여 지속가능성 전환을 시도해야 하는 마을운동을 너무 급한 호흡으로 진행한 것은 문제라고 그는 보았다. 그런데 그는 이런 한계가 그 개인의 한계라기보다는 정당정치가 지방의회에서 작동하지 않는 한국의 정치 상황과도 관련이 있다고 평가했다. 정당이 정강정책을 지방의회에서 작동시키지 않기 때문에 박원순 시장이 시장직에서 물러나면 그 정책이 지속될 수 없을 것이라는 것이다. 그는 박시장이 관료제 자체를 건드리지 못했다고도 말했다.

국가 또는 지방자치단체에 들어가 이를 생태적이고 민주적인 기구로 변화시키는 일은 쉽지 않은 일이다. 국가를 생태적으로 전환할 수 있는 사회적 역량을 아래로부터 키워 나갈 때, 위로부터의 전환 기획이 힘을 발휘할 수 있을 것이다.

세계 시민과 연대하기

우리가 만난 사람들 가운데에는 세계 시민과 연대하여 환경문제를 해결하고 생명을 살리는 데 노력을 기울여온 사람들도 있다. 최열, 서진옥, 구희숙, 이헌석 등의 이야기를 들어보면 한국 환경운동가들은 일본 환경운동가, 반핵운동가들과 교류하면서 그들로부터 많은 지원을 받았다. 최열은 일본 운동가들의 도움으로 감옥에서 일본의 공해 관련 책을 보며 공부했고, 하라다 마사즈미 교수 등과 교류하면서 많은 도움을 받았다. 서진옥은 일본 원자력자료정보실의 다카기 진자부로 박사가 만년필처럼 생긴 방사능 측정기를 20개 정도 사서 공민협에 보내 줄 정도로 한국 반핵운동을 지원했다고 말했다. 구희숙은 일본의 풀뿌리 운동조직을 방문하고 그들의 성실성과 진지함에 깊은 감명을 받기도 했다. 이헌석도 반핵운동 관련 정보를 얻는 데 일본 반핵운동가들의 큰 도움을 받았다고 말했다.^{구도완, 2015}.

김춘이는 새만금사업 반대운동, 대만 핵폐기물 북한 수출 반대운동 등을 벌일 때 세계 시민들의 많은 도움을 받았다고 말했다. 특히 대만의 TEPU와 함께 운동하면서 자매 같은 느낌, 동지애를 느낄 수 있었다고 말한다. 새만금 반대운동을 할 때에도 전 세계 시민들이 새만금의 생명을 지키기 위해서 엄청난 지지를 보내주었다고 그는 말했다. 그는 우리가 지지를 받은 만큼 해외의 운동을 지원하지는 못했다고 평가했다.

그렇지만 에코피스아시아 사례처럼 중국, 필리핀 등 아시아의 환경문제를 해결하고 주민들의 삶을 지원한 경우도 있다. 이태일은 한국은 지금까지 많이 받았기 때문에 이제 세계 시민들에게 주어야하는 시기라고 말했다. 이런 생각을 갖고 에코피스아시아는 중국 내몽고 생태복원사업, 남부 샤먼 지역의 맹그로브 복원사업, 필리핀의 유기농 보급사업 등을 주민, 지방자치단체 등과 함께 벌이고 있다. 두레생협연합 사람들은 민중교역을 통해 세계 시민으로서 필리핀의 농민과 연대하여 그들의 자립을 위해 노력했다고 김기섭은 말했다.

다른 한편으로, 두산 중공업 등이 석탄화력발전소를 베트남으로 수출하는 것에 반대하는 운동을 청년기후긴급행동이 벌인 것은 우리나라 청년들이 좁은 국민국가 중심의 사고를 넘어서서 지구의 기후를 지키기 위해 세계 시민과 연대하는 운동을 시작한 사건이라고 볼 수 있다. 1970년대 일본 청년들이 한국으로의 공해 공장 수출 반대운동을 벌였듯이 2020년대에는 한국 청년들이 베트남으로의 석탄화력 수출 반대운동을 벌였다^{구도완, 2015:232~236}.

환경운동가들이 보는 환경운동

우리가 만난 사람들은 환경운동을 어떻게 평가할까? 젊은 운동가들은 한편으로 선배들을 높이 평가하면서도 그들의 한계와 문제에 대해 비판적이다.

배보람은 환경운동가들이 개인적 선택에 따라 여러 정당으로 자리를 옮겨서 정치활동을 했는데 그들이 운동가의 경험을 가지고 왜 정당에 가야 하는지 최소한의 설명을 후배들에게 해야 했는데 그러지 않았다고 말한다. 그는 시민사회단체가 현실 정치에 개입할 수 있는 전략이 무엇인지 알 수 없다는 것이 문제라고 평가한다. 다른 한편으로 그는 새만금사업 반대운동이라는 큰 싸움을 하고 나서도 그 운동에 대한 평가를 담은 백서 같은 것을 만들지 못한 것도 문제라고 말한다. '후배들이 그때 고민들이 뭐였는지 보고 알 수 있도록 명확하게 남겨 놓았어야 했다.'고 말한다.

환경운동연합에서 일하다가 그린피스로 자리를 옮긴 손민우는 운동 선배들의 조직력이 '너무 부러운 능력'이라고 말한다. 그런데 20주년을 맞으면서 '변하자 해놓고 똑같이' 하는 모습을 보고 그는 많이 실망했다. '역사와 뿌리를 가진 조직이 혁신적으로 변화하는 건 힘들구나.'하는 생각이 들었다.

강은빈은 20세기 말, 21세기 초에 온실가스 배출과 소비가 급속히 증가한 것은 민주화운동 이후 세대의 책임이라고 말한다. 환경운동이 1980년대 이후 발전했지만, 기업을 통제하지 못하고 온실가스를 규제하지 못했다고 평가한다. 그는 '그분들의 한계와 실패'를 솔직하게 이야기는 것이 필요하고 이제 지금 청년 세대들이 그 일을 해야 한다고 말한다. 그는 '가진 게 없기 때문에' 선을 넘는 것에 두려움이 없다고 말한다.

이전에 청년이었던 운동가들도 환경운동의 한계와 문제에 대해 여러 가지 이야기를 했다. 조홍섭과 장재연은 환경운동이 너무 근본적인 주장만 하면 실제 문제를 해결할 수 없다고 말한다. 조홍섭은 새만금사업 반대운동의 삼보일배와 같은 것은 다소 근본주의적인 느낌이 든다고 보면서 세상이 갖고 있는 복잡성을 무시하면 안 된다고 말한다. 대중들이 생활 속에서 참여할 수 있는 대중적인 환경운동조직이 발전하고 운동이 더 다양화하는 것이 필요하다고 그는 평가한다.

장재연도 대중운동으로서 환경운동을 하기 위해서는 '순수하게 주의 주장'하는 운동이 아니라 대안을 이야기하는 것이 필요하다고 말한다. 그러면서 그는 인재를 키우고 인재들의 네트워크를 만들고 대안을 만들어 가는 것이 중요하다고 말한다. 문제를 해결할 수 있는 과학적이고 전문적인 역량, 대화와 타협을 할 수 있는 능력이 중요하다는 것이다. 다른 한편으로 장재연은 환경운동가들이 정책 과정이나 정치에 참여하는 것은 나쁘지 않지만, 그것 외에는 다른 길이 없다면 그것은 비극이라고 말한다. 환경운동이 더 잘 되기 위해서는 운동가들이 '줄줄이' 정부에 들어가는 것은 좋은 모습이 아니라고 본다. 그는 젊은이들이 사회구조 전체를 바꾸는 비전은 부족하지만 자기가 할 수 있는 일이나 자기 주변을 바꾸는 데에는 기성 세대에 비해 훨씬 더 열려있고, 생명이나 환경에 대한 감수성도 더 높다고 말한다.

많은 환경운동가들은 젊은 세대에서 새롭게 환경운동의 비전을 만들고 이를 이끌어갈 청년운동가들이 부족하고 그들의 역량을 키우는 교육 프로그램이 부족하다고 말한다. 이헌석은 운동가가 자기의 전문성을 계속 키울 수 있도록 지원할 수 있는 시스템이 필요한데 그것이 없다고 평가한다. 시민단체의 활동가는 반핵의사회, 변호사회, 공학자 같은 전문가들의 지식과 정보를 모아서 변화를 만들어내는 역할을 해야 한다고 그는 말한다. 그런데 이런 역할을 할 사람들이 '재생산'되지 않는 것이 문제라는 것이다. 그는 환경운동단체가 문제를 제기하는 능력은 있지만 구체적으로 법과 제도를 바꾸는 데까지 나아가는 데에는 한계가 있다고 평가했다.

최병성은 환경운동가들이 사진 등 자료를 모으고 이를 매체를 통해 대중들에게 전달하고 확산시키는 능력이 부족하다고 평가한다. 이태일은 환경운동조직이 운동의 자원을 체계적으로 조직하고 관리하는 능력이 부족하다고 말한다.

이와 같이 환경운동이 많은 한계를 갖고 있는 것은 분명하다. 그러나 환경운동가들이 기후변화에 대응하고 체제 변화, 체제 변혁을 이루지는 못했지만 그들은 환경문제를 완화하고 폐해를 줄이는 데 적지 않은 기여를 했다. 환경운동이 없는 세상을 상상해본다면 환경운동가들이 이루었던 적지 않은 성과를 제대로 볼 수 있을 것이다.

박미경은 광주시의 개발사업이나 정책에 격렬히 저항하기도 하고 때로는 광주시와 협력하여 환경친화적인 정책이나 사업을 함께 추진하면서 광주환경운동연합이 지역사회에서 중요한 영향력이 있는 시민사회단체로 자리 잡았다고 평가한다. 염형철은 김대중, 노무현 정부의 거버넌스 기구에 참여하면서 환경단체와 환경을 고려하는 전문가들이 정책 대안을 수립할 능력을 갖게 되었고 그 힘으로 환경친화적인 수자원계획 등 정부 정책을 개선할 수 있었다고 평가한다. 김혜정은 방폐장 반대운동을 하면서 주민들을 적극적으로 조직하고 이들과 활동가, 그리고 시민의 힘으로 굴업도 방폐장 반대운동 등을 성공할 수 있었다고 평가한다. 또한 후쿠시마 핵발전소 사고 이후 YWCA 등 여성들의 탈핵운동이 매우 활발했기 때문에 문재인 정부의 탈원전 에너지 전환 정책이 추진될 수 있었다고 평가한다.

우리나라 시민 환경운동조직의 중요한 특징 중의 하나는 환경문제뿐만 아니라 민주화와 같은 정치적, 사회적 의제를 제기하고 이 문제에 적극 개입한다는 점이다. 2000년 총선시민연대에 환경운동연합, 녹색연합 등 환경단체들이 적극 참여했고, 2016년에서 2017년에 이르는 촛불집회 때에도 중요한 역할을 했다. 2015년 2월부터 2017년 4월까지 시민사회단체 연대회의 운영위원장 역할을 한 염형철은 박근혜 퇴진 비상국민행동의 상임운영위원장을 맡아 촛불집회가 시민들의 참여 속에서 평화적으로 진행되는 데 중요한 기여를 했다. 이와 같이 시민들의 정치적 참여가 활발히 이루어질 때 시민환경운동가들은 민주주의와 생태전환을 접합시켜 생태적이고 민주적인 사회를 만들기 위해 노력했다. 그 결과 문재인 정부에서 가습기살균제 참사문제를 해결하는 데 진전이 있었고 탈핵 에너지 전환, 탄소중립과 같은 진전된 에너지 정책이 수립되기도 했다.

환경문제 해결과 체제 전환 사이

환경운동가들 사이에는 운동의 목표, 가치, 방법 등 여러 면에서 차이가 있을 수밖에 없다. 이런 차이들이 점점 커지면서 운동가와 운동조직들은 분화되고 다양해졌다.

길게 보면 시민환경운동가들은 한국 사회를 민주화하면서 동시에 생태적으로 전환하는 데 큰 기여를 했다. 환경운동가들은 한편으로 지배구조에 저항하고 다른 한편으로 이곳저곳에서 사람들을 설득하고 대안을 제시하면 환경친화적인 의식, 생활양식, 법, 제도가 확산하는 데 중요한 영향을 미쳤다. 지배구조는 매우 강고하고 철옹성처럼 보이지만 환경운동가들의 노력들이 조금씩 모여 환경과 생명은 지배적인 가치와 규범이 되어 우리 사회를 변화시키고 있다.

많은 환경운동가들은 거대한 구조 변혁보다는 시민들이 참여하여 환경문제를 해결하는 데 관심을 집중했다. 이들은 국가 주도의 대형 개발사업에 저항하면서 개발 중심의 토건 국가를 녹색 국가로 바꾸려고 했지만, 혁명이 아니라 법과 제도의 개선을 통해 점진적으로 개혁해가는 전략을 택했다. 그런데 이들은 국가에 저항하기 위해 시민들의 직접 행동을 조직하려고 노력했지만, 노동운동과 같은 대규모 동원은 이루어지지 않았다. 이들은 회원들의 지지를 바탕으로 전문가들을 조직하여 정책 대안을 만들고 정부와 함께 만든 거버넌스 기구에서 정책을 개혁하는 방법을 사용했다. 일부 운동가들은 개혁적인 정부나 정부 기관에 들어가 환경친화적인 정책을 수립하고 시행하는 데 힘을 모았다. 상대적으로 진보적인 정부에서 이런 전략은 부분적으로 성공했지만, 보수적인 정부에서 이들의 정책 과정 참여는 체계적으로 배제되기도 했다.

환경운동이 제기했던 많은 이슈들은 이제 정부, 국회, 법원, 언론, 기업, 연구기관 등 전문화되고 제도화된 기관들이 제도 안에서 논의하고 관리하고 있다. 환경운동가들은 한편으로는 전문성을 강화하고 다른 한편으로는 제도화된 기관으로 자리를 옮겨서 환경문제를 해결하려고 노력했다. 이런 과정에서 환경운동조직들은 다른 기관들이 하지 못하는 고유의 역할과 능력을 키우고 발전시키는 데 어려움을 겪게 되었다. 대중들의 관심을 조직하여 이슈를 사회문제로 구성하여 국가나 기업이 하지 못하거나 하지 않는 일을 할 수 있도록 추동하는 힘이 약해진 것이 사실이다. 대중들의 직접 참여를 조직하기 어려운 상황에서 환경운동단체들은 거버넌스에 참여하여 정책 과정에 매몰되면서 사회운동만이 할 수 있고 해야 하는 일을 해내기가 쉽지 않은 형편이다.

이런 상황에서 체제 전환을 주장하는 기후운동, 기후정의운동이 일어나고 있다. 이 새로운 물결은 생태전환운동을 바꿀 수 있을까? 다음 장에서 정치를 통해 생태전환을 이루어가는 꿈을 꾸고 실천을 해 온 사람들의 이야기를 들어보며 이런 문제를 생각해 보자.

15장

녹색정치의 새판 짜기

현대 사회에서 국가는 환경문제의 구조적 원인이면서 동시에 이를 해결할 수 있는 권력집단이기도 하다. 여기서 국가란 행정부, 입법부, 사법부를 모두 포함한다. 앞에서 본 환경운동가들은 행정부와 거버넌스를 구성하기도 하고, 행정부 또는 지방자치단체에 들어가기도 하면서 국가를 녹색으로 전환하려는 노력을 했다. 이와는 달리, 이 장에서 볼 사람들은 정당에 들어가 정치인으로서 국가를 생태적으로 전환하려고 노력한 사람들이다. 정당은 입법을 통해 지배구조를 유지, 보수, 재생산하거나 개혁 또는 변형할 수 있는 중요한 행위자이다. 진보정당에서 녹색정치를 시도한 사람들, 녹색당에서 새 판을 짜려고 한 사람들은 어떤 꿈을 갖고 어떤 일을 했을까?

진보정당에서 녹색정치하기

김제남은 2012년 제19대 총선에서 통합진보당 비례대표로 국회의원이 되었다. 그는 산업통산자원위원회에서 국회의원의 권한을 이용하여 원전 비리를 드러내고, 원전에 대한 규제를 강화하고, 재생에너지를 확대하는 데 중요한 역할을 했다고 스스로 평가한다. 당내에서 그는 '진정한 진보는 성장, 개발, 토건으로부터 생명이 공존하는 생태계의 복원으로 가는 것'이라는 주장을 지속했다. 그는 '아이들에게 핵없는 세상을 위한 국회의원 연구모임'을 조직하고, 민주통합당 우원식 의원 등이 주도하는 '국회 탈핵 에너지 전환을 위한 국회의원모임'과도 연대하며 국회에서 탈핵정치를 확장하는 데 많은 노력을 기울였다.

그는 정당명부 비례대표제 같은 것을 도입해서 양당 중심 구조를 깨고 녹색당, 페미니즘 정당 같은 다양한 정당이 국회에 진출해서 법과 제도를 바꾸어 나가야 한다고 말한다. 2000년대 전후로 시민운동이 정부에 요청해서 거버넌스 체계를 만들었지만, 이제는 이를 넘어서서 정당들이 연합하여 연립정부를 구성할 수 있어야 한다는 것이다.

국회의원 보좌관으로 활동하며 정치 전환을 시도한 이들도 있다. 2011년 3월 후쿠시마 핵발전소 폭발사고가 터진 후 동분서주하며 탈핵운동을 벌이고 있었던 이헌석은 2012년 6월에 김제남 의원의 제안을 받고 의원 보좌관으로 국회에 들어갔다. 그는 19대 국회 2012년 5월~2016년 5월에서 탈핵이 하나의 흐름이 되었다고 평가한다. 19대 국회에서 탈핵을 주제로 시민단체들도 참여하는 정책 토론회가 많이 열렸는데 김제남 의원이 이런 흐름을 이어가는 데 중요한 역할을 했다고 그는 평가한다.

국회 경험을 통해 그는 시민단체와 정당은 분명하게 다르다는 것을 알게 되었다. 시민단체들은 큰 틀만 이야기하지만, 정당은 어떤 법의 어떤 조항을 고쳐야 하는지 구체적으로 접근한다. 정당은 개별 이슈를 넘어서서 종합적으로 판단해야 하고 특히 원내정당은 구체적인 정책을 고민할 수밖에 없다는 것이다. 그는 시민운동과 정당의 정책활동을 연결하는 것이 중요하다고 말한다.

녹색당에서 녹색정치하기

유럽, 호주, 뉴질랜드 등에서 녹색당은 탈핵, 환경, 동물, 여성, 소수자 등 새로운 이슈를 정치적 의제로 만들고 국가를 생태적이고 민주적인 권력으로 바꾸는 데 성과를 이루었다. 특히 유럽의 경우 각국의 녹색당들이 유럽 의회에 진출하여 유럽연합EU을 생태적으로 전환하는 데 영향을 미치기도 했다.

한국에서도 녹색정치를 위한 시도가 있었다. 2002년에는 녹색연합의 일부 운동가들이 중심이 되어 녹색평화당을 창당하여 2002년 지방선거에서 후보를 냈으나 당선시키는 데에는 실패했고, 정당도 사라졌다. 같은 해에 환경운동연합은 녹색자치위원회를 만들어 고양시에서 시장 후보를 내고 전국적으로 50여 명의 '녹색 후보'를 냈다. 이 선거에서 고양, 부산, 서울 등 지역에서 기초의원 15명이 당선되었다. 이 '녹색후보'의 성과를 바탕으로 2004년에는 초록정치연대가 만들어져서 활동했다. 초록정치연대는 2006년 지방선거에서 10명의 현역 지방의원을 포함하여 21명의 후보를 냈으나 기초의원 정당 공천제가 실시된 상황에서 2명만 당선되었다. 초록정치연대는 2007년에 초록당 창당준비위원회를 구성하고 2008년 18대 총선 전에 초록당을 창당하려고 했으나 이는 성공하지 못했다.주요섭, 2008:226~227.

 2011년에 일어난 후쿠시마 핵발전소 폭발사고는 탈핵운동을 촉발시키고 탈핵에너지 전환의 큰 흐름을 만들어냈지만 다른 한편으로 녹색당 창당을 가능하게 만들었다. 후쿠시마의 재난을 보고 충격을 받은 많은 사람들은 탈핵을 위해서는 정치 체제를 바꾸는 것이 필요하고 이를 위해서는 새로운 정당을 창당해서 새판을 짜는 것이 필요하다고 생각하게 되었다. 우리가 만난 녹색당 사람들은 어떤 미래를 꿈꾸며 녹색당 활동을 했을까?

 녹색당 총선 비례대표, 부산 기장 지역구 후보 등으로 출마한 구자상은 동학과 생명사상에 깊이 공감하면서 대안적인 정치체제를 만들려고 노력했다. 그가 구조적인 문제로 보는 것은 생명을 파괴하는 체제이지만 다른 하나는 서울 중심 체제이다. 환경운동도 서울 중심으로 관심이나 역량이 집중되고 제대로 된 지방자치도 이루어지지 않는 것이 문제라고 그는 본다. 그가 바라는 세상은 '자치와 분권이 기반이 되는 새로운 형태의 생태주의 국가'이다. '석유구조'를 넘어서서 태양의 경제로 전환하면서 지역으로 분산하고, 농업을 살리면서 협동조합이 활발하게 활동하는 '생태적으로 건전한 대안사회'를 만드는 꿈을 그는 갖고 있다.

 녹색당 사람들이 공감하는 중요한 또 하나의 지향은 '탈성장'이다. 보수와 진보, 혹은 권위주의와 민주주의 정치세력은 산업자본주의에 바탕을 둔 경제성장을 통해 계급 갈등을 줄이고 국가와 자신들의 지배구조를 유지, 재생산하는 데 자원을 집중한다는 점에서 일치한다. 그런데 녹색정치로 새판을 짜기를 꿈꾸는 사람들은 이런 성장 중심의 지배구조를 해체하자고 주장한다. 허승규는 한국의 현대를 특징 짓는 것은 '정치를 묶어두고 성장이라는 패러다임에 몰입한' 박정희 체제라고 분석한다. 그는 이 성장지상주의에 정면으로 도전하는 사상이 한국의 '녹색'이라고 말한다. 그는 인간, 관계맺음, 젠더, 과로에 대한 성찰을 통해 여유와 느림, 그리고 지구 차원의 평화로 갈 수 있다고 본다.

장길섭은 풀뿌리에 바탕을 둔 대안 만들기를 통해 체제를 아래로부터 전환하는 꿈을 갖고 있다. 『녹색평론』에 소개된 지역화폐운동, 대체의학운동, 대안교육운동, 기본소득운동, 유기농업운동, 협동조합운동 같은 것들을 제대로 실천하면 세상을 바꿀 수 있다고 그는 본다. 세상을 근본적으로 바꾸기 위해서는 관행농업에 대한 대안으로 유기농업이 만들어진 것처럼 관행정치에 대한 대안으로서 녹색정치가 가능하고 이를 해야 한다고 그는 생각한다. 은행제도 개혁, 기본소득, 선거법 개정 등이 필요할 뿐만 아니라 국회를 무작위 추첨제로 시민의회로 바꾸어야 한다고 그는 말한다. 그렇지만 성장 중심의 사고가 기업, 국가는 물론 협동조합을 지배하고 있기 때문에 축소를 통해 세상을 바꾸는 것은 매우 어렵다고 그는 생각한다. 공유재산, 공동자산을 늘려나가고 싶은 꿈은 있지만, 그것이 쉽지는 않다. 그는 성장, 자본, 산업 중심의 세상을 근본적으로 바꾸고 싶은 꿈이 있지만, 이것이 너무나 어렵다는 것을 잘 알고 있다. 녹색당운동을 하다가 학교와 불화하면서 그의 좌절도 깊어졌다. 그렇지만 그에게는 녹색당의 하승수를 포함하여 함께 일할 동지들이 있으니까 덜 외롭다고 말한다.

성장을 넘어선다면 자본주의는 어떻게 할 것인가? 성장하지 않는 자본주의는 가능한가? 탈성장론자들 가운데에는 자본주의적 생산, 소유, 교환제도를 폐지하지 않고도 성장에서 벗어날 수 있다고 보는 이들이 있다^{칼리스 외,2021}. 그런데 자본주의 체제에서는 탈성장이 불가능하며 자본주의를 넘어서야만 기후위기를 극복할 수 있다고 보는 사람들도 있다^{사이토 고헤이, 2021;말름,2021}.

한재각은 『기후정의: 희망과 절망의 갈림길에서』라는 책²⁰²¹에서 좀 더 급진적인 '혁명'이 필요하다고 주장한다. 그는 기후위기를 극복하기 위해 기후정의동맹을 만들자고 주장하며 '녹색자본주의'로는 가능하지 않다고 말한다. '더 많은 자원을 채굴하고 상품을 생산하여 소비자들이 낭비하도록 만들면서 이윤을 쥐어 짜내는 자본주의 시스템 자체가 문제'이기 때문에 '생태적 현대화'든 '녹색자본주의'든 자본주의는 생태적 한계를 넘어설 수 없다고 본다. '기후정의동맹은 사회적 불평등의 해결이 기후위기 해결의 가장 빠른 길이라는 점을 주장하고 녹색자본주의 진영과 경쟁해야 한다. 국가를 탈환하는 것만으로는 부족하고 녹색화하여야 한다.'고 그는 주장한다.

자본, 혹은 자본주의가 환경위기의 근본 원인이라고 보는 사람들이 생각하는 탈자본 또는 반자본의 녹색정치 전략이 무엇인지는 분명하지 않다. 그러나 분명한 것은 국가 주도의 개발사업과 기후위기를 직시한 소수의 운동가들이 불평등을 구조화하고 사적 소유권 또는 국가 권력을 무기로 모두의 것에 대한 모두의 접근권을 배제하는 자본주의 체제에 근본적인 의문을 제기하고 있다는 점이다.

2012년에 녹색당을 창당하는 데 중요한 역할을 한 하승수는 한국 경제는 자본주의라는 말로 설명하기는 부족하고 '지대^{地代} 추구경제'라고 설명해야 한다고 말한다^{하승수, 2019;31~37,97~103}. '지대불로소득'이란 건물이나 땅을 가진 사람들이 벌어들이는 임대료나 부동산 가격상승분뿐만 아니라 정당하지 못한 소득, 즉 특권이나 특혜로부터 나오는 이익도 포함된다고 그는 말한다. 그는 지대추구경제에서 공생, 공유, 공정사회로 전환해야 한다고 말한다. 여기서 공생은 인간과 인간, 인간과 자연이 함께 사는 것을 말하고, 공유는 지대불로소득을 없애고 '본래 모두의 것은 모두의 것으로', '공동의 것은 공동의 것으로' 하자는 것이고, 공정은 공평하고 올바른 것을 말한다. 이를 위해 그는 기본소득, 기본주거, 기본농지·농사·먹거리 등 세 가지 기본을 모든 사람에게 보장하고 탈성장, 탈지대, 탈화석연료·탈핵, 탈토건, 탈집중, 탈경쟁교육, 탈차별·혐오 등을 추진해야 한다고 주장한다.

정당과 생태전환정치

우리가 만난 사람들은 생태전환정치, 그 가운데에서도 정당과 관련된 정치를 어떻게 평가할까? 이헌석은 보수정당의 경우 지역에 뿌리를 내리고 있는 반면, 진보정당은 그렇지 못하고 있다고 평가한다. 진보정당이 정책을 아무리 잘 만들어도 그것을 보고 표를 찍는 사람이 없고, '아주 큰 틀에서 아주 멋진 단어 몇 개가 동동 떠 있고 실제로는 누가 가서 악수를 많이 했나, 누가 친한 사람이 더 많나. 이 싸움'이라고 말한다. 그는 실제 정치적인 영향력을 키우기 위해서는 조직을 강화하는 것이 중요하다고 말한다. 다른 한편으로 진보적인 또는 개혁적인 정부에 운동가들이 들어가면 '여러 가지 자양분을 공급 받아야 되는데 오히려 흡수당하는 모양새'였다고 평가한다.

한재각은 주류 환경운동 단체들이 정책이나 제도를 바꾸기 위해서 더불어민주당과 같은 정당과 '사실은 연합'을 하고 있다고 평가한다. 독일처럼 반핵운동 그룹들이 자신들의 정당으로서 녹색당을 갖는 것과 같은 정치 지형이 만들어지지 않은 한국에서 환경운동 세력들은 제도 정당 안의 개혁적인 그룹과 연대하는 전략을 취해 왔다는 것이다. 새로운 정당과 정치 지형을 만들려는 시도를 일부 그룹들이 했지만 실패해 왔다고 그는 평가한다.

배보람은 녹색당은 원내 의석이 없기 때문에 한계가 분명하다고 말한다. 풀뿌리운동이 중요하다는 의견에 대해서는 '풀뿌리가 아니고 중앙이기 때문에 더 래디컬하게' 의제를 던질 수 있다고 보고 있다. 녹색정치는 지역정치, 풀뿌리정치라는 주장에 대해서는 이태영도 비슷한 이야기를 한다. 그는 '지방정치일수록 개발에서 자유롭기 어렵다는 생각'을 많이 한다고 말했다. 지방자치는 정주하는 사람들을 조직하는 정치인데 '녹색당이나 녹색정치를 고민하는 사람들은 오히려 정주하지 못하거나, 소유하지 못한 사람들이 어떻게 시민으로 등장할 수 있는가'를 고민하고 이들을 위한 정치를 조직하는 것이 필요하다고 그는 생각한다. 그는 녹색당이 풀뿌리정당에 대한 강박이 있어서 구, 동 단위 주민조직을 만들려고 하지만 녹색당의 지향과 풀뿌리정치의 타겟이 잘 맞지 않는 것 같다고 말한다.

우리가 만난 많은 사람들은 정당과 현실 정치가 생태전환을 이루기 위해 매우 중요하다는 데에는 동의하는 것 같다. 주류 환경운동가들은 대중들의 참여를 조직하기 어려운 상황에서 상대적으로 진보적인 정당들 혹은 보수정당의 개혁 그룹과 연대하여 법, 정책, 제도를 변화시키는 전략을 수행했다. 이런 전략은 지배구조의 폐해를 줄여 약한 생명들을 살리는 데 적지 않은 기여를 했지만, 사회운동이 약해지고 저항의 동력은 줄어드는 결과를 낳기도 했다. 역설적으로 이런 전략 덕분에 지배구조가 더 공고해졌을 수도 있다. 녹색당 혹은 새로운 녹색정치를 지향하는 사람들은 이런 구조를 바꾸고 새판을 짜기 위해 노력했지만 아직까지는 큰 성과를 이루지 못하고 있다. 북한과 대치하고 있는 수출 주도의 자본주의 개발국가 한국에서 지배구조를 해체하고 새 판을 짜는 일은 쉽지 않은 일인 것 같다.

새로운 녹색정치를 꿈꾸는 사람들은 탈자본, 탈산업, 탈성장을 통해 공생공락, 공유, 공정, 평등, 평화의 대안사회로 전환하는 길을 상상하고 그것을 현실에서 실천하고 있다. 이들의 꿈은 기존의 좌우 정치세력들이 의문시하지 않는 성장, 인간중심주의 등을 근본적으로 성찰하고, 지배구조를 해체하여 새로운 사회, 국가, 지구를 만들어 가는 것이다. 이러한 담론의 등장은 전환의 실험이 틈새에서 이미 시작되고 있을 뿐만 아니라 새롭게 급진화하고 있다는 것을 의미한다.

지배구조를 해체하고 새롭게 구성하기 위해서는 정당정치가 매우 중요하지만, 녹색당은 창당 이후 여러 번의 선거에서 실패했고 심각한 내부 갈등으로 위기에 처해 있으며, 진보정당도 대중들의 지지를 받지 못하고 그 영향력이 크게 줄어들었다. 녹색정치를 꿈꾸는 사람들의 이상은 체제를 바꾸어 새판을 짜는 것이지만 현실 정치의 벽은 높다.

16장

생태전환의 새집 짓기

지금까지 우리는 환경과 생명을 살리기 위해 애써 온 사회운동가들의 삶의 이야기를 듣고 세대, 젠더, 비인간, 생명운동, 시민환경운동, 녹색정치를 주제로 이들의 꿈과 삶을 살펴보았다. 이 장에서는 마지막으로 이런 운동을 생명이 자유로운 공동체를 만들기 위한 생태전환운동이라고 보고 생태전환운동의 특성, 전환전략, 그리고 주체 또는 행위자를 살펴본 후 생태전환의 미래를 전망해본다.

　생태전환을 생각하며 우리가 살아가고 있는 집을 고치고, 새로 지어간다면 무엇을 어떻게 해야 할까? 우리가 만난 사람들은 생태민주, 생태발전, 생태평화라는 생태전환의 세 기둥을 어떻게 세우며, 고쳐 나갔을까? 집을 짓고 고치기 위해 이들은 어떤 생태전환의 설계도를 갖고 어떤 작업을 했을까? 집을 살 수 있고 살만한 곳으로 만들고 가꾸는 설계자, 목수, 정원사는 누구이고 어떤 사람들인가? 이런 질문들에 대한 여러 가지 답들을 생각하며 모두의 집을 만들어 가는 여정을 마무리해 보자.

생태전환의 세 기둥: 생태민주, 생태발전, 생태평화

우리가 만난 43명의 운동가들은 모두 생태전환운동가라고 말할 수 있다. 생태전환운동이란 모든 생명의 삶의 터전인 지구의 생태계가 지탱하기 어려운 위기 상황에서 생명이 자유로운 공동체를 만들어 가는 사회운동이다. 그런데 생태 위기의 원인이 무엇인지 이 위기를 극복하기 위해서는 누가 무엇을 어떻게 해야 하는지에 대해 많은 사람들은 다른 진단과 처방을 갖고 있다.

생태전환운동가들은 환경과 생명을 살리기 위해 지배구조를 바꾸고 이를 넘어서거나 그 폐해를 줄이기 위해 사회운동을 벌여왔다. 자본주의, 산업주의, 인간중심주의, 성장주의, 국가주의, 남성중심주의, 나이^{Age}주의 등의 문화, 가치, 제도가 사회를 지배하고 있다고 이들은 진단하고 나름의 문제의식에 따라 이 지배구조를 전환하거나 그 구조 안에서 문제를 해결하기 위해 애써 왔다.

생태전환은 정치, 경제, 사회, 문화 등 여러 체계에서 다양하게 이루어지는 변화의 과정이다. 이것은 몇 사람이 주도해서 이끌어가는 군사작전 같은 것이 아니라 사람들이 느슨한 공감대를 갖고 앞으로 갔다 뒤로 갔다 옆으로 돌아 구불구불한 산길을 걸어가는 여정과 같다. 이 과정은 새로운 집을 짓거나 오래된 집을 수리하는 것에 비유할 수 있다. 헌 집을 한꺼번에 허물어 버리고 새집을 지어야 한다고 주장하는 사람도 있고, 헌 집의 기둥을 고치고 수리하며 그 위에 벽을 쌓고 지붕을 고치자고 주장하는 사람들도 있다. 그러면 어떤 기둥으로 헌 집을 고치거나, 새집을 지을 것인가? 생태민주, 생태발전, 생태평화가 그것이다.

생태민주가 '지구라는 행성에서 어떤 정치 체제를 만들어서 모두가 살아갈 것인가'를 탐구하는 담론이라면 생태발전은 이 행성에서 인간이 인간 아닌 존재들과 함께 잘 살아가는 경제에 대한 담론이라고 할 수 있다. 이 두 담론은 모두 인간 너머를 고민하지만 인간이라는 존재의 지속가능성과 그것을 가능하게 하는 인간의 능력에 관심을 집중한다.

생태민주는 국가, 국민, 주권이라는 한계를 넘어서고자 하지만 국민국가라는 정치 체제와 긴밀하게 연관될 수밖에 없다. 따라서 지구 행성의 위기에 대응하기 위한 코스모폴리탄주의의 관점에서 재구성되어야 한다. 생태발전 담론은 생태적 한계 안에서 사회·경제적, 생물학적으로 약한 인간들의 기본적 필요를 충족시키는 발전을 지향한다. 생태민주와 생태발전의 토대 위에서 우리는 모두의 평화를 지향하는 생태평화 개념으로 나아가게 된다.

생태평화란 경제성장과 물질적 풍요에 바탕을 둔 인간 종들만의 평화가 아니라 인간 아닌 다른 종들의 존재를 수단이 아니라 목적으로 대하는 지구의 평화를 말한다. 여기에는 모든 생명이 주체로 초대된다.

그러면 생태전환의 새집을 어떤 세 기둥으로 지을 것인지 좀 더 자세히 살펴보자. 첫째, 정치적으로는 인간 중심으로 발전해 온 민주주의를 인류세 시대 인간의 책임을 더 신중하게 고려하는 민주주의 즉 생태민주주의로 재구성하는 것이 필요하다. 생태민주는 대중, 민중, 시민이 주권을 갖고 사람들 사이의 평등뿐만 아니라 종들 사이의 평등을 만들어 가는 정치 과정이다[구도완, 2018].

둘째, 지구의 모든 것을 생산의 대상으로 간주하고 경제성장을 지속시키는 현대 산업 자본주의 체제를 생명을 살리는 경제로 바꾸어 나가는 것이 필요하다. 인간만이 번성하는 것이 아니라 비인간 존재가 갖는 그 자체의 가치를 인정하고 그들과 함께 행성 지구에서 살아갈 수 있는 경제를 만들어 가는 것이 그것이다.

그런데 여기에서 우리는 개발 또는 발전Development이라는 오래된 담론을 만나게 된다. 근대 이후 많은 사람들은 자연을 개발의 대상으로 삼는 것을 진보라고 여기며 이를 위해 매진해 왔다. 그런데 이 모델이 더이상 지탱가능하지 않다는 것을 1960년대 이후 많은 사람들이 분명히 알게 되었고 1987년에는 유엔에서 『우리 공동의 미래』라는 보고서를 발간하여 '지속가능한 발전'이라는 개념을 공통의 목표로 제시했다. 여기서 지속가능한 발전은 '미래 세대의 요구 충족 능력을 저해하지 않으면서 현 세대의 요구를 충족시키는 발전'으로 정의되었다세계환경발전위원회. 1994:36,71. 이런 개념이 세계적인 규범으로 받아들여지게 된 것은 지구 환경을 지키는 것이 중요할 뿐만 아니라 지구의 가난한 사람들의 생존과 생활을 보장하는 것이 매우 중요하다는데 많은 사람들이 동의했기 때문이다. 그런데 지속가능한 발전 개념은 그 모호함 때문에 '지속가능한 성장'과 같은 경제성장 옹호론과 결합되었고 환경과 성장의 '행복한 공존'이 가능하다는 환상을 지지하는 담론이 되었다.

이런 상황에서 우리는 지속가능 발전 개념이 갖고 있는 인간 중심적인 전제와 경제성장에 대한 암묵적 지지를 비판하며 '생태발전'이라는 개념을 제안한다. 여기서 생태발전은 생태적 한계 안에서 인류와 비인간 생물이 함께 존속하며 균형 있게 살아가는 것을 말한다. 우리는 GDP 중심의 경제성장을 당연시하는 경제 모델에 반대하고 성장 없이 지구 거주자들이 함께 살아갈 수 있는 경제 모델을 만들 수 있다고 본다. 그런데 우리가 '개발'이라는 의미가 내포된 '발전' 개념을 쓰는 이유는 모든 사람들이 더 나은 상태로 변화하며, 비인간 존재와 함께 더 많은 자유를 누리는 것이 필요할 뿐만 아니라 가능하다고 보기 때문이다. 지구상에는 기본적인 필요를 충족시키지 못해 건강을 잃고 자신의 잠재력을 발휘하지 못하는 사람들이 너무 많다. 이런 상황을 개선해 나가기 위해 크고 작은 일을 해나가는 것이 생태발전의 길이다.

셋째, 인간중심의 평화를 생태평화로 전환하는 것이 필요하다. 지금은 한 국가의 범위를 넘어 지구 행성이라는 거대한 생명의 거주지를 생명이 잘 살 수 있는 곳으로 바꾸어나가야 하는 상황이기 때문이다. 전쟁 없는 상태라는 소극적 의미의 평화 담론, 지구 거주지를 대상화하고 비인간 존재를 수단으로 간주하는 인류중심의 평화 담론을 넘어서서 생태평화의 담론을 연구하고 실천하는 것이 필요하다. 생태평화는 국민국가 중심주의를 넘어서서 세계 시민과 비인간 존재가 지구 거주자로서 폭력과 수탈을 줄여나가는 것이다구도완, 2020.

우리가 만난 사람들은 생태민주, 생태발전, 생태평화를 위해 애써 온 사람들이다. 공해추방운동과 시민환경운동에 참여한 사람들 가운데 많은 이들은 사람과 자연을 억압하고 수탈하는 정치 체제를 생태적이고 민주적인 체제로 바꾸기 위해 노력해 왔다. 이들 가운데에는 한편으로 민주주의를 진전시키면서 동시에 이를 생태적으로 전환하기 위해 삶을 바친 이들이 많다.

생태전환운동가들은 어떤 경제 시스템에서 어떻게 살아가기를 원할까? 어떤 이들은 자본주의는 불평등과 생태 파괴를 낳기 때문에 지속불가능하다고 보고 탈자본주의만이 해결책이라고 말한다. 어떤 이들은 자본주의를 유지하더라도 끊임없는 성장을 멈춘다면 환경문제를 해결할 수 있다고 본다. 또 어떤 이들은 생명을 살리는 협동의 경제공동체를 여기저기 만들어 가고 그 힘이 커지면 환경문제를 해결할 수 있을 것이라고 생각한다. 우리가 만난 사람들은 저마다 대안적인 경제 체제를 생각하며 운동을 해왔다. 이들의 진단이나 해결책은 차이가 있지만 이들은 모두 지구라는 행성의 한계 안에서 생명을 살리는 경제로 전환해야 한다는 데는 동의하고 있다.

생명운동과 마을운동 특히 생명협동운동에 참여한 사람들은 모든 생명을 살리기 위해 협동운동을 통해 대안적인 경제를 만들어 가는 데 관심을 집중했다. 자본주의와 산업주의에 포획된 교환 관계 혹은 자본주의 시장 시스템 안에서 생산자와 소비자를 함께 살리는 호혜의 시장, 생명을 살리는 시장과 교환양식을 만드는 실험을 했고 이것은 적지 않은 성공을 거둔 것으로 보인다. 이러한 운동은 생태발전을 틈새에서 실험하고 그 실험의 성공을 바탕으로 전국적인 또는 국제적인 호혜의 연결망을 만드는 데 성공한 운동이라고 볼 수 있다. 이 운동은 협동을 가능하게 만드는 조건을 어느 정도 만들었다. 그렇지만 지배구조를 해체하고 새로운 사회와 문명을 만드는 전략을 실천하지는 못했다.

생태민주와 생태발전이 대안적인 정치, 경제체계의 기획이라면 생태평화는 대안적인 사회·문화 전환 기획이라고 할 수 있다. 생명을 죽이는 기계문명, 산업문명에서 생명을 살리는 새로운 문명, 생태문명으로 전환해야 한다고 말하는 사람들이 적지 않다. 이들은 민주, 발전을 뛰어 넘어 생명을 살리는 새로운 평화의 문명이라는 눈으로 세상을 보고 있다. 새롭게 등장한 동물 운동가들은 인간 중심의 평화를 모든 종들의 평화를 새롭게 만드는 운동을 해왔다. 종의 차이를 뛰어 넘을 수 있는 공감능력과 정동을 가진 사람들은 서로를 지지하고 연대하며 비인간 생명의 대리인 또는 후견인으로서 지구의 새로운 정치와 문화의 지평을 열어가고 있다. 전쟁과 폭력의 그림자가 짙어질수록 생태평화의 중요성은 더 커지고 있다.

생태전환 전략

우리가 만난 사람들은 모두 환경문제를 해결하고 인간과 자연이 공존하며 잘 살아가는 마을과 지구를 꿈꾼다. 그런데 무엇이 문제이고 이 문제를 어떻게 해결할지에 대해서는 다양한 의견이 경합해 왔다. 이제 우리는 우리가 만난 사람들의 운동을 전환 전략의 관점에서 분석해 보겠다. 이를 위해 우리는 반자본주의$^{Anti-Capitalism}$ 전략을 분석한 에릭 올린 라이트$^{Erik\ Olin\ Wright,\ 2020:95~99}$의 연구를 참고하여 아래와 같이 생태전환 전략의 유형을 구분했다. 라이트는 인간의 번성$^{Human\ Flourishing}$을[70] 좋은 상태로 보고 이를 가로막는 구조가 자본주의라고 해석했다. 이 때문에 그는 자본주의를 넘어서는 것이 필요하다고 보고 반자본주의 전략을 통해 '리얼 유토피아'를 만드는 길을 연구했다.

그런데 우리가 만난 사람들 가운데에는 반자본주의를 중시하

---

[70] 이 개념은 인간의 번영, 행복, 안녕$^{Well-Being}$이라는 의미와 연결된다. 인간이 만족의 상태를 넘어서서 자신의 잠재력을 실현시키는 상태를 의미한다. 한국어 번역본에는 인간 행복이라고 번역되어 있다$^{라이트,\ 2020:21}$.

는 사람들도 있지만 대부분은 생명을 살린다는 적극적 담론으로 전환의 비전을 표현했다. 우리는 라이트의 틀을 참고했지만 우리가 보는 사회문제의 특성과 그 해결 방법은 라이트의 것과는 매우 다르다.

〈표1〉 생태전환 전략의 유형

		전환 목표	
		폐해 중화하기	구조 넘어서기
변형수준	게임 자체		A. 급진적으로 혁명하기
	게임의 규칙	B. 길들이기	C. 해체하고 재구성하기
	게임 안에서의 움직임	D. 저항하기	E. 틈새에서 대안 만들기

〈표1〉은 라이트의 틀을 참고하여 생태전환 전략의 유형을 구분한 것이다. 표의 가로 축은 환경문제를 해결하고 생태전환을 이루기 위한 목표에 관한 것이다. 왼쪽은 지배구조가 낳은 폐해를 줄이고 중화하는 것이 목표이고 오른쪽은 이 구조를 넘어서고 초월하여 새로운 정치, 경제, 사회, 문화구조를 만들어 가는 것이 목표이다. 세로 축은 변형 혹은 변혁의 수준과 관련된 것이다. 맨 위는 어떤 게임을 할 것인지를 놓고 벌이는 적대를 말한다. 여기서 변형의 논리는 파열^{Rupture}이나 단절인데, 역사적으로 보면 러시아, 중국 등의 사회주의 혁명이 대표적인 사례다. 가운데는 게임의 규칙을 어떻게 바꿀 것인가 하는 수준에서 경합하고 갈등하는 것을 구분하는 것인데, 여기서 변형의 논리는 공생^{Symbiotic}이다. 그러니까 지배구조를 한꺼번에 혁명을 통해 부수는 것이 아니라 그 구조와 공생하면서 이를 길들이고^{Taming} 개량하거나, 사회제도를 서서히 제거하고 해체하는^{Dismantle} 것이

다. 맨 아래는 게임의 규칙을 받아들인 상태에서 틈새^{Interstitial}에서 저항하거나 새로운 실험을 하는 것이다. 왼쪽은 지배구조의 폐해를 줄이기 위해 수동적으로 저항^{Resisting}하는 전략이고, 오른쪽은 틈새에서 지배구조를 벗어나^{Escaping} 다른 대안을 만드는 전략이다.

이러한 두 차원을 교차하여 다섯 가지 생태전환 전략의 유형을 구분할 수 있다. 전략A 급진적으로 혁명하기는 게임 자체를 바꾸는 전환 전략이다. 예를 들면 전쟁놀이는 더이상 하지 않고 정원 가꾸기 놀이로 게임 자체를 바꾸는 것이다. 법의 지배가 멈춘 예외상황에서 새로운 권력을 만들어 가는 과정이다. 다시 말하면 전략A는 급진적인 혁명을 통해 국가 또는 지배구조를 부수고 생태적으로 지속가능하고 사회적으로 정의로운 사회, 국가, 지구를 새롭게 만드는 전략이다.[71]

전략B와 C는 자본주의, 산업주의와 같은 지배적인 구조의 규칙을 바꾸는 전략이다. 좀 더 생태적인 자본주의, 국가를 만들기 위한 다양한 실천이 여기에 포함된다. 이 가운데 전략B '길들이기'는 지배구조가 지구와 생명을 더 위태롭게 만들지 않도록 법과 제도를 개선하고 개량하는 전략을 말한다. 자본주의, 산업주의와 같은 지배구조를 그대로 둔 채, 환경과 생명을 파괴하는 법과 제도를 생태적으로 개선, 개혁하는 전략이 그것이다. 전략C '해체하고 재구성하기'는 생명이 자유로운 공동체를 만들기 위해 지배구조를 서서히 해체하고 대안적인 정치, 경제, 사회체계를 만들어 가는 전략이다. 여기서 '해체하기'는 정치, 경제, 사회체계의 형식과 내용, 작동방식을 부수지 않고 변형하는

---

[71] 안드레아스 말름$^{\text{Andreas Malm, 2021:221}}$의 생태적 전시 코뮤니즘이 이런 전략의 예라고 할 수 있다.

것이다. 민주적인 선거로 권력을 장악한 생태전환 정치세력이 생태헌법을 만들고 비인간 존재의 후견인 또는 대변인이 참여하는 모든 생명들의 의회, 새로운 생태법원과 같은 기관들을 만드는 것을 상상할 수 있다. 만약 선거제도가 기후위기를 해결하는 데 유효하지 않은 제도라면 새로운 정치 체제를 만들거나 선거제도를 전면적으로 개편하는 전략을 주창할 수 있을 것이다. 전략B와 전략C의 주된 차이는 지배구조를 넘어서는^{Transcend} 담론과 실천의 존재 여부이다.72

전략D와 E는 자본주의나 산업주의와 같은 사회제도 안에서 폐해를 줄이기 위해 저항하거나, 그 제도 안에 있으면서 그것을 벗어나서 대안적인 실험을 하는 전략을 말한다. 전략D 저항하기는 틈새의 사건, 사고, 이슈 등을 중심으로 지배구조에 저항하여 생명, 생활, 자연을 방어하는 전략이다. 국가나 자본이 삶의 터전을 파괴하려고 할 때 사람들이 이에 저항하는 것이 전략D이다. 전략E 틈새에서 대안 만들기는 지배구조 안에서 이를 넘어서는 틈새의 실험을 조직하여 생태전환의 모델을 만들고 확산시키는 전략이다. 거대한 사회구조를 바꾸는 것이 아니라 일상 속에서 마을을 만들고 대안의 공동체를 만들어 생태발전 모델을 실험하는 것이 그 예가 될 수 있다.

이러한 유형 구분은 복잡하고 다양한 생태전환 전략을 조망하기 위해 그 특성을 강조한 이념형$^{Ideal\ Type}$이다. 이 유형에 포함되지 않는 전략도 있을 수 있다. 현실에서 많은 사람들 또는

---

72 전략B의 축적을 통해 지배구조의 변형이 가능하다고 보는 이들도 있다. 이런 관점에서 보면 전략B와 C를 구분하는 경계는 무의미하거나 흐릿할 수 있다. 그러나 전략A나 C의 중요성을 강조하는 사람들은 지배구조 길들이기가 아무리 성공해도 지배구조가 낳는 불평등과 환경파괴는 지속될 수밖에 없다고 보고 지배구조를 해체하고 넘어서기 위한 담론과 실천이 중요하다고 말한다.

조직들은 여러 전략 유형을 섞어서 운동을 한다. 예를 들면 틈새에서 국가와 자본에 저항하면서 그 운동을 지렛대로 삼아 법과 제도를 개선하는 일을 도모하고, 장기적으로는 지배구조를 해체하고 넘어서는 사회구조를 기획하고 만들어가는 조직이나 사람들이 있다.

이런 유형 구분으로 우리가 만난 운동가들의 실천을 어떻게 분석할 수 있을까? 급진적 공해추방운동가들은 공해문제의 구조적인 원인은 자본주의이므로 변혁을 통해 국가권력을 장악하여 공해 없는 평등한 사회를 만들어야 한다고 생각했다. 달리 말하면 이들은 공해문제의 원인인 자본주의 체제를 부수고 국가권력을 장악하여 새로운 체제를 만드는 전략A를 지향했다고 볼 수 있다. 이런 전략은 소련과 동구권 해체 이후 설득력을 잃었고 많은 변혁운동가들은 국가를 개혁하는 현실적인 전략으로 방향을 전환했다.

시민환경운동가들은 자본주의나 산업주의를 근본적으로 전환하는 것이 아니라 지속가능한 발전 혹은 생태적 현대화를 통해 지배구조 안에서 환경문제를 해결하는 데 관심을 집중했다. 동강댐, 새만금사업, 천성산 터널 반대운동, 4대강사업 반대운동 등을 벌이면서 대형 개발사업을 추진하는 국가에 강력하게 저항했고, 국가와 자본이 환경에 미치는 폐해를 줄이는 데 어느 정도 성공했다고 볼 수 있다. 우리가 만난 많은 시민환경운동가들은 자본주의나 산업주의가 환경위기의 근본원인이라고 보지는 않은 것 같다. 이들은 구조의 변혁이나 전환^{Transformation}보다는 자본 또는 개발국가, 토건국가가 일으키는 환경문제를 해결하고 그 폐해를 줄이거나 중화하는 데 관심을 집중했다. 많은 시민이나 회원들이 수출 주도의 경제성장 체제와 이를 지탱하는 국가

체제에 의존하고 이를 지지하는 상황에서 주류 시민환경운동조직들은 현실주의적인 개혁 전략을 택했다. 운동가들은 지배구조의 폐해를 줄이기 위해 때로는 국가에 저항하고 때로는 국가를 길들이기 위해 거버넌스에 참여하고, 정부나 정당에 들어가기도 했다. 생태전환 전략의 유형으로 말하면 틈새의 사건, 사고, 이슈를 중심으로 지배구조에 저항하면서^{전략D} 그 과정에서 얻은 정치적, 사회적 영향력을 바탕으로 게임의 규칙을 바꾸기 위해 지배구조를 길들이는 전략B를 수행했다고 볼 수 있다.

생명운동 혹은 생태적 대안운동을 하는 사람들은 기계문명에서 생명을 살리는 생태문명으로 전환한다는 거대한 목표를 갖고 지역, 마을, 협동조합, 공동체에서 여러 가지 운동을 했다.[73] 대표적으로 성공한 것은 생활협동조합운동이다. 이들은 문명 전환이라는 지배구조의 근원적 전환을 목표로 했지만 실제로는 국가와 자본의 지배구조 안에서 그 구조에 저항하지 않으면서 틈새에서 호혜와 협동의 교환 관계 또는 공동체를 만드는 일을 해왔다. 한살림의 경우 80만 명의 조합원이 참여하는 큰 협동조합으로 발전했다. 생명사상을 바탕에 둔 생협운동은 국가와 자본에 저항하지 않으면서 다른 공동체를 만들고, 협동의 조건을 만드는 데 성공했다. 그렇지만 공동체 밖에는 여전히 불평등과 환경 파괴가 지속되고 있다.

---

[73] 좁은 의미의 생명운동 사례는 1970년대 이후 김지하, 장일순, 박재일 등이 참여한 원주 캠프와 이후 한살림으로 이어진 문명 전환운동과 생협운동이라고 할 수 있다. 생태적 대안운동은 생태적 지속가능성을 높이고 생명을 살리기 위해 지배구조 안과 밖에서 다른 대안을 실험하고 확산시키는 사회운동을 말한다. 좁은 의미의 생태적 대안운동에는 틈새에서 풀뿌리, 마을, 공동체 등을 만드는 운동이 포함되지만, 넓은 의미의 생태적 대안운동에는 생명운동, 환경운동이 모두 포함된다고 볼 수 있다. 여기에서는 좁은 의미의 생태적 대안운동 개념을 주로 사용한다.

생명운동가 혹은 생태적 대안운동가들의 전략을 거칠게 정리한다면, 이들은 산업, 근대, 기계문명이 지배하는 현대의 지배구조를 해체하고 생태적으로 지속가능하고 순환하는 생태적인 문명을 만들어나가는 것 즉 전략C를 지향했다. 그런데 이들의 전략은 지배구조의 게임의 규칙을 바꾸는 정치, 사회운동, 정책과정 등으로 발전하지 못했다. 문명 전환이라는 추상적이고 거대한 전환담론은 있었으나 이를 실행할 정치담론, 정책기획, 정치전략은 미약했다.[74] 틈새의 생태발전의 실험은 지역으로 확산되기도 어려웠고 한국이나 지구의 산업, 자본 중심의 지배구조를 대체할 비전이나 역량이 형성되지도 않았다.

박재일을 비롯한 생명운동가들은 생명운동을 한살림운동이라는 생활협동운동 또는 생명협동운동으로 발전시켰다. 이들은 밥상살림, 농업살림, 생명살림이라는 목표를 설정하고 게임 규칙을 바꾸기보다는 사람들의 생활과 의식을 바꾸고 시장의 교환양식을 호혜적인 교환양식으로 바꾸는 실험을 통해 세상을 바꾸려고 했다. 다시 말하면 전략E, 틈새에서 대안 만들기에 자원을 집중했다고 볼 수 있다.

여기서 성미산마을의 유창복의 경우, 전환에 관한 그의 생각과 전략이 어떻게 바뀌었는지 살펴보자. 유창복은 청년기에는 자본주의 지배구조를 부수고 국가권력을 장악하여 변혁을 이루려는 '급진적으로 혁명하기[전략A]'를 지향했다. 그러나 소련과 동구권이 해체되고 변혁운동 세력도 뿔뿔이 흩어지자 성미산마을에 들어가 '틈새에서 대안 만들기[전략E]'를 즐기며 실험을 이어갔다. 그는 박원순 서울시장을 만나면서 틈새의 실험을 바탕으로

---

[74] 김지하, 주요섭, 문순홍 등이 참여하여 1990년대 생명민회라는 대안정치 기획을 실험했으나 이는 큰 영향을 미치지는 못했다.

관료들이 지배하는 보수적인 지배구조를 대안적인 공동체 모델을 통해 전환하는 전략을 새롭게 실험했다. 그는 지배구조의 폐해를 줄이면서^{전략B} 지배구조를 서서히 해체하며 새로운 구조를 만드는 전략C를 지향했다고 볼 수 있다.

  장길섭과 이재혁이 겪은 고난은 생태전환운동의 전략이 바뀔 때 어떤 일이 일어날 수 있는지 잘 보여준다. 장길섭은 『녹색평론』을 수십 번 읽다가 농사를 짓지 않으면 안 될 것 같은 생각이 들어서 농사를 지으면서 틈새에서 새로운 대안을 만드는 실험^{전략E}을 이어갔다. 그런데 그는 녹색당운동을 하는 과정에서 학교라는 지배구조가 만들어 놓은 '정치적 중립'이라는 경계를 넘어서야 하는 상황에 처하게 되었다. 작은 농촌 마을에서 지배구조를 해체하고 새로 대안적인 정치 체제를 만들어 가려는 전략^{전략C}은 그와 그의 동료들에게 큰 시련을 안겨 주었다.

  동물운동가들은 인간중심주의와 종차별주의에 반대하며 동물을 인간을 위한 수단이 아니라 지구에서 살아가는 생명공동체의 성원으로 대우해야 한다고 주장한다. 이들이 바라는 것은 동물들이 자신들의 삶을 살아갈 수 있도록 인간 종이 인간 아닌 동물들에게 가하는 폭력을 줄여나가는 것이다. 이러한 꿈을 이루기 위해 이들은 시민들에게 동물의 고통을 알리고, 동물을 구조하며, 법과 제도를 개선하기 위해 노력하고 있다. 이들이 해체하려고 하는 지배구조는 인간중심주의 문화, 법, 제도 등이다. 이들은 한편으로 동물들의 고통을 줄이기 위한 법과 제도를 '동물복지'의 차원에서 개혁하면서^{전략B} 다른 한편으로 종을 차별하는 모든 문화와 제도를 해체하고 모든 생명이 자유로운 공동체를 만드는 비전^{전략C}을 지향하는 것으로 보인다.

  녹색정치를 위해 노력하고 있는 사람들은 성장, 개발, 자본,

인류, 남성 중심의 지배구조를 해체하는 새로운 정치를 기획하고 실천해 왔다. 이들은 탈성장, 탈자본, 탈지대^{地代}, 탈남성중심주의 등을 통해 모든 생명이 함께 잘 사는 공평하고 공정한 지구 정치공동체를 만드는 원대한 비전을 갖고 있다. 이들은 복합적이고 중층적으로 얽혀 있는 지배구조를 해체하고 새로운 정치판을 만드는 전략^{전략C}을 갖고 선거제도 개편, 생태적이고 민주적인 개헌 등을 추진하고 다른 한편으로 밀양 송전탑 반대운동과 같이 강고한 지배구조에 저항하는 전략^{전략D}을 수행했다.

생태전환의 주체

생태전환은 누군가가 현재 상태의 문제를 느끼고 그 구조나 진행 방향을 바꾸어야 한다고 생각하고 이를 행동에 옮길 때 시작된다. 이때 전환을 시작하고 주도하고 계속 유지하며 발전시키는 이는 누구일까? 우리가 만난 사람들은 어떻게 생각하고 있을까?

1) 민중에서 시민으로
1980년대 공청협 등의 조직에서 활동하던 급진적 청년 공해추방운동가들은 국가, 자본과 같은 지배 체제가 공해문제의 근본원인이므로 이를 해체하고 새로운 '민중' 중심의 국가, 사회, 경제 체제를 만들어야 한다고 생각했다. 조홍섭, 안병옥 같은 이들은 청년 시절에 이런 생각을 갖고 국가와 자본에 저항하는 민주화운동의 한 부분으로서 공해추방운동을 벌여 나갔다.
　1987년 6월 항쟁으로 민주화가 이루어지면서 권위주의 정치 체제가 약화하고 정치적 기회가 크게 열리기 시작했다. 다른 한편으로 1980년대 말 현실 사회주의 국가들이 몰락하면서 사회주의를 지향하던 학생운동 등 사회운동가들은 이념의 혼란을 겪게 되었다. 노동자, 농민 등 민중이 주체가 되어 외세에 의존하는 국가독점자본주의를 변혁해야 한다는 운동론, 혁명론은 그 기초가 심하게 흔들렸다. 학생운동을 하다가 노동 현장으로 들어간 사람들과 이들을 지원하던 많은 운동가들은 운동을 포기하기도 하고 또 다른 운동의 현장을 찾기도 했다. 이들 가운데 많은 이들이 새롭게 등장한 '시민운동'에 참여하기 시작했다. 1989년에 경제정의실천시민연합경실련이 '새로운 사회운동'을 지향하며 등장했고 1994년에는 참여연대가 창립되었다.

'억압적 지배 체제에 저항하는 민중'이라는 담론은 약화하고 '새로운 사회를 만들어 가는 데 참여하는 책임 있는 시민'이라는 담론이 중요한 정치 담론으로 자리 잡게 되었다. 공해추방운동을 해 왔던 서울과 지역의 8개 단체는 1993년 환경운동연합으로 통합하며 이름을 바꾸었고 녹색연합, 환경정의 등 새로운 환경운동단체들도 등장하기 시작했다. 이런 상황 속에서 시민을 주체로 구성하여 환경문제를 해결하고 새로운 사회를 만들려는 사람들이 나타났다.

김제남, 서왕진, 박진섭, 염형철 등은 1980년대에서 1990년대 초에 이르는 시기 동안 학생운동, 노동운동, 청년운동 등 사회운동가의 삶을 살다가 환경문제의 중요성을 깨닫고 환경운동에 뛰어들게 되었다. 이들이 운동의 방향을 전환한 것은 자신들이 이야기하듯이 사회의 변화에 영향을 받았기 때문이다.

그런데 시민이라는 행위자는 과연 누구일까? 시민은 노동자, 소상공인, 지식인, 자본가 등 다른 범주와 어떻게 구분되고 교차하는 것일까? 시민환경운동가들은 '시민'이 갖는 다양성과 차이를 '시민 담론'으로 묶음으로써 공동의 것에 대한 책임과 의무를 다하며 권리 주체로서 스스로를 구성하는 넓은 의미의 정치집단을 형성하려고 노력했다. 그렇지만 시민들을 전환운동의 주체로 구성하는 것은 쉽지 않고 단체 회원들을 모집하고 모금하는 일도 쉽지 않다. 민중과 시민은 뚜렷이 대비되는 두 담론이지만 시민환경운동의 주체로서 '시민'을 구성하는 일은 매우 어려운 일이다.

2) 주민이 주도하는 전환
환경운동가들 가운데에는 주민운동이 환경운동의 꽃이라고 말하는 이들이 있다. 임희자는 환경문제로 피해를 받는 주민들의 고통에 관심을 집중했다. 환경운동가의 삶을 살도록 그를 이끈 것은 이념이나 이론이 아니라 '문제'였다고 그는 말한다. '문제가 남아 있는데 그 현장을 떠날 수는 없었다.' 지리산댐, 위천공단, 마산만, 주남 저수지, 낙동강 등 현장에서 그는 주민들을 설득하며 그들과 그들이 사는 자연을 지키기 위한 운동을 해왔다.

유영업은 목포환경운동연합에서 시민환경운동을 하다가 증도 갯벌 전시관 관장과 슬로우 시티 사무처장을 겸직하면서 '삶의 현장에서 주민들과 함께' 마음껏 일해 볼 기회를 갖게 되었다. 그는 마을을 재생하기 위해서 자연환경을 조사하고 주민들을 만나 그들이 무엇을 원하는지 세심하게 들었다. '지혜는 주민들 속에서 나온다.'고 그는 말한다. 그는 주민들의 소득이 높아지면서 자연을 보전하는 대안을 찾는 운동이 매우 좋았다고 평가한다.

다른 한편으로 이태일은 필리핀에서 현지 지방정부와 협력하면서 현지 주민 참여방식으로 혼농 임업사업을 했다. 그는 환경을 보호하는 것이 주민 소득에 직결된다는 것을 인식시키는 것이 중요하다고 보고 있다.

임희자, 유영업, 이태일이 말하는 주민은 누구일까? '주민'은 정치적 주체로 호명되는 '시민'과 달리 현장 또는 지역에서 매일의 삶을 살아가는 사람들을 의미한다고 볼 수 있다. 임희자, 유영업, 이태일은 이들의 '문제'를 듣고 그것을 해결하기 위한 방법을 찾아 이들을 설득하고 조직하는 일을 했다. 이들은 자연과 환경을 지키면서 주민들의 삶의 문제를 해결하는 대안을 고민하고 그 방안을 찾아 실행하려고 애썼다.

자신의 삶의 터전인 가로림만을 지키기 위해 반대운동에 뛰어든 박정섭, 농사짓던 땅을 지키기 위해 4대강사업 반대운동에 나선 최요왕, 자신이 살던 영월 서강을 지키기 위해 주민을 조직한 최병성, 이들은 모두 주민과 함께 자신의 삶을 지키기 위해 행동에 나서게 되었다. 이렇게 보면 '장소^{Place}'에 접합된 거주자로서의 주민은 생태전환의 중요한 행위자임에 틀림없다. 넓게 보면 우리는 지구 거주자로서 우리의 생존을 위해 생태전환에 나설 운명인지도 모른다.

3) 행위자로서의 동물

인간중심주의의 관점에서 보면 의식을 갖고 합리적인 행위를 하는 것은 인간뿐이다. 그러나 우리가 만난 동물운동가나 동물전문기자의 말을 들어보면 동물은 인간의 말을 못 할 뿐 다양한 신호로 인간에게 말을 건넨다.

실습 대상이 된 동물의 신음 소리를 듣고 조희경은 다른 일을 제쳐두고 동물운동가의 삶을 새롭게 시작했다. 좁은 수조에 갇힌 돌고래의 모습을 보고 황현진은 돌고래를 바다에 돌려 보내주겠다고 결심했다. 남종영은 동물의 고통이 자신을 움직이는 행위성이 있다고 말한다.

　동물의 고통에 민감한 사람들은 동물이 주는 신호를 이해하고 그것에 반응할 뿐만 아니라 깊은 마음과 맑은 의식으로 이들을 환대한다. 동물운동가들은 자신들만의 감정, 정동에 머물지 않고 동지들과 연대하여 사람들의 의식, 법, 제도를 바꾸기 위해 노력하고 있다. 이런 과정에서 인간중심주의의 성채는 조금씩 허물어지고 있다.

4) 여성이 이루는 전환

여성환경연대를 조직하고 이를 발전시킨 사람들은 여성의 관점에서 여성이 주체가 되어 환경과 여성의 몸을 살리는 운동을 해왔다. 1999년에 창립한 여성환경연대의 창립선언문에서 회원들은 '조용한 환경 청소부 노릇도, 용감한 환경 투사 노릇도 모두 필요하다.'고 말했다. '작은 생명까지 보살피는 섬세함으로, 폭풍우에도 찢어지지 않는 강인함으로' '나와 생명을 살리는 그물이 되어 온누리를 덮을 것'이라고 선언했다. 공민협 사람들은 엄마의 마음으로 아이들의 생명을 살리기 위해 환경운동을 했다. 김혜정은 후쿠시마 핵발전소 폭발사고 이후 여성과 주부들의 잠재력을 새롭게 발견하고 이들이 탈핵운동의 주체로 성장하도록 힘껏 도왔다.

　이들은 여성으로서 '나'를 지키고 지탱하는 권리의 주체를 넘어서서 작은 생명까지 보살피며, 생명을 위협하는 세력과 구조에 맞서 싸우는 사람들로서 자신을 호명하고 있다.

5) 협동조합원, 그리고 생산자와 소비자

한살림, 두레생협연합 같은 생협들은 유기농산물이나 친환경 농산물을 생산하는 농민들과 이들의 생명을 살리려는 소비자 조합원들의 연대를 조직하며 대안적인 협동운동을 발전시켜왔다. 이들은 화폐를 매개로 한 자본주의적 상품 교환이 아니라 자본주의 구조 안에서 생명을 살리는 호혜적 교환을 실험하며 협동조합을 발전시켜 왔다. 다시 말하면 이들은 농민이 농산물이라는 상품을 생산하고 이를 소비자가 화폐를 주고 사는 자본주의적 교환 관계와는 다소 다른 교환양식을 지향하고 있다. 농민은 땅과 사람을 살릴 수 있는 농산물을 생산하고 생활협동조합의 조합원은 농민의 생활과 생존을 보장할 수 있도록 가격을 협의하여 '호혜적' 교환을 이루어 나가는 것이 이들 협동조합이 하는 일이다.

여기서 이들은 자본주의적 상품 교환 관계 속의 생산자와 소비자와는 다소 다르게 '우리들끼리' 서로를 돕는 교환 관계를 만들어 가는 조합원들로 스스로를 부른다. 그런데 김기섭은 한국의 생명협동운동은 '우리끼리'를 넘어서 '모두'를 엮는 운동이라고 말한다. 모든 생명을 엮는 생명협동운동이 발전해서 문명을 바꾸어 나갈 수 있다면 그 중심에는 '우리'를 넘어서서 '모두'로 자신을 확장한 조합원들이 있을 것이다.

6) 생태적 세계 시민

전환을 위해 애쓰는 많은 사람들은 우리나라의 문제에 관심을 집중하고 있다. 그런데 환경문제는 지역을 넘어 지구 전체와 연결되어 있다. 한국의 환경문제를 해결하기 위해 생산 과정에서 환경 오염을 일으키는 제품을 수입하거나 이윤을 위해 오염 시설을 다른 나라에 건설, 운영하면 그것을 생산하는 지역의 노동자 주민들에게 환경 피해가 전가된다. 이런 문제를 인식한 운동가들은 국가와 국민을 넘어서서 세계 시민의 관점에서 전환운동을 해왔고, 해야 한다고 생각하고 있다.

이태일은 에코피스아시아에서 중국과 필리핀 사람들의 환경문제를 해결하면서 소득도 높이기 위해 풀씨를 뿌리고, 나무를 심고, 유기농을 보급하는 일을 해왔다. 그는 사업을 하면서 주민들에 대한 교육에 많은 관심을 집중했다. 필리핀에서는 주민들이 공동으로 유기농을 하면서 공동체가 살아나고 사람들이 변화를 이끌어 가는 모습이 보인다고 그는 말한다.

강은빈은 세계 시민의 관점에서 수출과 경제성장으로 지탱하는 한국의 지배구조에 저항하고 있다. 우리나라 안에서 탄소중립을 하더라도 석탄발전소를 베트남에 수출한다면 오염을 해외에 전가하는 것이라고 그는 생각한다. 우리나라가 돈을 벌기 위해 다른 나라가 결국 피해를 보는 가해와 피해의 구조가 재생산된다는 것이다. '지구를 하나로 보면 우리 지구에 짓는 것'이다.

허승규는 '국가와 국가를 가로지르는 정치 시민사회'를 튼튼하게 만들어서 평화를 만들어야 한다고 말한다. 세계정부는 패권화할 수 있고, 무정부주의는 폭력을 통제하기 어렵기 때문에 '글로벌 그린스 Gloabal Greens'가 밑에서부터 평화를 만들어 가는 것이 중요하다고 말한다. 한일문제를 민족문제로 접근할 것이 아니라 일본과 한국의 평화세력이 연대해서 정치력을 키우고 그 힘으로 전쟁을 할 수 없도록 만들어야 하고, 이런 관점에서 동아시아 평화를 만들어 가야 한다고 그는 주장한다.

국민국가의 틀 안에서 우리 국민들이 잘 먹고 잘 살기 위해 지구의 다른 사람, 다른 종의 피해와 고통을 외면한다면, 이는 윤리적으로 정당화될 수 없다. 또한 지구 차원에서 커지고 있는 생태위기의 위험성을 줄이기도 어렵다. 이렇게 볼 때 지구의 생태전환정치를 이끌 중요한 행위자로서 생태적 세계 시민을 형성하는 일이 중요해 보인다.

우리가 만난 운동가들은 모든 사람들이 갖고 있는 다양한 위치, 주체성, 특이성을 존중하며 나름대로 중요하다고 생각하는 사람들에게 다가가 그들이 환경과 생명을 살리는 사람으로 변화하기를 기대하고 그것을 도와주려고 애쓰고 있었다. 그 과정에서 운동가들은 힘을 얻고 자신을 변화시키고 새롭게 하는 힘을 얻는 것 같다.

생태전환운동의 미래

위기가 심해질수록 나, 우리 집단, 우리나라만 생존해야 한다는 생존 담론이 강해지고 위기를 기회로 삼은 권위주의자들의 목소리도 커질 것이다. 기후위기를 정당성의 근거로 삼아 핵발전소 확대와 보, 댐 건설을 권위주의적으로 추진한 정치세력들을 우리는 이미 보았다. 이런 상황에서 우리가 만난 사람들은 자본주의, 산업주의, 인간중심주의, 성장주의, 국가주의, 남성중심주의, 나이Age주의 등의 문화, 가치, 제도가 사회를 지배하고 있다고 진단하고 나름의 문제의식에 따라 이 지배구조를 전환하기 위해 애써 왔다. 이런 다양한 적대들이 하나의 지적, 도덕적 리더십 아래 모여 대안적인 헤게모니를 이루는 것을 상상할 수 있다. 지구상의 모든 종과 존재에 대한 억압과 차별, 배제 없이 모든 생명이 자유로운 공동체를 만들어 가는 과정을 꿈꿀 수 있다. 현실에서 이러한 생태적인 녹색 헤게모니가 만들어지기는 매우 어렵겠지만, 생태전환의 밑그림을 그려보는 것은 우리가 희망을 현실로 바꾸기 위해 필요할 것이다.

그렇지만 생태민주, 생태발전, 생태평화의 세 기둥을 새로 세우고 완전히 새로운 집을 짓는 것은 현실에서 기대하기 어려울 것이다. 왜냐하면 지구라는 집에는 수많은 생명이 살아가고 있고 이들이 살아가면서 집을 고쳐야 할 형편이기 때문이다.

세상은 모순과 아이러니로 가득 찬 채, 차이들 속에서 불균등하게 변화해 나갈 것이다. 열렬한 동물운동가가 사람들 사이의 차별과 불평등을 당연시할 수도 있고 급진적 환경운동가가 동물의 고통에 둔감할 수도 있을 것이다. 생명운동가가 남성중심주의에 빠져 있거나 나이에 따른 차별을 당연시할 수도 있다. 현실에서는 다양한 가치와 관심, 이해관계를 가진 사람들이 자신의 가치와 이익을 실현하기 위해 세상을 바꾸고 있고 그런 복잡하고 복합적인 과정 속에서 사회는 변화할 것이다. 모든 생명이 자유로운 생태적이면서 민주적이고 평화로운 발전은 어디에도 없는 유토피아일 지도 모른다. 그렇지만 우리는 지배구조에 저항하며 이를 길들이고, 해체하며 새로운 세상을 만드는 생태전환의 과정을 상상할 수 있다.

지배구조를 하루아침에 바꾸는 것은 가능하지도 않고 바람직하지도 않다. 하루하루를 살아가며 생명이 자유로운 공동체를 이곳저곳에서 이런저런 방식으로 만들어 가다보면 지배구조를 움직이는 사람들, 그들의 생각과 행동양식, 법과 제도, 그리고 우리 자신이 좀 더 낫게 바뀔 지도 모른다. 평화를 이루려면 내가 먼저 평화가 되어야 한다는 말처럼 사실은 나와 우리가 바뀌는 것이 먼저일지도 모른다. 길은 있다가도 사라지고 흐릿해지기 일쑤지만 생명을 사랑하는 마음을 갖고 서로 사랑하며 손잡고 걸어가는 사람들은 언제나 있지 않을까?

| 환경 사건 및 운동 연표[75] |

연도	환경·정치·사회 사건	환경운동
1958	·청계천 복개 공사 시작	·홍동 풀무고등공민학교^{현 풀무학교} 설립
1960	·3.15 부정선거 ·4.19 민주혁명	
1961	·「수도법」, 「오물청소법」 제정 ·5.16 군사 쿠데타	
1962	·제1차경제개발5개년계획 시작	
1963	·「공해방지법」 제정	
1964	·한·일 협정 반대운동	
1965	·한·일협정 조인·비준 반대 운동	·부산 감천화력발전소 주변 주민 매연분출 가처분 명령 신청^{국내 최초 환경 분쟁} ·한국크리스찬아카데미 설립^{현 여해와함께}
1966	·「하수도법」 제정	
1967	·보건사회부 환경위생과 공해계 설립^{국내 최초 환경행정부서} ·국립공원 최초 지정^{지리산국립공원} ·6.8 부정선거 규탄시위 ·제2차 경제개발 5개년 계획	
1968	·과학기술처 용역 의뢰에 따라 산업보건협회 '공해에 관한 연구' 제출	·연세대 공해연구소 창립^{1981년 환경과공해연구소로 개칭}
1969	·3선개헌 반대운동	·국제환경단체 지구의 벗^{Friends of the Earth} 창립

---

75 이 연표는 1950년대 중반 이후 주요 정치·사회 및 환경 사건과 주요 환경운동 사례를 정리한 것이다. 43명의 연구참여자와 연관된 단체와 사건, 환경운동을 함께 정리했다.

연도		
1970	·김지하, 「오적」 필화사건으로 구속 ·경부고속도로 개통 ·전태일 열사 분신 사건	
1971	·개발제한구역$^{Green\ Belt}$ 제도 도입 ·10.15 위수령 사태 ·새마을운동 ·광주 대단지 사건	·울산 삼산 평야 주민 공해 대책위원회 구성 ·국제환경단체 그린피스$^{Green\ Peace}$ 창립
1972	·UN 인간환경회의 개최^{스웨덴} $_{스톡홀름}$ ·유엔환경기구^{UNEP} 창립 ·로마클럽 '성장의 한계' 보고서 발간 ·「환경오염공정시험법」 제정 ·서울 서부위생처리장 건설^{최초} $_{분뇨처리장,1988년\ 폐쇄}$ ·「유신헌법」 선포 ·7.4 남북공동 성명 발표	·전남 여천군 광양지역주민 피해보상, 이주 대책 요구 ·진해 연안 김양식 어민 15명, 진해화학에 손해배상 청구 소송 제기 ·한국가톨릭농민회 창립
1973		·중앙대 유인호 교수, '경제성장과 환경파괴' 발표 $^{「창작과}$ $_{비평」1973.가을호}$ ·수산대 교수의 해양 오염 논문 발표로 학장 사표 사태 발생
1974	·긴급조치 1호 선포 및 민청학련 사건$^{긴급조치\ 4호}$	·경남 창원군, 진해화학에 김양식 피해 2억2,700만 원 소송 제기
1975	·명동 가톨릭 학생사건^{전국대학생} $_{연맹\ 사건}$ ·긴급조치 9호 선포	
1976	·청계하수처리장$^{국내\ 첫\ 하수처리장}$ 준공 ·판문점 도끼 사건	·한국교회사회선교협의회 창립 ·정농회 창립

연도		
1977	·「환경보전법」,「해양오염방지법」 제정 ·대통령 지시로 자연보호중앙협의회가 '민간단체'로 결성	
1978	·전남 담양군 고은석 씨 일가족 6명 '미나마타병 유사증세' 언론 보도 ·고리핵발전소 가동 국내 첫 핵발전소 ·국립환경연구소 설립 ·중앙환경분쟁조정위원회 설치 ·정부, 자연보호 헌장 선포 ·YH 여성 노동자 농성 사건	·고려대 의대 차수철 교수팀, '고씨 일가 국내 첫 수은 중독 공해병 환자' 주장 ·낙동강 보존회 창립, 낙동강 하굿둑 건설 반대운동 전개 ·전남 여천군 삼일면 낙포리 공해대책위원회 구성
1979	·대기환경기준 설정 아황산가스 ·울산공단 주변 어린이 피부병 발생 ·부마항쟁 ·10.26 사태 박정희 대통령 피격사건 ·YMCA 위장결혼식 사건 ·한국크리스찬아카데미 사건 ·12.12 사태 전두환 신군부 쿠데타	·공해연구회 창립 대학 내 공해서클
1980	·환경청 발족 ·「헌법」에 환경권 명시 ·「자연공원법」 제정 ·5.18 광주민주화운동	·낙동강보존회, '낙동강 하구 개발에 대한 우리들의 건의' 발표
1981		·기독교사회문제연구원, 『한국의 산업화와 공해문제』 발간
1982	·환경청, 최초 『환경백서 환경보전』 발간하면서 환경보전에 관한 국민 의식조사 실시 ·부산 미문화원 방화 사건	·기독교사회문제연구원, 『공해문제의 인식』 발간 ·한국공해문제연구소 창립 현재 한국교회환경연구소와 기독교 환경운동연대 ·공해연구회, 최초 반공해 마당극 '청산리 벽폐수야' 공연 ·「생명의 세계관 확립과 협동적 생존의 확장」 발간

연도		
1983	·낙동강 하굿둑 착공 ·민주화추진협의회^{민추협} 창설^{1987년 해체 후 2002년 재창설}	·공문연, 울산·온산공단 공해 피해 실태조사 ·공문연, 『내 땅이 죽어간다: 공해문제의 인식』 발간 ·공문연, 진로 주정공장 현지 조사 ·영산호수질오염방지대책 위원회^{같은 해 영산호보존 회로 전환} 창립 및 진로 주정공장 예정지 현장조사 ·소비자문제를 연구하는 시민의 모임^{소시모} 발족 ·『공해의 정치경제학』, 조홍섭·이필렬 번역 출간
1984		·공문연 부산지부 창립 ·반공해운동협의회^{반공협} 창립 ·공문연 등 세계환경의 날 행사에서 '반공해선언' 발표 ·연우무대 공해 풀이 마당극 '나의 살던 고향은…' 공연 ·공문연, 울산공단 피해 어민 중금속 중독 현황 조사 ·김지하, 『밥: 김지하 이야기 모음』 출간 ·화성 야마기시즘공동체^{산안마을} 형성
1985	·'온산공단 어민 500여 명 이타이이타이병 증세' 언론보도 ^{환경청, 온산괴질 공해병 아니라고 공식 부인} ·민주화실천가족운동협의회^{민가협} 설립	·공문연, 온산 괴질에 대한 조속한 대책 촉구 활동^{일본 하라다 교수 현장 조사} ·정호경·김지하 외, 『삶이냐 죽음이냐』 발간 ·원주소비자협동조합^{이후 원주한살림 소비자협동조합} 창립 ·온산병공해병대책위 구성 ·공문연·반공협, 온산주민 공해 피해 설문조사 실시

연도		
1986	·체르노빌 원전 폭발사고 발생 ·영광핵발전소 1호기 상업 운전 개시 ·서울 상봉동 박길래 씨, 국립의료원에서 진폐증 진단 ·민주교육추진전국교사협의회^{전교조 전신} 창립 ·전국반외세반독재애국학생투쟁연합 결성식, 건대항쟁	·김지하 『남녘땅 뱃노랫』 발간 ·소시모, 제1차 위해 농약 사용 실태조사 ·공해반대시민운동협의회^{공민협} 발족 ·박재일, 한살림농산 개업 ·공문연, 『한국의 공해지도』 발간 ·진해 연안 영세어민 15명, 14년 만에 진해화학에 승소 ^{공해개연성이론 확립}
1987	·박종철 고문 사망 사건 ·민주헌법쟁취국민운동본부 결성 ·6월 민주항쟁^{10~26일} ·7~8월 노동자 대투쟁 ·전국대학생대표자협의회^{전대협} 창립	·광록회 창립 ·구로지역주민공해대책위원회 결성 ·한국여성민우회 창립 ·공민협, 공해 신고전화 개설 ·반공협, 공해추방운동청년협의회^{공청협}로 개편 ·인도주의실천의사협의회^{인의협} 설립 ·기독교사회문제연구원, 『우리 애들만은 살려주이소: 온산의 공해실태와 민중운동』 발간
1988	·상봉동 연탄공장 진폐증 환자^{박길래} 사례 언론 보도 ·문송면 군 수은중독 사건 ·원진레이온 이산화탄소 중독 노동자 사망 사건 ·고리 핵발전소 노동자 임파선 암으로 사망 ·고리 핵발전소 1호기 인근 무단투기된 핵폐기물 발견 ·〈한겨레〉 창간	·영광핵발전소 인근 주민 성산리 생계 및 이주대책 위원회 결성 ·조영래 변호사, 박길래 씨 소송 담당, 삼표연탄 공장 상대 손해배상청구소송 제기 ·인의협 '진폐증조사소위원회' 구성 ·한살림공동체소비자협동조합 창립

	·서울올림픽 개최 ·5공 청문회	·매향리 미군사격장 소음공해 대책위원회 결성 ·공청협·공민협 통합, 공해추방운동연합^{공추련} 발족 ·문송면 군 장례식 산업재해 노동자장으로 거행 ·목표녹색연구회^{영산호보존회 확대} 창립 ·매향리 주민 1,000여 명, 미 공군사격장 폐쇄요구 시위 ·생태보전시민모임 창립
1989	·박길래 씨, 한국 최초 공해병 환자 인정 ·매향3리 오발 투하사건 발생 ·'수도권 건축자재수급회의'에서 팔당호 골재채취 계획마련 ·전국 핵발전소 건설 9개 후보지 발표 ·고리 핵발전소 노동자 방사능 피폭 사망 사건 ·영광핵발전소 노동자의 부인, '무뇌아 2번 사산' 및 기형아 출산 언론 보도 ·수돗물 세균·중금속 오염 언론 보도^{1차 수돗물 파동} ·고리 핵발전소 인근 주민 8명, 암으로 사망 ·전남일보, 대두아 사건 보도 ·영광핵발전소 기공식 ·전국교직원노동조합^{전교조 창립} ·문익환 목사 방북 ·전대협 임수경 방북 ·경제정의실천시민연합(경실련) 창립	·울진반핵운동청년협의회 창립 ·부산공해추방시민운동협의회 창립 ·영광핵발전소추방운동연합 결성 ·매향리 주민 1,000여 명, 미 공군사격장 관제탑 점거 시위 ·광주환경공해연구회 창립 ·인의협, 경기 매향리 주민 건강피해 조사 ·경북 구미시 신동 골프장 반대대책위 결성^{최초의 골프장 반대 주민 조직} ·전국핵발전소추방운동본부 결성^{최초의 반핵운동연대체} ·소시모, 발암 성분 검출 미국산 자몽 불매운동 시작 ·환경과공해연구회 창립 ·공추련 등 22개 단체 매향리 미군 사격장 현장 조사 ·울산공해추방운동연합^{울산공추련} 활동 시작^{정식 창립은 1991년} ·입해면 주민 중심 신안군 환경보존회 결성

		·공추련 등 전국 환경단체, 무뇌아 사건 진상조사 ·핵발전소 11·12호기(영광 3,4호기) 건설반대 100만인 서명운동본부 발대식 ·한살림모임 및 한살림선언 발표 ·서울시 공해피해지역주민 공동대책위원회 결성 ·울산공추련 등 이산화티타늄 공장 건설 저지 범시민공동 대책위원회 구성
1990	·환경청, 환경처로 승격 ·'수돗물 THM(트리할로메탄) 오염' 언론보도 2차 수돗물 파동 ·경기도, 팔당호 시험준설 시작〈한겨레〉언론보도로 중단 및 정부, 팔당호 시험준설 결정 ·「환경정책기본법」, 「환경보전법」 대체 대기·수질·소음·진동 등 개별법 제정 ·과기처, 충남 태안군 안면도 핵 폐기물 영구 처분장 건설 계획 발표 ·전국농민총연맹(전농) 창립	·영광핵발전소건설반대 고창군투쟁위원회 결성 ·소시모, 팔당호 골채 채취 반대, 팔당상수원 현장조사 ·자연의친구들 발족 ·민간단체 주관 지구의 날 행사 개최 ·공추련 여성위 등 6개 여성 단체, 수돗물 대책 촉구 ·부산 반송동주민, 산업쓰레기 매립장 반대 국도 점거 시위 10일간 ·골프장반대경기도대책위원회 골프장반대경기대책위 결성 가평·청평·이천 ·양주 주민대책위 및 공추련 등 환경단체 ·군산시민 3,000여 명, TDI 공장철거 요구 시민평화 대행진 ·서산·태안공해추방운동협의회 창립 ·전국핵발전소 추방운동본부, 안면도 핵폐기장 반대 성명 ·안면도 주민 핵폐기장 설치 결사반대집회 1만5천 명 참석

		·팔당호시험준설특별대책위, 팔당호 시험준설 저지 대회 개최 ·한국환경기자클럽 창립
1991	·낙동강 페놀 유출 사건[두산전자 구미공장에서 페놀원액 30톤 유출], 대구 및 경남지역 수돗물 악취, 경남 칠서정수장 페놀 검출 ·노태우 대통령 주재 수질대책회의 개최 ·정부, '맑은물 공급대책 조기완성' 발표 ·두산전자 2차 페놀 유출[2톤] 사건 ·두산그룹 회장 사임 및 환경처장·차관 경질 ·정부, 팔당호 골재 채취 계획 백지화 ·진주 남강 물고기 떼죽음 사건 발생 ·대구지방환경분쟁조정위원회, 페놀 임산부들에 대한 조정안 발표 ·새만금 방조제 공사 착공 ·소비에트 사회주의 공화국 연방 해체	·배달환경연구소 창립[1993년 배달환경연합으로 명칭 변경] ·공추련 등 10개 환경·소비자단체, 수돗물페놀오염시민대책위 구성, 두산제품 불매운동, 전국적인 페놀 방류 규탄 및 수돗물 살리기 시민대회 개최 ·푸른한반도되찾기시민모임 창립 ·대구공해추방운동협의회 결성 ·남강을지키는시민의모임[남강모임] 결성 ·『녹색평론』 창간 ·전국 핵발전소·핵폐기장 반대대책위원회 결성 ·마산·창원공해추방운동시민협의회 결성[1993년 마산·창원환경운동연합 재창립] ·자연의친구들, 은행나무 살리기 단식 농성 돌입 ·대구 페놀 임산부 피해자 첫 모임 ·전국민간환경단체협의회 구성 논의 시작 ·골프장반대경기대책위·공추련, 서울에서 골프장 반대 가두 시위 ·군산·옥구환경운동시민연합[준] 결성

		·전국 핵발전소·핵폐기장 반대대책위원회 결성 ·환경과공해연구회, 『공해문제와 공해대책』 발간 ·환경을살리는여성들 창립 ·우리밀살리기운동본부 창립
1992	·유엔환경개발회의^{UNCED,} 브라질 리우데자네이루 개최 ·환경보전을 위한 국가선언문 공포 ·한강 물고기 떼죽음 사건 ·'환경마크' 제도 도입 ·세계보건기구^{WHO}, 서울 대기오염 세계 2위 자료 공개 ·오존층 보호를 위한 몬트리올 의정서 가입 ·인천시, 굴포천 방수로 계획 발표	·광주환경과공해연구회, 광주전남환경운동시민연합으로 개칭$^{1993년\ 광주환경운동연합으로\ 변경}$ ·유엔환경개발회의 한국위원회 구성 및 50여 명 참석 ·한국환경사회정책연구소 창립 ·공해추방운동불교인모임 결성 ·페놀임산부피해모임, 대구지방법원에 민사소송 제기 ·경실련, 환경개발센터 설립 ·문순홍, 『생태위기와 녹색의 대안』^{나라사랑} 발간 ·김지하, 『생명』 출간
1993	·러시아, 1966년부터 26년 동안 동해 핵폐기물 대량투기 사건 언론 보도 ·광양만 벙커C유 누출사고 ·수입 밀 농약 오염 논란 ·황사 등 국외 유입 오염물질 문제 언론 보도 ·수돗물 세균 논쟁 ·지리산 양수발전소 건설 논란 ·정부, UN 산하 지속가능개발위원회^{CDS}에 이사국으로 가입 ·정부, 「국토이용관리법」, 「수도권정비계획법」 개정해 그린벨트 완화 ·한국대학총학생회연합^{한총련} 창립	·시민환경연구소 창립 ·시민환경연구소, 『환경의 이해』 발간 ·환경운동연합 창립 ·경실련 대학생회, 러시아 동해 핵폐기물 투기 규탄 기자회견 ·배달환경연합, 『한국환경보고서』 발간 ·지리산 양수발전소 건설 반대운동 ·서울YMCA, '한강 생태계 보전과 지속가능한 개발' 연속 심포지엄

1994	·굴업도 핵폐기장 선정 백지화 ·낙동강·영산강 식수원 오염 사건 ·먹는 샘물^{생수} 시판 허용 ·공해공장 원진레이온 중국수출 ·환경처, 환경부로 승격 ·국립공원 덕유산 환경 파괴 _{리조트 건설} 논란 ·김포매립지 침출수 대량 누출 사건 ·「사회간접자본시설에 대한 민자유치촉진법」 제정 ·참여연대 창립	·환경단체, 굴업도 핵폐기장 반대운동 ·배달녹색연합^{푸른한반도 되찾기시민모임·배달환경연합·녹색당창당준비위원회} 통합 창립 1996년 녹색연합으로 개칭 ·그린피스, 환경운동연합 공동 전국 반핵 캠페인 ·푸른환경을 지키는 청주 시민모임 발족
1995	·정부, 경인운하 고시 ·씨프린스호 기름 유출 사건 ·쓰레기 종량제 전국 시행 ·오존경보제 서울시 시범 실시 ·가야산 해인골프장 허가 취소 ·영광 원전 4호기 연료봉 파손 및 고리 핵발전소 방사능 누출사고 ·전국민주노동조합총연맹^{민노총} 결성 ·전두환·노태우 구속	·환경운동연합, 지방선거에서 녹색후보운동 전개 ·소각장 반대운동 전국적 확산 ·환경단체, 굴업도 핵폐기장 반대운동
1996	·시화호 폐수 방류 사건 ·대구 위천공단 건설계획 논란 ·수도권 쓰레기매립지 주민대책위, 음식물 쓰레기 반입거부 ·KIST, '여천공단 주변에 대한 환경영향평가' 보고서 공개, 여천공단 오염 피해 논란 _{주민 이주} ·월성1호기 방사능물질 누출 ·환경의 날 법정기념일로 지정	·환경단체, 갯벌탐사와 우포늪 보전운동 등 갯벌 살리기 운동 전개 ·환경운동연합, 시화호 오염수 방류 저지운동 ·환경운동연합, 지리산 반달곰 살리기 캠페인 ·부산·경남 시민단체, 위천공단 반대운동

	·한탄강 폐수 무단 배출에 따른 한탄강·임진강 물고기 떼죽음 ·서울 지역 오존주의보 발령 ·김영삼 대통령의 환경대통령 선언 및 정부의 녹색환경의 나라 건설 선언 ·한국, OECD 가입	·국내 환경단체 활동가, 호주 브리즈번 람사르 회의 참석 _{이후 국내 습지연대 태동}
1997	·김현철 비디오테이프 유출사건 ·환경부, 전국 주요 쓰레기 소각장 주변 다이옥신 기준 초과 발표 ·정부, 2011년까지 25개 댐 추가 계획 발표 ·정부, 람사협약 가입 및 대암산 용늪 람사 습지 등록 ·정부, 시화호 담수화 포기선언 ·기후변화협약 당사국회의, 교토의정서 채택 ·환경부, 반달가슴곰 생존확인 ·거제도에서 백로·왜가리 5백여 마리 떼죽음 사건 ·「댐건설촉진법」 제정 논란발생 ·국제통화기금^{IMF} 관리 사태 ·산청 간디학교 개교^{국내 첫 대안학교}	·대만 핵폐기물 북한 반출 저지운동 ·서울대 김상종 교수, 수돗물 바이러스 검출 ·전국습지보전연대 결성 ·내린천댐 건설 반대운동 성공 ·생협수도권사업연합회^{두레생협 전신} 창립 ·강동·송파환경운동연합 창립 ·청년생태주의자^{KEY} 창립
1998	·창녕 우포늪, 람사협약 습지 등록 ·정부, 그린벨트 규제완화 추진 ·환경호르몬 및 유전자조작 농산물 논란 ·팔당호 수질 악화 ·먹는 물 논란^{지하수 방사능물질 검출, 수돗물 바이러스 논란, 수돗물 불소화 논쟁 등}	·환경운동연합, 동강댐 백지화운동 전개 ·생태계 보전운동^{백두대간, 반달가슴곰 등 천연기념물 등} 확산 ·DMZ평화생명동산 창립 ·경실련 환경개발센터, 사단법인 환경정의시민연대 명칭 변경^{1999년 독립 후 2004년 환경정의로 명칭 변경}

연도		
1999	·「한강수계 상수원 수질 개선 및 주민지원 등에 관한 법률」 제정 ·다이옥신 돼지고기 파동 ·갯벌 보전을 위한 「습지보전법」 제정 ·정부, 그린벨트 정책완화 추진 ·월성원전 3호기 방사능 유출 22명 노동자 피폭 ·유전자조작 식품 논란 확산	·동강댐 백지화운동, 전국 확산 ·환경단체, 그린벨트 정책완화 반대 서울역 앞 시위 등 반대운동 ·동물학대방지연합 창립 ·환경단체, 새만금 백지화운동 ·여성환경연대 창립 ·청년환경센터 활동 시작 2000년 창립, 2010년 에너지정의행동으로 명칭 변경 ·영월 서강 쓰레기매립장 반대운동 ·한국반핵운동연대 결성
2000	·정부, 동강댐 백지화 발표 ·미군부대, 포름알데히드 한강 무단 방류 사건 ·대통령 자문 지속가능발전위원회 출범 ·납꽃게 파동 ·준농림지 폐지에 따른 난개발 논란 ·중랑천 물고기 떼죽음 사건 ·지리산에서 반달가슴곰 발견 ·환경부, 환경호르몬 문제조사 ·장원 성추행 사건 ·남북정상회담 김대중·김정일	·환경단체, 새만금 갯벌 매립 반대운동 ·환경단체, 지리산댐 건설계획 백지화운동 ·환경단체, 팔당상수원 초고층 아파트 건축 백지화운동 ·시민사회단체, 2000년 총선 시민연대 활동 ·신촌민회 창립 2005년 재창립
2001	·새만금사업 재개 ·전 세계 광우병 파동 확산 및 국내 영향 ·교토의정서 세부 이행방안 합의 미국 불참 ·환경부, 수돗물 바이러스 검출 확인 ·북한산국립공원에 왕복 8차선 관통 도로 건설 추진	·매향리 공군 폭격장 주민 소송 승소 ·동물자유연대 창립 ·환경정의, 대지산 살리기 나무 위 농성 운동 ·댐반대국민행동 결성 등 전국적인 댐 반대운동 ·환경단체, 서울시 난지도 골프장 반대운동

	·7대 광역시 그린벨트 1억 평 해제 ·국가인권위원회 출범	·환경단체, 새만금 간척사업 반대운동 및 새만금 간척사업 취소 행정소송 제기 ·울숙도 명지대교 건설반대 운동 ·새만금 생명학회 창립
2002	·경유승용차 규제 완화 논란 ·평택소각장 주변 주민 다이옥신 오염으로 암 발생 급증 ·「낙동강특별법」·「영산강특별법」·「금강특별법」 제정 ·용산 미군기지 기름유출 사건 ·동강 생태계보전지역 지정 ·지속가능발전에 관한 지구정상회담^{WSSD}, 남아공 요하네스버그에서 개최 ·한·일 공동 월드컵 축구대회 개최 ·미선이·효순이 장갑차 사망 추모 촛불시위	·종교인 새만금 반대 '삼보일배', 새만금생명평화운동 전개 ·람사협약 당사국총회에 앞서 열린 NGO 총회에서 새만금 간척사업 중단 국제 NGO 결의문 채택 ·아름품^{현} 동물권행동 카라 창립 ·환경단체, 종교단체, 북한산 국립공원 관통 터널 공사 반대운동 ·환경단체, 청계천 복원 공사 비판 ·동물사랑실천협회 결성^{이후} 동물권단체 케어와 동물보호소운영단체인 땡큐애니멀스로 분화 ·모심과살림연구소 창립
2003	·서울행정법원, 새만금사업 2차 공사중지 판결$^{이후 사업 재개}$ ·행정수도 이전 논란 ·청계천 복원 공사 시작 ·노무현 대통령직 인수위원회, 경인운하 백지화 선언 후 번복 논란 ·이라크 파병 논란 ·대구 지하철 방화 참사	·환경단체·지역 주민, 부안 핵폐기장 반대운동 ·환경단체, 북한산관통터널 반대운동 ·서울 성미산 보전운동 성공 ·가야산 해인골프장 반대운동 승소 ·지율스님, 금정산·천성산 고속철도 관통 반대 45일 단식 ·도롱뇽의친구들, 고속철도 천성산 구간 공사 및 착공 금지 가처분 신청 ·환경재단 창립

연도		
		·글로벌 리스펀스Global Response, 새만금 갯벌 매립 반대 삼보일배
2004	·새집증후군 논란 ·지속가능발전위원회, 한탄강 댐 갈등 조정회의 가동 ·국회, 노무현 대통령 탄핵소추안 의결 ·신행정수도 건설 위헌 결정	·부안 핵폐기장 반대 주민투표, 압도적 반대 ·환경단체, 노무현 정부의 반환경 정책 반대 환경비상시국 선언 ·청주 원흥이 두꺼비 서식지 보전운동 ·환경단체, 골프장 규제 완화 반대운동 ·경부고속철도 금정산·천성산 관통 반대운동 ·수돗물시민회의 창립 ·환경운동연합, 지구의 벗FoE 정식 멤버 가입
2005	·경부고속철도 천성산터널 공사 재검토 ·청계천 공사 완공 ·정부, 「중·저준위 방사성폐기물 처분시설의 유치지역지원에 관한 특별법」 제정 ·주민투표 결과 방폐장 후보지 경주 선정 ·매향리 사격장 완전 폐쇄 ·교토 의정서 발효 ·「백두대간보호법」 시행 ·감사원, 한탄강댐 감사결과 발표 ·〈MBC〉 'PD수첩', 황우석 연구 윤리문제와 줄기세포 조작문제 보도	·경주 방폐장 반대운동 ·지율스님, 천성산터널 반대를 위한 100일 단식 ·생협수도권사업연합회, 두레생협연합회로 명칭 변경
2006	·대법원, 새만금 간척사업 및 천성산 공사 적법 판결	·계양산 골프장 반대운동나무 위 시위

연도		
	·북한 핵실험 강행, 동북아 긴장 고조 ·CJ푸드의 집단 식중독 사건 ·반환 미군기지 환경정화 논란 ·장항 갯벌 매립 추진 논란 ·건교부, 한탄강댐 건설 기본계획 고시 ·제3차 전략수급기본계획$^{2006\sim2020}$ 수립	·장항 갯벌 매립 반대운동 ·생태지평 연구소 창립 ·쓰레기 시멘트 논란
2007	·삼성중공업 허베이 스핏리트호 기름 유출 사건 ·이명박 후보, 경부운하 및 한반도 대운하 공약 ·기후변화정부간협의체^{IPCC} 4차 보고서 발표$^{지구온난화\ 인간\ 책임\ 규정}$ ·장항 갯벌 매립 산업단지 조성계획 백지화 ·한미 FTA 체결$^{쇠고기\ 수입\ 재개}$ ·쓰레기시멘트 환경유해성 논란	·환경단체, 태안 기름 유출 복구 시민 자원활동 조직 ·환경단체, 경부운하 반대운동 ·환경단체, 동서남해안특별법 반대운동 ·대기오염 개선을 위한 첫 공익소송 시작 ·첫 석면피해소송 원고 승소 판결
2008	·람사 당사국총회 개최$^{경남\ 창원}$ ·검찰, 환경운동연합 압수수색 ·「동서남해안특별법」 제정 ·이명박 정부 저탄소녹색성장 비전 선언	·광우병 쇠고기 반대 촛불시위 전국 확산$^{대통령의\ 두\ 번\ 사과,\ 대운하를\ 4대강사업\ 정리로\ 추진}$ ·환경단체, 한반도 대운하 반대운동 ·환경단체, 람사 총회 보이콧 선언
2009	·세계자연보전총회^{WCD} 유치 확정 ·국립공원 케이블카 규제 완화 시도 ·지리산댐 재추진 논란 ·경인운하^{경인아라뱃길} 공사 착공 ·4대강사업 착공 ·「녹색성장기본법」 제정 ·신종플루 확산	·환경단체, 4대강사업 반대 운동 ·4대강사업 반대 국민소송 운동 돌입 ·(사)에코피스아시아 창립 ·한탄강댐 반대 행정소송, 대법에서 원고^{지역주민대책위} 패소 ·기후변화행동연구소 창립

		·에너지기후정책연구소 창립 ·농지보전 친환경농업 사수를 위한 팔당공동대책위원회 결성 ·발암물질없는사회만들기 국민행동 결성
2010	·4대강사업 공사 강행에 따른 갈등 확산 ·천안함 폭침 및 연평도 포격 사건 ·지방선거, 여당^{새누리당} 패배 ·「친수구역 활용에 관한 특별법」 국회 통과	·천주교 주교회의, 4대강 반대 성명 발표 ·환경운동연합, 4대강사업 반대 남한강 이포보, 낙동강 함안보 점거 농성 ·천주교, '4대강사업 중단과 팔당 유기농지 보전을 위한 생명평화미사'^{2010.2.17.~2012.9.03.} 까지 930회 매일 미사 ·수경스님, 4대강 반대 위한 남한강 여강선원 개원 ·문수스님, 4대강 반대 등 소신공양 ·부산기후변화에너지대안센터 창립 ·환경보건시민센터 창립
2011	·후쿠시마 핵발전소 폭발사고 ·구제역 확산 ·전국 야구장 등 석면 검출 ·정부, 4대강사업 성공 선언 ·질병관리본부, 원인 미상 중증 폐질환 원인으로 가습기 살균제 지목 ·서울시장 보궐선거에서 박원순 시장 당선 ·한·미 FTA 비준안 국회 통과 ·종합편성채널^{종편} 출범 ·우면산 산사태	·그린피스 서울사무소 개설 ·환경단체, 4대강사업 반대운동 ·환경단체, 후쿠시마 핵발전소 폭발사건 계기 탈핵운동 전개 ·엄마들의 온라인 카페 '차일드 세이브' 개설 및 방사능 감시활동^{월계동 방사능 아스팔트 사건} ·평화단체 등, 강정 해군기지 반대운동 ·환경보건시민센터, 가습기 살균제문제 최초 대응 및 피해자 조직활동 전개

		·가로림만 조력발전소 반대 운동 ·환경단체 전·현직 처장, 녹색정치포럼 구성 ·서울환경운동연합, 한강르네상스 반대 양화대교 150일 일인시위 전개 ·환경단체, 서울 신곡수중보 해체 정책 제안 ·핫핑크돌핀스 창립 ·환경단체·지역주민, 강원도 골프장 대책위활동
2012	·구미 불산 누출사고 ·4대강사업 준공 및 금강·낙동강 대규모 어류 집단 폐사 사건 발생 ·서울시, 불법 포획된 남방큰돌고래 '제돌이' 방류 발표 ·고리 핵발전소 1호기 정전 은폐사건 및 한국수력원자력 뇌물 수수 사건 ·세계자연보전총회 개최^{제주도} ·녹색기후기금 송도 유치	·4대강 녹조라떼 신조어 등장 ·녹색당 창당 ·제주 강정해군기지 반대운동 ·환경, 시민단체 전·현직 사무처장, '내가 꿈꾸는 나라'모임 결성 ·김제남, 19대 국회 통합진보당 비례 국회의원 당선 ·서울시, 원전 하나 줄이기 정책 시행 ·밀양 송전탑 건설 반대운동
2013	·정부, 밀양송전탑 건설 강행 ·청주, 화성 등지에서 화학물질 사고 발생 ·감사원, 4대강사업 감사결과 발표, '총체적 부실' ·중국발 미세먼지 논란 ·후쿠시마 방사능 오염에 따른 수산물 국민 불안 증가^{후쿠시마 주변 8개현 수산물 수입 중단 결정} ·제돌이·춘삼이 등 남방큰돌고래 방류	·환경단체·지역주민, 밀양 송전탑 건설 반대운동 지속 ·시민햇빛발전소 설립 확산 ·가습기살균제 피해자운동 확산 ·시민방사능감시센터 창립 및 일본산 식품 수입 중단 촉구운동

	·대규모 원전비리 및 불량부품 사용 논란 ·4대강 녹조현상 심화 ·「화학물질의 등록 및 평가에 관한 법률」 제정 및 「유해화학물질 관리법」 개정	
2014	·초미세먼지 사회적 이슈 대두 ·세월호 참사 ·4대강사업 이후 강 본류 구간에서 큰빗이끼벌레 발견 논란 ·정부 '4대강조사평가위원회' 결과 발표 "일정 부분 성과 있어" ·조류독감 확산, 대규모 가축 살처분 ·가로림만 조력발전 환경영향평가 반려 2012년에 이어 두 번째 ·신한울원전 1,2호기 건설 결정 ·저탄소협력금제 유예	·고리원전 갑상선암환자, 한전 상대 소송 승소 ·가습기살균제 피해자 신고 증가 ·평창 동계올림픽 가리왕산 스키장 건설 반대운동 ·환경단체, 정부 4대강조사 평가위원회 결과 발표 반박 ·고리·월성 원전 수명연장 반대운동 ·삼척 원전 찬반 주민투표 실시, 반대 압도적 ·가로림만 어민 및 환경단체, 점박이물범 서식지 보호운동
2015	·환경부, 설악산국립공원 오색 케이블카 조건부 승인 등 전국적인 케이블카 개발 열풍 ·폭스바겐 경유차 배출가스 조작 ·정부, 고리1호 원전 폐쇄 결정 ·파리 기후변화당사국총회에서 지구평균 온도 1.5℃ 이하 억제 합의문 채택 ·대법, 4대강 국민소송 원고 패소 판결 ·초미세먼지 논란 ·후쿠시마 주변 수산물 수입 금지 조치에 따른 일본의 WTO 제소 ·백남기 농민, 시위 도중 사망	·설악산국립공원 오색케이블카 반대운동 ·가습기살균제 피해자 찾기 운동 확산 ·일본의 WTO 제소 규탄운동 ·수돗물시민네트워크 창립

2016	·가로림만 해양생태보호구역 지정조력발전소 계획 백지화 ·5.1 규모 경주 지진 발생 ·북한 핵실험과 사드배치 논란 ·설악산 오색케이블카, 환경영향평가 부실 논란 ·파리기후협약 발효 ·서울에너지공사 창립 ·20대 총선 결과 여소야대 국회 형성 ·박근혜 대통령 퇴진 범국민 행동촛불혁명 ·박근혜 대통령 탄핵 소추안 국회 가결최순실 국정농단 파문 ·메르스중동호흡기증후군 사태	·가습기살균제 옥시 제품 불매운동 전국 확산 ·기장 해수담수 수돗물 공급 찬반 주민투표 ·4대강 재자연화운동 ·경주 지진에 따른 핵발전소 불안 고조
2017	·헌법재판소, 박근혜 대통령 탄핵 소추안 인용, 대통령직 파면 ·신고리 원전 5, 6호기 공론화 결과 공사 재개 결정 ·4대강 보 개방 업무 지시 및 감사원 정책 감사 ·「세월호·가습기살균제 사회적 참사 특별법」 제정 ·살충제 오염 계란 파동 ·정부, 미세먼지관리 종합대책 발표 ·고리원전 1호기 영구 정지 ·사드 배치에 따른 환경영향평가 논란 ·경북 포항 5.4 지진 발생	·환경단체 신고리 원전 5, 6호기 공론화위원회 참여 및 이후 에너지 전환포럼 결성 ·월성1호기 수명연장 허가 무효소송 승소 ·설악산 케이블카 반대운동 ·여성환경연대, 생리대 발암물질 검출
2018	·월성1호기 폐쇄 및 신규 원전 4기 백지화	·월성 1호기 폐쇄 및 신규 원전 백지화운동

	·기후변화정부간협의체^{IPCC}, 지구온난화 1.5도 특별보고서 채택 ·침대·생리대 등 생활용품 라돈 검출 ·해양 플라스틱 오염 이슈화 ·「미세먼지 저감 관리 특별법」 국회 통과 및 노후 석탄발전소 봄철 가동 중단 ·정부, 새만금에 태양광·풍력 발전단지 조성 계획 발표 ·「물관리기본법」 제정^{환경부로 물관리 일원화} ·폐플라스틱 수입 중단에 따른 중국발 재활용 쓰레기 대란 ·시중 유통 천일염에서 미세플라스틱 검출 ·111년 만의 '역대급' 폭염 ·세 차례 남북 정상회담 ·평창 동계올림픽 개최	·4대강 보 개방에 따른 강 복원 확산운동 ·제주 비자림로 삼나무 숲길 확·포장 반대운동 ·(재)숲과나눔 창립 ·청소년기후행동 모임 구성
2019	·미세먼지 국민건강 우려 확산 ·전북 익산 장점마을 비료공장 집단 암환자 발생 ·환경부 4대강 자연성 회복을 위한 조사·평가 기획위원회, 금강·영산강 보 처리방안 발표 ·불법 쓰레기 야적문제 논란 ·대통령 직속 국가물관리위원회 출범 ·아프리카돼지열병 발생	·도시공원 일몰제 반대운동 ·황룡강 장록습지 보전운동 확산 ·기후위기비상행동 발족^{9월21일 대규모 서울집회} ·청소년기후행동, 전 세계 청소년들의 미래를 위한 금요일$^{Fridays\ For\ Future}$ 결석 시위 참여
2020	·코로나19 팬데믹 확산 ·정부, 탄소중립 선언 및 그린뉴딜 정책 추진 ·국회, 기후 위기 비상 대응 촉구 결의안 통과^{찬성 97%}	·미군 반환기지 토양오염 문제 지속 논란 ·청년기후긴급행동 창립

	·코로나19 팬데믹 확산에 따른 일회용 쓰레기, 플라스틱 증가 ·미군 반환기지 토양오염 문제 ·여름 홍수에 낙동강 제방 붕괴, 섬진강 일대 침수피해 발생 ·인천광역시 수돗물에서 깔따구 유충 발견	
2021	·정부, 탄소중립위원회 출범 　2030 국가 온실가스 감축 목표 확정 ·「탄소중립기본법」 제정 ·국민연금 탈석탄 석탄 투자 제한 선언 ·산림청 탄소중립 추진안 전면 재검토 ·코로나 확산에 따른 일회용품, 플라스틱 사용 증가 ·후쿠시마 방사능 오염수 방류 및 일본 수산물 수입 논란 ·ESG 경영 중요성 대두 ·가습기 살균제 제조·판매기업 무죄 판결 ·국가물관리위원회, 금강·영산강 보 처리 방안 확정 ·녹조 에어로졸문제 언론 보도 ·경인아라뱃길 공론화위원회, '주운 기능 축소 및 수질 개선' 권고문 제시	·녹조 물로 재배한 농산물에서 녹조 독소 축적 확인 ·가덕도 신공항 반대운동 ·청년기후긴급행동, 두산중공업의 베트남 화력발전소 건설 반대 시위

참고문헌

강찬수. '최열 환경재단 이사장, 2022년 환경 다포스포럼 개최할 것'
〈중앙일보〉 2019.08.03
강정훈. '[부산·경남] 위기의 마창환경련' 〈동아일보〉 2007.03.22
광주환경운동연합. 『광주환경운동연합 30년:녹색공동체를 향한 발걸음』 2019
구도완. 『한국 환경운동의 사회학: 정의롭고 지속가능한 사회를 위하여』
  문학과지성사. 1996
  『마을에서 세상을 바꾸는 사람들: 생태적 대안운동을 찾아서』.
  창비. 2009
  '한국과 일본의 환경운동과 지식의 교류'. 이종구, 이소자키 노리요 외.
  『한일관계사 1965~2015 Ⅲ 사회·문화』. 역사공간. 2015
  '생태민주주의의 꿈'. 박명규 외. 『꿈의 사회학』. 다산출판사. 2018
  '녹색전환 이론과 체계의 전환'. 최병두 외. 『녹색 전환: 지속가능한
  사회를 위한 가치와 전략』. 한울 아카데미. 2020
  '생태전환을 꿈꾸는 사람들'. 구도완 외. 『전환의 질문, 질문의 전환』.
  도서출판 풀씨. 2021
  '한국에서 시민사회와 국가는 어떤 생태전환정치를 해왔는가?'. 김수진
  외. 『전환의 정치, 열 개의 시선』. 도서출판 풀씨. 2022
김봉규. '[포토] 청년기후긴급행동, 베트남 석탄발전 참여 중단하라!'
  〈한겨레〉 2021.02.18
김정수. '환경재단 후원금의 불편한 진실' 〈한겨레〉 2016.01.19
김종영. 『지민의 탄생』 휴머니스트. 2017
김준기. '시민단체 성장 스타 활동가 뜬다' 〈경향신문〉 1999.05.24
김진석. '노, 바이오 기술이 아니라 마술' 〈이데일리〉 2003.12.10
라이트, 에릭 올린. 권화현 옮김. 『리얼 유토피아: 좋은 사회를 향한 진지한
  대화』. 들녘. 2012
라이트, 에릭 올린. 유강은 옮김. 『21세기를 살아가는 반자본주의자를 위한
  안내서』. 이매진. 2020
류하. '생명담론 형성과정과 운동담론의 전환과정에 대한 시선'. 모심과살림연
  구소 기획세미나. 『전환의 시대, 생명운동의 길 찾기』. 2022.06.17
말름, 안드레아스. 『코로나, 기후, 오래된 비상사태』. 우석영, 장석준 옮김.
  마농지. 2021

민임동기. 'MBC 손석희 아나운서, 브리짓 바르도와 개고기 설전' 〈미디어오늘〉
2001.11.29
박미경. '환경운동 변천사 연구 : 광주광역시를 중심으로'
조선대학교 환경보건대학원 환경학과 석사논문. 2016
박준용. 'SBS 윤세영 회장, 4대강 비판 보도한 기자 직접 불러 압력'
〈한겨레〉 2017.08.29
박진희. '과학기술 관련 시민사회운동의 역사와 그 역할'. 『과학기술학연구』.
4(1):111-40. 2004
박현철. '[권두인터뷰/〈위천공단 결사저지 부산시민총궐기본부〉윤원호
공동대표'『함께 사는 길』1997년 1월호
방현철. '대지산 살리기 환경정의연대 박용신 씨' 〈조선일보〉 2011.05.11
사이토 고헤이. 『지속 불가능 자본주의: 기후 위기 시대의 자본론』.
김영현 옮김. 다다서재. 2021
세계환경발전위원회. 조형준, 홍성태 옮김. 『우리 공동의 미래』. 새물결. 1994
신동호. 2007a. 『자연의 친구들 1』 도요새,
2007b. 『자연의 친구들 2』 도요새
심동준. '세계적 기후파업에 한국도 동참… 지금은 비상상황' 〈뉴시스〉
2019.09.21
안치용. '살고 싶어. 병 다 나으면 무서운 서울 떠나 농사지으며 엄마랑 살자'
2021.02.22. https://blog.naver.com/ahnaa/222251911873
연합뉴스. '영광 무뇌아 방사선무관 발표 반박' 〈연합뉴스〉 1990.03.28
유채원, 구도완. '천성산 터널 반대운동에 관한 언론 담론 분석' 『ECO』 20(1)
:353~398. 2016
이문재. '올해의 인문 공해추방운동연합 의장 최열' 〈시사저널〉 1991.12.26
이상현. '기후불복종'에 나선 시민들...두산은 그린워싱 기업' 〈프레시안〉
2022.03.27.
이영희. '과학기술 민주화 기획으로서의 합의회의: 한국의 경험'.
『동향과 전망』. 73: 294~324. 2008
이철재. '지치지 않는 기자정신, 박수택 SBS 환경전문기자'. 2012
https://blog.naver.com/ecocinema/120152681238
『지구를 지키려』. 꿈결. 2016
'[에코큐레이터의 영화 속 환경 15] 영화 『삼진그룹 영어토익반』
되돌아보는 낙동강 페놀오염 사건'. 『함께 사는 길』 2021년 1월호

'인간다운 세상을 위해 살아야 한다: 전 광주환경운동연합 임낙평 의장'
『함께 사는 길』. 2022년 7월 호
이철재, 구도완. '4대강사업 대응 환경운동'. 『ECO』. 26(1): 265~313. 2022
이철화. '한총련 관련자 완전 수배해제라라'. 〈통일뉴스〉 2003.07.29
장미정. 『환경교육운동가를 만나다』. 이담북스. 2012
정병선. '맑은 물 흐는 강 살리기운동 펼치겠다'. 〈조선일보〉 1999.11.11
정용인. '환경재단 국정원 회유·협박 일지 4대강만 찬성하면 다해줄 수 있다'.
〈경향신문〉 2017.09.23
정희정. '새만금 원원해법 찾는다' 〈문화일보〉 2003.06.13
조근영. '신안군, 증도 슬로시티 조성사업 박차' 〈연합뉴스〉 2009.04.09
조미성. '에너지전환운동 모임의 형성과 학습과정에 관한 질적 사례연구:
관악주민연대 절전소 운동을 중심으로'.
서울대 환경교육 협동과정 석사학위논문. 2016
'에너지전환과정의 시민 참여와 변혁학습: 제로에너지주택 사례',
서울대 환경교육 협동과정 박사학위논문. 2020
주요섭. '한국적 초록정치의 탐색 -기후, 시장 난민시대와 전환의 정치기획',
구도완 외. 『녹색대안을 찾아서』. 아르케. 2008
최열, 서울대학교 기초교육원. 『환경운동과 더불어 33년』 생각의 나무. 2009
칼리스, 요르고스 외. 『디그로쓰: 지구를 식히고 세계를 치유할 단 하나의
시스템 디자인』, 우석영, 장석준 옮김. 산현재. 2021
한재각. 『기후정의: 희망과 절망의 갈림길에서』. 한티재. 2021
함께 사는 길. '페이버폴 스토리'. 『함께 사는 길』 2012년 10월호
현일훈·김태윤·최현주. '[창간기획] NL·PD 갈등 30년…PD계열 조국에 음모론
도 등장'. 〈중앙일보〉 2019.09.25
환경운동연합. '[보도자료] 환경연합 대표자회의, 회계부정 거듭 사과, 조직쇄신
지속 추진 결정'. 2008.12.01
Lorimer, Jamie. 2007. "Nonhuman Charisma". *Environment and Planning D: Society and Space* 25(5):911-32.

| 연표 참고자료 |

강영수. '녹색연합, 새만금사업 강행·중단운동 등 10대 환경뉴스 발표'
　　　『국민일보』. 2001.12.19.
구도완. 『한국 환경운동의 사회학: 정의롭고 지속가능한 사회를 위하여』.
　　　문학과지성사. 1996.
국립환경과학원. 「한국의 산업화와 초기 환경사 연구(최종보고서)」 2012
김소연. '신촌민회, 신촌의 파수꾼' 『이대학보』. 2005.09.12
김정은. 〈2015 10대 국내뉴스〉 메르스·교과서 국정화로 한바탕 홍역'
　　　『연합뉴스』. 2015.12.15.
김준억. '[결산2020] 연합뉴스 선정 10대 국내뉴스' 『연합뉴스』. 2020.12.17
노준희. '사유재산 금지한 이 마을, 어떻게 안 망했을까'
　　　『오마이뉴스』. 2020.08.29.
동아일보. '[지식권력이 움직인다]〈8〉 새만금생명학회' 『동아일보』. 2003.11.16
박상현. '연합뉴스 선정 2017 10대 국내뉴스' 『연합뉴스』. 2017.12.14
박혜미. '2016년 환경TV가 뽑은 10대 환경뉴스는?'
　　　『그린포스트코리아』. 2016.12.20
서중석. 『사진과 그림으로 보는 한국현대사(개정증보판)』 웅진지식하우스. 2005
서창완·주현웅. '[2018년 환경 10대 뉴스] 하늘엔 미세먼지 떠있고…
　　　땅 위엔 생활쓰레기 넘치고' 『그린포스트코리아』. 2018.12.22.
성상훈. '그린피스, 한국지부개설' 『그린포스트코리아』. 2011.06.01
세계일보. '2005년 달군 10대 환경뉴스' 『세계일보』. 2005.12.25
송광호. '[결산2021] 연합뉴스 선정 10대 국내뉴스' 『연합뉴스』. 2021.12.16
신동호. 『자연의 친구들2』. 도요새. 2007
신준섭. '환경TV, 2014년 10대 환경뉴스 선정…4대강 1위로'
　　　『그린포스트코리아』. 2014.12.29
연합뉴스. '92년 환경분야 10대 뉴스' 『연합뉴스』. 1992.12.24
　　　'올해의 환경인에 녹색평론誌, 공해인은 서울시장'
　　　『연합뉴스』. 1993.12.21
　　　'環社協 93년 환경관련 10대 뉴스' 『연합뉴스』. 1993.12.24
　　　'환경규제 완화 바람 올해의 환경 톱뉴스' 『연합뉴스』. 1994.12.08.
　　　'〈화제〉환경운동연합, 10대 환경뉴스 선정' 『연합뉴스』. 1994.12.13
　　　'環公硏, 95 환경 10대 뉴스' 『연합뉴스』. 1995.11.24

'96 환경 10대 뉴스' 「연합뉴스」. 1996.12.02
'환경운동연 96 환경10대뉴스 선정' 「연합뉴스」. 1996.12.09
'삼성지구환경硏, 환경 10대뉴스 선정' 「연합뉴스」. 1996.12.30
'올해의 환경톱뉴스 그린벨트정책 후퇴' 「연합뉴스」. 1999.12.02
'녹색연합, 올해 10대 환경뉴스 선정' 「연합뉴스」. 2000.12.07
'올해의 10대 환경뉴스' 「연합뉴스」. 2002.12.05
'2008년 전국을 달군 10가지 사건은?' 「연합뉴스」.2008.12.03
'2010 연합뉴스 10대 국내뉴스' 「연합뉴스」. 2010.12.20
'2011 연합뉴스 10대 국내뉴스' 「연합뉴스」. 2011.12.21
'2012 연합뉴스 10대 국내뉴스' 「연합뉴스」. 2012.12.21
이경태. '2009 연합뉴스 국내 10대뉴스' 「연합뉴스」. 2009.12.17
이승우. '[결산2019] 연합뉴스 선정 10대 국내뉴스' 「연합뉴스」. 2019.12.18
이영재. '2013 연합뉴스 10대 국내뉴스' 「연합뉴스」. 2013.12.15.
이 웅. '연합뉴스 선정 2016 10대 국내뉴스' 「연합뉴스」. 2016.12.15.
'연합뉴스 선정 2018 10대 국내뉴스' 「연합뉴스」. 2018.12.16
이창명. '부안 핵 폐기장 백지화 투쟁, 환경운동연합 선정을 최대 환경뉴스로 선정' 「뉴시스」. 2003.12.15
이철재. 「지구를 지켜라: 생각하는 십대를 위한 환경 교과서」 꿈결. 2016
임화섭. '국내 첫 하수처리시설 청계천 펌프장, 물재생 역사체험관으로' 「연합뉴스」. 2020.07.23
중앙일보. '97년 환경분야 10대 뉴스' 「중앙일보」. 1997.12.29
환경부. 「환경 30년사」. 2010
환경일보. '2020 환경일보 10代 뉴스' 「환경일보」. 2020.12.26
환경TV. '〈그린데스크〉2012년 환경TV 10대 뉴스' 「그린포스트코리아」. 2012.12.24
'〈환경브리핑〉 2013년 10대 환경 뉴스' 「그린포스트코리아」. 2013.12.31
황희경. '2014 연합뉴스 10대 국내뉴스' 「연합뉴스」. 2014.12.15
GWEC(General World Environmental Chronology) Editorral Working Committee. 2014. 「A General World Environmental Chronology」. Japan: Suirensha
KBS. '96 국내 10대 뉴스' 「KBS」. 1996.12.31
'97 국내 10대 뉴스' 「KBS」. 1997.12.31

가톨릭농민회 https://ccfm.modoo.at/
네이버 지식백과 https://terms.naver.com
녹색연합 www.greenkorea.org
동물권단체 케어 https://fromcare.org/
동물자유연대 https://www.animals.or.kr
동물학대방지연합 https://www.facebook.com/foranimal1004
두레생협 https://www.ecoop.or.kr
발암물질없는사회만들기국민행동 https://www.nocancer.kr/
시민방사능감시센터 www.korearadiationwatch.org
연세대학교 보건대학원 https://gsph.yonsei.ac.kr/gsph/about/introgsph.do
위키백과 https://ko.wikipedia.org
유네스코 한국위원회 www.unesco.or.kr
청년기후긴급행동 https://ycea.kr/about
청소년기후행동 https://youth4climateaction.org/
한국민족문화대백과사전 http://encykorea.aks.ac.kr/
함께사는길 www.ecoview.or.kr
환경보건시민센터 www.eco-health.org
환경아카이브 풀숲 www.ecoarchive.org
환경운동연합 kfem.or.kr

| 연구참여자 |

연구참여자 출생 연도, 면접 날짜, 수록 장

성명	출생 연도	면접 날짜	수록 장	성명	출생 연도	면접 날짜	수록 장
강은빈	1997	2021.12.08	1장	윤준하	1947	2016.11.14	2장
강희영	1972	2017.09.19	4장	윤형근	1963	2020.06.02	3장
곽빛나	1989	2016.12.05	1장	이재혁	1977	2019.03.19	7장
구자상	1958	2016.11.30	2장	이태영	1985	2017.01.11	6장
구희숙	1951	2017.05.26	2장	이태일	1969	2018.10.01	4장
김기섭	1963	2017.09.26	3장	이헌석	1974	2017.06.14	6장
김제남	1963	2018.06.29	2장	임희자	1969	2016.12.05	5장
김춘이	1967	2018.09.12	4장	장길섭	1961	2019.03.19	7장
김혜정	1963	2017.01.20	4장	장재연	1957	2020.02.11	2장
남종영	1975	2018.06.18	9장	정성헌	1945	2016.11.25	3장
박미경	1963	2017.04.27	5장	조미성	1974	2018.07.02	7장
박수택	1958	2017.02.16	8장	조홍섭	1957	2017.03.27	2장
박정섭	1958	2017.06.23	7장	조희경	1961	2017.07.27	9장
박진섭	1964	2017.12.01	4장	주형로	1959	2019.04.03	7장
배보람	1984	2017.03.03	1장	최병성	1963	2017.03.10	8장
서왕진	1964	2017.01.06	4장	최 열	1949	2014.08.27	2장
서진옥	1950	2014.11.17	2장	최요왕	1967	2017.02.01	7장
손민우	1986	2017.04.19	1장	하승수	1968	2017.05.30	6장
안병옥	1963	2016.12.28	2장	한재각	1971	2017.01.26	6장
염형철	1968	2018.02.08	4장	허승규	1989	2017.07.12	6장
유영업	1975	2018.05.25	5장	황현진	1986	2017.06.02	9장
유창복	1961	2017.04.07	7장				

연구참여자 찾아보기

강은빈	15, 26, 27, 159, 379, 389, 424, 455
강희영	123, 173, 339, 340, 341, 345, 455
곽빛나	26, 35, 180, 187, 341, 342, 343, 344, 345, 352, 455
구자상	53, 81, 92, 180, 347, 349, 350, 353, 357, 376, 398, 455
구희숙	53, 100, 179, 318, 319, 334, 335, 337, 344, 358, 377, 387, 455
김기섭	106, 113, 118, 119, 122, 321, 357, 368, 369, 373, 388, 423, 455
김제남	46, 123, 131, 214, 320, 338, 339, 344, 345, 349, 358, 359, 363, 396, 419, 444, 455
김춘이	123, 131, 159, 320, 387, 455
김혜정	123, 124, 138, 180, 321, 335, 337, 344, 350, 352, 353, 358, 363, 391, 422, 455
남종영	279, 292, 307, 323, 324, 326, 327, 355, 356, 381, 385, 386, 422, 455
박미경	180, 181, 194, 200, 321, 337, 382, 391, 450, 455
박수택	279, 280, 355, 381, 450, 455
박정섭	235, 267, 330, 355, 360, 379, 421, 455
박진섭	123, 131, 139, 146, 153, 320, 363, 384, 385, 419, 455
배보람	26, 42, 325, 341, 344, 345, 358, 388, 402, 455
서왕진	123, 131, 139, 153, 320, 383, 385, 419, 455
서진옥	11, 53, 77, 92, 102, 179, 318, 319, 334, 335, 344, 347, 350, 351, 358, 363, 377, 380, 387, 455
손민우	26, 47, 380, 389, 455
안병옥	53, 66, 70, 75, 92, 96, 320, 376, 377, 418, 455
염형철	123, 131, 151, 320, 382, 391, 419, 455
유영업	180, 194, 322, 324, 420, 421, 455
유창복	235, 254, 320, 330, 372, 384, 385, 416, 455
윤준하	46, 53, 62, 92, 111, 112, 315, 316, 455

윤형근	106, 114, 118, 321, 357, 368, 370, 373, 455
이재혁	235, 249, 372, 417, 455
이태영	26, 201, 223, 234, 326, 386, 402, 455
이태일	123, 160, 166, 325, 387, 390, 420, 421, 424, 455
이헌석	201, 209, 234, 323, 324, 326, 351, 352, 353, 354, 363, 387, 390, 396, 401, 455
임희자	37, 39, 180, 187, 194, 200, 320, 349, 350, 359, 361, 420, 421, 455
장길섭	235, 241, 249, 252, 328, 329, 347, 352, 353, 361, 371, 372, 374, 399, 417, 455
장재연	53, 87, 92, 316, 317, 318, 362, 377, 389, 390, 455
정성헌	63, 106, 107, 113, 315, 316, 347, 357, 368, 455
조미성	235, 261, 324, 361, 380, 451, 455
조홍섭	53, 68, 75, 76, 88, 92, 279, 284, 316, 317, 318, 347, 376, 381, 389, 418, 431, 455
조희경	292, 293, 310, 327, 354, 355, 356, 360, 363, 385, 421, 455
주형로	235, 236, 328, 329, 360, 371, 455
최병성	279, 286, 331, 381, 390, 421, 455
최 열	11, 46, 53, 54, 62, 63, 64, 65, 66, 75, 76, 77, 82, 83, 89, 92, 96, 97, 109, 111, 112, 140, 160, 164, 188, 315, 316, 317, 347, 348, 350, 362, 376, 387, 449, 450, 451, 455
최요왕	235, 267, 272, 320, 329, 360, 379, 421, 455
하승수	201, 216, 234, 246, 353, 356, 399, 400, 455
한재각	201, 202, 234, 323, 324, 363, 364, 400, 402, 451, 455
허승규	26, 201, 229, 326, 399, 424, 455
황현진	26, 292, 300, 310, 327, 354, 356, 360, 385, 386, 422, 455